山东省习近平新时代中国特色社会主义思想研究中心
山东省社科规划重大项目：深化“两创”研究
（21AWTJ04）资助

从传统到现代

CONG CHUANTONG
DAO XIANDAI

本书编写组　编著

学习出版社

图书在版编目（CIP）数据

从传统到现代 / 《从传统到现代》编写组编. -- 北京：学习出版社，2023.6

ISBN 978-7-5147-1173-8

Ⅰ. ①从… Ⅱ. ①从… Ⅲ. ①中华文化—研究 Ⅳ. ①K203

中国版本图书馆CIP数据核字(2022)第171495号

从传统到现代

CONG CHUANTONG DAO XIANDAI

本书编写组　编

责任编辑：李　岩　寿英孜
技术编辑：胡　啸
装帧设计：美　威

出版发行：学习出版社
北京市崇外大街11号新成文化大厦B座11层（100062）
010-66063020　010-66061634　010-66061646
网　　址：http://www.xuexiph.cn
经　　销：新华书店
印　　刷：北京联兴盛业印刷股份有限公司

开　　本：710毫米×1000毫米　1/16
印　　张：29.25
字　　数：328千字
版次印次：2023年6月第1版　2023年6月第1次印刷

书　　号：ISBN 978-7-5147-1173-8
定　　价：91.00元

从传统到现代

目录

CONTENTS

第四编　实现领域

把创造性转化、创新性发展落到实处

导论

推动中华优秀传统文化创造性转化、创新性发展走深走实

“中华优秀传统文化是中华文明的智慧结晶和精华所在，是中华民族的根和魂，是我们在世界文化激荡中站稳脚跟的根基。”[①] 党的十八大以来，推动中华优秀传统文化创造性转化、创新性发展日渐凸显并备受重视，成为社会主义文化强国建设的重要内容和重要组成部分。习近平总书记系统阐发了“创造性转化、创新性发展”的目标任务、遵循原则、践行路径与基本要求，指导中华优秀传统文化传承弘扬持续推进，指导中国特色社会主义文化事业不断发展，他在党的二十大报告中总结新时代十年伟大变革时强调，“中华优秀传统文化得到创造性转化、创新性发展，文化事业日益繁荣”。[②] 立足新时代新征程，我们要认真总结已经取得的成就与经验，解决好创造性转化、创新性发展过程中存在的问题，进一步深化探索切实可行的有效措施，促进

① 《习近平在中共中央政治局第三十九次集体学习时强调　把中国文明历史研究引向深入　推动增强历史自觉坚定文化自信》，《人民日报》2022 年 5 月 29 日。

② 习近平：《高举中国特色社会主义伟大旗帜　为全面建设社会主义现代化国家而团结奋斗——在中国共产党第二十次全国代表大会上的报告》，北京，人民出版社 2022 年版，第 10 页。

文化传承与文化建设加快提升，推动中华优秀传统文化创造性转化、创新性发展持续走深走实。

一、推进中华传统文化“优秀”内涵由价值判断向事实判定转化

博大精深、内涵丰厚的中华传统文化，积淀着中华民族数千年形成创造的思想理念、道德规范与人文精神，既包括大量跨越时空、超越国界、富有永恒魅力、具有当代价值的文化精粹，也含纳诸多在特定时期、特定条件下为当时社会所需要并服务于封建社会结构的文化内容。作为一种既往的存在，中华传统文化要呈显当代价值并发挥作用，必然会被重新审视、重新评价与重新取舍，必然会涉及一个如何看待、如何应用的问题。显而易见，我们既不能全盘接受传统文化，搞“拿来主义”，采取唯传统至尊的复古主义态度，更不能对传统文化一概排斥，搞否定一切，采取无视历史传统的虚无主义态度。在这个问题上，我们党的认识是十分清晰、非常明确的，所采取的态度是贯通始终、坚持如一的，这就是：去其糟粕、取其精华，古为今用、推陈出新。毛泽东要求，对我们的历史文化，要“剔除其封建性的糟粕，吸收其民主性的精华”[①]。习近平总书记强调，要“有鉴别地加以对待，有扬弃地予以继承”[②]，要“坚持历史唯物主义立场，坚持古为今用，去粗取精，去伪存真，因势利导，深化研究，使其在新

①《毛泽东选集》第 2 卷，北京，人民出版社 1991 年版，第 707 页。

②《习近平谈治国理政》第 1 卷，北京，外文出版社 2018 年版，第 164 页。

的时代条件下发挥积极作用”[①]。

正是遵循这样的科学态度和正确方法，我们在新时代对传统文化的传承弘扬，推动实现“创造性转化、创新性发展”，是着眼于其中的“优秀”内涵，是立足于传统文化中的“优秀”内容。对文化是否“优秀”的判定，对文化“优秀”内容的褒扬，是立于整体的一种价值判断。此种价值判断因于人的需要、人的选择，联通评价对象的基本属性和功能，还只是对传统文化及其内容类别的性质把握，尚未触及内在要素和具体成分。可见，认定传统文化富有“优秀”内涵的价值判断，所长在于态度清晰、立场鲜明，所短在于未及内里、相对笼统。为此，我们需要将对中华传统文化“优秀”内涵的肯定与褒扬，由予以整体评判的价值判断向揭示实体内容的事实判定转化，即深入到中华传统文化体系中区分出何为优秀的内涵、何为低劣性要素，鉴别出哪些是精华内容、哪些是糟粕成分，使“优秀”内涵及其指向能够明确揭示、能够落到实处。这对于推动实现中华优秀传统文化创造性转化、创新性发展，既是前提条件，更是至为关键。

由价值判断向事实判定的转化过程，是传统文化的“优秀”内涵愈加清晰、愈加具体的过程，是“创造性转化、创新性发展”得以聚焦对象、增进针对性的过程。这一过程关联时代需要和人民利益，关涉主体认知及价值立场，并非设定一个标准或划定一个界限就能够甄选完成，需要我们准确把握传统文化的历史演进及其作用机制，因时因地因条件去辨析其内在功能和实际效用，需要我们立足当代社会的文化关切与精神需求，以服务于当

① 许民彤、小章：《总书记要“仔细看”的儒学书籍》，《人民日报》（海外版）2013年12月20日。

下、作用于现实的视域及方式进行评价与取舍。历史上的一种理念、论点是否仍可承袭，过往的一种制度、规范是否仍可借鉴，要避免形而上学式的机械切割，必须联系其具体表达、特定语境去辨析，必须结合历史条件、现实要求来判定。在这方面，我们已经有了很好的探索，已经取得了很大进展。比如，我们从中华优秀传统文化中汇集大量有关治国理政、经济管理、哲学宗教、社会伦理、道德修养、国际关系等方面的论述，揭示其中至今仍给我们以深刻启示的精髓要义，像治国之道、必先富民，礼法合治、德主刑辅，清廉从政、勤勉奉公，道法自然、天人合一，以人为本、民胞物与，礼义廉耻、国之四维，乐礼善学、尚中贵和，自强不息、刚健有为等。这样一种向事实判定转化所作的努力，将传统文化“优秀”内涵向具体论点、实在内容深化延展，使传统文化中的“优秀”内容得以鲜明呈现，使对传统文化的传承弘扬有了明确指向，大大促进了“创造性转化、创新性发展”的有效开展和针对性推进。

二、厘清创造性转化、创新性发展的内涵要义及其辩证统一

明晰传统文化的“优秀”内涵很重要，厘清创造性转化、创新性发展的内涵要义及其辩证统一同样不可或缺。只有理解了创造性转化的要求、把握了创新性发展的需要，搞清楚什么样的转化是创造性的、什么样的发展是创新性的，我们才能切合实际、付诸实施，才能推动中华优秀传统文化创造性转化、创新性发展取得实实在在的成效。

2014年2月24日，习近平总书记在十八届中央政治局第十三次集体学习时指出："弘扬中华优秀传统文化，要处理好继承和创造性发展的关系，重点做好创造性转化和创新性发展。创造性转化，就是要按照时代特点和要求，对那些至今仍有借鉴价值的内涵和陈旧的表现形式加以改造，赋予其新的时代内涵和现代表达形式，激活其生命力。创新性发展，就是要按照时代的新进步新进展，对中华优秀传统文化的内涵加以补充、拓展、完善，增强其影响力和感召力。"[①] 这高度凝练地阐发了创造性转化、创新性发展的内涵要义，在一定层面上揭示了创造性转化与创新性发展的内在联系与辩证统一。

无论是创造性转化，还是创新性发展，都是针对中华优秀传统文化而言，都是传承弘扬中华优秀传统文化的指导方针、根本遵循，同时也是科学方法和正确路径。创造性转化着眼于中华优秀传统文化的现代转型，包括在理念上、内容上、表达上、形式上等各层面。对中华优秀传统文化进行创造性转化，是以创造性为特征，以转化为标志，实现传统文化的新生新造，使之展现为新蕴含与新样态。创造性转化不是简单地搬运移植过来，而是按照当今时代要求、现实社会标准、当代中国人思维来进行，以现实为尺度，以服务于现实为旨归，力求与现代社会接轨、与民众需求吻合，达至为今天所用、为现实所用。与创造性转化既相联系又有所区别，创新性发展则重在阐发立足现实并解决当今时代问题的创新内容，着眼于中华优秀传统文化的提升与超越。对中华优秀传统文化进行创新性发展，是从传统文化的思想基

① 中共中央宣传部编：《习近平总书记系列重要讲话读本》，北京，学习出版社、人民出版社2014年版，第101页。

地出发，在充分尊重而不是背离传统文化思维主线和思维特征的前提下，瞩目于对现实文化课题的思考，紧扣时代需求与民众意愿去创新发展。创新性发展须从传统文化中汲取思想养料，着力于内涵上的补充、内容上的拓展、观念上的完善，以回答解决现实问题为旨归，在现实条件下致力于文化上的创造和思想上的升华。

创造性转化与创新性发展是内在联结、辩证统一的。创造性转化与创新性发展虽各有侧重、各有所指，但二者却构成一个整体。可以这样说，创造性转化是创新性发展的基础与准备，创新性发展则是创造性转化的接续与提升；创造性转化在完成自身任务的同时，须保持与创新性发展衔接联通的渴求，创新性发展则要承继创造性转化的努力，使之融入自身追求中携手前行。创造性转化与创新性发展在出发点、着力点、落脚点等方面的差异，并非意味着二者可以分割开来，恰是表明二者是互为依靠、相互依赖的。对于传承弘扬中华优秀传统文化而言，创造性转化与创新性发展具有共同的目标、负有一致的责任。推动中华优秀传统文化的创造性转化与创新性发展，既是中华传统文化数千年传承延续内在规律的现代彰显，更是当代中国语境下民族复兴伟业对中华传统文化释放能量、发挥作用的客观要求与现实需要。

在实际操作过程中，我们要联通创造性转化与创新性发展一体规划、共同推进。要把两个层次在由此及彼、相互衔接关系中把握，把两个阶段在前后相继、互为支撑作用中贯通。比如，作为传统文化重要资源的“民本”思想，在历史上发挥了应有作用，在今天仍有借鉴价值，我们应当重视并予以发掘改造创新。

在创造性转化意义上，对“民本”思想需要进行具体分析，尤其是要去除其中内蕴着的“官民对应”“治统手段”“立场在官”等封建内涵，使之在价值意义和表达方式上实现转化；而从创新性发展要求看，就要在去除封建内涵和旧有表达方式前提下，对“民本”的本原意义进行挖掘、提炼，还原其实质性诉求，进而发展出“人民主体”“人民核心”的新理念，确立起“人民是主人”“人民是目的”的价值导向。这样的创造性转化与创新性发展，使中华优秀传统文化能够真正活起来，能够真切而有创意地走入现代社会、走入现实生活。

三、明晰创造性转化、创新性发展的基本路径与有效措施

传承弘扬中华优秀传统文化，既涉及怎么看，更关乎如何干。推动中华优秀传统文化创造性转化、创新性发展，除了要搞清楚有关的内涵、关系、遵循之外，更重要的是明晰创造性转化、创新性发展的基本路径与有效措施，以利于在践行层面进行实质性操作。马克思讲过：“理论的对立本身的解决，只有通过实践方式，只有借助于人的实践力量，才是可能的。”[①] 认识层面的矛盾是现实中存在问题的反映，单靠思维的改变和观念的调整是无法从根本上解决的，只有在人的实践中方可迎刃而解。在中华优秀传统文化创造性转化、创新性发展问题上，与认识层面的理解与把握相比较，找到付诸行动的基本路径与有效措施更为根本。

①《马克思恩格斯文集》第1卷，北京，人民出版社2009年版，第192页。

党的十八大以来，我们坚持以马克思主义中国化时代化最新成果为指导，以新时代中国特色社会主义理论与实践为引领，以社会主义现代化强国建设和中华民族伟大复兴为方向，正确处理传承与创新、传统与现代、实质内容与表现形式、历史作用与现实价值、传统文化与革命文化和社会主义先进文化等各种关系，积极探索转化创新方式，不断拓宽转化创新路径，在推进实现中华优秀传统文化创造性转化、创新性发展的道路上迈出了坚实步伐，取得丰硕成果和丰富经验。成绩固然可喜，任务却依然繁重。相对于绵延几千年积累创造的中华传统文化，相对于厚重丰富的中华优秀传统文化，我们在新时代进行的创造性转化与创新性发展，还只是有了良好开端，还只是架通起走向未来的坚固桥梁。我们还要再接再厉，勇毅前行，采取严谨科学的态度，保持久久为功的毅力，承续求真务实的精神，进一步探索有效路径，进一步完善体制措施，继续推动中华优秀传统文化创造性转化、创新性发展走深走实。

必须充分认识到，文化建设并非是一蹴而就的，传承弘扬中华优秀传统文化亦非一日之功。在“创造性转化、创新性发展”工作推进中，仍面对理论思考和实践探索方面的一些难题，需要开阔思维去把握；尚有大量基础性和操作层面的工作有待统筹协调，需要加大力度去解决；仍存在直接影响传承发展工程推进的诸多矛盾，需要采取针对性措施去应对。所有这一切，都有赖于我们进一步明晰路径与措施，有赖于行之有效的路径与措施去解决。只有当行之有效的路径与措施落到实处了，中华优秀传统文化的传承弘扬才会大踏步前进，文化对经济社会发展的思想保障和精神支撑作用才能充分彰显。“统筹推进‘五位一体’总体布局、协调推进‘四个全面’战略布局，文化是重要内容；推动高质量发展，文化是重要支点；满足人民日益增长的美好生活需要，文化是重要因素；战胜前进道路上各种风险挑战，文化是重要力量源泉。”①

立足当前实际，遵从现实需要，我们在推动中华优秀传统文化创造性转化、创新性发展方面，需要强化意识、加大力度，需要持续用力、久久为功。

一要提高阐释研究水平，增进对中华优秀传统文化的科学认知，既要知其然又要知其所以然，既要知其何为又要知其如何为。阐释研究中华优秀传统文化是必要的理论准备。要本着去粗取精、去伪存真的一贯原则，在系统全面搜集古籍资料的基础上，进行认真检索、细致校验、辨析优劣、整理提升。要把“六经注我”与“我注六经”的治学方式结合起来，倡导“我注六经”的创新性研究，保持理论研究的真实性和前瞻性，力求推出大批在学界领先、具有影响力、学理内涵丰富的研究成果。

二要加强优秀传统文化遗产保护运用，延续血脉风骨，使其既有形又有神，达到形神兼具完整统一。传统文化遗产是先民繁衍生息的文化基因，是民族发展壮大的文化脉络，是一种文化有别于他种文化的历史存证。文化遗产分为物质文化遗产（文物古迹）与非物质文化遗产（民俗文化、传统风俗、民间艺术等），都应倍加珍惜、有效保护。我国文化遗产丰厚，是历史馈赠给华夏民族和全人类的宝贵财富。我们要夯实文物保护的基础性工作，建立起完备的文化遗产保护制度，构建起具有特色优势的博

① 习近平：《在教育文化卫生体育领域专家代表座谈会上的讲话》，北京，人民出版社 2020 年版，第 5 页。

物馆体系、非物质文化遗产传承体系，构建起完善的数据资料和档案系统，培养完善非遗保护传承队伍，广泛开展非物质文化遗产保护活动。

三要强化优秀传统文化宣传普及教育，提高国民素养，让人人都充分了解自己民族的历史与文化，清楚自己从何而来、身在何处。要统筹发挥国民教育、家庭教育和社会教育的教化作用，彰显学校教育的主渠道作用，将学校教育和自我教育结合起来。家庭教育在继承发扬传统文化中具有其他社会组织无法替代的作用，如尊老爱幼、勤俭持家素质的培养，知书达理、遵纪守法的行为规范养成，都更多依赖“言传身教、德教为本”的家庭教育方法。要营造良好的社会风气，突出榜样的力量，树立做人做事的标杆，把社会教育的作用发挥好。同时要强化提高国民文化素养的宣传普及工作，增强宣传普及的拓展性、辐射性与渗透性，形成自我趋同的价值导向和舆论指引。

四要完善弘扬优秀传统文化体制机制，夯实保障条件，把软保护和硬约束结合起来，使自觉遵守与立法规定相得益彰。制度建设是中国特色社会主义事业的根本保证，也是推动中华优秀传统文化创造性转化、创新性发展的根本依赖。2017 年 1 月中共中央办公厅、国务院办公厅颁布《关于实施中华优秀传统文化传承发展工程的意见》，提出原则要求和具体任务举措，阐述基本途径、主要措施、重点工作，对传承发展中华优秀传统文化从组织领导、政策保障、法治环境、社会参与等角度作出系统部署和制度性安排。要按照党和国家一系列政策要求，在建立机制体系、创造社会环境、优化政策举措、制定规范准则等方面创新用力，进一步完善制度政策法规体系。遵循党和国家的制度政策法规，在具体做法上可以探索创新，推出切合实际的传承模式，如打造传统文化体验平台，推行经典阅读、礼仪普及、大众讲座等，以加大实践养成力度。

五要优化传承优秀传统文化创新环境，营造发展氛围，多管齐下合力共为，为之注入新动力、展现新景象。优秀传统文化的传承创新是一个长期的、规模巨大的工程，各级党委、政府要重视，全社会要积极参与行动，共同形成强大的社会舆论和实践指向。只有人人自觉、人人主动，从自我做起、从现在做起，传承弘扬优秀传统文化的优化创新环境就能形成，就能产生应有的影响效应和带动作用，优秀传统文化就以“日用而不觉”的默移潜化的形式走进寻常百姓家、走进人们的心中，转化为自觉行动和自主追求。只要全社会各方面各领域通力合作，心往一处想，劲往一处使，中华优秀传统文化创造性转化、创新性发展一定会步步登高、行稳致远。

第一编

历史进程

中国共产党传承弘扬中华优秀传统文化

中国共产党作为百年大党，承担着推动中华优秀传统文化向现代转型的历史重任。如何正确对待中华优秀传统文化是中国共产党在百年历史进程中必须回答和解决的重大时代课题。党既是中华优秀传统文化的继承者和弘扬者，又是中国先进文化的积极引领者和践行者。一百多年来，党坚持用马克思主义的立场观点方法对待中华优秀传统文化，形成了既一脉相承又与时俱进的文化观。系统梳理和考察党在新民主主义革命时期、社会主义革命和建设时期、改革开放和社会主义现代化建设新时期以及中国特色社会主义新时代对中华优秀传统文化批判继承、发展弘扬的理论和实践，总结历史经验，对于继续推动中华优秀传统文化创造性转化和创新性发展，增强文化自信，建设社会主义文化强国具有重要意义。

一、新民主主义革命时期党对优秀传统文化的传承弘扬

纵览中国共产党领导革命、建设与改革的百余年奋斗史，可以发现，中国共产党人始终关注并注重发挥中华传统文化的作用，始终面临着科学处理与中华优秀传统文化关系的问题。中国共产党人的文化观在时代发展、社会矛盾的科学处理中不断发展完善，也正是在传承与弘扬中华优秀传统文化的过程中，中国共

产党人推动着马克思主义中国化时代化的进程，以理论创新与实践互动，推动中国特色社会事业不断向前。科学梳理与把握党对中华优秀传统文化的传承与发展历程，对我们在新时代进一步走好中国特色社会主义文化发展道路，增强文化自信，不断铸就社会主义文化新辉煌具有十分重要的现实意义。党对中华优秀传统文化的传承与弘扬熔铸于党领导革命、建设与改革的历程中。新民主主义革命时期党对中华优秀传统文化的态度经历了一个逐步发展的过程，在继承与弘扬中华优秀传统文化的实践中不断推动马克思主义中国化，为新时代党传承和弘扬优秀传统文化积累了宝贵经验，为更好推进中华民族伟大复兴提供了精神力量。

（一）新民主主义革命时期党对待中华传统文化的态度

立场态度决定行动。中国共产党对于中华传统文化的态度自然会影响其领导新民主主义革命的具体实践活动。新民主主义革命时期，党对中华传统文化的态度因对社会现实的认知、社会矛盾的变化以及时代发展的要求而展现出阶段性的特征。从总体脉络上看，中国共产党十分注重从新民主主义革命时期的历史条件与社会现实出发，紧密结合这一时期不同阶段的具体实际情况，因时而化、与时俱进地传承弘扬中华优秀传统文化。

从中国共产党建立到新中国成立，这一短暂而又重要的28年里，中国社会发生了深刻的变革。在国民大革命对军阀的反抗、国共十年内战以及残酷的抗日战争和解放战争中，党领导人民追求人民解放和国家富强。新民主主义革命是无产阶级领导人民反对帝国主义、封建主义和官僚资本主义的革命，而要完成革命任务的关键是思想的变化和理论的指导。这些思想理论既体现着对马克思主义的坚守，又彰显着将马克思主义基本原理与中华优秀传统文化相结合的智慧。从具体继承与发展中华优秀传统文化的过程来看，可以大体分为3个典型时期，即中国共产党成立初期、十年内战时期、延安时期。党在每个时期对待中华传统文化的态度与观点有所不同，从而反映到革命的实践活动中，勾画出这一时期党对中华优秀传统文化的传承与弘扬的生动画面。

1. 中国共产党成立初期（1921—1927）

中国共产党成立前期，早期的马克思主义者主要是在新文化运动的洗礼中、在追寻救国救民道路中逐步接受马克思列宁主义。然而，他们对中华传统文化的认知还没有那么深刻，主要是引导半殖民地半封建社会中的人们从传统的旧文化中解放出来，更多的是对传统文化的否定与批判。早期的马克思主义者对儒家思想在很大程度上是持有否定态度的，更多的是对墨家思想的认同，同时他们转向系统宣传马克思主义，并初步建立起马克思主义的文化观。但是这种马克思主义文化观并不系统，对传统文化还没有形成科学完整的认识。

在中国共产党成立后，共产党人坚持将马克思主义作为指导思想，确立了唯物史观的方法论，并将其作为与各种错误思潮斗争的工具，尤为注重用唯物史观来分析中华传统文化。比如，陈独秀和瞿秋白在中国共产党成立早期就十分注重通过唯物史观来分析中华传统文化，用唯物史观去看待军阀割据时代的经济政治问题，也同样将此方法论运用到思想文化路线上。相比较之前，从整体上看，此阶段共产党人对待中华传统文化不是形而上学的，而是坚持唯物史观下的文化观。

早期中国共产党人对这一时期的反动文化流派进行了批判。

从党成立到大革命失败，以梁启超、梁漱溟和章士钊等人为主要代表的“东方文化派”，以胡适、胡先骕等人为代表的“整理国故”和“学衡派”等复古主义思潮的代表人物因具有一定的影响力在当时喧嚣一时。共产党人以唯物史观为思想武器，对复古主义进行猛烈批判，同时，共产党人将目光投入到现阶段的社会状况。在革命阶段，党的目标和任务都是为完成革命任务而制定并实行的，这就决定了中国共产党人不再把传统文化拘泥于人们的文化生活之中，而是从意识形态的角度出发再认识传统文化，在他们看来，意识形态的斗争是为政治斗争服务的，他们注重传统文化的阶级性，比如李大钊在介绍完唯物史观后说：“与他的唯物史观很有密切关系的，那还有阶级竞争说。”[①] 由此看来，中华传统文化具有了为阶级斗争服务，为无产阶级利益服务的性质。这也是国内革命形势的要求，早期的共产党人认为要在中国传播马克思主义，就必须解决旧的传统文化这一问题。

在第一次国共合作后，共产党人继续注重对传统文化的运用，尤为注重将马克思主义与中华传统文化相结合。1926 年，毛泽东在广州农民运动讲习所讲课时说：“洪秀全起兵时，反对孔教，提倡天主教，不迎合中国人的心理，曾国藩即利用了这种手段，扑灭了他。”[②] 从这一表述中，我们可以看到毛泽东对于传统文化的态度，这就是不应一味否定，而是要看到传统文化在引导民众接受马克思主义方面的一定作用。

综上所述，在中国共产党成立初期，中国共产党人因为深刻认识到传统文化中的封建糟粕给中华民族带来的消极影响，同时

① 《李大钊选集》，北京，人民出版社 1959 年版，第 186 页。

② 许全兴：《毛泽东与孔夫子》，北京，人民出版社 2020 年版，第 187 页。

也为了适应当时反封建的革命形势，对传统文化主要是持激烈批判和否定的态度。然而，早期共产党人大多数是受到中华传统文化深刻熏陶的，深知传统文化中有着积极的因素，尤其是其中蕴含的优秀传统文化是历史与民族的精华。因而，早期共产党人对传统文化并不是全盘否定，而是在区分其糟粕与精华基础上的辩证否定。“但从总体来讲，对传统文化在思想上进行坚决批判、摒除封建思想对民众精神上的禁锢成为早期共产党人传统文化观的主体。”①

2. 十年内战时期（1927—1937）

大革命失败后，国民党在发动军事“围剿”的同时，还发动了对以中国共产党为代表的革命文化的“围剿”。蒋介石不断放大传统文化的保守性，倡导“忠君”思想等，提出以恢复封建伦理道德为核心的“新生活运动”，并竭力恢复和宣扬以儒家思想为核心的腐朽愚昧落后的封建文化，企图利用传统文化来巩固专制统治，达到使中国共产党灭亡的目的。中国共产党针对以蒋介石为代表的落后封建文化的逆社会潮流之传播，在反“围剿”的过程中更加注重战略布局和思想文化工作。

这一时期中国共产党始终坚持马克思主义唯物史观的立场，逐步将马克思主义与中国的具体实际相结合，并进一步将马克思主义与中华优秀传统文化相结合。其一，在苏区积极运用优秀传统文化，注重发挥农民作用，并加强政权建设、开展土地革命，弘扬“重民思想”，满足人民对于“大同”的追求，以农民能接受的传统话语凝聚民众，汇聚起磅礴的力量；其二，高度重视优

① 刘成喆：《中国共产党传统文化观变迁研究》，东北师范大学博士学位论文，2020年。

秀传统文化中的军事文化，并将其运用到军事斗争中，对传统兵法进行批判性借鉴；其三，注重运用唯物辩证法，并对中华传统文化中的辩证法思想进行挖掘；其四，在长征途中，很好地传承弘扬了优秀传统文化中的精神品质，并将其与马克思主义的信念信仰结合起来，领导红军铸就了长征精神，进一步传承弘扬了优秀传统文化。

这一时期，中国共产党人还积极应对九一八事变后日本侵略者所推行的大日本帝国文化的侵入，运用唯物辩证法来对待传统文化，与日本有违天道的行为作斗争。这一时期共产党人积极挖掘优秀传统文化中的精神元素，以坚强的意志品质与革命斗争应对日本侵略者的入侵。

总体来看，这一时期的共产党人在独立的革命斗争实践中，开始注重结合中国实际情况，从中华传统文化的土壤中思索用好马克思主义的问题。并且，中国共产党初步开始了传承弘扬中华优秀传统文化的有益尝试，开始逐步转变对传统文化的误解，主动探究传统文化中的优秀因素，注重发挥优秀传统文化的作用。这为延安时期共产党人批判继承优秀传统文化奠定了基础，做好了前期准备。

3. 延安时期（1935—1948）

延安时期指的是中共中央在陕北的 13 年，具体指 1935 年 10 月 19 日，中共中央随中央红军长征到达陕北吴起镇（今吴起县），“落户”陕北到 1948 年 3 月 23 日，毛泽东、周恩来、任弼时在陕北吴堡县东渡黄河，迎接革命胜利的曙光这近 13 年时间。这一时期，中国共产党对中华传统文化的态度逐渐成熟，也更加趋于理性，强调对待中华传统文化要“批判地继承”，要“去其糟粕、取其精华”，由此中华优秀传统文化也愈发得到重视与传承。

延安时期，共产党人对于中华传统文化的批判继承与发展逐步成熟、更加积极主动、更为理性科学。1937 年，毛泽东完成《实践论》与《矛盾论》，彰显出对于中华优秀传统文化的批判继承态度。1938 年，毛泽东在党的六届六中全会上向全党倡议：“学习我们的历史遗产，用马克思主义的方法给以批判的总结，是我们学习的另一任务。我们这个民族有数千年的历史，有它的特点，有它的许多珍贵品。对于这些，我们还是小学生。”[①]1938 年，毛泽东在《中国共产党在民族战争中的地位》一文中指出：“我们是马克思主义的历史主义者，我们不应当割断历史。从孔夫子到孙中山，我们应当给以总结，承继这一份珍贵的遗产。”[②]1942 年 5 月 23 日，毛泽东在延安文艺座谈会上的讲话中强调：“我们必须继承一切优秀的文学艺术遗产，批判地吸收其中一切有益的东西，作为我们从此时此地的人民生活中的文学艺术原料来创造作品时的借鉴。”[③]1943 年，毛泽东在《中共中央关于共产国际执委主席团提议解散共产国际的决定》中明确主张：“中国共产党人是我们民族一切文化、思想、道德的最优秀传统的继承者，把这一切优秀传统看成和自己血肉相连的东西，而且将继续加以发扬光大。”[④]1945 年 4 月，毛泽东在《论联合政府》中强调指出：“对于中国古代文化，同样，既不是一概排斥，也不是盲目搬用，而是批判地接受它，以利于推进中国

① 《毛泽东选集》第 2 卷，北京，人民出版社 1991 年版，第 533—534 页。

② 《毛泽东选集》第 2 卷，北京，人民出版社 1991 年版，第 534 页。

③ 《毛泽东选集》第 3 卷，北京，人民出版社 1991 年版，第 860 页。

④ 中共中央文献研究室、中央档案馆编：《建党以来重要文献选编（1921—1949）》（第二十册），北京，中央文献出版社 2011 年版，第 318 页。

的新文化。”[①] 以上这些，集中展现了这一时期中国共产党人对于中华传统文化的态度。

总的来说，党在这一时期对于中华传统文化的态度就是辩证地分析、批判地接受。这种理性认识和批判性传承弘扬的态度有力地推动了马克思主义中国化的进程，对于毛泽东思想的形成及其地位的确立发挥了至关重要的作用，成为中国共产党传承弘扬中华优秀传统文化的重要转折点，深入推进了马克思主义中国化时代化，为新民主主义革命的胜利注入了力量、提供了保证。

（二）新民主主义革命时期党传承弘扬中华优秀传统文化的实践

新民主主义革命时期，中国共产党人始终坚持马克思主义，结合不同阶段中国社会的实际情况，坚持从实际出发、从社会主要矛盾的解决出发，对中华优秀传统文化的认知与弘扬逐步走向理性与科学。当然，态度的转变也反映到中国共产党人在新民主主义革命时期的革命实践中。这一时期的革命实践在某种意义上也贯穿着中国共产党传承弘扬中华优秀传统文化的实践，这些实践有力地推动了马克思主义中国化的进程，为中国革命的发展凝聚了极大力量，提供了推动力。

新民主主义革命时期党始终注重传承求真的精神，传承弘扬中华优秀传统文化，提出了“实事求是”的思想路线。党在坚持马克思主义的基础上，不断结合中国具体实际，努力在中国的土地上、在中华文化的土壤中求索中国的革命道路，提出了“农村包围城市，武装夺取政权”的道路。同时，以毛泽东同志为主要

① 《毛泽东选集》第 3 卷，北京，人民出版社 1991 年版，第 1083 页。

代表的中国共产党人坚持一切从实际出发，将调查研究作为法宝，积极开展调查研究，完成了《反对本本主义》等著作，倡导实事求是，并进一步强调从调查研究中探寻中国革命之路。在延安时期尤其如此，党积极推进整风运动，反对“党八股”，倡导用马克思主义解决中国的实际问题，并从中华优秀传统文化中汲取精华，求真求实，逐步形成了“实事求是”的思想路线。可以说，“实事求是”的思想路线是中国共产党传承弘扬中华优秀传统文化的结晶，为党领导人民进行革命、建设与改革奠定了坚实的思想基础，提供了根本指导。

新民主主义革命时期党注重传承中华优秀传统文化中对于民本的关注，创造性地提出了“为人民服务”。党自成立之日起就始终坚持唯物史观，始终尊重人民群众的主体地位，激发人民群众的力量，始终将为中国人民谋幸福、为中华民族谋复兴作为初心和使命，并在坚守初心使命中持续传承弘扬中华优秀传统文化。在大革命时期，党唤醒工农千百万，推动工人运动；在土地革命时期，建立苏维埃政权，强调土地归农民所有，积极发展文化与教育，凝聚起革命的强大力量；在延安时期，坚持始终为了人民，提出“为人民服务”的根本宗旨，并将“为人民服务”作为中国共产党开展工作的根本遵循，得到了人民群众的拥护，汇聚起人民群众的磅礴力量，最终取得了新民主主义革命的胜利。

新民主主义革命时期党传承中华优秀传统文化中的优秀军事思想，锻造了一支强大的人民军队。党坚持从中国的具体实际出发，在 1927 年党的八七会议上明确提出“枪杆子里面出政权”[①]

① 《毛泽东选集》第 2 卷，北京，人民出版社 1991 年版，第 547 页。

这一著名论断，阐明了军事斗争对于中国革命的极端重要性。在毛泽东的领导下，中国共产党人辩证汲取中国传统兵法中的优秀成分，结合中国革命新的实际，创新战法，进行游击战、麻雀战、地雷战等，锻造了一支党领导下的坚强的人民军队。

新民主主义革命时期党注重传承弘扬中华优秀文化中的精神基因，不断凝聚中国人的精神力量。共产党人注重激发中国人民的爱国主义传统、坚持意志品质锤炼等精神气节，倡导独立自主、自力更生，在陕甘宁边区开展大生产运动。同时，党结合时代特征，积极挖掘中华优秀传统文化中的革命因素，通过一系列文艺作品，将人民渴望独立的愿望与对民族命运的关切表达出来。例如，“在抗日战争时期，《屈原》《虎符》《桃花扇》《三打祝家庄》等都是取材于传统文化的文艺作品，体现并弘扬了中华民族坚毅不屈、勇于抗争、誓死保卫家国的高尚品格，极大地鼓舞了人们的抗战斗志”①。

新民主主义革命时期党注重对中华优秀传统文化的保护，积极采取保护与利用文物的举措。为了更好地保护中华优秀传统文化，党在领导新民主主义革命的过程中始终关注优秀传统文化的传承保护。例如，在古田会议上就曾提出要保护利用音乐、武术、花鼓调以及旧剧。1932 年的《文化教育工作决议》、1939 年的《关于保存历史文献及古迹古物的通告》、1948 年的《保护各地文物古迹布告》等都是中国共产党保护和利用传统文化的政策法规，也是共产党人传承弘扬中华优秀传统文化的具体实践。这一时期，党还建立了专门的文物管理机构，定期召开文物保护工

① 许慎：《中国共产党运用中华优秀传统文化凝心聚力的百年实践与经验》，《思想教育研究》2021 年第 1 期。

作会议以及建立博物馆和陈列室等。

新民主主义革命时期党注重对中华优秀传统文化传承弘扬，以统一战线团结革命力量。中国共产党人将中华民族自古以来深入人心的“大义为重”“和而不同”“求同存异”等思想以及“和合”“中庸”等理念与中国革命的实际相结合，形成并发展了统一战线思想，并在不同历史时期根据革命任务的不同，不断推进统一战线的发展，先后提出了国民革命联合战线、工农民主统一战线、抗日民族统一战线、人民民主统一战线，有力地掌握了革命的主动权，团结和凝聚革命力量，不断推动中国革命取得一个又一个胜利。

新民主主义革命时期党注重对传统文化的传承弘扬，积极发展了共产党人的哲学思想。其中的《矛盾论》和《实践论》正是共产党人在对中华优秀传统文化中“知行合一”的传承与创新，对“天不变，道亦不变”为代表的中国传统哲学中的形而上学思想进行了批判，创造性地阐明了矛盾的普遍性与特殊性，并对中国革命的一系列问题进行了思考，为指导中国革命提供了世界观和方法论的基础。

中国共产党在新民主主义革命时期，坚持马克思列宁主义，并逐步将其同中国革命的具体实际相结合。同时，坚持从中华传统文化的土壤中汲取优秀成分，在实践中进行有益的探索。在大革命、土地革命、抗日战争以及解放战争中，中国共产党不断进行传承弘扬中华优秀传统文化的实践，取其精华、去其糟粕，在新经济基础形成与新政治关系组建的过程中，着力创造反映这种由新经济、新政治带来的新文化，推动马克思主义与中华优秀传统文化的融合，逐步形成了民族的科学的大众的新民主主义文化，创造性地助推中国新民主主义革命的进行，为实现民族独立和人民解放注入了精神力量。

（三）新民主主义革命时期党传承弘扬中华优秀传统文化的经验

新民主主义革命时期党对中华传统文化的态度经历了一个逐步发展的过程，从一开始对传统文化的排斥到逐步认识到中华优秀传统文化的现实价值，再到批判地剔除传统文化中的糟粕，吸收其精华。党在新民主主义革命时期，既有对马克思主义基本原理的坚持，也有对中华传统文化的辩证分析，从被动到主动，结合中国革命在不同阶段的要求，积极推动“马克思主义基本原理同中国具体实际相结合、同中华优秀传统文化相结合”[①]，推动了马克思主义中国化时代化。并且，党注重以这种中国化时代化的马克思主义来解决中国革命的实际问题，领导人民实现了马克思主义的第一次飞跃，确立了毛泽东思想的指导地位，领导人民取得了民族独立和人民解放，为中华民族伟大复兴奠定了政治基础。回顾新民主主义革命时期党传承弘扬中华优秀传统文化的实践与探索，把握中国共产党人将马克思主义与中国具体实际相结合而进行理论创新与实践创新的奋斗历程，我们能从其中汲取经验，为我们更好继承弘扬优秀传统文化，推动中华优秀传统文化创造性转化、创新性发展提供历史性借鉴。

1. 坚持深刻把握博大精深的中华传统文化

中华优秀传统文化源远流长、博大精深，其中蕴含着几千年

① 习近平：《高举中国特色社会主义伟大旗帜　为全面建设社会主义现代化国家而团结奋斗——在中国共产党第二十次全国代表大会上的报告》，北京，人民出版社 2022 年版，第 17 页。

来中华民族的宝贵精神财富、价值追求、哲学审思等，是中华民族的根与魂。正因为有着中华优秀传统文化的世代传承，中华文化才能繁衍生息，即使是遭遇外来文化的入侵，也依旧能保持其旺盛的生命力。中国共产党在成立初期由于受到新文化运动的影响以及大力宣传马克思主义的需要，在很大程度上忽视了对中华传统文化的科学分析，也忽视了中国的具体实际，从而导致党在成立初期面临着一些困境，未能找到适合中国革命的道路。共产党人在实践发展中逐步认识到，必须充分认识中国具体实际，必须重新审视中华传统文化。由此，党认识到了中华优秀传统文化对于中国革命的作用，并积极推动马克思主义与博大精深的优秀传统文化相结合。也正是因为两者的结合，汇聚起民众力量，使得马克思主义在中国大地上进一步被认同、被运用、被信仰。因此，我们必须深刻把握博大精深的中华优秀传统文化，才能更好地将马克思主义坚持好、发展好，才能将马克思主义传入受中华传统文化浸染的中国民众思想深处，更好地推动马克思主义中国化时代化。

2. 坚持将马克思主义与中华优秀传统文化相结合

新民主主义革命的胜利在某种程度上是马克思主义中国化的胜利，而马克思主义中国化在很大程度上得益于中国共产党人将马克思主义与中华优秀传统文化相结合。正是因为共产党人科学分析中国的具体实际，认识到不能全盘否定中华传统文化，需要剔除传统文化中的糟粕并吸收其民主性精华，并有力地进行了这方面的探索与实践，才创造出了适合中国大地的马克思主义中国化的理论，使中国革命获得了新生，中国共产党真正得到了人民群众的支持，并得以领导人民取得了新民主主义革命的胜利。一方面，中华优秀传统文化为马克思主义科学性与革命性作用的发挥提供了更现实的可能。一旦马克思主义与中华优秀传统文化分离，那么中国的革命就面临着困难与挫折的可能性。另一方面，马克思主义理论之“魂”与中华文化之“根”必须有机结合起来，才能实现和谐共生与创新发展，才能真正为中国革命注入生机与活力，才能汇聚起革命的动力。马克思主义只有植根中华优秀传统文化沃土，才能为中国人民所认同和掌握，才能具有中国特色和中国气派。①

3. 坚持与社会发展的需要实现良性互动

新民主主义革命时期，中国共产党对中华优秀传统文化的态度以及传承与弘扬中华优秀传统文化的实践是与当时社会发展的需要紧密结合在一起的，也正是因为共产党人能够科学分析社会发展的需要并及时做出有力的回应，中国革命的道路才得以走上正途，走上一条适合中国实际的革命道路。共产党人走出唯苏联是尊的错误逻辑，转而从包含中华优秀传统文化在内的中国大地上寻求答案，坚持科学分析不同阶段的社会主要矛盾并作出科学回应，建立起不同阶段包含不同对象的统一战线，努力以马克思主义中国化的民族的科学的大众的文化去引领中国人民为国家独立、民族解放而不懈斗争，推动了中国革命不断向前，取得了新民主主义革命的最终胜利。

4. 坚持对中华优秀传统文化进行现代性阐释

中华优秀传统文化要想在西方文明不断发展与输出的时代生存下去，还必须革故鼎新，能够与社会发展的潮流相结合，必须

① 参见周向军、赵信彦：《中国共产党人传统文化观的百年历史演进与基本经验》，《理论学刊》2021 年第 5 期。

在民族性的继承中彰显时代性，以更先进的科学理论对中华优秀传统文化进行针对性的改造。新民主主义革命时期，以毛泽东同志为主要代表的中国共产党人正是适应了这样的要求，努力在彰显时代性中对中华优秀传统文化进行创新发展，提出能够为人民群众所接受的理论体系与文化产品，才使得毛泽东思想成为指导中国革命的科学思想。同时，也正是共产党人擅于从优秀传统文化中抽绎、生发出新的意涵，才使得中华优秀传统文化永葆生机与活力，实现了现代化与民族化的融合，实现了对传统文化的超越，探索出遭受屈辱压制的民族如何推动民族文化发展的崭新道路。

5. 坚持以人民为中心创新中华优秀传统文化

习近平总书记指出："文学艺术创造、哲学社会科学研究首先要搞清楚为谁创作、为谁立言的问题，这是一个根本问题。"① 这关乎中华优秀传统文化传承发展的价值旨向和创作导向。对新民主主义文化，毛泽东提出："它应为全民族中百分之九十以上的工农劳苦民众服务，并逐渐成为他们的文化。"② 中华优秀传统文化之所以能得到传承弘扬，就是因为共产党人始终坚持人民立场，始终坚持以人民为中心的导向，始终坚持群众观点和群众路线。中国共产党对中华优秀传统文化的传承弘扬，推动了马克思主义中国化的进程，同时将中华传统美德与民族精神熔铸于共产党人的精神血脉中，实现了中华优秀传统文化在追求人的自由全面发展的共产党人身上的有机融入。此外，人民性熔铸于党传承弘扬中华优秀传统文化的历史进程中，使得党领导的革命事业得

---

①《习近平谈治国理政》第 3 卷，北京，外文出版社 2020 年版，第 323 页。

②《毛泽东选集》第 2 卷，北京，人民出版社 1991 年版，第 708 页。

到全国人民的参与和支持。

6. 坚持正确处理“民族性”与“世界性”关系

新民主主义革命时期，共产党人立足于半殖民地半封建社会的社会性质，在坚持马克思主义基本原理的基础上，站在中国历史和文化的立场上探究中国社会的发展道路，探究中国的解放之路，提出了切合实际的“中国化”观点。中国共产党人始终关注民族性，从中华民族的生存与永续发展出发，又十分关注同时代的西方文化，注重从西方文化中借鉴优秀成分。共产党人还积极创造具有中国作风和中国气派的文化，在《论新阶段》中，针对一些人教条地对待马克思主义，毛泽东指出：“洋八股必须废止，空洞抽象的调头必须少唱，教条主义必须休息，而代之以新鲜活泼的、为中国老百姓所喜闻乐见的中国作风和中国气派。”[①] 这表明在新民主主义革命时期，共产党人就十分注重将中华优秀传统文化与世界文化接轨，更好地处理“民族性”与“世界性”的关系，从而推动马克思主义在中国的发展，为中国革命注入文化力量。

二、社会主义革命和建设时期党对中华优秀传统文化的传承弘扬

新中国成立后，党基本延续了新民主主义革命时期对待传统文化的态度，倡导在批判中继承和发扬中华优秀传统文化。优秀传统文化为推进新民主主义文化向社会主义文化转型提供了精神

① 《毛泽东选集》第 2 卷，北京，人民出版社 1991 年版，第 534 页。

源泉。社会主义革命和建设时期，党汲取优秀传统文化滋养，建设新民主主义文化和社会主义文化，重点发展人民的文学、艺术、戏曲、电影等文化事业，调动积极因素为社会主义建设服务。党充分利用中国历史上有价值的文化遗产，在传承优秀传统文化的基础上，有效促进了社会主义物质文明和精神文明的结合，彰显了中华优秀传统文化的强大生命力和时代适应性。这一时期，党传承弘扬优秀传统文化大体上可以分为社会主义过渡与改造、社会主义探索和“文化大革命”3个阶段。

（一）社会主义过渡与改造时期党对中华优秀传统文化的传承弘扬

从1949年中华人民共和国成立，到1956年9月中共八大召开，党领导全国各族人民有步骤地实现从新民主主义社会到社会主义社会的转变。在新中国成立之初，文化工作恢复与巩固并行，破旧立新并举。党十分重视中华优秀传统文化的发展，并取得显著成效。新中国成立之初的前三年是新民主主义向社会主义过渡时期，文化领域按照《共同纲领》所规定的文化方针对待传统文化。党在巩固和发展解放区文化的同时，接受并改造旧中国遗留下来的文化机构，批判封建的、买办的、法西斯主义的思想，建立民族的科学的大众的新民主主义文化。1953年，党正式提出过渡时期的总路线，即逐步实现社会主义工业化，实现对农业、手工业和资本主义工商业的社会主义改造。1956年，社会主义三大改造基本完成，基本实现了生产资料私有制向社会主义公有制的转变。与此同时，文艺界也对私营文化事业和团体进行了社会主义改造。在建设社会主义文化的同时，党和国家加强对中华优秀传统文化的继承发展，提倡用科学态度研究传统文化，发掘、利用、改革、发展民间原有的各种艺术和文化娱乐形式，如旧戏曲、文学、武术等。党对中华优秀传统文化的传承弘扬的具体实践和经验有以下方面。

第一，加强了党的领导。新中国成立后，党开启了在全国范围内全面执政的新局面，为中华优秀传统文化的继承创新建立明确的领导核心。在中央人民政府成立之前，由中共中央宣传部暂时代管文化事业。1949 年 10 月，全国第一次政治协商会议选出中央人民政府，下设了文化部专门分管文化工作。文化部门内部也设立党的组织，“使党组真正成为贯彻执行中央关于文化方面的方针、政策的领导核心”[①]，克服了“过去党组的个别组员对文化部全盘工作及党组工作不关心，以致放松或放弃集体领导的自由主义倾向”[②]，有力推动了各地在党中央和文化部门的领导下弘扬传承中华优秀传统文化。

与此同时，中宣部成立文学艺术处、戏曲改进局、电影处，共同作为指导文艺工作的组织和机关单位，加强对文艺工作的领导，强调在对待传统文艺方面，未经文化部批准禁演前，任何机关团体不得随意禁止其演出。文化部门定期向党委和上级请示报告，加强监督，定期讨论政府文化部门和文艺团体的工作。这些部门定期组织选派专业干部与艺人合作，弘扬中华优秀传统文化。在地方，各大行政区、省、市党委宣传部，由部长或指定一位副部长亲自负责领导文艺创作，关注优秀传统文化的承继工

① 中央档案馆、中共中央文献研究室：《中共中央文件选集（一九四九年十月～一九六六年五月）》第 15 册，北京，人民出版社 2013 年版，第 85 页。

② 中央档案馆、中共中央文献研究室：《中共中央文件选集（一九四九年十月～一九六六年五月）》第 15 册，北京，人民出版社 2013 年版，第 85 页。

作，在全国范围内确保贯彻中央关于传承优秀传统文化的方针政策。除此之外，在文艺界还成立了由党领导的中华全国文学艺术界联合会，统一规划文艺工作和发展方向，积极引导优秀传统文化的继承与创新。

第二，建立社会主义性质的文艺团体。公有制经济体制下的文艺团体为优秀传统文化的继承弘扬提供组织保证。新中国成立后，党的各级文化部门着手成立社会主义性质的文艺组织，如文化宫、文化馆、文化站、国营戏曲剧团、话剧团、歌剧团、杂技团等，将优秀传统文化纳入公益文化宣传和弘扬的主要内容。这些部门和团体成为传承优秀传统文化的主力和担当，并定期组织文艺工作者赴工厂、农村、部队巡回演出新作品。这切实促进了人的全面发展，打破了不同社会群体在文化领域的隔阂，减少了城乡之间、工农之间的文化待遇差异。有的地方还成立了一些公益性的业余训练班，有计划地发掘和培育农村、工人群体中的传统文艺人才，在此过程中促进优秀传统文化的弘扬继承。

另外，改造民间和私营文化事业。“民间和私营文化事业、企业，是我们国家长期积累起来的宝贵财富，也是今天国家整个文化事业的重要组成部分。”[①]1952 年 12 月，文化部印发《关于整顿和加强全国剧团工作的指示》，提出改造旧剧团，引导私营剧团国有化。一些地方开始了旧剧团改造的试点，并在全国范围内推行。1956 年 7 月，文化部党组再次向中央作了《关于加强民间和私营文化事业、企业领导管理和社会主义改造的请示报告》，要求“各地文化部门必须在省、市党委和人民委员会的领导下，

① 中央档案馆、中共中央文献研究室：《中共中央文件选集（一九四九年十月～一九六六年五月）》第 23 册，北京，人民出版社 2013 年版，第 324 页。

根据中央对私营工商业进行社会主义改造指示的原则精神，结合文化事业的发展的长远规划，针对各行各业的具体特点，分别情况，加强政治领导和行政管理，积极地稳步地进行社会主义改造，提高他们的艺术和业务水平，改善他们的艺术活动和服务态度，维持各项事业、企业的经营积极性和从业人员的生活，使他们更好地为人民群众服务”[①]。由此，文化界开始社会主义改造，一些旧剧团和私营文化事业逐渐国有化、公有化。民间和私营文化团体领域的社会主义改造对传承优秀传统文化发挥了重要作用。党和国家在制定和执行发展国民经济的第一个五年计划时，也将文化作为重要建设内容之一，推进文化改造向着社会主义的方向发展，推动了文艺工作创新和改造，对民间原有的各种艺术和文化娱乐形式进行广泛且正确的发掘、利用、改革。

第三，在批判中继承和创新优秀传统文化。在遵循“为人民服务、为社会主义服务”的方向基础上，党领导文艺界创新了许多喜闻乐见的表现形式。中华人民共和国成立后，毛泽东重申了在延安整风时对传统文化“取其精华、去其糟粕”的立场，采取既要批判、继承，又要革新、创造的态度，阐述马克思主义关于批判地继承文化遗产学说的精髓。批判、继承、革新、创造是一个统一的过程。剔除封建性、荒诞的糟粕，以人民大众喜闻乐见的方式，展现传统文化的科学性、时代性。1949 年 7 月，全国第一次文代会召开，作出对待传统文化的基本态度是批判地接受与发展。文代会上，郭沫若作《为建设新中国的人民文艺而奋斗》的报告，“总结了‘五四’以来的新文艺运动，全面深刻地阐述

① 中央档案馆、中共中央文献研究室：《中共中央文件选集（一九四九年十月～一九六六年五月）》第 23 册，北京，人民出版社 2013 年版，第 324 页。

了毛主席的文艺思想、路线……号召‘必须经过各种不同的途径去和人民大众结合’，去‘完成我们这一代的文学艺术知识分子的历史任务……做出为人民所欢迎并能教育人民的文学艺术工作’”[①]。在此基础上，党提出要加强对旧剧本的整理和修改。各大行政区、省、市文化主管部门协同文艺团体大力组织文艺作家与戏曲艺人合作，有计划、有步骤地进行当地流行的旧有剧本的整理和修改工作，并提出“在修改旧有剧本时，必须防止对于艺术遗产的粗暴态度”[②]。这些部门对发展大众文艺，改造旧的形式和内容，培养和奖励新的文艺工作者作出极大的贡献，推动文艺工作能够为广大人民服务。

党针对戏曲工作提出“三改”政策。1951 年 5 月，周恩来签发《政务院关于戏曲改革工作的指示》，指出中国戏曲种类极为丰富，“但这种遗产中许多部分曾被封建统治者用作麻醉毒害人民的工具，因此必须分别好坏加以取舍，并在新的基础上加以改造、发展，才能符合国家与人民的利益”[③]。针对其中的不良内容和不良表演方法进行必要的和适当的修改，即进行“改戏、改人、改制”：“改人”强调戏曲改革必须依靠艺人，改造旧社会过来的艺人，使他们成为人民群众热爱的艺术家和演员，在艺术展现和表演技术上达到新的高度；“改制”主要是改进剧团内部的管理制度。之后，戏曲教育和理论研究得到充分重视，保障和推

① 新华月报资料室：《悼念郭老》，北京，生活·读书·新知三联书店 1979 年版，第 105 页。

② 中共中央文献研究室：《建国以来重要文献选编》（第三册），北京，中央文献出版社 1992 年版，第 456 页。

③ 中共中央文献研究室：《建国以来重要文献选编》（第二册），北京，中央文献出版社 1993 年版，第 250 页。

动了戏曲创作实践的发展，推进以新编历史剧的形式演绎经典，展现人民生活新诉求。过渡时期总路线是照耀新中国成立初期党和国家各项工作的灯塔，文化领域也出现了建设高潮。社会主义制度确立以后，毛泽东从政治、经济与文化辩证关系视角，科学分析文化建设的重要地位，推动中华优秀传统文化适应社会主义建设，大力促进优秀传统文化为社会主义建设服务。

第四，提出“百花齐放、推陈出新”文艺方针，进而发展为“百花齐放、百家争鸣”。文艺工作方向的新方针促进了优秀传统文化的传承创新。新中国成立后的文艺工作方针沿着毛泽东《在延安文艺座谈会上的讲话》所指出的正确方向前进，即文艺工作者为工农商学兵服务，为大众服务，做好文化普及的工作，促进传统文化向大众化、普及化转向。1942 年 10 月，毛泽东为延安平剧研究院成立题词“推陈出新”，成为解放区改革传统戏曲的方针。1951 年 4 月，毛泽东在给新成立的中国戏曲研究院题词中，又把“百花齐放”与“推陈出新”并提，形成了更加完整的戏曲改革方针，指导全国传统戏剧改革，并推而广之，成为中国广大文艺工作者改革一切传统文化艺术的根本方针，推进了优秀传统文化更适合中国社会主义革命和建设发展的新方向。可以说，在“双百”方针指导下，对待中华优秀传统文化方向是在批判的基础上继承，积极地整理和挖掘。

1956 年文艺领域工作方针由“百花齐放、推陈出新”转为“百花齐放、百家争鸣”。1956 年 4 月，毛泽东在中共中央政治局扩大会议上又重申了艺术问题上的“百花齐放”，学术问题上的“百家争鸣”应该成为我国发展科学、繁荣文学艺术的方针。中共中央遂将“百花齐放，百家争鸣”确定为党的科学和文化工作的方针。1956 年 5 月 2 日，毛泽东在最高国务会议上宣布中国共产党对文艺工作的方针是“百花齐放”，对科学工作的主张是“百家争鸣”。1956 年 5 月 26 日，在中南海怀仁堂召开的知识界会议上，陆定一作《百花齐放，百家争鸣》的讲话，对中央这一方针作了全面的阐述，指出对待传统文化的态度是批判地继承，提出党对我国文化遗产采取的方针是：“要细心地选择、保护和发展它的一切有益成分，同时要老老实实地批判它的错误和缺点”[①]，要求文艺工作者和科学工作者要“去学习，细心选择、保护和发展它们的有益成分，使之成为科学的东西”[②]。这篇讲话体现了党对待传统文化的基本态度。1954 年 1 月，文化部党组向中央作报告提出今后戏曲工作改进意见，指出要在“双百”方针引领下努力发展各类舞台剧本，改进表演艺术。一方面改编和创作戏曲剧本，用新观点表现历史题材，同时运用适宜于表现现代生活的某些戏曲形式表现现代题材。[③] 可见，党和政府十分重视我国流传下来的丰富文化遗产，积极团结文艺工作队伍，尊重旧社会过来的艺人，着力提高他们的社会地位，并积极动员他们参加文艺改革，继承优秀的传统文化和文艺。

第五，对文字的传承和变革。汉字是汉语的书写符号，是中华优秀传统文化的象征。由于一些汉字难认难写难记，使我国普通教育在文字教学方面耗费了大量时间，妨碍了教育的普及与提

① 中共中央文献研究室：《建国以来重要文献选编》（第八册），北京，中央文献出版社 1994 年版，第 322 页。

② 中共中央文献研究室：《建国以来重要文献选编》（第八册），北京，中央文献出版社 1994 年版，第 323 页。

③ 中央档案馆、中共中央文献研究室：《中共中央文件选集（一九四九年十月～一九六六年五月）》第 15 册，北京，人民出版社 2013 年版，第 70 页。

高。为改变文化落后状态，扫除文盲，提高工农文化素养，党和政府采取积极慎重的步骤，大力推进文字改革，进一步发展文化教育事业。文字改革主要进行了简化汉字、推广普通话和推行汉语拼音方案三项工作。1951 年 12 月，政务院文化教育委员会决定成立文字改革研究委员会，从事文字改革工作。中共中央的方针是：汉字必须改革，汉字改革要走世界文字共同的拼音方向，在实现拼音之前必须简化汉字。1955 年 1 月，中国文字改革委员会颁发了汉字简化方案草案。1955 年 10 月，全国文字改革会议通过了《汉字简化方案修正草案》，提出文字改革和推广以北京语音为标准化的普通话，选定群众已经通行的简字逐步分批实施。1956 年 1 月，国务院通过并公布了汉字简化方案。方案简化汉字 230 个，同时废除 1055 个异体字，另公布试用简化汉字 285 个和简化偏旁 54 个，在征求意见作修改后再正式分批推行。1956 年 1 月，为了推广普通话和辅助扫盲教育中的汉字注音，中共中央制定了《关于文字改革工作问题的指示》，制定了采用拉丁字母汉语拼音方案。《汉字简化方案修正草案》由文改会加以整理，共计简化汉字 517 个，简化偏旁 54 个。推行办法拟从 1956 年 1 月起每四个月推行一批。依此分批推行到 1957 年夏季可在书报上全部推行。经过这次简化以后，在日常应用的 6000 多个汉字中，已有 1700 多字得到简化。文改会准备继续整理异体字，并拟定《通用汉字表》，以进一步减少汉字字数。同时会同文化部研究刻制汉字标准铜模，使我国铅字字体逐步做到有统一的规格，并提高印刷质量，以推广报刊公文的横排横写。1956 年 2 月，国务院又颁布了《关于推广普通话的指示》，规定从 1956 年秋季起，除民族地区外，在全国小学和中等学校的语文课内一律开始教学普通话，军队中的语文课、青年团的各支部和工会各地组织、各地广播电台、编辑、服务、外翻人员等都开始推广普通话。汉字简化、汉字拼音、普通话的推行对中华优秀传统文化的保护和传承起了重要传播作用。

（二）社会主义探索时期党对中华传统文化的批判继承

中共八大开启了全面建设社会主义的历史时期。总的来看，1956 年 9 月至 1966 年 5 月党继续保持新中国成立初期批判地继承优秀传统文化的态度，注重搜集和整理传统文化的优秀成果。在过渡时期总路线制定后，党中央不仅提出实行科技革命和文化革命，继续促进汉字改革，也提出文化跃进背景下的新采风运动，在以中国戏曲为代表的优秀传统文化的传承发展方面取得了新的进步。

第一，继续批判地继承优秀传统文化。进入社会主义全面探索时期，党继续主张在批判中继承，在继承中创新，推进优秀传统文化更向前进。1960 年 7 月，文化部部长周扬在中国文学艺术工作者第三次代表大会上作《我国社会主义文学艺术的道路》的报告，宣传了党对待中华优秀传统文化“推陈出新”的政策，对文化遗产要批判地吸收，激发广大文艺工作者在继承遗产的基础上创作出更多优秀的作品。他强调：“继承遗产必须经过研究和批判，要批判就必须研究，而批判又正是为了更好地继承。……批判的过程就是一个学习马克思主义、学习遗产的过程。……学习，批判；再学习，再批判；只有经过这种反复的过程才能对于批判地继承遗产做到恰如其分。”[①] 主张用马克思主义历史唯物主义和批判态度，对文学艺术遗产进行历史的、全面的、科学

① 中共中央文献研究室：《建国以来重要文献选编》（第十三册），北京，中央文献出版社 1996 年版，第 487 页。

的分析，既要指出过去的优秀作品在当时历史条件下的意义和作用，给以一定的历史地位，又要指出它们在今天条件下对于人民的意义和作用，对过去的作品在区别和分析中有选择地学习，要"指出哪一些作品由于深刻地描写了当时的社会生活，以动人的艺术力量反映了历史的真实，在今天和今后仍有重要的价值而且仍然为读者所欣赏；哪一些作品对于当时的社会现实并没有深刻的认识甚至有显著的歪曲，而在艺术上又是一无足取的"①。因此要对文艺作品加以分析，指出哪些在今天仍有积极意义，哪些已不适应时代发展。这是对马克思主义立场和毛泽东对待中华传统文化观点的深入分析和提炼，有力推进了优秀传统文化的创新发展。

1960 年 12 月，毛泽东在接见外宾的一次谈话中再次强调，"对中国的文化遗产，应当充分地利用，批判地利用。中国几千年的文化，主要是封建时代的文化，但并不全是封建主义的东西，有人民的东西，有反封建的东西"，"封建主义的东西也不全是坏的"，"反封建主义的文化也不是全部可以无批判地利用的。封建时代的民间作品，也多少都还带有封建统治阶级的影响"②。他在 1956 年 8 月同音乐工作者的谈话中，以中华传统文化中的音乐、绘画、饮食、中医、小说等为例，强调我们既要学习国外的长处，也要重视民族的传统，"创造出中国自己的、有独特的民族风格的东西"③。由此可见，毛泽东在对待传统文化问题上不

① 中共中央文献研究室：《建国以来重要文献选编》（第十三册），北京，中央文献出版社 1996 年版，第 487 页。

②《毛泽东文集》第 8 卷，北京，人民出版社 1999 年版，第 225 页。

③《毛泽东文集》第 7 卷，北京，人民出版社 1999 年版，第 83 页。

断有更深入的思考。1961年6月，周恩来在文艺工作座谈会和故事片创作会议上的讲话中提出，要用中华优秀传统文化展现社会主义的新价值观念。讲话中引用了毛泽东的话："所以毛主席要我们继承优秀的文化遗产，批判地吸收其中的一切有益的东西，'弃其糟粕，取其精华'，使它发扬光大，一代胜过一代，到了共产主义社会就更加发扬光大。"[①] 这充分体现了中国共产党对中华优秀传统文化的重视和关注。党领导文艺工作者沿着"为人民服务、为社会主义服务"的方向继承中华优秀传统文化，有步骤地剔除封建性、荒诞性的糟粕，吸收其科学性、民主性的精华，创新了许多喜闻乐见的表现形式。

第二，继续注重文化遗产的整理和收集工作。整理和搜集文化遗产是继承和弘扬中华优秀传统文化的重要途径。1956年2月24日，在《关于知识分子问题的指示》中，中共中央提出要"有计划地整理我国科学文化的历史遗产，接受和发挥其中的精华。……应该集合必要的人力，在三个五年计划期间，把我国最重要的古籍选译成为白话"[②]。1962年4月，中共中央批转的文化部党组和文学艺术界联合会党组《关于当前文学艺术工作若干问题的意见（草案）》（以下简称《意见》）强调"百花齐放，推陈出新，是继承和发展我国优秀文学艺术遗产和传统的唯一正确的方针，是完全符合我国社会主义文学艺术发展的规律的"[③]。

---

① 中共中央文献研究室：《建国以来重要文献选编》（第十四册），北京，中央文献出版社1997年版，第484页。

② 中央档案馆、中共中央文献研究室：《中共中央文件选集（一九四九年十月～一九六六年五月）》第22册，北京，人民出版社2013年版，第292页。

③ 中央档案馆、中共中央文献研究室：《中共中央文件选集（一九四九年十月～一九六六年五月）》第39册，北京，人民出版社2013年版，第382页。

"在整理遗产和继承传统的问题上，我们既反对粗暴，也反对保守，鼓励实事求是的科学的研究和恰当的、适合传统艺术特点的革新；在对待外国文化的问题上，我们既反对一概排斥，也反对不加选择地全盘接受。"[①] 这就要求文艺工作者应该认真学习优秀文学艺术遗产和传统，用马克思主义唯物史观分析艺术宝藏和经验，"一方面，要根据当时的历史条件，检查它们在历史上的意义和作用，不能要求古代的作品具有现代的思想内容；另一方面，又要根据当前的历史条件，注意这些作品对于今天的人民群众所起的作用和影响"[②]。对于如何继承遗产和传统并在新的基础上得到进一步的发展，《意见》指出必须将整理和传播相结合，要"收集和整理我国各民族和民间的文学艺术遗产，要作出全面的规划和安排。争取在不太长的时间内，把各民族和民间的各种重要文学艺术遗产记录、收集起来"，"以增强人民的爱国主义和民族自豪感，丰富人民的精神生活和智慧，满足人民艺术欣赏和文化娱乐的需要"。《意见》还指出，要把原始资料按原样保存，不要乱加删改，然后有计划地加以整理。少数民族的重要文学遗产，还需要逐步翻译成汉文（当代的作品，也要注意翻译）。"民间艺术遗产许多保存在老艺人身上，要迅速组织力量向他们学习，鼓励他们把全部艺术经验和技能传授给下一代，并且要帮助他们整理、总结创作经验和表演经验。"[③] 可以说，文化遗产的整

---

① 中央档案馆、中共中央文献研究室：《中共中央文件选集（一九四九年十月～一九六六年五月）》第 39 册，北京，人民出版社 2013 年版，第 282 页。

② 中央档案馆、中共中央文献研究室：《中共中央文件选集（一九四九年十月～一九六六年五月）》第 39 册，北京，人民出版社 2013 年版，第 382 页。

③ 中央档案馆、中共中央文献研究室：《中共中央文件选集（一九四九年十月～一九六六年五月）》第 39 册，北京，人民出版社 2013 年版，第 383 页。

理和收集工作积累了宝贵的经验，也总结了高效的工作方法，为中华优秀传统文化的挖掘和整理提供了方法论支撑。

第三，社会主义建设总路线下的文化革命。毛泽东在《关于正确处理人民内部矛盾的问题》的讲话中指出：将我国建设成为一个具有现代工业、现代农业和现代科学文化的社会主义国家，首次提出科学文化的现代化。1958 年 11 月，中共八届二中全会确定了“鼓足干劲、力争上游、多快好省地建设社会主义”的总路线，要求为科技革命和文化革命而奋斗，尽快地把我国建设成为一个具有现代工业、现代农业和现代科技文化的社会主义国家。在文化革命方面的主要任务是，“扫除文盲，普及小学教育，逐步地做到一般的乡都有中等学校，一般的专区和许多的县都有高等学校和科学研究机关；完成少数民族文字的创制和改革，积极地进行汉字的改革；消灭‘四害’，讲究卫生，提倡体育，消灭主要疾病，破除迷信，移风易俗，振奋民族精神；开展群众的文化娱乐活动，发展社会主义的文学艺术；培养新知识分子，改造旧知识分子，建立一支成千万人的工人阶级的知识分子队伍，其中包括技术干部的队伍（这是数量最大的），教授、教员、科学家、新闻记者、文学家、艺术家和马克思主义理论家的队伍”[①]。以此改变文化落后面貌，破除迷信。“在文字改革方面，1959 年 6 月 29 日中国文字改革委员会和文化部联合发出通知，自 7 月 15 日起推行第四批 92 个简化汉字。经几年试行后，到 1959 年 6 月，中国文字改革委员会先后正式公布推行了 4 批

① 中央档案馆、中共中央文献研究室：《中共中央文件选集（一九四九年十月～一九六六年五月）》第 28 册，北京，人民出版社 2013 年版，第 21 页。

共517个简化汉字。”[①]“1964年中国文字改革委员会出版简化字总表，共计2238个简化字，14个简化偏旁。”[②]汉字简化工作加速了文化普及和传统文化的传承，加快了普通话的推行。

第四，文化跃进下的新采风运动。在学术文化领域，继续贯彻执行“百花齐放、百家争鸣”的方针，提出在文化科学技术水平上超英赶美，提倡文化跃进。在一定程度上讲，这一政策对传统文化的传播和继承也起到一定的积极作用。1956年8月，中国科学院文学研究所和民研会共同组成联合调查采风组，他们的调查宗旨是“摸索总结调查采录口头文学的经验，方法是要到从来没有人去过调查采录的地方去，既不与人重复，又可调查采录些独特的作品和摸索些新经验”。新采风运动对挖掘传统文化，特别是少数民族的优秀传统文化起到重要作用，出版了很多文化简史、简志。在全党工作的重点转向社会主义现代化建设的新形势和新采风运动的影响下，1958年7月，中国民间文学工作者第一次代表大会召开，大会通过的《关于全国民间文学工作者大会的报告》提出，“许多优秀的传统作品，今天还在群众中流传，是我国民族文化传统的精华。中国民间文学包括工农群众的口头创作（民歌、民间故事、传说、谚语等）、民间说唱和民间戏曲等”。报告指出，“全面搜集、重点整理、大力推广、加强研究”的任务和“古今并重”的原则，“全面搜集、忠实记录、慎重整理，适当加工”的方针，出版了《中国民间故事选》。“在搜集、

① 张顺清、李金山：《中华人民共和国文化史》，黑龙江，黑龙江教育出版社1992年版，第74—75页。

② 张顺清、李金山：《中华人民共和国文化史》，黑龙江，黑龙江教育出版社1992年版，第74—75页。

编选民歌方面，从四月初到现在，各省、市、自治区从乡、县到省已经出版了一千五百一十五种民歌选集、资料和各种歌谣刊物、小册子，有的农业合作社、工厂也出版了自己的跃进歌谣。”①1958年，毛泽东倡议全国掀起一个新的采风运动。这次采风运动，不仅搜集了大量的新民歌和旧民歌，而且带动了整个民间文学的调查研究工作。中共八届二中全会的“文化革命”和“文化跃进”，重点对民间优秀传统文化，如孔子教育思想、优秀传统手工业技术等进行弘扬，体现出在社会主义全面建设大背景下，中国共产党通过传承优秀传统文化，为经济社会发展提供智力支撑和思想源泉。

第五，社会主义探索时期对中国戏曲的传承与发展。在这一时期，中国共产党解除了对传统戏曲的禁演规定。1957年4月，第二次戏曲剧目工作会议作出进一步开放剧目的方针。5月，文化部通令所有原来禁演的戏曲剧目全部解禁，全面抢救和深入发掘戏曲遗产。仅据1957年4月统计，全国已发掘出剧目5.1万多个，其中记录了1.4万多个剧本，经过整理加工的剧本已有4200多个，已上演的10520个，基本解决了上演剧目贫乏的问题。1958年9月，文化部党组向中央作了《关于大力发展社会主义新戏曲的请示报告》，制定了今后戏曲工作应大力发展现代剧目，强调“还应该注意继续发掘整理优秀的传统剧目，编写新历史剧日”②。戏曲工作探索出以新编历史剧的形式赋予新的观点

① 中央档案馆、中共中央文献研究室：《中共中央文件选集（一九四九年十月～一九六六年五月）》第28册，北京，人民出版社2013年版，第265页。

② 中央档案馆、中共中央文献研究室：《中共中央文件选集（一九四九年十月～一九六六年五月）》第29册，北京，人民出版社2013年版，第55页。

演绎经典，展现人民生活新诉求，如《满江红》《司马迁》《李清照》《大明魂》等。濒临灭绝的昆曲、徽剧等古老剧种再次焕发新生，充分体现了社会主义全面探索时期文化建设背景的题材、形式、流派、风格。1960 年文化部提出“三并举”政策：大力发展现代剧目；积极地整理、改编、上演优秀的传统剧目；提倡历史唯物主义观点，创作新的历史剧目。1961 年 6 月，中共中央宣传部在北京新侨饭店召开全国文艺工作座谈会，讨论了《关于当前文学艺术工作的意见（草案)》，即《文艺十条》的初稿，1962 年 4 月定为《文艺八条》发全国执行，强调中国文化发展“百花齐放、百家争鸣”的方针，提倡继续发掘整理优秀的传统剧目，编写新历史剧目，明确了领导戏曲工作必须继续贯彻“双百”方针。

（三）“文化大革命”时期中华优秀传统文化传承的曲折发展

文艺界对新编历史剧《海瑞罢官》的批判，映射到史学界、文艺界、哲学界，进而扩大到政治领域，形成思想文化领域广泛的、大规模的政治批判运动。1966 年至 1976 年十年期间，全国经济、政治、文化、社会领域正常秩序被打乱。中国共产党对待中华传统文化方针受“左”倾影响，出现全盘否定中华传统文化的错误，很多文物古迹、经典书籍遭到红卫兵的破坏。值得庆幸的是，在党和国家领导人的保护下，一部分优秀传统文化得以幸运地存续。

1.“文化大革命”时期中华优秀传统文化的保护与传承

“文化大革命”期间对待中华优秀传统文化的保护和继承主要体现在文物考古的保护和中医药的传承上。

第一，开展了一些新的文物考古、发掘工作。1967 年 5 月，中共中央发出《关于在无产阶级文化大革命中保护文物图书的几点意见》之后，破坏文物的现象基本得到制止。在周恩来等党和国家领导人直接关怀下，一些重要的文物得到保护，并积极进行文物考古工作。其中突出的有：1968 年我国文物考古工作者在河北省满城县发掘了中山王刘胜及其妻子窦绾的两座古墓，出土 2800 多件随葬品。内中有第一次发掘出来的两套“金缕玉衣”和制作巧妙的“长信宫灯”“错金博山炉”。1972 年在长沙市马王堆发掘了一座西汉早期墓葬。1973 年对马王堆第二、三号墓进行了发掘，获得了大批珍贵文物，其中出土的帛书，共有 12 万多字，大部分是已失传一两千年的古籍。1974 年在山东临沂银雀山发掘西汉前期的两座墓葬中，发现了《孙子兵法》和已经失传 1000 多年的《孙膑兵法》等竹简 4000 多枚。1975 年 7 月 10 日，陕西省临潼县秦始皇陵东侧，发现一处总面积为 1.26 万平方米规模巨大的秦代陶俑坑，试掘发现了 216 个武士俑，出土和未出土的武士俑约 6000 个，排列成一个完整的军阵场面。其后，国家决定在俑坑原址上建立博物馆。按照周恩来的指示，对大同云冈石窟进行了修缮，举办了出土文物展览，组织到十几个国家展示出土文物，观众达 600 万人次，提升了中华优秀传统文化的国际传播力和影响力。

第二，在医疗卫生方面传承中医。中医中药是我国民族生存和发展积淀的宝贵文化遗产，是我国人民几千年在日常生活中与疾病作斗争积累的丰富经验，有很大的实用价值和科学研究价值。20 世纪五六十年代，中国半数以上的城市居民和几乎全部乡村居民靠中医、中药治病。在党和国家的号召下，卫生系统组织城市医务人员以巡回医疗队（以下简称“医疗队”）的形式支援农村卫生工作，这成为提高农村公共卫生建设水平的重要途径，也推进了传统中医药的挖掘和传承。1965 年 1 月，卫生部党组向中央提交的《关于城市组织巡回医疗队下农村配合社会主义教育运动进行防病治病工作的报告》提出，卫生部正在重点抓两项工作，其中一项“是组织巡回医疗队下农村，配合社会主义教育运动，进行防病治病工作”，并提出“城市卫生人员到农村防病治病，开展巡回医疗，今后应该像干部参加劳动一样，作为一种制度”①。1965 年 6 月，毛泽东和身边医务人员谈话时说：“中国百分之八十五的人口在农村，不为农村服务，还叫什么为人民服务。”毛泽东“六二六”指示发出后，卫生部于 9 月发出《关于把卫生工作重点放到农村的报告》提出，“今后要做到经常保持三分之一的城市医药卫生技术人员和行政人员在农村”。在中央同意卫生部党组的报告后，全国各地掀起了省、市、县医疗机构卫生人员下农村送医送药的热潮，大批城市医务人员被下放。由于医疗条件的限制和农民收入较低，巡回医疗过程中，医生们尽量使用价格低廉的中草药为农民救治常见病、多发病。比如用马齿苋、芥子泥等中草药治疗痢疾、小儿消化不良、哮喘等。医务人员通过探索简单低廉的中医疗法和民间的土偏方，促进了中医的发展和应用，将中国的传统医学技术发扬光大，这也是城市医务人员下乡为民服务的意外收获。

2.“文化大革命”时期对待中华优秀传统文化“左”的偏差

从 1957 年反右派斗争扩大化开始，党内“左”倾思想错误

---

① 中央档案馆、中共中央文献研究室：《中共中央文件选集（一九四九年十月～一九六六年五月）》第 48 册，北京，人民出版社 2013 年版，第 30 页。

逐渐严重，对传统文化展开了过激批判与否定，造成了两个方面的严重后果。一方面，政治批判取代学术研究，并一度造成对待传统文化的误区。1958 年 3 月，陈伯达在国务院科学规划委员会上作《厚今薄古，边干边学》的报告，批判“言必称三代”、脱离实践的学风，提出学术界不要总是面对古代、背对现代和将来等内容。毛泽东在 1958 年 3 月召开的成都会议上间接表扬了陈伯达的这篇讲话，认为其具有“破竹之势”。“厚今薄古”论的提出，是为了实现研究传统文化为现实政治服务，但由于该命题的模糊性，导致在传统文化领域出现了对历史文化遗产问题采取粗暴态度、“一片打倒声”、“历史几乎成为黑漆一团”的现象。另一方面，到了 20 世纪 60 年代，党的八届十中全会重新提出“阶级斗争为纲”，“左”的思想对待传统文化的影响越来越严重，在文艺界展开了批判，对中华传统文化尤其是儒家思想和观点展开批判。1963 年 12 月，毛泽东就文艺工作作出两个重要批示，影响了文艺工作发展方向，对文艺界提出尖锐的批评，给文艺界造成极大的震动。文艺界的整风和批判主要体现在戏剧界，展开对昆曲《李慧娘》、京剧《谢瑶环》等戏剧、电影的批判，严重破坏了“百家齐放、百家争鸣”的政策，使得一些优秀的文艺作品和文学著作受到了批判，影响了对中华优秀传统文化的继承弘扬。“左”的错误在意识形态和文艺界一直持续，是“文化大革命”在文艺界的最初表现。

戏曲领域是“文化大革命”时期批判的重要领域。新中国成立初期和社会主义探索时期提出的“两条腿走路”与“三并举”的正确政策在相当程度上没有得到进一步坚持和发展，一些领域出现了不适当地批判戏曲界的代表人物和部分作品的现象，给戏曲队伍和戏曲工作造成了消极影响。这十年对戏曲界的摧毁是非常严重的，许多剧团被解散，从业人员受迫害，许多作品遭到错误否定。由此，传统戏曲的传承步入艰难的境地。

红卫兵有组织地对很多优秀传统文化进行批判。从 1966 年 6 月起，红卫兵喊出“打倒一切牛鬼蛇神”的口号，提出要打破一切剥削阶级的旧思想、旧文化、旧风俗、旧习惯。“破四旧”运动在全国迅速蔓延开来，许多古书文籍、珍贵文物遭到了不同程度的毁坏，甚至发展到打人、抄家、乱砸乱烧。红卫兵等捣毁了许多具有高度建筑艺术价值的宫殿、寺院、亭阁和具有历史意义的古牌坊，砸烂了无数精美的神像、佛雕，焚烧了价值连城的古籍、经典、档案材料。传统的节日也受到限制，比如禁止人们吃月饼、赛龙舟庆祝节日。在“破四旧”运动中，批判和恶意曲解孔子的儒家思想。如北京大学、清华大学大批判组的文章《孔丘其人》曲解孔子的一生。在这篇文章中，“孔丘被描绘成‘甚至在他七十一岁重病在床的时候，听说齐国新兴地主阶级杀了奴隶主头子齐简公，夺取了政权，还拼命挣扎着爬起来，摇摇晃晃地去朝见鲁君，再三请求讨伐’”[①]。1966 年年底，红卫兵到曲阜“讨孔”，焚毁、砸烂古典书画、对联、文物等 6638 册，一次焚毁和当废纸处理的珍贵资料达 1 万余斤，计 10 万多册，孔林中的 1000 多块石碑被推倒。在这场全国性的政治运动中，中华民族优秀传统文化遭到极大破坏。

1974 年的“批林批孔”运动对以孔子为代表的儒家文化实行了全盘否定，对传统文化造成了无法弥补的损失。“四人帮”通

① 参见郑谦：《中华人民共和国史（1966—1976）》，北京，人民出版社 2010 年版，第 387 页。

过曲解《吕氏春秋》等史学著作开展影射以周恩来为代表的党和国家领导人，提出“打倒当代孔老二”“打倒黄埔军校政治部主任”等直指周恩来的标语，掀起了新的儒法斗争史，将儒法斗争看作是历史发展的“基本线索”，在“批林批孔”运动的全面开展中，把孔孟之道作为阴谋篡党夺权、复辟资本主义的反动思想武器进行批判。

直到1975年邓小平复出后，他领导中央对文艺工作进行调整。邓小平力促文艺调整，提出文艺要搞百花齐放，不要一花独放。邓小平组织人调查文艺界状况，向毛泽东转呈文艺、教育界人士反映情况的材料。经中央政治局批准，一批被禁播的电影、戏曲陆续开禁。1978年4月，文化部决定恢复所属艺术团体的建制和名称，之后文化部为大批受迫害的文艺工作者平反，文艺工作才恢复正常，对待中华传统文化的态度才从全盘否定逐渐转变为“取其精华，去其糟粕”，作为精神文明建设的主要内容加以弘扬和继承。

二、改革开放和社会主义现代化建设新时期党对中华优秀传统文化的传承弘扬

改革开放和社会主义现代化建设新时期，党带领全国各族人民逐步开辟出具有中国特色的社会主义现代化道路，形成马克思主义中国化时代化的理论成果，中国特色社会主义在实践和理论中的原创性贡献以中华优秀传统文化作为历史依据。党在新时期围绕“如何认识和对待传统文化”形成了科学的传统文化观，具体而言：以邓小平、江泽民和胡锦涛为主要代表的

中国共产党人在对待传统文化的态度上经历了以批判为主、由破到立、弘扬与建设并举的转变，与传承弘扬传统文化的态度和做法相适应产生了批判地继承传统文化的基本成效，从中华优秀传统文化中为新时期建设中国特色社会主义汲取了科学方法、提出了社会理想并明确了价值追求。总结新时期传承弘扬优秀传统文化的经验教训，将有助于在新时代接续推进传统文化的时代化发展，特别是在坚持马克思主义与中华优秀传统文化的融合发展、坚持中国特色社会主义文化建设中的中华文化立场以及坚持以弘扬优秀传统文化回应时代问题等方面提供参考和借鉴。

（一）新时期党传承弘扬中华优秀传统文化的基本立场

新时期党对待中华优秀传统文化的态度与做法不仅直接影响优秀传统文化的传承效果，而且关乎改革开放和社会主义现代化建设的实践探索和理论创新。党的十一届三中全会重新确立了“实事求是”的思想路线，以邓小平、江泽民和胡锦涛为主要代表的中国共产党人立足社会主义初级阶段的基本国情，运用辩证唯物主义和历史唯物主义，把中华优秀传统文化分别与建设社会主义精神文明、建设有中国特色的社会主义文化和建设中华民族共有精神家园的目标相结合，以批判、继承、发扬和建设的整体态度传承弘扬中华优秀传统文化。

1. 以邓小平同志为主要代表的中国共产党人在批判中继承优秀传统文化

改革开放以来，邓小平总结过去对待传统文化的经验教训，恢复正确的文化路线，坚持“百花齐放、百家争鸣”的方针，坚持“为人民服务、为社会主义服务”的方向，提出“认真钻研、吸收、融化和发展”[1]，以辩证的、历史的方法“实事求是地肯定应当肯定的东西，否定应当否定的东西”[2]。新民主主义革命完成了反帝反封建的历史任务，却并未肃清思想政治中的封建主义残余，这内在地决定了党在新时期对传统文化的继承必须以对思想文化领域的反思和批判为前提。1980 年，邓小平在《党和国家领导制度的改革》中明确指出，封建主义的残余包括“社会关系中残存的宗法观念、等级观念；上下级关系和干群关系中在身份上的某些不平等现象”[3]，等等，特别是在思想政治方面需要明确划清三个界限：其一，“划清社会主义同封建主义的界限”[4]，明确文化建设所处的社会发展阶段；其二，“划清文化遗产中民主性精华同封建性糟粕的界限”[5]，明确社会主义民主相较于封建主义专制的历史进步性；其三，“划清封建主义遗毒同我们工作中由于缺乏经验而产生的某些不科学的办法、不健全的制度的界限”[6]，实事求是地推进文化和各项事业的发展。党的十一届六中全会审议通过的《关于建国以来党的若干历史问题的决议》充分肯定了毛泽东的文化主张和方针，提出发展民族的、科学的、大众的文化具有深远的价值和意义，新时期的文化建设事业要继续实行“双百”方针，这成为全党对待传统文化的共识。20 世纪 80 年代中后期，伴随全面改革和对外开放的发展，如何处理传统文化与社会主义现代化建设的关系逐渐成为人们重点关注和把握

---

① 《邓小平文选》第 2 卷，北京，人民出版社 1994 年版，第 212 页。
② 《邓小平文选》第 2 卷，北京，人民出版社 1994 年版，第 334 页。
③ 《改革开放三十年重要文献选编》，北京，中央文献出版社 2008 年版，第 151 页。
④ 《邓小平文选》第 2 卷，北京，人民出版社 1994 年版，第 335 页。
⑤ 《邓小平文选》第 2 卷，北京，人民出版社 1994 年版，第 335 页。
⑥ 《邓小平文选》第 2 卷，北京，人民出版社 1994 年版，第 335 页。

的问题。党的十二届六中全会强调："新中国的成立，在社会主义基础上开始了伟大的中国文明的复兴。自从我们国家以党的十一届三中全会为标志进入一个新的历史发展时期，更赋予这个复兴新的强大的生机和活力，这个复兴，不但将创造出高度发达的物质文明，而且将创造出以马克思主义为指导的，批判继承历史传统而又充分体现时代精神的，立足本国而又面向世界的，这样一种高度发达的社会主义精神文明。"① 会议不仅突出了传统文化在社会主义精神文明建设中发挥的建设性作用，而且第一次使用了"中国文明的复兴"的崭新提法，充分体现了党对传统文化的重视。需要强调的是，传承弘扬中华传统文化一直是与新民主主义革命实践相伴生的马克思主义中国化的题中之义，但因为第二代领导集体在对待传统文化时把历史任务主要集中在通过反对落后腐朽的封建思想残余以扫清思想障碍的问题上，因而并没有为社会主义精神文明建设汲取到更多的传统文化养料，加之资本主义思想的侵袭和否定传统文化论断的发酵，某种程度上造成了社会"一手硬，一手软"的局面。为此，邓小平强调要坚持"两手抓，两手都要硬"的方针。

2. 以江泽民同志为主要代表的中国共产党人继承与发扬优秀传统文化

以江泽民同志为主要代表的中国共产党人在批判传统文化的基础上，提出与时俱进地发扬优秀传统文化，在对待传统文化的态度上完成了"由破到立"的转变。1989 年，江泽民在党的十三届四中全会中强调，从国际视野来看，一个自身没有强大精神支

①《中共中央关于社会主义精神文明指导方针的决议》，北京，人民出版社 1986 年版，第 7 页。

柱的民族，难以自立于世界民族之林，从国内发展实际来看，吸取物质文明和精神文明“一手硬，一手软”的现实教训，需要在发展物质文明的同时大力加强精神文明建设。他指出，“我们的社会主义现代化建设，需要继承和发扬中华民族优秀文化传统”[①]，而弘扬优秀传统文化，需要在正确对待传统文化时分清精华和糟粕，使传承至今的传统文化的精华在新时期焕发新的活力。20世纪80年代末的“东欧剧变”和90年代初的“苏联解体”，使马克思主义和世界社会主义遭受到前所未有的质疑和挑战，中华优秀传统文化在推进马克思主义中国化和社会主义文化建设中发挥的基础性作用得以凸显。江泽民在庆祝中国共产党成立七十周年大会上的讲话中提出建设“中国特色社会主义的文化”，并强调“必须继承和发扬民族优秀文化传统而又充分体现社会主义时代精神，立足本国而又充分吸收世界文化优秀成果，不允许搞民族虚无主义和全盘西化”[②]。党的十四大报告明确指出，对待传统文化不能仅仅停留在批判和继承的层面，还要把重点放在如何发扬的关键问题上，这是以江泽民同志为主要代表的中国共产党人在对待传统文化的态度上完成由“破”到“立”转变的根本性标志。党的十五大进一步把“建设有中国特色社会主义的文化”列入党的基本纲领，并在论证中国特色社会主义文化和中华优秀传统文化关系的基础上，指明了优秀传统文化在建设中国特色社会主义文化中发挥的不可替代的作用。江泽民在哈佛大学的演讲中集中表达了共产党人的传统文化观，强调了中华传统文化在不同历史阶段的辩证发展以及中华优秀传统文化对人类文明进步作出的积

① 《江泽民文选》第1卷，北京，人民出版社2006年版，第124页。
② 《江泽民文选》第1卷，北京，人民出版社2006年版，第158页。

极贡献。党的十六大在总结社会主义文化建设经验的基础上，系统阐释了民族优秀文化作为当代社会发展资源具有的价值，特别强调要把培育和弘扬民族精神和时代精神作为中国特色社会主义文化建设和社会主义现代化建设的重要内容摆在更高的地位。

3. 以胡锦涛同志为主要代表的中国共产党人弘扬与建设中华文化并举

进入 21 世纪，以经济全球化为特征的世界交往普遍加强，各国之间的文化往来日益频繁，面对发达国家的“文化殖民”政策，广大发展中国家只有不断增强文化软实力才能保持自身在世界历史中的民族性。以胡锦涛同志为主要代表的中国共产党人在以弘扬创新为主题的传统文化观的基础上，推动中国特色社会主义文化建设，在弘扬和建设并举中推动中华文化的整体发展。胡锦涛在耶鲁大学的讲演中指出，科学发展观奠基于中华优秀传统文化，传统文化既是古代中国的精神支柱，也是当今中国特色社会主义建设的力量之源。社会主义和谐社会的战略构想，既源于传统文化中的“和合”理念，又立足于绵延不断的中华文明。2007 年在党的十七大报告中，关于弘扬和建设中华文化的相关内容集中体现在：其一，首次明确提出“弘扬中华文化，建设中华民族共有精神家园”[①] 的命题；其二，揭示了中华文化的价值和地位，即“中华文化是中华民族生生不息、团结奋进的不竭动力，要全面认识祖国传统文化，取其精华，去其糟粕，使之与当代社会相适应、与现代文明相协调，保持民族性，体现时代性”[②]；其三，提出并阐释了中国特色社会主义理论体系，并把中

① 《胡锦涛文选》第 2 卷，北京，人民出版社 2016 年版，第 640 页。

② 曹普：《当代中国改革开放史》下卷，北京，人民出版社 2016 年版，第 651 页。

华优秀传统文化纳入该体系的总体框架，明确了二者之间的内在关系。中华优秀传统文化是中国特色社会主义理论体系的重要理论渊源，植根于中华优秀传统文化的中国特色社会主义是社会主义建设新时期对传统文化的继承、发展和创新。2011 年召开的党的十七届六中全会进一步把“弘扬中华文化”作为深化文化体制改革的指导思想的重要构成，以此为标志，社会主义文化建设推进到新的发展阶段。党的十七届六中全会在《中共中央关于深化文化体制改革　推动社会主义文化大发展大繁荣若干重大问题的决定》中明确表达了中国共产党在对待中华优秀传统文化时一以贯之的态度，即“中国共产党从成立之日起，就既是中华优秀传统文化的忠实传承者和弘扬者，又是中国先进文化的积极倡导者和发展者”①。

（二）新时期党传承弘扬中华优秀传统文化的主要成效

党在这一时期坚持以辩证批判的态度对待中华传统文化，在不同发展阶段为优秀传统文化赋予了新的时代内涵，既推动了中华优秀传统文化在新时期的传承弘扬，同时为推进中国特色社会主义现代化建设提供了精神动力和思想保证。从传承弘扬优秀传统文化的成效来看，新时期党通过传承弘扬优秀传统文化汲取了建设中国特色社会主义的科学方法，提出了建设中国特色社会主义的社会理想，明确了建设中国特色社会主义的价值追求。

1. 汲取了新时期建设中国特色社会主义的科学方法

党立足不同发展阶段，从中华优秀传统文化中汲取了实事求

①《中共中央关于深化文化体制改革　推动社会主义文化大发展大繁荣若干重大问题的决定》，《人民日报》2011 年 10 月 26 日。

是、与时俱进和求真务实的优良传统，为建设中国特色社会主义提供了科学的方法指导。在传统文化中，明清时期儒家学派的代表人物顾炎武曾大力倡导与空谈误国相对立的经世致用之学，党内第一次明确提出从实际出发确定实践路径的是毛泽东。毛泽东通过研读马克思主义的经典论著，学习传统文化中的处世之道，结合革命实践的现实需要，不仅写出了《实践论》，而且在《改造我们的学习》中明确把传统的实事求是思想引入革命实践，并将其发展为毛泽东思想的活的灵魂。但因为对国情的认识不清，加之对于社会主义建设缺乏经验，第一代领导集体在对社会主义建设道路进行初步探索时，偏离了实事求是思想路线，导致社会主义建设事业发生曲折。邓小平在接续建设社会主义的实践中，首先破除了“两个凡是”错误思想的束缚，通过在全国范围开展关于真理标准问题的大讨论，恢复了实事求是的思想路线。邓小平在通过反思导致实事求是思想路线偏离的原因时指出，解放思想是实事求是的前提，而解放思想“是指在马克思主义指导下打破习惯势力和主观偏见的束缚，研究新情况，解决新问题”[①]。所谓的新情况和新问题产生于新的历史条件和现实环境，强调社会主义现代化建设事业必须做到开拓进取，这在实际上形成了对实事求是的内在要求，一方面建设社会主义不能超越社会主义发展阶段，另一方面必须在“摸着石头过河”中制定推动中国特色社会主义建设的标准，邓小平在社会主义初级阶段的限度内提出了“三个有利于”标准作为对社会主义建设实践是否合乎事实的检验。进入21世纪，伴随国际国内局势的新变化，江泽民充分把

① 《邓小平文选》第2卷，北京，人民出版社1994年版，第279页。

握世界多极化趋势以及愈发激烈的综合国力的竞争，在继承解放思想、实事求是思想路线的基础上，增添了“与时俱进”的理论内涵。“与时俱进”不仅传承了传统文化中关于事物发展变化的观点，体现了中国特色社会主义建设蕴含的辩证法思想，而且揭示了马克思主义理论所具有的优秀品质。正如恩格斯所言：“我们的理论是发展着的理论，而不是必须背得烂熟并机械地加以重复的教条。”① 2004年，胡锦涛强调：“求真务实，是辩证唯物主义和历史唯物主义一以贯之的科学精神，是我们党的思想路线的核心内涵，也是党的优良传统和共产党人应该具备的政治品格。”② 新的领导集体把“求真务实”作为“思想路线”的核心内容，是把马克思主义与传统文化相结合实现的对实事求是思想路线的进一步丰富和发展，推动了党的思想路线在中国特色社会主义建设和改革实践中的运用。

2. 提出了新时期建设中国特色社会主义的社会理想

面对建设中国特色社会主义的历史任务，邓小平吸收借鉴传统文化中的有益部分提出“共同富裕”的社会理想，在小康社会与和谐社会的建设实践中不断推进社会理想的实现。儒家文化中“不患寡而患不均，不患贫而患不安”③，道家和墨家思想中也蕴含着浓厚的平均主义色彩。传统文化中的平均主义既是封建统治阶级维持统治秩序的观念上层建筑，也是重农抑商政策下小农经济的必然产物，但有限的物质生产条件和发展水平决定了即使当时实现平均也只能是共同贫穷。邓小平在反思

① 《马克思恩格斯文集》第10卷，北京，人民出版社2009年版，第562页。

② 《胡锦涛文选》第2卷，北京，人民出版社2016年版，第151页。

③ 《习近平谈治国理政》第2卷，北京，外文出版社2017年版，第214页。

社会主义建设遭受的曲折时指出："过去搞平均主义，'吃大锅饭'，实际上是共同落后，共同贫穷，我们就是吃了这个亏。改革首先要打破平均主义，打破'大锅饭'"[①]，社会主义条件下的改革追求的是"共同富裕"。共同富裕一方面需要通过现代化建设不断解放和发展生产力，另一方面通过分配方式的变革实现对社会财富的共享。邓小平分析中国式现代化的基本特征，结合传统文化中的"小康"概念，为旧形式赋予新内容，提出建设小康社会的战略目标。在《礼记·礼运》中，"小康社会"和"大同世界"是根据发展程度划分的两种社会模式，其中大同作为最高的社会理想，以整个社会的财产公有和人人平等作为基本特征；而小康作为大同的低级阶段，指的是生活温饱和安居乐业的社会状态。旧民主主义革命时期，不同阶级在探寻救亡图存道路时纷纷以大同世界作为理想，尽管社会制度的局限使他们无法实现阶级理想，但洪秀全颁布的《天朝田亩制度》，康有为撰写的《大同书》等仍然受到人们推崇，给人们以精神鼓舞。邓小平在1979年与日本首相大平正芳会谈时指出，中国所要实现的现代化就是小康之家，小康的实现既立足自身的国情，又坚持走自己的发展道路。不同于过去社会从"礼""道"等观念出发或是在脱离现实处境的空想中把握社会理想，邓小平为实现共同富裕的社会理想提供了小康社会的建设方案，并明确了中国式现代化的现实道路。江泽民在党的十六大上指出，中国特色社会主义现代化建设在20世纪末已经实现了总体小康，正在向着更高水平的全面小康迈进。胡锦涛在党的十六届四中

---

①《邓小平文选》第3卷，北京，人民出版社1994年版，第155页。

全会上为进一步全面建设小康社会提出构建社会主义和谐社会的战略安排，推动建设和谐的人际关系和社会关系的同时，积极倡导和谐的世界理念，为小康社会以及共同富裕目标的实现创造理想的国内和国际环境。

3. 明确了新时期建设中国特色社会主义的价值追求

改革开放和社会主义现代化建设新时期是实现中华民族伟大复兴的必经阶段，民族复兴始终以人民幸福作为根本追求，传统文化中的“民本思想”“以民为邦”等成为新时期坚持以人民为中心的价值追求的理论来源。从有文字记载的历史来看，上溯到西周时期，无论思想家还是政治家开始出现重民思想，这成为中华民族延续至今的优良传统。共产党在成立时之所以选择马克思主义作为指导思想，正是因为作为无产阶级利益的代表，它以人类而不是统治阶级的解放作为追求。中国共产党的阶级立场决定了它的性质和宗旨始终坚持以人民为中心，以毛泽东同志为主要代表的中国共产党人通过新民主主义革命和社会主义革命为实现人民幸福提供了根本的社会条件和制度保障。邓小平立足社会主义初级阶段的国情，在理论工作务虚会上作了“坚持四项基本原则”的讲话，并从四项基本原则中提炼出社会主义的本质。从社会主义的本质来看，任何社会制度和发展阶段都以解放和发展生产力为目标，它不是社会主义的最本质特征，而“消灭剥削、消除两极分化、最终实现共同富裕”[①] 则从生产关系的维度揭示了社会主义与其他社会制度的最大区别。质言之，社会主义的本质从根本上来看是对人的存在状态的描述，只有消解阶级社会的剥

① 熊启珍、瞿晓琳：《邓小平与马克思主义和中国实际的第二次结合》，北京，人民出版社 2019 年版，第 250 页。

削和两极分化，实现共同富裕，才能为人民在社会主义发展阶段的解放提供必要的物质保障，社会主义根本任务的提出、改革开放政策的实施、“三个有利于”标准的确立等无不体现着社会主义以人民为中心的本质规定性。江泽民提出的“三个代表”重要思想，在坚持马克思主义群众观点基础上指出，中国共产党必须始终代表中国最广大人民的根本利益，这是党和国家一切工作的出发点和落脚点。党的十六大以来，胡锦涛继承传统民本思想，创造性地提出了科学发展观，而贯彻实施科学发展观的核心是坚持以人为本。以人为本一方面坚定了人民在中国特色社会主义现代化建设中的主体地位，人民群众既是现代化建设的主体力量，也是现代化成果的共享者；另一方面体现了党对优秀传统文化和马克思主义群众观点的理论创新，新时期的社会主义建设事业始终围绕解决民生问题展开。

（三）新时期党传承弘扬中华优秀传统文化的经验启示

传承弘扬中华优秀传统文化助力中国特色社会主义现代化建设事业的发展，是社会历史发展的必然要求，改革开放和中国特色社会主义现代化建设新时期以传承弘扬中华优秀传统文化为依托，开启了中国特色社会主义道路和理论的发展，总结这一时期传承弘扬优秀传统文化的重要经验，对于新时代继续推进中国特色社会主义建设具有重要的现实意义。

1. 坚持马克思主义与中华优秀传统文化在新时期的融合发展

马克思主义和中华优秀传统文化是中国特色社会主义理论体系的理论来源，它们在中国化时代化的马克思主义理论的形成和发展中发挥着不可替代的作用，从二者的相互关系来看，它们之间是相辅相成的，新时期党传承弘扬优秀传统文化，必须坚持与马克思主义的融合发展。马克思主义是以人类解放作为终极追求的科学理论体系，它适用于任何寻求解放的国家和民族，以马克思主义理论推动新时期中国特色社会主义现代化建设事业，必须使马克思主义打上中国的烙印，这既要求在马克思主义中国化的实践过程中创造中国化时代化的马克思主义，同时还需要中国化时代化的马克思主义矗立于中华优秀传统文化的根基之上，赋予其鲜明的中国特色、中国风格和中国气派。而新时期传承弘扬优秀传统文化只有坚持马克思主义在意识形态领域指导地位才能保证社会主义性质，“只有坚持以马克思主义为指导、以社会主义先进文化为引领，才能打牢中国特色社会主义文化发展的根基”[①]。改革开放以来，马克思主义和中华优秀传统文化的融合发展成为建设中国特色社会主义文化的必然要求：一方面，辩证唯物主义和历史唯物主义为传承弘扬中华优秀传统文化提供了科学方法论，改变了过去对传统文化重“破”不重“立”、继承不足的问题。传统文化中并不是所有内容都适合新时期的发展，马克思主义的辩证思维为区分传统文化中的精华和糟粕提供了可能，特别是有助于扫除改革开放初期封建残余思想对人们思想观念的束缚。对传统文化精华部分的传承弘扬也并非照搬照抄，而是与时俱进地赋予新的时代内涵，落实“古为今用”的方针还必须坚持马克思主义的唯物史观。此外，马克思曾强调“统治阶级的思想在每一时代都是占统治地位的思想”[②]，新时期继续以人民为中心开展文化建设，必须始终坚持马克思主义在传承弘扬中华优秀传统文化中的指导地位。另一方面，马克思主义中国化时代化

① 《胡锦涛文选》第3卷，北京，人民出版社2016年版，第563页。

② 《马克思恩格斯选集》第1卷，北京，人民出版社2012年版，第178页。

离不开中华优秀传统文化提供的精神滋养，传统文化中的“大同思想”和“民本思想”等与马克思主义的共产主义理想和群众史观相契合，中华优秀传统文化是马克思主义中国化时代化的文化根基。

2. 坚持中国特色社会主义文化建设在新时期的中华文化立场

中华文化立场既体现了构建中国特色社会主义文化的主体性特征，又突出了鲜明的中国特色，新时期作为开启中国特色社会主义文化建设的崭新阶段，必须坚持中华文化立场。纵观党传承弘扬中华优秀传统文化的历史过程不难发现，每个阶段都伴随着与西方外来文化的碰撞和交流，特别是面对改革开放前借鉴西方现代化和传统社会主义现代化形成的“全盘西化”和“全面苏化”的主张，加之改革开放带来的多元文化的冲击和某些西方国家在思想文化领域的精神殖民，为坚持中华文化立场带来了巨大挑战。新时期中国特色社会主义文化建设如果不能坚守中华文化立场，做到“以我为主”“洋为中用”“兼收并蓄”，那么以传承弘扬优秀传统文化为依托在世界上构建中国特色的话语体系就只能沦为空想。坚持中华文化立场加强中国特色社会主义文化建设，需要从多维度传承弘扬优秀传统文化。其一，充分认识优秀传统文化的价值，增强文化自觉和文化自信。优秀传统文化不仅以书本论著的形式流传下来，而且潜移默化地影响着人们日常的生产生活，它是整个中华民族文化生命的命脉，不仅对新时期的精神文明建设发挥重要作用，而且为推动中国特色社会主义现代化建设提供思想保障。20 世纪 90 年代，传统文化被看作推动社会全面发展的重要文化资源。进入 21 世纪，党和政府发挥传统文化资源的价值，以传统文化提升国家的文化安全和民族凝聚力。其二，坚持以辩证批判的态度对待传统文化，加强对传统文化的保护和利用。中华传统文化生成于传统的文化实践，并不完全适用于新时期的现实环境，这就要求对待传统文化不能采取形而上学的“一刀切”，而是要在辩证批判中做到推陈出新和革故鼎新。在对待传统文化中至今仍然具有重要价值的内容时，要着重做好保护工作，特别是通过制定相关政策法规、创新保护途径等方式，守护好中华民族的精神基因，改革开放初期和2007年，国家分别进行了第二次和第三次全国文物普查，对重要文化资源和历史资料进行了系统梳理和普查登记。其二，营造传承弘扬传统文化的氛围，培养践行优秀传统文化的人才队伍。传承弘扬优秀传统文化不应仅停留在党和国家的顶层设计层面，需要转化为整个民族的共同行动，通过发挥媒体的宣传作用，特别是“发挥国民教育在文化传承创新中的基础性作用，增加优秀传统文化课程内容，加强优秀传统文化教学研究基地建设”①，努力培养一支传承弘扬优秀传统文化的人才队伍，使传统文化中的精华真正内化于心、外化于行，真正实现新时期传统文化的落地生根。

3. 坚持以传承弘扬中华优秀传统文化回应新时期的时代问题

新时期党传承弘扬优秀传统文化始终坚持以回应时代问题作为导向，这既是从新民主主义革命时期传承至今的重要原则，也是新时代进一步传承弘扬传统文化的必然遵循。就改革开放和社会主义现代化建设新时期的时代问题而言，大致分为两个维度：一是如何建设中国特色社会主义，特别是探索中国特色的社会主

①《中共中央关于深化文化体制改革　推动社会主义文化大发展大繁荣若干重大问题的决定》，《人民日报》2011年10月26日。

义现代化道路以及以此为基础形成中国特色社会主义理论体系；二是如何在国际社会正确处理中国独立自主发展和对外开放的关系。三代领导集体结合对中华优秀传统文化的传承弘扬，分别从所处阶段、党的建设以及发展问题等方面对如何建设中国特色社会主义进行了理论的回答和实践的回应。以邓小平同志为主要代表的中国共产党人对社会主义建设遭受的曲折，需要厘清“什么是社会主义、怎样建设社会主义”的根本性问题，邓小平理论不仅基于发展实际作出了系统回答，而且依托传统文化中“大同世界”和“小康社会”的关系明确了共产主义和社会主义的内在联系，掌握了社会主义的阶段性特征。以江泽民同志为主要代表的中国共产党人针对党在执政过程中面对的各种风险和挑战，探索“建设什么样的党、怎样建设党”的问题，不仅继承了毛泽东在延安时期提出的党要自觉接受人民监督的做法，而且通过“三个代表”重要思想为推动党的自我革命和建设提供了思路。江泽民对“三个代表”重要思想的阐释从不缺乏对传统文化的引用，“求木之长者，必固其根本”“水能载舟，亦可覆舟”“意莫高于爱民，行莫厚于乐民”等，充分表达了对党和人民关系的理解。以胡锦涛同志为主要代表的中国共产党人针对中国特色社会主义建设实践中出现的发展问题，提出了科学发展观，以回答“实现什么样的发展、怎样发展”的问题，并在这一过程中提出“要全面认识祖国传统文化，取其精华，去其糟粕，使之与当代社会相适应、与现代文明相协调，保持民族性，体现时代性”[①]。从国际社会的发展来看，改革开放对中国的现代化建设而言既是机遇又是

① 胡锦涛：《高举中国特色社会主义伟大旗帜　为夺取全面建设小康社会新胜利而奋斗——在中国共产党第十七次全国代表大会上的报告》，《人民日报》2007年10月25日。

挑战，一方面在政治上面对着霸权主义、强权政治、恐怖主义和单边主义等问题，另一方面又要在经济全球化建立的普遍交往关系中实现发展。这一时期的中国共产党吸收传统文化中“和谐万邦”“天下为公”等理念，促使不同民族、国家和地区在求同存异的基础上努力追求合作共赢。

四、中国特色社会主义新时代党对中华优秀传统文化的传承弘扬

党的十八大以来，中国特色社会主义进入新时代，中国共产党结合新时代新征程中的使命任务，传承中华优秀传统文化，弘扬革命文化，发展社会主义先进文化，推动中国特色社会主义文化建设大发展大繁荣，为文化强国建设夯实基础，为现代化建设提供精神力量。特别是对中华优秀传统文化的创造性转化、创新性发展取得实效，彰显中国共产党是优秀传统文化的继承者和弘扬者，体现出传承发展中华文化并助力人类文明发展进步的责任担当。新时代党传承弘扬优秀传统文化，既有理论层面的建构，也有实践层面的推进，不仅坚定了文化自信，而且为中国式现代化的推进提供了文化基因。

（一）党传承弘扬中华优秀传统文化的新时代要求

新时代中国共产党传承弘扬中华优秀传统文化的理论生成是我们不断挖掘优秀传统文化当代价值的学理基础，是推动优秀传统文化创造性转化、创新性发展的逻辑前提，也是推进传统文化自身现代化并为社会主义现代化强国建设夯实文化根基的应有之义。具体说来，这一理论生成是新时代对马克思主义文化观的守

正创新的必然，是继承发扬党百余年来传承弘扬优秀传统文化优良传统的必然，是适应新时代社会主要矛盾转化客观现实的必然。

1. 党对马克思主义文化观守正创新的必然要求

马克思从所在时代的经济社会客观状况出发，高度重视文化的人学价值，认为文化的作用就是“培养社会的人的一切属性”[①]。习近平总书记在新的时代方位中对马克思文化观的人学价值理念进行继承发展。他指出：“中华优秀传统文化是中华民族的精神命脉，是涵养社会主义核心价值观的重要源泉”[②]，“中华民族在几千年历史中创造和延续的中华优秀传统文化，是中华民族的根和魂”[③]。习近平总书记借鉴马克思主义文化观所强调的文化人学价值，创造性提出了中华优秀传统文化是“根和魂”与“精神命脉”。而且，马克思认为，对待资产阶级文化的理论方法“必须从它的本来意义上‘扬弃’它”[④]。习近平总书记在批判继承这一对待资产阶级文化理论方法的基础上进一步指出，“要坚持古为今用、以古鉴今，坚持有鉴别的对待、有扬弃的继承……使之与现实文化相融相通，共同服务以文化人的时代任务”[⑤]。可以看出，新时代中国共产党强调以辩证批判的态度看待传统文化，采取“辩证取舍”和“创造性转化、创新性发展”相结合的方法处理传统文化，辩证把握传统文化引领经济社会发展的战略地位，最大限度发挥了传统文化在以文化人时代任务中的功能，

① 《马克思恩格斯选集》第 2 卷，北京，人民出版社 2012 年版，第 715 页。

② 习近平：《在文艺工作座谈会上的讲话》，北京，人民出版社 2015 年版，第 25 页。

③ 《习近平谈治国理政》第 2 卷，北京，外文出版社 2017 年版，第 426 页。

④ 《马克思恩格斯全集》第 28 卷，北京，人民出版社 2018 年版，第 330 页。

⑤ 习近平：《在纪念孔子诞辰 2565 周年国际学术研讨会暨国际儒学联合会第五届会员大会开幕会上的讲话》，《人民日报》2014 年 9 月 25 日。

发展了马克思主义文化观中对待文化的方法。

马克思、恩格斯认为，民族文化只有坚持世界文化的发展方向才能在宽广的理论视野中增强自身的生命力。他们指出："物质的生产是如此，精神的生产也是如此。各民族的精神产品成了公共的财产。"① 日益扩大的世界市场必然会带来民族文化的世界性发展，使世界各国文化呈现出民族性和世界性在对立中走向统一的发展形态，在全世界范围内构建文化命运共同体。中国共产党在新时代以马克思主义文化观为根本指导，对中华优秀传统文化的世界发展提出了科学要求。习近平总书记强调："要把优秀传统文化的精神标识提炼出来、展示出来，把优秀传统文化中具有当代价值、世界意义的文化精髓提炼出来、展示出来。"② 当前，在全球化的推进过程中，文化多元化向文化全球化的过渡是不可避免的趋势。而且，经济全球化已经在事实上为世界文化融合铺垫了道路。全球化既是世界各国之间的经济交往过程，也是世界各国文化交往的过程。前者早已成为既定事实，后者也在从可能走向现实。为顺应和引领文化全球化的发展潮流，我们只有从推动文化全球化的战略高度出发，不断推动中华优秀传统文化在保持民族性的前提下向世界性发展，才能更加显著地发挥传统文化资源的强大效能和突出优势，从而为社会主义现代化文化强国建设提供强有力的文化资源保障。总之，新时代中国共产党传承弘扬中华优秀传统文化是马克思主义文化观实现守正创新的内在要求，有力推进了马克思主义文化观在中国特色社会主义新时代的中国化发展。

①《马克思恩格斯选集》第 1 卷，北京，人民出版社 1995 年版，第 276 页。
②《习近平谈治国理政》第 3 卷，北京，外文出版社 2020 年版，第 314 页。

2. 党百余年重视传承弘扬中华优秀传统文化的优良传统

中国共产党作为具有深厚文化底蕴的政党，自成立起就高度重视传承弘扬优秀传统文化。传承中华优秀传统文化始终贯穿于党领导的革命、建设和改革的历史进程，成为中国共产党的文化先进性的战略支撑。回首党的百年峥嵘岁月，我们党之所以能赢得民心与其所重视和领导的传承中华优秀传统文化工作紧密相关。在推翻“三座大山”的新民主主义革命实践中，毛泽东指出：“清理古代文化的发展过程，剔除其封建性的糟粕，吸收其民主性的精华，是发展民族新文化提高民族自信心的必要条件。”[①] 他强调了传承弘扬中华优秀传统文化对于民族发展的重要性，开启了传承弘扬优秀传统文化的良好开端。他所强调的辩证对待传统文化的理论方法以及对传统文化的价值定位，对新时代党传承弘扬优秀传统文化理论的生成起到了潜移默化的理论塑造作用，成为新时代党传承弘扬优秀传统文化理论的基本框架。

在改革开放初期，邓小平在领导推进改革开放伟大社会革命的过程中高度重视发挥传统文化资源的关键作用。他指出：“属于文化领域的东西，一定要用马克思主义对它们的思想内容和表现方法进行分析、鉴别和批判。”[②] 邓小平在重视传统文化资源的同时，着重强调在马克思主义指导下利用传统文化资源的实践路径，为党传承弘扬优秀传统文化提供了基本遵循。党的十一届四中全会以来，江泽民强调中国特色社会主义文化“渊源于中华民族五千年文明史，又植根于有中国特色社会主义的实践，具有鲜明的时代

① 《毛泽东选集》第 2 卷，北京，人民出版社 1991 年版，第 707—708 页。

② 《邓小平文选》第 3 卷，北京，人民出版社 1993 年版，第 44 页。

特点”[1]，对中华优秀传统文化的历史地位、现实价值以及时代特点进行了现实判断，为新时代党传承弘扬优秀传统文化理论的成熟和完善提供了经验铺垫和智慧支撑。党的十六大以来，胡锦涛运用马克思主义文化观的基本立场、观点和方法对传承中华优秀传统文化进行了理论与实践相结合的不懈探索。进入新时代以来，以习近平同志为核心的党中央在尊重历史、关照现实和着眼未来的有机统一中，切实推动了新时代党传承弘扬优秀传统文化理论的现实呈现。

3. 适应新时代社会主要矛盾转化客观现实的必然选择

新时代党传承弘扬优秀传统文化的理论依据在于新时代社会主要矛盾转化的客观现实，系统回答了“为什么传承弘扬中华优秀传统文化”和“怎样传承弘扬中华优秀传统文化”等一系列与新时代我国社会主要矛盾紧密相关的问题，为当今中国确立解决社会主要矛盾的传统文化向度提供了思想基础和理论依据。习近平总书记指出：“人民美好生活需要日益广泛，不仅对物质文化生活提出了更高要求，而且在民主、法治、公平、正义、安全、环境等方面的要求日益增长。”[2]可以说，我国社会主要矛盾中文化因素占据着重要地位，而优秀传统文化作为中国特色社会主义文化的根基，也必然受到我国社会主要矛盾运动规律的制约。可以说，立足于新时代社会主要矛盾转化的客观实际，才能准确把握中国特色社会主义文化理论规律与实践导向，进而科学借鉴优秀传统文化助力解决社会主要矛盾。概言之，新时代党传承弘扬中华优秀传统文化在我国社会主要矛盾运动的过程中顺势生成，其不仅是中国特色社会主义文化理论实现超越的现实成果，而且

---

① 《江泽民文选》第 2 卷，北京，人民出版社 2006 年版，第 33 页。

② 《习近平谈治国理政》第 3 卷，北京，外文出版社 2020 年版，第 9 页。

为党和人民在当前社会主要矛盾运动中正确认识和处理文化高质量发展与经济社会高质量发展的辩证关系提供实践指引。

新时代党传承弘扬优秀传统文化立足于新时代对传统文化的客观需要，既有着眼于世界文化发展格局的宽广视野，又为新时代党传承弘扬优秀传统文化提供系统指引和根本遵循。进入新时代以来，习近平总书记十分重视中华优秀传统文化在治国理政实践中的现实应用，系统论述了传承优秀传统文化的根本原则、基本思路和未来目标，结合文化强国战略的深入推进，进行了卓有成效的理论创造和实践探索，推动形成了立足中国、放眼世界的新时代党传承弘扬优秀传统文化理论。习近平总书记指出："博大精深的中华优秀传统文化是我们在世界文化激荡中站稳脚跟的根基。"① 在文化全球化向前推进的新时代，中华优秀传统文化凭借丰富性、发展性、实用性、伦理性等特性继续成为满足人民群众对美好生活向往的文化资源，确保人民群众在追求和实现美好文化生活的向往中始终挺起民族文化脊梁。

我国具有传统文化资源丰富的突出文化优势，传统文化主体基数庞大，是当之无愧的传统文化大国。但不容否认的是，我国在中华优秀传统文化的活化利用方面还存在较为突出的短板。可以说，优秀传统文化是我国文化事业发展过程中的基础性资源，实现建设社会主义现代化文化强国阶段性目标必须从中华优秀传统文化中获得文化资源支撑。因此，我国现在面临着提高优秀传统文化活化利用水平的时代课题。而且，这一明显的传统文化发展短板在一定程度上造成的发展不平衡性和不充分性也是我国社

① 中共中央文献研究室：《习近平关于社会主义文化建设论述摘编》，北京，中央文献出版社 2017 年版，第 108 页。

会主要矛盾的重要形成原因。新时代党传承弘扬优秀传统文化体现出高度重视优秀传统文化的活化利用，将优秀传统文化的活化利用置于我国社会主要矛盾运动当中，有力推动了马克思主义文化观的时代性发展。在新时代，我们只有对党传承弘扬优秀传统文化的逻辑理路进行系统梳理，树立和践行强烈的传统文化自觉和传统文化自信，才能确保我国在适应和解决社会主要矛盾的实践中赢得战略主动。

（二）新时代党传承弘扬中华优秀传统文化的主要做法

在新时代的恢宏实践中，中国共产党以复兴中华优秀传统文化的强烈文化担当和文化自觉，对如何传承弘扬中华优秀传统文化等问题进行了科学的理论创造和实践探索，也取得了较为喜人的成效。党的十八大以来，以习近平同志为核心的党中央在传承创新优秀传统文化方面的主要做法有以下几点。

1. 将守正创新作为传承弘扬优秀传统文化的基本原则

文化原则事关传承优秀传统文化的基本成效、发展方向和前进道路。马克思主义的后现代文化取向不是绝对颠覆和解构旧文化，而是在辩证法意义上扬弃旧文化，与中华优秀传统文化的前现代性质有相对程度的一致性。以习近平同志为核心的党中央对新时代党为什么传承弘扬中华优秀传统文化和怎样传承弘扬中华优秀传统文化这个基本问题进行了精辟论断。习近平总书记指出："对历史文化特别是先人传承下来的价值理念和道德规范，要坚持古为今用、推陈出新，有鉴别地加以对待，有扬弃地予以继承。"[①] 中华优秀传统文化演进的历史是文化的存在历史，特定

① 《习近平谈治国理政》第 1 卷，北京，外文出版社 2018 年版，第 164 页。

的政治和经济基础一旦失去，它会给后人留下对它的某种理解，正是这种理解使得中华优秀传统文化在一去不复返的历史进程中保持连续性，而这也就是对中华优秀传统文化进行守正的具体内涵。但中华优秀传统文化的发展并非封闭的文化循环，它不会完全按照原来的文化形态再现和重演，而是在现实的经济和政治基础之上，以新的文化形态实现对旧的文化形态的辩证超越。从文化生命的意义上讲，这种新的文化形态不是在表面上“镀金”，而是文化生命的新生，是一种文化创新。可以说，新时代党传承弘扬中华优秀传统文化的理论要求准确回答了新时代对优秀传统文化进行守正创新的文化课题，体现了对优秀传统文化的历史观照和现实重视，申明了对待中华优秀传统文化的根本原则。

2. 创造性转化、创新性发展中华优秀传统文化

进入新时代，习近平总书记特别重视中华优秀传统文化的创造性转化、创新性发展。优秀传统文化虽具有为封建统治阶级服务的局限性，但也是中华民族文化优势的精华体现，具有跨越时空的文化内力和包容发展力。作为一种外来文化，马克思主义因中华优秀传统文化具有包容性的文化结构扎根中国，成为中国共产党领导人民开展革命、建设和改革的指导思想。进入新时代，习近平总书记提出了推动中华优秀传统文化“两创”的时代课题，主要在以下 3 个方面得到了集中体现。第一，凸显了治国理政的中华优秀传统文化底蕴。习近平总书记指出：“要治理好今天的中国，需要对我国历史和传统文化有深入了解，也需要对我国古代治国理政的探索和智慧进行积极总结。”[①] 由此可见，深入了解

① 习近平：《牢记历史经验历史教训历史警示　为国家治理能力现代化提供有益借鉴》，《人民日报》2014 年 10 月 14 日。

中华优秀传统文化，始终是中国共产党治国理政的重要出发点和内在要求，为党和国家的稳定发展和长治久安奠定了厚重的思想文化基础。第二，明晰了中华优秀传统文化与社会主义核心价值观的源流关系。社会主义核心价值观之所以区别于西方“普世价值观”，一个很重要的原因就是以中华优秀传统文化为文化基础，并实现了对它的现实萃取和时代升华。习近平总书记指出：“要认真汲取中华优秀传统文化的思想精华和道德精髓，大力弘扬以爱国主义为核心的民族精神和以改革创新为核心的时代精神，深入挖掘和阐发中华优秀传统文化讲仁爱、重民本、守诚信、崇正义、尚和合、求大同的时代价值，使中华优秀传统文化成为涵养社会主义核心价值观的重要源泉。”[①] 这就告诉我们，社会主义核心价值观走进中国人民的精神世界，必须以中华优秀传统文化为滋养。第三，习近平总书记提出的人类命运共同体理念是对中华优秀传统文化中“世界大同”等思想的传承和发展。在马克思主义指导下挖掘和阐发中华优秀传统文化，使优秀传统文化在紧跟时代发展潮流中体现出跨越时空的文化基因传承力，推动优秀传统文化在指导新时代治国理政中实现创造性转化、创新性发展，体现了新时代党传承弘扬中华优秀传统文化的战略高度。

3. 坚持传承弘扬中华优秀传统文化的文化强国建设导向

从中华民族五千多年的历史实践中走来，中华优秀传统文化蕴含着丰富的治国理政智慧。进入新时代，习近平总书记在很多重要场合都强调了中华优秀传统文化在治国理政中的战略地位和价值作用。他指出：“中华文化既坚守本根又不断与时俱进，使中

① 中共中央文献研究室：《习近平关于社会主义文化建设论述摘编》，北京，中央文献出版社 2017 年版，第 141 页。

华民族保持了坚定的民族自信和强大的修复能力，培育了共同的情感和价值、共同的理想和精神。”① 优秀传统文化是我国古代政治、经济和社会等因素构成的相对稳定的文化形态，反映了我国古代政治、经济和社会等因素的先进历史发展，以其相对独立性在时代的检验和冲击中展现出了强大的文化生命力，而且在文化形态的调整中不断融入到新的政治、经济和社会等因素之中，对新的政治、经济和社会等因素产生相应的反作用，与新时代治国理政的实践要求具有相当程度的一致性。因此，面对建设文化强国的新任务新要求，必须在古今辩证结合中合理利用中华优秀传统文化。新时代党传承弘扬中华优秀传统文化突出以建设社会主义文化强国为目标导向，对最大限度地将中华优秀传统文化资源体现到文化强国建设的各领域中具有重大意义。这突出表现在：增强文化强国建设的中华优秀传统文化底蕴的战略理念，既成为党指导文化强国建设的一项重大原则，又成为新时代我国传承弘扬中华优秀传统文化的指导纲领，为深化对新时代传承弘扬优秀传统文化的规律性认识和探索性实践提供了思想等方面的保证。

新时代党传承弘扬中华优秀传统文化立足于建设文化强国的战略高度，既肯定了传统文化在建设文化强国中不可替代的价值，又鲜明彰显了新时代党传承弘扬优秀传统文化在党和国家文化事业发展中的目标导向。习近平总书记指出：“兴文化，就是要坚持中国特色社会主义文化发展道路……建设社会主义文化强国。”② 建设文化强国要求推动中华优秀传统文化现代化转型，综

① 中共中央文献研究室：《习近平关于社会主义文化建设论述摘编》，北京，中央文献出版社 2017 年版，第 7 页。

②《习近平谈治国理政》第 3 卷，北京，外文出版社 2020 年版，第 312 页。

合反映着中华优秀传统文化的民族性和时代性，更深层次上则体现了国家治理体系和治理能力现代化的文化支撑。我们要深刻认识到，优秀传统文化资源是国家建设和发展的基石，在推进国家治理体系和治理能力现代化的过程中发挥着重要的文化支撑作用。习近平总书记指出："中华优秀传统文化是我们最深厚的文化软实力，也是中国特色社会主义植根的文化沃土。"① 这就告诉我们，要想实现建设强国的战略目标，必须通过优秀传统文化推动中国特色社会主义政治、经济以及社会等各方面事业的高质量发展，使党和国家事业发展中展现出更加强有力的传统文化底蕴与活力。

（三）新时代党传承弘扬中华优秀传统文化的显著成效

新时代党传承弘扬中华优秀传统文化，在有序践行中取得了显著成效，不仅找到了中华优秀传统文化传承创新的可行路径，而且通过推动优秀传统文化的创造性转化、创新性发展实现自身的文化现代化，助力社会主义现代化的建设与发展，以及为中国特色社会主义文化的繁荣发展提供精神资源和思想滋养。概括来讲，新时代党传承弘扬优秀传统文化的显著成效有以下几个主要方面。

1. 深化巩固马克思主义的根本指导地位

马克思主义的指导地位是事关新时代党如何传承弘扬优秀传统文化的根本性问题。中国共产党从成立伊始就把马克思主义作为理论创新的基础。毛泽东指出："要敢想、敢说、敢做、敢为，我们敢想、敢说、敢做、敢为的理论基础是马列主义。"② 马克思主

---

①《习近平在中共中央政治局第十八次集体学习时强调 牢记历史经验历史教训历史警示 为国家治理能力现代化提供有益借鉴》，《人民日报》2014 年 10 月 14 日。

② 中共中央文献研究室：《毛泽东年谱（一九四九～一九七六）》第 3 卷，北京，中央文献出版社 2013 年版，第 350 页。

义集中体现了中国化时代化马克思主义理论成果的精神实质和基础架构，展现了中国化时代化马克思主义理论成果的核心内涵和基本要义。而推动中华优秀传统文化传承弘扬，是中国共产党创造中国化时代化马克思主义理论成果的重要抓手。在文化地位上，马克思主义在与我国基本国情和经济社会阶段性发展实际相结合的过程中，集中反映了人民群众的文化意志和精神利益，从根本上规定着新时代党传承弘扬优秀传统文化的基本性质和发展方向。习近平总书记指出："马克思主义是我们立党立国、兴党兴国的根本指导思想。"[①] 这表明坚持和发展马克思主义，是确保新时代党传承弘扬优秀传统文化的主动权牢牢掌握在党和人民手中的必然要求。在文化制度上，马克思主义在意识形态领域指导地位的根本制度是新时代党传承弘扬优秀传统文化的科学实践形式和重要制度载体。这一根本文化制度是防止异化和阉割马克思主义的重要途径和制度安排。在传承弘扬优秀传统文化的关系规定上，马克思主义在意识形态领域指导地位的根本制度，进一步巩固了马克思主义在新时代党传承弘扬优秀传统文化过程中的根本指导地位，在基本的理论前提和制度保障方面有效防止了"以儒代马论"和"以马废儒论"的极端错误倾向。总之，坚决反对弱化和边缘化马克思主义，深入且有效巩固马克思主义的根本指导地位，是党在新时代传承弘扬优秀传统文化的过程中坚守政治立场的鲜明体现。

2. 有力推动中华优秀传统文化的现代化发展

中华优秀传统文化是传承弘扬优秀传统文化的理论本体，对

① 习近平：《高举中国特色社会主义伟大旗帜　为全面建设社会主义现代化国家而团结奋斗——在中国共产党第二十次全国代表大会上的报告》，北京，人民出版社 2022 年版，第 16 页。

于坚定文化自信和推进中国特色社会主义文化发展具有基础性支撑作用。如果对传承弘扬优秀传统文化缺乏应有认知，传承弘扬优秀传统文化就会因优秀传统文化的现代化转型不足而失去本土文化基础。中国共产党区别于世界上其他国家的共产党的一个很重要的标志，就是在坚定中华优秀传统文化立场中承担起推动优秀传统文化现代化发展的历史使命。从毛泽东提出要总结"从孔夫子到孙中山"[①]，到邓小平提出"要懂得些中国历史"[②]，都无不体现着中国共产党推动优秀传统文化现代化发展的文化传统和文化品格。一方面，从优秀传统文化立场出发，始终发挥优秀传统文化在推进马克思主义中国化时代化中的作用，不仅是中国共产党重视优秀传统文化现代化发展的重要体现，也推动了传承弘扬优秀传统文化的历史进程。习近平总书记指出："历史和现实都告诉我们，只要不断培育和践行社会主义核心价值观，始终继承和弘扬中华优秀传统文化，我们就一定能够建设好全国各族人民的精神家园，筑牢中华儿女团结奋进、一往无前的思想基础。"[③] 纵观马克思主义中国化时代化的历史进程，中国共产党在革命、建设和改革的各个历史时期的全部理论创新，都在坚守让人民群众过上美好文化生活的执着追求中着力传承弘扬优秀传统文化，推动着优秀传统文化不断实现现代化。另一方面，从优秀传统文化的地位出发，始终成为传承弘扬优秀传统文化的主体，是中国共产党将推进优秀传统文化现代化发展作为使命的

① 《毛泽东选集》第 2 卷，北京，人民出版社 1991 年版，第 534 页。

② 《邓小平文选》第 3 卷，北京，人民出版社 1993 年版，第 358 页。

③ 习近平：《在全国抗击新冠肺炎疫情表彰大会上的讲话》，北京，人民出版社 2020 年版，第 21 页。

直接体现。有学者认为："百年来，中国共产党坚持把马克思主义基本原理同中国具体实际、同时代发展、同中华优秀传统文化相结合，通过对历久而弥新的中华优秀传统文化精髓的发掘、继承、弘扬，激发了中华优秀传统文化的巨大内生动力，通过现代文明的成功推进，使中华优秀传统文化发生了历史性的提升和飞跃。"[①] 可以说，中国共产党是一个具有传统文化使命的马克思主义政党，始终以优秀传统文化主体的角色在传承弘扬优秀传统文化的过程中推动优秀传统文化现代化发展。

3. 切实确保党的指导思想实现与时俱进

在中国共产党波澜壮阔、成就非凡的历史征程中，不断实现党的指导思想与时俱进始终是中国共产党以深沉而持久的文化自觉和文化自信传承弘扬优秀传统文化的价值导向。坚持优秀传统文化立场，坚定地传承弘扬优秀传统文化，一直是党致力于以马克思主义为理论本体进行理论创新的重要体现，也是党和人民立足中华文化实际，实现党的指导思想体现中国特色的必然要求。对于这一点，我们理应具有符合客观实际的理论掌握。同时，毫不动摇地坚持马克思主义的根本指导地位，是中国共产党加强指导思想建设的本质要求，是在满足人民群众精神生活需要的价值导向下，确保党的指导思想始终沿着社会主义方向发展的应有之义。习近平总书记指出："中国共产党坚持马克思主义基本原理，坚持实事求是，从中国实际出发，洞察时代大势……不断推进马克思主义中国化时代化，指导中国人民不断推进伟大社会革命。"[②] 将马克思主

① 姜义华：《中国共产党与中华优秀传统文化》，《红旗文稿》2021 年第 12 期。

② 习近平：《在庆祝中国共产党成立 100 周年大会上的讲话》，北京，人民出版社 2021 年版，第 12 页。

义基本原理与中国具体实际、与中华优秀传统文化相结合，是新时代实现党的指导思想与时俱进的重要实践路径和理论遵循。而要实现马克思主义与中国实际相结合，势必要求传承弘扬中华优秀传统文化。倘若缺乏传承弘扬优秀传统文化的理论清醒和实践主动，党的指导思想就会失去实现与时俱进的本土文化支撑。可以说，党的指导思想是需要创新的关键领域，实现党的指导思想与时俱进，必须保持传承弘扬中华优秀传统文化的自觉性，在深刻认识和精准把握马克思主义中国化发展任务和推进规律的基础上，不断增强创新中国化时代化马克思主义理论的优秀传统文化定力，切实走出一条与优秀传统文化内在契合的党的指导思想发展道路，确保党的指导思想在马克思主义的根本规定下体现出先进的优秀传统文化底色。

4. 持续满足人民群众的精神文化需求

中国共产党成立伊始就将满足人民的精神文化需求作为衡量是否站稳人民立场的重要标准，在满足人民的精神文化需求中推进革命、建设和改革事业。一个政党靠什么满足人民的精神文化需求，是一个政党政治立场的重要体现。作为重视精神作用的先进政党，中国共产党在领导人民开展新民主主义革命的历史阶段，就通过满足人民群众的精神文化需求推动革命事业的发展，为满足人民的精神文化需求创造了有利的政治条件和经济条件，为党和国家接续解决人们的精神利益问题作出了卓越探索，积累了成功满足人民精神文化需求的先进经验。在改革开放这场伟大社会革命拉开帷幕后，以邓小平同志为主要代表的中国共产党人进一步探索在改革开放新形势下如何满足人民精神文化需求的问题。邓小平指出：“不加强精神文明建设，物质文明的建设也要受到破坏，走弯路。”[①] 邓小平将物质文明建设和精神文明建设有机结合起来，进一步拓展了满足人民精神文化需求的理论内涵和实践路径。进入新时代，习近平总书记把满足人民精神文化需求作为传承弘扬优秀传统文化的重要内容，对满足人民的精神文化需求的中心地位规定更具体。习近平总书记指出：“以人民为中心，就是要把满足人民精神文化需求作为文艺和文艺工作的出发点和落脚点，把人民作为文艺表现的主体，把人民作为文艺审美的鉴赏家和评判者，把为人民服务作为文艺工作者的天职。”[②] 这就告诉我们，满足人民的精神文化需求，是传承弘扬优秀传统文化的必然要求。进一步讲，传承弘扬优秀传统文化没有坚持满足人民精神文化需求的价值导向，就会失去推动力量，面临难以高质量推进的可能性。毋庸置疑，在全面建成小康社会的历史基础上，满足人民精神文化需求具有更加深厚的物质铺垫。这就要求我们更加坚定传承弘扬优秀传统文化的人民导向，聚精会神地满足人民的精神文化需求。可以说，新时代中国共产党从政策和制度等方面出发传承弘扬优秀传统文化，稳步在关键领域和重点环节达到了文化民生福祉新高度，进一步形成高质量地满足人民精神文化需求的现实合力，对人民的精神文化需求进行了精准满足。

5. 强力助推中国共产党的文化建设

中国近现代史雄辩地说明，建设体现中华优秀传统文化精华的马克思主义政党是马克思主义中国化时代化得以顺利推进

① 中共中央文献研究室：《邓小平思想年编：1975 ～ 1997》，北京，中央文献出版社 2011 年版，第 559 页。

② 习近平：《在文艺工作座谈会上的讲话》，北京，人民出版社 2015 年版，第 13—14 页。

的关键。只有通过优秀传统文化加强党的文化建设，坚持传承弘扬优秀传统文化的正确航向，在正确传承弘扬优秀传统文化的过程中站稳立场，才能切实体现党的文化先进性。无论是在战火纷飞的革命年代，还是在社会和谐稳定的建设时期，党始终主动增加理论创新成果的优秀传统文化含量，在有效推进自身文化建设中成为始终代表人民文化利益的先进政党。早在新民主主义革命时期，毛泽东明确提出“中国共产党人是我们民族一切文化、思想、道德的最优秀传统的继承者”①，要求全党做优秀传统文化的坚定继承者，体现了马克思主义政党的文化建设自觉。在改革开放和社会主义现代化建设新时期，中国共产党人继续传承弘扬优秀传统文化，在传承弘扬优秀传统文化方面进行了体现时代特色的深度推进。邓小平指出：“中国共产党第七次全国代表大会确定了这样的原则，即马克思列宁主义的普遍真理与中国革命的具体实践相结合。”② 很明显，中华优秀传统文化本身就内含于中国实际之中，是中国实际的组成部分。而要想实现马克思主义基本原理与我国实际相结合，就离不开传承弘扬优秀传统文化。可以说，邓小平在这里进一步强调了中国共产党人要承担起将马克思主义与包括中华优秀传统文化在内的中国实际相结合的历史任务，深刻阐明了传承弘扬优秀传统文化在党的文化建设中的地位。进入新时代，习近平总书记指出：“中国共产党从成立之日起，既是中国先进文化的积极引领者和践行者，又是中华优秀传统文化的忠实传承者和

---

① 中共中央文献研究室、中央档案馆：《建党以来重要文献选编（1921 ～ 1949）》第 20 册，北京，中央文献出版社 2011 年版，第 318 页。

②《邓小平文选》第 1 卷，北京，人民出版社 1994 年版，第 258 页。

弘扬者。”[①] 由此可见，中国共产党在文化建设中既坚持马克思主义的根本指导地位，也始终重视自身的优秀传统文化主体塑造。总之，文化建设是党的建设的有机组成部分。新时代党传承弘扬优秀传统文化的恢宏实践，与党的文化建设内在联结，有效汇聚成了推动党的文化建设的重要文化支撑力。

（四）新时代党传承弘扬中华优秀传统文化的实践推进

新时代党传承弘扬中华优秀传统文化理论为全面发挥优秀传统文化的历史作用和现实价值提供了根本指导方针。当前，走出一条具有深厚历史基础、广泛现实依据和鲜明未来导向的中国特色社会主义传统文化发展道路，理性推进新时代党传承弘扬优秀传统文化的正确实践，是党推动社会主义文化建设的应有之义。

1. 立足传统文化发展新阶段，完善传承弘扬中华优秀传统文化机制体制

新发展阶段对经济社会发展提出了更高质量的要求。作为我国经济社会升级发展的文化支撑，中华优秀传统文化发展也自觉地进入新发展阶段的历史坐标，进入向更高发展阶段过渡的时空格局。因此，这就要求我们在科学把握传统文化新发展阶段历史特征和现实要求的基础上，以文化强国战略为主线，以新发展阶段的战略目标为时间依据和路线走向，有效推动党的传承弘扬优秀传统文化工作在新时代的历史征程中实现质的突破。

中国共产党的文化战略自建立以来，经历了从新民主主义革命时期的“文化救国”到社会主义革命和建设时期的“文化建

---

① 《习近平谈治国理政》第 3 卷，北京，外文出版社 2020 年版，第 35 页。

国”再到改革开放和社会主义现代化建设新时期的“文化兴国”的接续转变。直到党的十七届六中全会上，党中央正式提出了“建设社会主义文化强国”的文化战略任务，拉开了我国建设社会主义文化强国的历史帷幕。当前，习近平总书记高度重视优秀传统文化在推进文化强国战略中的基础作用。他指出：“要增强文化自信，在传承中华优秀传统文化基础上发展社会主义先进文化，加快建设社会主义文化强国。”[①] 他在这里强调了中华优秀传统文化与社会主义先进文化之间的关系，凸显了对优秀传统文化的当代关照，指明了建设社会主义文化强国的优秀传统文化路径。立足于文化发展新阶段，我们要科学掌握和有效践行新时代党传承弘扬优秀传统文化理论的核心要义，牢固树立传统文化意识和传统文化情怀，以强烈的历史责任感将传承弘扬优秀传统文化作为建设社会主义文化强国的基础性环节，增强传承弘扬优秀传统文化工作机制体制创新的整体性和深入性，不断拓宽和延伸优秀传统文化在社会主义文化强国建设实践中的作用广度与深度。

2. 构建传统文化发展新格局，开创传承弘扬中华优秀传统文化新局面

“以国内大循环为主体、国内国际双循环相互促进”的新发展格局是适应并引领新发展阶段的战略布局。习近平总书记指出：“构建新发展格局最本质的特征是实现高水平的自立自强，必须更强调自主创新，全面加强对科技创新的部署。”[②] 他在这

① 中共中央文献研究室：《习近平关于社会主义文化建设论述摘编》，北京，中央文献出版社 2017 年版，第 18 页。

②《习近平在省部级主要领导干部学习贯彻党的十九届五中全会精神专题研讨班开班式上发表重要讲话 强调深入学习坚决贯彻党的十九届五中全会精神 确保全面建设社会主义现代化国家开好局》，《人民日报》2021 年 1 月 12 日。

里所强调的“自立自强”“自主创新”都离不开对优秀传统文化资源的重视、挖掘和利用。为此，构建新发展格局必然包括构建优秀传统文化发展新格局的历史任务。这就要求我们深刻认识新发展格局的整体与部分的辩证关系，持续深化对构建优秀传统文化发展新格局的规律性认识，主动发挥优秀传统文化在国内大循环、国内国际双循环过程中的文化支点作用，以全面改革传统文化产业结构和传统文化事业结构为主要抓手，始终以强大的优秀传统文化战略定力为促进我国经济社会高质量发展提供更加有力的传统文化支撑。

新时代党传承弘扬优秀传统文化理论反映了我国传承优秀传统文化工作的根本性质和主要特征，是确保新时代传承弘扬优秀传统文化沿着社会主义发展方向正确前进的根本保障。新时代构建优秀传统文化传承发展新格局的顺利推进离不开党的创新理论的指引，同时也为新时代党传承弘扬优秀传统文化理论的丰富和发展提供不竭的源泉和动力。在东西方文化交流日益广泛而深入的文化发展环境中，只有充分认识到优秀传统文化发展的系统性和长期性特征，进一步强化构建优秀传统文化发展新格局的战略导向和目标导向，重视和发挥优秀传统文化“两创”的动力作用，为优秀传统文化“两创”提供适宜的环境和便利的条件，才能实现构建优秀传统文化发展新格局的主体全民化和实践常态化，使构建优秀传统文化传承发展新格局成为人民自觉而长期的实践。这就要求我们着眼于文化全球化的历史大势，聚焦构建传承弘扬优秀传统文化新格局的历史任务，突出构建新发展格局的优秀传统文化因素，在顺应和引导优秀传统文化发展规律的基础上，发挥优秀传统文化“两创”在构建传统文化发展新格局中的动力作用，在构建优秀传统文化发展新格局的过程中奋力开创工作新局面。

3. 坚持优秀传统文化发展新理念，走辩证法的优秀传统文化发展道路

习近平总书记指出，要“深入把握新发展理念对发展经验教训的深刻总结，深入把握新发展理念对经济社会发展各项工作的指导意义，真正做到崇尚创新、注重协调、倡导绿色、厚植开放、推进共享”①。这不仅确定了我国社会主义现代化建设的指导理念，而且具体回答了新时代应该“实现什么样的中华优秀传统文化发展、怎样实现中华优秀传统文化发展”这个重大文化理论和实践问题，为我国传承弘扬优秀传统文化提供了系统的理论指导。在五大发展理念中，与做好新时代传承弘扬优秀传统文化工作最为相关的就是协调发展。这要求我们以协调发展战略为主要着力点，全面、完整、准确地贯彻协调发展理念，在中华传统文化的矛盾统一体的内部协调和外部协调中把握优秀传统文化，防止出现主观盲目割裂中华传统文化的问题，坚定不移地维护中华传统文化的完整性，走出一条辩证法的优秀传统文化发展道路。

优秀传统文化协调发展的实质是中华传统文化内部构成要素与外部事物实现对立统一，是在相互促进中螺旋式上升的发展态势。中华传统文化是一个整体产生和发展的文化形态，而且在发展过程中与外部事物协调共处于社会矛盾体系当中。中华优秀传统文化和中华传统文化糟粕都是中华传统文化的组成部分，并在中华传统文化的矛盾统一体中实现着对立统一。不管是中华传统

① 习近平：《在省部级主要领导干部学习贯彻党的十八届五中全会精神专题研讨班上的讲话》，北京，人民出版社 2016 年版，第 35 页。

文化内部构成要素协调发展，还是中华传统文化在社会矛盾体系中与外部事物协调发展，都不能盲目割裂中华优秀传统文化和中华传统文化中的糟粕，因为这会否定优秀传统文化存在的合理性。因此，在维护中华传统文化整体性的前提下，辩证地否定中华传统文化中的糟粕，对增强其生命力至关重要。我们要深刻认识到，推进传统文化协调发展，一个很重要的举措就是通过辩证否定中华传统文化中的糟粕，推动中华传统文化中的糟粕向对立面方向转化，努力构建优秀传统文化与中华传统文化中的糟粕互为促进的文化发展态势。这是因为中华传统文化的协调发展是由内而外层次递进的过程，只有在传承弘扬优秀传统文化的过程中，对优秀传统文化与中华传统文化中糟粕的辩证统一关系进行理性把握，加强对中华传统文化中糟粕的合理改造，才能不断增强党和人民贯彻传统文化发展新理念的思想自觉和实践主动。

4. 以人才强国建设为契机，推动中华优秀传统文化人才更快发展

全面建设社会主义现代化需要人的现代化建设和文化的现代化建设统筹推进。这是因为人才是全面建设社会主义现代化国家的先进主体，体现着现代化建设实践的主体先进性，而且优秀传统文化又是增强人民建设现代化国家精神力量中最基本的源泉。因此，这就决定了我们理应以社会主义人才强国建设为契机，在实现优秀传统文化复兴的时代境域中，充分发挥优秀传统文化人才的先进主体作用，推动优秀传统文化人才培养工作高质量发展，为实现优秀传统文化复兴厚铸人才基础。

建设社会主义人才强国是新时代坚定人才培养自信的必然要求，是优化党和国家事业发展主体结构的重要抓手，同时体现了

新时代党传承弘扬优秀传统文化理论的主体要求，是推进新时代优秀传统文化人才培养工作高质量发展的战略引领。习近平总书记指出："在文化建设上，要重视人才培养，注重培养民族精神。"① 优秀传统文化人才作为具备自觉意识的先进队伍，不仅是建设社会主义人才强国的重要力量，为优化中国特色社会主义人才结构提供了更具民族底蕴的智力基础，而且是确保我国文化产业和文化事业沿着民族文化发展方向的主力军，承担着历史和现实赋予的传统文化使命。如果没有传统文化人才的积极作用，我国人才强国建设就会失去关键主体力量。新时代人才要体现中国特色，就必须推动优秀传统文化人才培养工作高质量发展，持续强化党领导优秀传统文化人才培养工作的战略指向和目标导向，增强优秀传统文化人才干事创业的动力，从而从主体方面夯实人才强国建设的传统文化基础。

新时代党传承弘扬优秀传统文化理论基于满足党和国家的优秀传统文化人才战略需求，着眼于人才强国建设和事关国家文化安全的文化前沿，从实现优秀传统文化复兴的战略高度对优秀传统文化人才培养工作提出了高质量发展的要求，为新时代优秀传统文化人才培养工作高质量发展提供了根本指导。事实上，新时代人才强国建设必须在党传承弘扬优秀传统文化理论的根本指引下不断壮大优秀传统文化人才队伍，推动优秀传统文化人才队伍结构转型升级，增强传承弘扬优秀传统文化人才支撑。因此，在新时代境域下，要沿着中国特色社会主义人才强国道路前进，就必须推动党传承弘扬中华优秀传统文化理论的实践演化，增强优

① 《习近平谈治国理政》，北京，外文出版社 2014 年版，第 425 页。

秀传统文化人才队伍建设的历史主动，在全面深化改革的革命性实践中有效推动优秀传统文化人才培养工作高质量发展，从而为党和人民接近和实现人才强国目标提供重要主体支撑。

综上所述，新时代中国共产党传承弘扬中华优秀传统文化的理论与实践，集中体现着党传承弘扬优秀传统文化的时代智慧与现实方案，理应给予高度关注。当前，我国经济社会发展过程中出现的问题迫切要求我们推动优秀传统文化的回归与传承。我们只有充分认识到自身肩负的传承弘扬优秀传统文化的使命，站在实现优秀传统文化复兴战略高度系统思考、深刻领悟并聚力发展新时代中国共产党传承弘扬中华优秀传统文化理论与实践，才能为我国在保持民族文化底蕴的基础上稳步推进中华民族复兴的伟大历史进程贡献自己应有的力量。

第二编

内涵要义

中华优秀传统文化创造性转化、创新性发展

中华传统文化源远流长、内容宏阔、历久弥新，蕴含着丰富而深刻的宇宙观、人性观、人格观、治理观、尺度观和表达观。推进中华优秀传统文化创造性转化和创新性发展，是回答时代之问、人民之问的重要内容，对全面建设社会主义现代化国家、全面推动中华民族伟大复兴具有重要意义。创造性转化与创新性发展，既相对独立又辩证统一。推进中华优秀传统文化创造性转化、创新性发展，必须坚持导向性、时代性、人民性、开放性等基本原则，统筹处理好传承与创新的关系，传统文化与红色文化、社会主义先进文化的关系，及民族文化传承与文明交流互鉴的关系，不断提高社会文明程度、激活文化创新活力、增强国家文化软实力、促进文化事业和文化产业发展。

一、中华传统文化的传承演进、内涵要义与鲜明特征

中华传统文化有着悠久而漫长的历史，在其上下五千多年的演进中积淀并浓缩着深邃内涵，体现出鲜明特征，在世界文明格局中占有不可替代的重要地位。随着人类社会当代发展所凸显出来的种种症候和危机，中华传统文化可谓历久弥新，愈发显示出自身的恒久魅力。这正是我们今天在文化心理上走向文化自信的一个重要理由。

（一）中华传统文化的传承演进

众所周知，世界上有四大文明古国，即古代埃及、古代巴比伦、古代印度、古代中国，唯有中国文化迄今延绵不绝，堪称奇迹。文化与哲学的关系，在一定意义上，可以说是表与里的关系。对于一个民族来说，哲学构成其文化的遗传基因和内在理由，而文化则构成其哲学的载体和表征方式。因此，把握住了一个民族的哲学及其历史演进，也就意味着把握住了它的文化传承的历史脉络。

中华文化源远流长，历上下五千年而不衰，被四方而愈盛，虽跌宕而益坚，在人类文明史上可谓独树一帜，难有出其右者。钱穆先生说道："若一民族文化之评价，与其历史之悠久博大成正比，则我华夏文化，于并世故当首屈一指。"[①] 中华文化绵绵不绝，古老而又常新。诚如《诗经》所云："周虽旧邦，其命维新。"（《诗经·大雅·文王》）《大学》有曰："苟日新，日日新，又日新。"（《礼记·大学》）中华传统文化正是在不断返本开新中得以延续和甦生，在漫漫历史长河流淌中熠熠生辉。有学者指出："自有历史以来，绵延不绝者，除吾中华外，世间已无第二国。"[②] 中华文化像一条延绵不绝的漫漫长河，有时候波涛汹涌，有时平静和缓，从上古一直流淌至今，从涓涓细流到奔腾巨川，堪称世界文明史上的一大奇迹。

那么，在中华文化的历史长河中，有着怎样的故事和节奏呢？有学者概括说，"超百万年的文化根系，上万年的文明起步，

---

① 钱穆：《国史大纲》（修订本）上册，北京，商务印书馆 1996 年版，第 1 页。

② 张君劢：《明日之中国文化》，山东，山东人民出版社 1998 年版，第 106 页。

五千年的古国，两千年的中华一统实体”[①]。这在一定意义上正是中华文化的历史特点和总体特色所在。文化的时代性在于，文化从某种意义上说总是对特定时代提出的质询所作的应答。时代的问题是什么，从根本上注定了文化所选择和采取的形式。从学术嬗变的角度看，中华文化大致经历了先秦子学、两汉经学、魏晋玄学、隋唐佛学、宋明理学、清代实学、近代新学等不同阶段，其中儒道释几经博弈、碰撞、会通、融合，从而形成了高度综合而又极具弹性和适应力的精神文化洪流，构成中华民族的精神家园和民族的精神标志。

春秋战国之际，是中国历史上的大变动、大激荡时期，催生了诸子百家的蜂起和繁盛，诸如儒家、墨家、道家、法家，以及阴阳家、杂家、名家、纵横家、兵家、小说家等，形成“百家争鸣”的局面。如《汉书·艺文志》所记载：“凡诸子百八十九家……蜂出并作，各引一端，崇其所善，以此驰说，取合诸侯。”特别是到了战国时期，在齐国的稷下学宫，展开了诸子百家之间的博弈和对话，从而奠定了中华文化的思想传统和学术根柢。几经博弈，中国社会和历史发展最终选择了儒家和道家作为整个中国文化的主干。

秦始皇统一中国后，采取“车同轨，书同文”的国策，为国家的统一提供了保障；但在文化上则采纳法家的治国方略，“焚书坑儒”，以霸道取代王道，结果导致了秦亡。到了汉代，汉武帝采纳董仲舒“罢黜百家，独尊儒术”的建议，确立了儒家的正统地位，通过诸如设“五经博士”等举措加以保障，逐步形成

① 苏秉琦：《中国文明起源新探》，北京，生活·读书·新知三联书店1999年版，第176页。

了以“六经”(《诗》《书》《礼》《易》《乐》《春秋》)为文本系统，以章句、训诂和注疏为主要方法的经学传统，主张“我注六经”。到了魏晋时期，学术文化一反经学的僵化和刻板，出现了重直觉、重领悟、重玄思的趋势，配合人的个性的解放和放达，形成了所谓的“魏晋风度”。《周易》《老子》《庄子》号称“三玄”，构成这一时期最为经典的文本。从某种意义上说，魏晋时代可谓是中国哲学史上的一个“自觉的时代”，因为先秦诸子所触及的问题到了这个时期已经被作为自觉反省的对象加以处理和把握，譬如“言意之辨”“有无之辨”“自然与名教之辨”。隋唐时期，佛学占据学术的主流。佛学自东汉输入中土，就开始了同中国本土主流文化之间的碰撞、交流、会通、融合，但始终未曾成为主导意识形态。直到隋唐时期，才一跃而变成显学，获得了话语权。到此为止，儒、道、释三家学说轮流登场，都在中国社会和文化舞台上演出了自己的一幕幕“活剧”，极大地影响以至改变了中国人的文化心理结构，甚至影响以至改变了中国的历史进程。

到了宋明时期，形成了一个大综合的局面，三教汇流，有一个大的积纳、大的荟萃发生。虽然儒家表面上是主导的话语体系，但究其实质，它已经悄悄地融摄了道家和佛家的精神和因子，从而成就了一个文化大融合的格局。所谓“新儒家”，一个重要原因就在于儒道释事实上的合流。周敦颐的《太极图说》中就有道家的影子，而宋明儒学特别是心学一系虽表面排佛，而暗中却“援佛入儒”，这也是一个不争的事实。宋代僧人智圆说：“释道儒宗，其旨本融，守株则塞，忘筌乃通。”(《闲居编》卷一六“三笑图赞”)这当然是从佛教徒的角度看的，但也不能否认，它毕竟透露出当时那个时代的儒道释三者关系的某种消息。从治学方法上着眼，宋明理学注重义理的阐发，不像汉学重“我注六经”，而是强调“六经注我”，所以与汉代经学的志趣迥然相异。到了清代，其学术又有一个反拨，即向汉代经学复归的趋势，出现了以考据、训诂、注疏、校雠、音韵、版本等为主要治学方法的思潮。这当然有特殊的时代原因，但也有学术史自身的内在逻辑理由。这样一种思潮，难以应对晚清以来的西学思潮的冲击，结果必然被所谓“新学”（西学）所取代。“西学东渐”的一个积极成果，就是马克思主义的中国化，为中国学术文化开辟了新天地，并为中国社会的发展和历史演进提供了学理上的指导，直接改变了中国历史发展的走向，能动地创造了中国现当代史的进程。这一历史后果，使中华民族不仅重新获得了独立和尊严，而且使中国从传统社会走向了现代化。

时代是一个全球化的时代，今天的世界是一个开放和多元的世界。在当代这一语境中，中华文化的未来前景将何去何从？这是一个无法绕开的问题。首先，我们必须肯认被我们所分享了的这个文化及其传统的积极价值，对它持一种“同情与敬意的了解”。因为这是我们民族之根，也是我们在今天历史条件下获得文化自信的重要前提。只有做到文化自觉，而且是以肯定的而非否定的方式实现的自觉，我们在当今时代的迅猛发展和急剧变革中才不会迷失自我，才能在文化上保持自己的“主心骨”，不至于“失魂落魄”。我们是“中国人”，我们固有其自身的“中国性”。我们的这个先天印记源自哪里？当然来自被我们所分享的文化及其传统。因为“民族”这个概念首先不是一个地域学或人种学概念，而是一个文化学概念。离开了特定的文化，一个民族也就不能够成为这个民族。在全球化及其所带来的“文化的匀质化”冲击下，中华文化一方面必须不断地强化自身的民族标记，另一方面也需要进一步批判地吸收人类文化发展中的优秀成分，以便创造出适应新时代中国特色社会主义事业所需要的新文化。

（二）中华传统文化的内涵要义

中华传统文化博大精深、内容宏富，是一个多面体。因此，对它的任何一种归纳和概括，都不得不以遮蔽其他可能的视野为代价。但为了说明的方便，我们仍不得不做出某种选择，只是在作概括时应该自觉地意识到它的局限性。那么，中华传统文化最主要的特点是什么呢？大致可概括为以下 6 个方面。

1. 天人合一、阴阳互补（宇宙观）

中华传统文化从总体上说是自然主义的。中国人讲究“天人合一”，主张顺天应时。诚如梁启超所说：“中国古代思想，敬天畏天，其第一著也。……故人之于天也，敬而畏之，一切思想，皆以此为基焉。”[①] 钱穆先生认为：“中国文化的特质，可以‘一天人，合内外’六字尽之。”[②] 中国思想以对天的敬畏为第一要义。重要的是，这一基本理念决定并塑造了古典技术的文化取向和文化品格，使得在技术的展现中达成人与自然的双赢：一方面因势利导，让大自然为人类的福祉服务；另一方面又维系自然界

---

① 梁启超：《论中国学术思想变迁之大势》，上海，上海古籍出版社 2001 年版，第 11 页。

② 钱穆：《中国文化特质》，《中国文化与中国哲学》（1987 年卷），北京，生活·读书·新知三联书店 1988 年版，第 29 页。

的均衡和自洽，使之能够为人类永续利用。这种对自然的尊重，最为睿智的是体现在恰当地看待人的欲望上。中国人相信只有把自己的欲望限制在自然而然的范围内才是最适当的，既不剥夺它，也不放纵它，更不人为地制造它。因此，也就避免了对自然界的过度占有和贪得无厌的攫取。在这个意义上讲，人道顺应天道构成中华民族文化传统的基本原型。

孔子在称赞“尧之为君”时说：“唯天为大，唯尧则之。”（《论语·泰伯》）《易传》曰：“天生神物，圣人则之；天地变化，圣人效之；天垂象，见吉凶，圣人象之；河出图，洛出书，圣人则之。”《诗经》曰：“物其有矣，唯其时矣。”孟子说：“不违农时，谷不可胜食也。”（《孟子·梁惠王》）即使主张“制天命而用之”的荀子，也强调“不为而成，不求而得，夫是之谓天职”，主张“不与天争职”（《荀子·天论》）。先秦著作中不少地方都提到“秉时”“顺时”“不违天时”“应时”“节四时之适”“审时以举事”。中国文化特别讲究天时地利人和，讲究“日出而作、日入而息”。人们追求物质生产节奏完全与自然节奏相吻合，这当然与中国的农耕文化有关，因为中国人不需要征服自然而只要顺应自然就可以获得维系生存的基本条件。老子提倡“道法自然”（《老子·第二十五章》），庄子主张“依乎天理”“因其固然”（《庄子·养生主》）。《庄子·天地》有对“机械”“机事”“机心”的嘲讽。既然弃绝“功利机巧”，中国人就不必也不愿向外探求。所以，从历史上看中国的科学技术并不发达。李约瑟提出“近代科学为什么没有在中国产生”这一问题，也就不难理解了。对于国人来说，“吾非不知，羞而不为也”。拿这种眼光看，“机械”一词在中国文化语境中甚至带有某种程度的贬义，因为它意味着投机取巧之器。所以，科学技术被中国人视之为奇技淫巧，也就不足为怪了。

“天人合一”除了可以在实体意义上被理解——把“天”“人”理解为自然界与人类——之外，还可以在境界的意义上被理解，即把“天”“人”理解为自然而然（即无为）与他然（即有为或人为）。例如《庄子·在宥》上说：“有天道，有人道。无为而尊者，天道也；有为而累者，人道也。”据《庄子·秋水》记载：河伯曰：“何谓天？何谓人？”北海若曰：“牛马四足，是谓天；络马首，穿牛鼻，是谓人。”当然，儒家的观点与道家存有差异，按照儒家的观点，我们似乎可以推论出在它看来“络马首，穿牛鼻”之类当属“天”而非“人”。这正是魏晋玄学自然与名教之辩的所在。后来的宋代理学家朱熹恰好就是这样认为的，例如，他说：“如穿牛鼻络马首，这也是天理，合当如此。若络牛首，穿马鼻，定是不得。”（《朱子语类》卷第九）显然，在朱熹看来，这是该当如此者。他还说：“饮食者，天理也；要求美味，人欲也。”因为“私欲”乃是“不当如此者”；而“饥而欲食，渴而欲饮，又此欲岂能无？”（《朱子语类》卷第十三）因为这是“合当如此者”。尽管这是人的需要，但因为是合当如此者，所以在朱熹看来仍然属十“大”而非“人”。倘若追求“美味佳肴”，就属于奢侈了，它超出或偏离了人的本来的和自然的需要，因此就不再是天理而是人欲了。可见，儒道两家的分歧不在于是否追求自然，而仅仅在于确认何为自然。在道家看来是人为的繁文缛节的，在儒家那里却被认为是天道的体现。这种分歧只是枝节上的，而非根本取向上的。就像西方的科学与宗教在中世纪和近代所发生的冲突，它并没有影响西方文化传统的内在整合性。

阴阳互补的太极图式，构成中华传统文化实现其真善美追求的最基本的模式。让我们以《周易》为例，所谓“易以道阴阳”。

首先，《周易》具有认知功能。“夫《易》彰往而察来，而微显阐幽，开而当名辨物，正言断辞，则备矣。”(《周易·系辞下》)所谓“观乎天文，以察时变”“通天下之故”等，皆为认知取向之萌芽。在中国文化传统的形成和发展中，“阴”“阳”作为两个基本符号被用来解释自然现象和人本身。如《黄帝内经》就认为：“阴阳乖戾，疾病乃起。”人的疾病盖源于阴阳二气的失衡，所谓“阴胜则阳病，阳胜则阴病；阳胜则热，阴胜则寒”。因为“阳强不能密，阴气乃绝；阴平阳秘，精神乃治；阴阳离决，精气乃绝”(《黄帝内经·素问》)。人体只有“和于阴阳，调于四时”才不至于生病。西周时期的大夫伯阳父就认为地震的原因在于阴阳失序，也就是所谓“阳失其所而镇阴也”；“阳伏而不能出，阴迫而不能蒸，于是有地震”(《国语·周语》)。汉儒董仲舒用阴阳观念解释自然现象，他说：“大旱者，阳灭阴也。……大水者，阴灭阳也。”欲防止大旱，就必须“开阴闭阳”；而欲防止大水，则须“开阳而闭阴”(《春秋繁露·精华》)。汉代的王充认为：“阴阳之气，凝而为人”，故“人所以生者，阴阳气也。阴气主为骨肉，阳气主为精神”(《论衡·订鬼》)。他还用阴阳关系来解释雷电现象：“实说雷者，太阳之激气也……盛夏之时，太阳用事，阴阳乘之，阴阳分事则相校轸，校轸则激射。激射为毒，中人辄死，中木木折”(《论衡·雷虚》)。

其次，《周易》具有价值功能。阴阳关系及其普遍模式为人的价值选择和伦理定位提供了根本的坐标系。《彖传》曰：“观乎人文，以化成天下。”“人文”在这里具有道德含义，所谓“文明以止，人文也”。显然，它强调的是人文的教化功能。这种价值功能主要表现在3个方面：一是预卜吉凶，所谓“以定天下之吉凶”；“圣人设卦观象，系辞焉而明吉凶”（《周易·系辞上》）等等。二是为伦理秩序提供合法性来源。男女之间的伦理关系根源于阴阳之道，所谓“乾道成男，坤道成女”；而“天尊地卑，乾坤定矣”（《周易·系辞上》）。《序卦》曰：“有天地然后有万物，有万物然后有男女，有男女然后有夫妇，有夫妇然后有父子，有父子然后有君臣，有君臣然后有上下，有上下然后礼义有所错。”而“天”为乾，“地”为坤。“乾，阳物也；坤，阴物也”。显然，由阴阳关系衍生出了尊卑长幼之序，诚如汉儒董仲舒所说的：“君臣、父子、夫妇之义，皆取诸阴阳之道。君为阳，臣为阴；父为阳，子为阴；夫为阳，妻为阴。”（《春秋繁露·基义》）三是君子人格的建构。《周易·象传》提出“天行健，君子以自强不息”“地势坤，君子以厚德载物”，实际上是给出了理想人格的模式，所谓“刚柔者，立本者也”。君子的刚健进取的人格，其根据来源于“天”的阳刚之“象”。孔颖达注曰：“乾象天。天体运转不息，故为健也。”而君子的宽容敦厚的人格，则是对“地”的阴柔博大之“象”的模拟。此乃所谓“天垂象”，“圣人则之”；“天地变化，圣人效之”（《周易·系辞上》）。对于中国人来说，道德约束体现在孔子所说的“乐而不淫，哀而不伤”之中。

最后，《周易》还具有审美功能。阴阳互补的太极模式构成中华传统文化的最高审美范式。例如高低、松紧之间所形成的张力结构成为书法结体的基本关系。中国的传统绘画和书法，都讲究用墨的深浅、浓淡、干湿、涩润，用笔的曲直、轻重、藏露、刚柔，线条的疏密、长短、粗细、繁简等。汉代蔡邕说："夫书肇于自然。自然既定，阴阳生焉。阴阳既生，形势出矣。"（《九势》）中国的古典诗歌也讲究虚实相生、有无相成等的对比关系。中国诗歌中常用对比的手法来塑造特定的意境，而这种对比手法隐含着阴阳互补关系的结构。例如"直—圆"对比："大漠孤烟直，长河落日圆。"（王维：《使至塞上》）"一—多"对比："忽如一夜春风来，千树万树梨花开。"（岑参：《白雪歌送武判官归京》）"孤雁不饮啄，飞鸣声念群。谁怜一片影，相失万重云。"（杜甫：《孤雁》）"烽火连三月，家书抵万金。"（杜甫：《春望》）"时—空"对比："海上生明月，天涯共此时。"（张九龄：《望月怀远》）"动—静"对比："细草微风岸，危樯独夜舟。星垂平野阔，月涌大江流。"（杜甫：《旅夜书怀》）如此等等，不胜枚举。再如中国的古典音乐。《乐记》则把音乐的发生同天地阴阳的和合相联系："乐者敦和"。因为"地气上齐，天气下降，阴阳相摩，天地相荡，鼓之以雷霆，奋之以风雨，动之以四时，暖之以日月，而百化兴焉，如此，则乐者，天地之和也"（《礼记・乐记》）。《吕氏春秋》则曰："凡乐，天地之和，阴阳之调也。"中国古典文艺作品中的"大团圆"结局，也同样折射着阴阳相互整合的太极图式，从而透露出其中的阴阳消息。

2. 人性本善、德性优先（人性观）

中华传统文化的人性论从主流看是性善论。性恶论以荀子为代表，但在总体上并不占主导地位，就像西方文化中也有性善论但不是主流一样。中华传统文化中的德性论具有浓厚的自然主义色彩。这大致可以从两个方面来认识。

一是以血缘关系为纽带建构起来的伦理结构成为道德观念的

发生学基础。在孔子看来，“父为子隐，子为父隐，直在其中矣”（《论语・子路》）。“父子之道，天性也”（《孝经・圣治》）。显然，孔子所信任的，乃是最本然的情感取向。这种自然主义的道德哲学必然以人的血缘关系作为道德的发生学基础。值得注意的是，“德”之古字即为“悳”。孔子说：“君子务本，本立而道生。孝弟也者，其为仁之本与！”（《论语・学而》）他还说：“夫孝，德之本也，教之所由生也”；“夫孝，天之经也，地之义也，民之行也。天地之经，而民是则之。则天之明，因地之利，以顺天下。”（《孝经・三才章》）由此出发，“君子之事亲孝，故忠可移于君；事兄悌，故顺可移于长；居家理，故治可移于官。是以行成于内，而名立于后世矣”（《孝经・广扬名》）。这其中，隐藏着这样一条线索：血缘关系—伦理关系—道德自觉。作为时间顺序，它形成“礼—仁”的发生学结构。为了道德的建构，中国文化特别注重血缘关系的维系、稳定和传承。孟子说“不孝有三，无后为大”（《孟子・离娄上》），其真正用意即在此。以血缘关系为纽带建立起来的宗法制社会，同伦理本位主义文化之间具有内在的关联。中国传统社会悠久的重农抑商政策，其文化含义就在于避免商业关系对血缘关系的解构和颠覆。

二是学理层面上的道德自足论。从逻辑预设的角度看，中华传统文化特别强调道德的“当然”性质，这是就道德的逻辑规定而言的。自足就是自然，而自然在“天”表现为必然，即必然如此；在“人”则表现为当然，即应该如此。必然表现在人事方面，则具有当然的性质。从这个角度看，传统文化表达了“仁—礼”的逻辑在先结构。仁的观念的造成，离不开对礼的践履和体会，但仁之所以成立的理由，却不是由礼提供的。相反，礼的合法性来自仁。仁的理由只能来自仁本身。所以孔子说："为仁由己"（《论语·颜渊》）；"我欲仁，斯仁至矣。"（《论语·述而》）屈原《九章·抽思》云："善不由外来兮，名不可以虚作。"唐代韩愈说："足乎己无待于外之谓德。"（《原道》）道德的自足性，典型地表现在对"慎独"境界的追求上，即《大学》所谓的"君子必慎其独"。

由于这种道德观上的自然主义取向，在中华传统文化看来，最本然的也就是出于自我本性的。对本然性的追求表现为两个层面：一是在个体方面，中华文化强调对"赤子之心"的回归和保持。二是在类的方面，中华文化特别强调祖先崇拜，所谓"慎终追远"，有一种复古情结。先秦时期的孔孟和老庄同样有着对原始淳朴状态的向往。《中庸》称："仲尼祖述尧舜。"宋儒朱熹注曰："祖述者，远宗其道。"所以孔子曰："生乎今之世，反古之道。"（《中庸》）他还说："我非生而知之者，好古敏以求之者也。"（《论语·述而》）因此，孔子承认："周监于二代，郁郁乎文哉，吾从周"（《论语·八佾》）；所谓"温故而知新"（《论语·为政》）。紧步孔子的后尘，"孟子道性善，言必称尧舜"（《孟子·滕文公上》）。朱熹注曰："性者，人所禀于天以生之理也。浑然至善，未尝有恶。人与尧、舜初无少异，但众人汩于私欲而失之。尧、舜则无私欲之蔽，而能充其性尔。故孟子与世子言每道性善，耳必称尧、舜以实之。"孟子曰："大人者，不失其赤子之心者也。"（《孟子·离娄下》）所谓"儒者之道，古之人若保赤子"（《孟子·滕文公上》）。老子也有"执古之道，以御今之有"（《老子·第十四章》）的说法。他对"小国寡民"状态的向往和推崇，对"复归于婴儿"的向往，无不反映了复古情结。庄子所谓的

“哀莫大于心死”（《庄子·田子方》），同样体现了对“赤子之心”的肯定。古代哲人的这种追求，绝非现代人所肤浅地认为的那样是一种迂腐，相反，它恰恰体现了人类古老的智慧。因为每当人类误入歧途之时，都不得不回眸先知们的遗训。

德性优先的诉求，内在地决定了中华传统文化走的是内在超越之路，所以中华文化没有征服的性格。中华文化的最高偶像是圣人，西方文化的最高偶像则是英雄。圣人是征服自我的，所以孔子说“克己复礼为仁”（《论语·颜渊》）；而英雄是征服世界的。英文中的“hero”既含有“英雄”之意，也含有文学作品中的“主角”之意，这种词源上的联系耐人寻味。由于偏于内向，中华文化就不具有对外部世界的占有姿态。在中华传统文化看来，道德乃是人成其为人的最后和最高的根据或判准。因此，当人的肉体生命与道德两者不可兼得时，孔子教导人们的选择是，“志士仁人，无求生以害仁，有杀身以成仁”（《论语·卫灵公》）。孟子也说：“生亦我所欲也，义亦我所欲也，二者不可兼得，舍生而取义者也。”（《孟子·告子上》）表现在义利关系上，中华传统文化主张义对利的优先性。孔子说：“君子喻于义，小人喻于利。”（《论语·里仁》）“见利思义”“见得思义”，“义然后取”；而君子“罕言利”。孟子也说：“王何必曰利？亦有仁义而已矣！”（《孟子·梁惠王上》）这种德性优先的倾向表现在两方面：一是从人的个体层面看，孔子说：“朝闻道，夕死可矣！”（《论语·里仁》）孟子把有无德性作为人与禽兽之间的最后区别，由此奠定了中国人自我意识的基本类型。二是从人的类的层面看，中国人对德性的推崇，与自我中心化情结的凝结颇多关联，如传统观念中凸显的对南蛮、北狄、东夷、西戎在道德上的轻视，“非我族类，其心必异”（《左传·成公四年》）所强调的，主要也是道德上的差异。

3. 自强不息、厚德载物（人格观）

《易传》上有两句众所周知的话，叫作：“天行健，君子以自强不息”；“地势坤，君子以厚德载物”（《周易·象传上》）。这两句话很恰当、凝炼地概括了中华传统文化所蕴含的刚柔相济、阴阳互补的关系和内在结构。它既是个体的人格特征，又是整个传统文化的特征。自强不息表达的是刚健进取的品格，厚德载物则体现着宽容敦厚的品格。

“君子”与“小人”，其境界有高下以至霄壤之别。就个人修养而言，孔子在总结自己的一生时说道：“吾十有五而志于学，三十而立，四十而不惑，五十而知天命，六十而耳顺，七十而从心所欲，不逾矩。”（《论语·为政》）这里，显然有一个人生境界的不断提升问题，其中最高的境界乃是天人合一，亦即所谓的“从心所欲，不逾矩”。这是一种既自然而然又自觉自愿的状态，天道与人道泯然为一、毫无二致。君子的人格境界有其超越的一面。所谓“君子谋道不谋食”“君子忧道不忧贫”（《论语·卫灵公》），“君子不器”（《论语·为政》）。“道”属于“形而上者”，“器”乃“形而下者”。这样一种境界落实下来，无非就是刚柔相济、内圆外方，亦即“自强不息”同“厚德载物”的互补整合。

尽管君子的人格有其刚健进取、奋发有为的一面，但它并不有违“天人合一”的文化原型。因为君子人格中的自强不息精神，仍然不过是“人道”顺应“天道”的结果。此所谓“天垂象”“圣人则之”。君子的自强不息性格，恰恰是“天”的刚健之

"象"的人格化表达，它的合法性和终极根据依然源自刚健之天象。这就从更深刻的层面上贯彻了"天人合一"的原则。

4. 内圣外王、德治仁政（治理观）

中华传统文化讲究"格致诚正，修齐治平"，所谓有德者为王。"德治仁政"始终是中国政治哲学所孜孜以求的理想。钱穆认为："中国政治是一个礼治主义的。倘使我们说西方政治是法治主义，最高是法律，那么中国政治最高是'礼'，中国传统政治理想是礼治。"[①] 其实，"仁"与"礼"是互为表里的。"仁"是"礼"的内在理由，"礼"是"仁"的外化形式，或者说是仪式化、制度化的"仁"，它们共同构成德治仁政的基础。

在中华传统文化的语境中，政治的合法性不是来自多数人的同意（民主），而是来自道德的高尚。孔子说："为政在人。"（《中庸》）而这里的"人"，应该是道德上的楷模。孔子指出："为政以德，譬如北辰，居其所而众星拱之。"（《论语·为政》）由此可见，道德楷模及其感召力在政治统治中具有何等重要的作用和意义。他还说："道之以政，齐之以刑，民免而无耻。道之以德，齐之以礼，有耻且格。"（《论语·为政》）

从总体上说，中华传统文化是不太信任法律的。因为法律无法使人达到慎独的境界，只有道德才能构成一个社会达成公序良俗的"底线"。中国人往往把打官司看成是丢人的事。譬如孔子就说："听讼，吾犹人也。必也使无讼乎！"（《论语·颜渊》）老子也说过："法令滋彰，盗贼多有。"（《老子·第五十七章》）这类看法，同中华文化重德治而轻法治的传统有关。

---

① 钱穆：《中国史学名著》，北京，生活·读书·新知三联书店2000年版，第151页。

5. 中庸之道、过犹不及（尺度观）

中华传统文化特别强调中庸之道。比如中国人对自己欲望的看待，认为是过犹不及，既不禁欲亦不纵欲，而是限欲。孔子有所谓“乐而不淫，哀而不伤”的说法。《吕氏春秋》曰：“天生人而使有贪有欲。欲有情，情有节。圣人修节以止欲，故不过行其情也。”《毛诗大序》亦曰：“发乎情，止乎礼义。”朱熹仔细甄别了正当的欲望与非正当的欲望，认为合乎自然而然的要求的欲望，本身就是“天理”，只有那些人为制造出来的，从而超出了自然限度的欲望才属于“人欲”，才在祛除的范围。显然，中国人是容易满足的，中华文化没有培养出贪婪的民族性格，而是非进攻性的，没有占有的冲动，这与中国人的中庸之道思维方式有内在关系。这一点表现在日常生活中，就是知足常乐、安贫乐道。

中国人对于事物的“度”是持敬畏和守望的态度，这同西方文化性格形成了鲜明的对比。人类始终面临着人的欲望的无限可能性同满足欲望的对象的有限性之间的紧张，人类始终受到稀缺性的困扰。如何解决这个无限性与有限性之间的矛盾，决定着不同民族的文化性格。从总体上说，中国人试图通过约束自己的欲望来缓解这个矛盾，而西方人更致力于释放欲望，追求满足欲望对象的增殖来缓解这个矛盾。“奥林匹克精神”就是“更高、更快、更强”。当年胡适就比较说，西方文化是不知足的文化，而中国文化是知足的文化。当然，胡适是为了批评中国人的惰性而说这番话的。在现代化的狂飙突进中，中华文化的这种取向和姿态或许会被视为保守。但在今天，当人类因为贪得无厌而过度征服自然，到头来不得不受到生态失衡、环境恶化等一系列生存危机的惩罚之后；当人类因为利己心的过度扩张而弱化了人与人之间彼此信赖的关系，到头来不得不承受道德滑坡、信任危机的困扰之后，再来回眸中华传统文化的中庸之道，回眸中国人的欲望观，不恰恰显示出它的真正魅力吗？

6. 言近旨远、含蓄委婉（表达观）

中国语言的特点是象形文字，所谓“观物取象”“近取诸身，远取诸物”（《周易·系辞下》）。这从文化基因层面上注定了中国式表达的象征和隐喻的特征。杜甫有句诗，叫作“窗含西岭千秋雪，门泊东吴万里船”（杜甫：《绝句》）。一个小小的门和窗，就把无限的时间和无限的空间蕴含其中了。这正是黑格尔“真正的无限性”的表征方式，即形式的有限性同内涵的无限性的统一，乃是扬弃了无限与有限的外在对立而达成的合题。这也就是中国的那种“言有尽而意无穷”“言近而旨远”的表达所具有的性质。

中国语言在一定意义上是诗歌语言，是一种诗意化的表达。这种诗化的表达方式，不重定量分析，而重定性分析。中华文化从总体上说是诗化的文化，注重写意而非写实。最突出的表现就是中国人比较含蓄，中国人表达感情的方式也很含蓄。我们不像西方那样有情人节、母亲节，那么直露。中国人举手投足之间都是有蕴含和寄托的，喜怒哀乐也不愿意显之于形。这种诗意化表达的基础是象征性和隐喻。西方文化具有抽象性，是科学语言式的，它的符号和意义之间是一一对应的确定关系；而中国人的文化则具有象征性，其符号和意义之间不是对应的关系，而是相似的关系，这就造成了意义的暧昧性和不确定性。因此，解读中国文化符号更像是一种猜谜游戏。由此决定了中华传统文化的文本具有意义的深度空间，它是开放的、有弹性的。所以，中国人表达自己的情感、表达对于世界的感受，都是相当含蓄的，是非常有韵味的。正所谓“有余意之谓韵”（范温：《潜溪诗眼·论韵》），所营造的是一种可以令人回味无穷的意境。由此可从一个侧面解释近代科学为什么没有能够在中国发生这一“李约瑟难题”。

（三）中华传统文化的鲜明特征

一个事物的特征固然是由其内在本质所决定的，但它又总是依赖于同他者的比较才能更加显现出来。对于一个民族来说，其文化及其传统也不例外。在一个全球化时代，不同文明之间通过马克思所谓的“普遍交往”，彼此相遇，发生了实际的联系，使文明交流互鉴成为可能。这种“互鉴”，既是不同文明彼此对话、相互借鉴的过程，同时又是彼此对勘、相互比较的过程。正是在这个过程中，中华传统文化凸显出自己的鲜明特征。

1. 中华传统文化本质上是一种柔性的智慧

如果说，西方传统文化体现的主要是一种刚性的智慧，那么中华传统文化体现的则是一种柔性的智慧。按照《说文》的解释，“儒，柔也”。一个“柔”字，颇值得玩味。其实，柔不仅仅是儒家的偏好，也是道家的取向。老子说过：“柔弱胜刚强。”（《老子·第三十六章》）天下最坚硬的是石头，最柔软的是水，而水滴可以石穿。这就是以柔克刚的智慧。所以，柔并不等于弱，柔是貌似弱，实则强，它是一种韧性。在人类文明博弈过程中，中华传统文化之所以能够经久不衰，其命运在历史上起伏跌宕，却依旧延续至今，而且愈益显示出它的魅力，在某种意义上正是得益于这种韧性特征。

诚然，道德在表面上看似孱弱，因为道德在一定意义上就是人为自己立法，它类似于人工规则。道德规范的一个最大特点，是其可违反性，因此道德往往显得很脆弱。这正是许多人不怎么信任道德力量的一个重要原因。但是，只有道德才能彰显人的崇高和尊严。它就像帕斯卡所说的那根能思想的“芦苇”一样。虽然一阵风、一场雨，就可以把它摧折，但人类恰恰因拥有它才获得尊严。就此而言，道德又是一种最强大、最坚韧、最深沉的力量。所以，孟子引孔子的话说：“仁不可为众也。夫国君好仁，天下无敌。”（《孟子·离娄上》）道德的力量不在于一时的人数多寡，而在于它的崇高和尊严，在于它的感召力和凝聚力。孟子不仅重申了孔子的话，所谓“国君好仁，天下无敌焉”（《孟子·尽心下》）；而且明确讲“仁者无敌”（《孟子·梁惠王上》）。孟子还说：“仁人无敌于天下，以至仁伐至不仁，而何其血之流杵也？”（《孟子·尽心下》）以儒家为代表的中华传统文化讲究“以德服人”，相信德性的力量，这在很大程度上塑造了中华民族长期以来形成的文化品格。在一定意义上看，“长城”既是中华文化的创造，也是其重要象征。作为整个人类的最大建筑工程之一，长城是防御性的，而不是征服和扩张性的。按照钱穆的观点，中国历代王朝都不能称其为“帝国”，因为中国传统社会没有扩张的文化本能，因而不存在殖民传统。没有建立殖民统治的国家，不能称作“帝国”。说“大秦帝国”“大清帝国”等之类的措辞，都是对“帝国”这一称谓的误用。在世界历史研究中，有一个重要的比较研究课题，就是“郑和下西洋”同“哥伦布发现新大陆”的比较，这两大历史事件同样显示出东西方文化取向上的分野及其截然不同的旨趣和性格。在出现道德衰弱的今天，我们欲拯救世道人心，改善并优化人与人之间的关系，实现社会的和谐，就不得不回首被人遗忘了的古老传统。正是在那个遥远的绝响中，我们依稀听到了希望的声音。

西方文化的现代性取向，内在地蕴含着理性的独断化姿态，其结果只能是戡天役物。这种逆自然而行的诉求所导致的实践后果和观念后果，正是全球性问题在20世纪中期突然爆发，从而使人类陷入生存危机的原因。现代社会违背自然的表现在于：一是人的欲望的人为塑造（市场逻辑）；二是对大自然占有的姿态（工业逻辑）。近代英国哲学家培根说："人类知识和人类权力归于一；因为凡不知原因时即不能产生结果。要支配自然就须服从自然。"① 在他看来，"我们若不服从自然，我们就不能支配自然"②。这里所谓的"服从"，其前提乃是"认识"，其过程乃为科学之探索，其结果乃为科学之理论。由此不难看出科学的用意所在。"戡天役物"的取向典型地体现了西方文化的态度和特质。培根的观点可视为是对"知识就是力量（或曰权力）"最贴切的注脚。值得注意的是，西方人"认识自然"并非为了"顺应"自然，而是为了"改造"和"创造"自然。他们相信"人的意识不仅反映客观世界，并且创造客观世界"，因为"世界不会满足人，人决心以自己的行动来改变世界"。这同孟子所说的"不违农时，谷不可胜食也"，可谓大异其趣。因为在中国人的心目中，"天"具有神圣性和超越性。中国人对于"天"有着一种宗教般的情感。

现代工业把生产变成了科学的应用，亦即技术的宰制。"归真返璞，顺其自然"乃是恢复科学技术的古典精神的唯一可能的选择。海德格尔区分了古典技术和现代技术。他所描述的古典技术尚不存在与天道对立的性质，只有现代技术由于离开了"在"

① ［英］培根：《新工具》，许宝骙译，北京，商务印书馆1984年版，第8页。

② ［英］培根：《新工具》，许宝骙译，北京，商务印书馆1984年版，第113页。

而把持“在者”，才形成了今天的困局。他开出的“药方”是技术的艺术化。按照海德格尔的观点，如果说科学技术使“在者”之“在”遮蔽，那么“艺术却是把在者之在敞开”[①]。艺术是真理的澄明，真理的澄明归根到底不过是本来如此者的显现。用中国古代思想家的话说，亦即所谓“道法自然”。因此，使现代科学技术由对“在者”的把持回归到“在”本身，必须恢复技术的道法自然的原始本性。唯其如此，人们才能向“诗意地栖居”回归。正是在这个方面，中华传统文化所特有的追求自然而然的自然主义取向，能够为现代人提供必要的精神资源。中华传统文化是一种柔性的智慧。

2. 中华传统文化更侧重于成就人的道德人格

与侧重于向自然探求的西方文化相比，中华传统文化更注重人的道德人格的成就和建构。英国哲学家罗素说过：“我们的文明的显著长处在于科学的方法；中国文明的长处则在于对人生归宿的合理解释。”[②] 诚哉斯言。在确立健全的人生观方面，中华优秀传统文化的确能够提供更加丰富的资源，这是中华传统文化的特质所在，也是其独特优势所在。一个人如果缺乏健全的人生观，就像一只断了线的风筝一样，只能随波逐流、随风飘荡，处于无根状态，无处安心立命，内心世界因此无法得到充实。人的境界不同，做事情的外观也显著不同。大家试想，为什么会有儒商和小商小贩的差别？为什么会有政治家和政客的差别？为什么会有科学家和工匠的差别？他们所从事的工作原本没有什么两

① ［德］海德格尔：《形而上学导论》，熊伟、王庆节译，北京，商务印书馆 1996 年版，第 133 页。

② ［英］罗素：《中国问题》，秦悦译，上海，学林出版社 1996 年版，第 153 页。

样，他们的差别仅仅取决于人生境界高低之不同。

冯友兰先生总结儒家人生思想，从中归纳出人的“四境界”说，即自然境界、功利境界、道德境界和天地境界，它们分别对应于人不知有我、意识到自我、超越掉自我、无所谓我与非我的不同层次，进而形成“庶人”“小人”“君子”“圣人”等不同人格。这为我们每个人的德性修养和境界提升提供了一个基本的参照系。“天地境界”就是孔子所谓的“从心所欲，不逾矩”，它是“天人合一”“知行合一”“情境合一”的实现和践履。尽管达到这种境界很难，但“‘高山仰止，景行行止’，虽不能至，然心向往之”(《史记·孔子世家》)。对崇高境界心存敬畏、心存向往，本身就是自我提升和上进。事实上，中华传统文化各家各派都不乏人生境界思想。正如有人所说的，儒家可以让人做事情“拾得起”，道家可以让人做事情“放得下”，佛家可以让人做事情“看得开”。一个人倘若能够达到儒道释所确立的境界，一定是心身康泰、心安理得、圆融无碍、圆满具足的。就此而言，中华传统文化不啻是打开现代人在心灵上无家可归从而陷入精神困顿难题的一把钥匙。作为现代人，我们已然被抛入到一个世俗化的时代。在这样一个过分崇尚物质的时代，很容易造成“物质巨人、精神侏儒”的畸形人格。但人毕竟不是动物，还需要有一种超越的追求。这就不可避免地带来人的自我存在同自我本性之间的紧张。因此，怎样恰当地调适人与自我的关系，就成为所有走向现代化社会的人们普遍面临的一个问题。人们的困惑在于：为什么物质财富越来越丰饶，而人的心灵世界却越来越显得贫瘠？为什么人们在生活条件上越来越衣食无忧，但人们的幸福感却未见增长？为什么人们的日常生活越来越精致化、舒适化、高档化，而人们在心灵追求上却越来越感到茫然无措？为什么人们的交际越来越密切，但人们彼此的心灵世界却越来越隔膜？其实，在人的日益物化的命运中拯救出人的心灵世界，唯一可行的路径就是不断地提升人生境界。

中华传统文化从总体上说是把道德作为人之所以异于禽兽者的根本标志。孟子说过："人之所以异于禽兽者几希，庶民去之，君子存之。"（《孟子·离娄下》）人与动物的差别其实很小，就在于唯有人才有"良知"和"良能"。在中国人看来，人的德性人格的充实，就是人的自我实现。孔子曰："志士仁人，无求生以害仁，有杀身以成仁。"（《论语·卫灵公》）孟子曰："生，亦我所欲也，义，亦我所欲也，二者不可得兼，舍生而取义者也。"（《孟子·告子上》）所谓的"杀身成仁"和"舍生取义"，都鲜明地体现了儒家所秉持的超越人的肉体存在的取向。"真实的自我"与"虚假的自我"之间的冲突，使"做人"成为一个无法回避的问题。在一定意义上说，人是选择的动物。一个人的一生所面临的选择大致可分为三类：一是做想做的事——任性；二是做能做的事——符合自然律，按科学行事；三是做应做的事——道德律的要求。16世纪的法国人拉伯雷有一本书叫《巨人传》，其中描述德廉美修道院作为个性解放的象征，它所坚持的唯一规则就是"做你想做的事"。这让我们想起美国科学哲学家费耶阿本德科学无政府主义的那句有名的口号"怎么都行"。其实，只有"道德"才体现着人对自然界的超越关系，从而构成"真实的自我"的"标志"。"应该的"也就是出于人的本然之性、固然之理、当然之则的规定。这正是中华传统文化教导我们的。

古希腊神话有所谓"黄金时代、白银时代、青铜时代、黑铁时代”之说，中国先秦的韩非子也说过：“上古竞于道德，中世逐于智谋，当今争于气力。”(《韩非子·五蠹》）现代性在学理和实践的层面上颠覆了道德的合法性。最典型的例子是，从进化论模式考量应该是最文明的20世纪，却发生了两次世界大战，出现了人类有史以来规模最大、手段最残酷的杀戮。必然性逻辑对人的自由意志的剥夺，使人们无法也不愿充当道德责任的主体。科学理性只教会人们做能够做的事，却不能教会人们做应当做的事。市场逻辑在事实层面上解构了道德存在的基础。因为“零和竞局”的博弈论范式，把人们抛入了一个“一切人反对一切人的战争”格局之中，使“利己”与“损人”之间无法剥离开来，并且具有了内在的因果关系。但是面对这样一个时局，我们究竟何去何从？当代人类无可逃避地面临着一个痛苦的抉择。究竟是按照肉体原则向物的世界沉沦，还是按照心灵的原则向精神的世界拯救？可以说，这是一个哈姆雷特式的问题。相信“知识就是力量”，还是相信“德性就是力量”？中国文化主张选择道德的拯救。这才是人类在未来的真正出路所在。

3. 中华传统文化致力于把握变中之不变的永恒之物

对于世界上任何一个民族来说，其传统文化都具有生命的意义。在一定意义上，“文化”就是“生命”，“传统”就是“我们”。分别言之，“传”乃是通过给出文化基因而在时间上实现延续（复制和再现）而实现的文化整合，“统”则是通过提供文化原型而在空间上的涵摄（识别和选择）而实现的文化整合。应该说，对于永恒之物的追寻和恪守，更鲜明地体现在中华传统文化的取向之中。

对于中华传统文化而言，可以说起源也就是目标。汉儒董仲舒说："天不变，道亦不变。"（《汉书·董仲舒传》）万事万物都是变动不居、千差万别的，唯有天和道是亘古不变的，它超越时空而成一普遍而必然的规定。司马迁撰写《史记》，立志"究天人之际，通古今之变，成一家之言"。"通古今之变"，就是要把握那个变中之不变的东西。任何"变"都必须以不变作为参照系才能得以彰显。离开了不变，也就无所谓"变"。这就是变与不变的辩证法。因此，要把握古今之变，就不能不从中找寻那个不变的恒定之物。中国有一副经典春联，叫作"一元复始，万象更新"。芸芸众生，大千世界，无所不是、千差万别，无时不在、千变万化。凡是产生出来的，都是一定要消亡的。然而，在这一切多样和变迁之中，又内在地蕴藏着一个亘古不变的"常道"。我们总是在不断地向出发点复归。这就是我们存在的永恒的参照系和不变的尺度。离开了这样一个衡准，我们就找不到价值判断的标准，就势必走向价值观的紊乱和选择尺度的丢失。

从尺度意义上说，对传统文化持一种敬畏与同情的态度，并不是复古主义的"乌托邦"，它仅仅是为了从文化源头上寻找一种参照和判断的尺度。毫无疑问，没有谁会天真地相信中华传统文化能够在完全的和绝对的意义上被现实生活所再现和重演；但这并不意味着它就因此而没有积极的价值和意义。与时俱进并不是绝对的、无条件的。永恒之物其实是一个民族、一个时代的永远的参照系，它积淀并浓缩于一个民族的文化记忆和遗传基因之中。所以，保持对永恒之物的敬畏，就必须首先保持对于民族的文化传统的应有尊重。就启示意义而言，中华传统文化有利于启示当代人类内在地约束和限制人的自我中心化的扩张，使人对自我的把握真正成熟和健全起来；另外，它也有可能启示当代人类限制并约束自己对自然界的占有姿态。启示意义无疑是永恒性的，它将永远伴随现代人，成为一种不能也不应被遗忘、即使遗忘也必将在某个历史的关键时刻被重新唤醒的文化资源。这正是人类智慧的魅力之所在。

人们过去之所以往往忽视中华传统文化的真正价值，一个重要原因就在于现代性的维度对这种价值的遮蔽和扭曲。随着世界文化时代维度的历史性变迁和转换，亦即由现代性过渡到后现代性，中华传统文化的意义和价值就必须加以重新估价。在现代性的背景下，中华传统文化往往是一种负面形象；但是，在现代性的内在矛盾日益显露的今天，中华传统文化恰恰变成了拯救的希望之所在。它不仅是中华民族应对未来挑战的力量源泉，而且是人类文明规避风险、走向健全发展的一个重要力量源泉。总之，在今天的历史背景下，中华传统文化已成为一种拯救之道和智慧之源。作为一种正能量，需要我们深入发掘和弘扬传统文化中的优秀成分，实现其创造性转化和创新性发展。

二、推进创造性转化、创新性发展的时代要求与现实意义

中国共产党是中华优秀传统文化的忠实践行者和弘扬者。推进中华优秀传统文化的创造性转化和创新性发展，是中国共产党自诞生之日起就面对的重要时代课题。在世界面临百年未有之大变局和中华民族面临伟大复兴战略全局的新时代条件下，推动中华优秀传统文化创造性转化、创新性发展，是回答时代之问、人

民之间的重要内容，对全面建设社会主义现代化国家，全面推动中华民族伟大复兴具有重要意义。

（一）全面建设社会主义现代化国家、实现中华民族伟大复兴的客观需要

回望党和人民走过的奋斗历程，实现现代化始终是我们孜孜以求的奋斗目标。在中国特色社会主义进入新时代的背景下，以习近平同志为核心的党中央团结带领人民在全面建成小康社会的基础上，开启了全面建设社会主义现代化国家的新征程。全面建设社会主义现代化国家的出场，不仅是对科学社会主义原理的坚持和发展，还是对中国共产党人历史使命的赓续继承和传承创新。作为中华民族历史征程上的独特叙事和历史性展开，全面建设社会主义现代化国家承载于实现中华民族伟大复兴的大逻辑中，需要在中国特色社会主义事业的实践中一体化推进。如何在此前发展的基础上起承转合，续写新的历史，开启全面建设社会主义现代化国家、实现中华民族伟大复兴的新征程，成为新时代党和人民需要面对的重要时代课题。对此，习近平总书记指出："中华文化源远流长，积淀着中华民族最深沉的精神追求，代表着中华民族独特的精神标识，为中华民族生生不息、发展壮大提供了丰厚滋养。"① 这表明，在我国向社会主义现代化迈进的关键时期，推动中华优秀传统文化创造性转化、创新性发展，发挥中华优秀传统文化的当代价值，具有举足轻重的意义。

中华优秀传统文化是中华民族的根和魂，是中华文明的智慧结晶和灵魂所在。习近平总书记指出："中华民族在几千年历史

① 《习近平谈治国理政》第1卷，北京，外文出版社2018年版，第164页。

中创造和延续的中华优秀传统文化，是中华民族的根和魂。”[①] 中华文化蕴含着中华民族内在的精神追求，中华优秀传统文化是中华民族延绵发展的文化根基，代表着中华民族独特的精神标识，是中华民族独有的精神魂魄。中华优秀传统文化是凝聚中华儿女的内在精神纽带，奠定了中华民族立于世界之林的稳固地位。近代以来，无数仁人志士为了救亡图存和民族复兴，以“投死为国，以义灭身”“苟利国家，不求富贵”的精神气魄，前仆后继、英勇献身，为捍卫国家主权、维护民族尊严进行了可歌可泣的斗争。中国共产党成立后，始终将中华优秀传统文化熔铸于领导中国人民不断谋求民族独立、国家富强、人民幸福的奋斗过程中，使中华民族迎来从站起来到富起来，再走向强起来的新辉煌，使中华优秀传统文化持续焕发出时代光芒。

中华优秀传统文化是中华民族发展壮大的丰厚滋养。“中华民族生生不息绵延发展、饱受挫折又不断浴火重生，都离不开中华文化的有力支撑。”[②] 历史昭示我们，中华民族不断发展壮大的精神基因涵养于中华优秀传统文化之中，中华优秀传统文化是中华民族的突出优势，是中华儿女共同的精神基因，是中华民族得以发展壮大的文化沃土。作为世界上唯一未曾遭到中断、流传至今的文明，中华文明靠的是中华优秀传统文化中形成的精神气质和文化自信。中华优秀传统文化是国家和民族发展壮大的根本，如果丢掉了中华优秀传统文化，就割断了中华民族延绵发展的根脉。在已有的奋斗历程中，中国共产党人将“国家兴亡、匹夫有

---

① 《习近平谈治国理政》第 2 卷，北京，外文出版社 2017 年版，第 426 页。

② 中共中央文献研究室：《习近平关于社会主义文化建设论述摘编》，北京，中央文献出版社 2017 年版，第 15 页。

责”“先天下之忧而忧”的中华文化精神信念，化作流淌在内心深处的血液，融入到为中华民族伟大复兴奋斗的实践中，使中华民族得以在民族振兴、国家富强的道路上胜利前行。在新时代，我们只有接续推进中华优秀传统文化创造性转化、创新性发展，激发中华优秀传统文化的当代价值和时代意蕴，才能更好构筑中华文化的新辉煌，铸就中华民族的蓬勃发展。

中华优秀传统文化是新时代治国理政的经验镜鉴。习近平总书记在中共中央政治局就国家治理问题进行集体学习时强调，治理国家和社会，今天遇到的很多事情都可以在历史上找到影子，历史上发生过的很多事情也都可以作为今天的镜鉴。中华优秀传统文化蕴含着推进全面建设社会主义现代化国家弥足珍贵的思想资源，仍然有益于新时代的治国理政，其中包含的为政之理、治吏之道、如何正己、何以安民等思想文化资源，都是中华文化中高度关注的重点问题。围绕这些问题，中华民族留下了经过千年历史证明极富规律性的治国道理以及宝贵的实践经验，这为新时代治国理政和全面建设社会主义现代化国家积淀了丰厚的文化沃土。中华优秀传统文化所具有的“自然两一”的宇宙观、“知行合一”的认识论、“义利两有”的人生观、“德法并重”的政治思考、“刚健日新”的创新精神、“文明以止”的生态智慧、“协和万邦”的外交思想、“以和为贵”的价值衡准等多方面、多维度的丰厚思想资源，都是值得我们精心继承、创新发展的智慧宝库，是实现中华民族伟大复兴的重要思想和智慧源泉。

不断推动中华优秀传统文化创造性转化、创新性发展是历史的选择、现实的呼唤，更是顺应时代发展要求、符合文化发展规律的系统性工程。习近平总书记指出：“站立在 960 万平方公里的广袤土地上，吸吮着中华民族漫长奋斗积累的文化养分，拥有13亿中国人民聚合的磅礴之力，我们走自己的路，具有无比广阔的舞台，具有无比深厚的历史底蕴，具有无比强大的前进定力。”[①] 与时俱进推进中华优秀传统文化创造性转化、创新性发展，不仅是中华优秀传统文化延续发展的内在要求，也是实现第二个百年奋斗目标的现实需要。在新的历史条件下，努力开创中华优秀传统文化“两创”新局面，具有至关重要的时代意义。

推动“两创”有利于为中华民族精神家园立根铸魂。在人类文明的历史长河中，中国人民创造了历史悠久、广博高深的中华优秀传统文化，为中华民族精神家园的发展壮大提供了强大的精神支撑。为中华民族精神家园立根铸魂，不仅需要在积极解答时代课题的实践中磨砺新生，同样需要在创造发展中华优秀传统文化的过程中焕发新颜。建设中华民族精神家园，最重要的是要保持对自己中华文化身份的认同感，保持对民族文化的信念感，这是中华优秀传统文化的特质所决定的。习近平总书记强调：“抛弃传统、丢掉根本，就等于割断了自己的精神命脉。博大精深的中华优秀传统文化是我们在世界文化激荡中站稳脚跟的根基。”[②] 在向第二个百年奋斗目标奋进的过程中，不断推进中华优秀传统文化“两创”，传承中华优秀传统文化的文化根脉、文化基因，有利于前瞻中华文化的未来前途，为中华民族精神家园提供强大的信念支撑，为中华民族精神家园立根铸魂。

推动“两创”有利于为中华民族伟大复兴提供精神动力。一

① 习近平：《在纪念毛泽东同志诞辰120周年座谈会上的讲话》，北京，人民出版社2013年版，第21页。

②《习近平谈治国理政》第1卷，北京，外文出版社2018年版，第164页。

个民族的强盛，总是以文化兴盛为支撑。中华优秀传统文化所具有的强大精神力量，是中华民族始终在世界文明宝库中独具特色的精神根源。进一步寻找中华优秀传统文化中的合理成分，增强文化认同，继承中华民族的优良传统，激发传统文化在民族复兴道路上的精神动力至关重要。党的十八大以来，党和国家高度重视中华优秀传统文化创造性转化、创新性发展的工作推进，始终从中华民族精神追求的角度传承中华文化、从国家战略资源配置的高度发展中华文化、从推动中华民族现代化进程的程度创新中华文化。一方面，充分发挥中华优秀传统文化触动人心、汇聚民力的精神功能，使之成为实现中华民族伟大复兴的根本精神动力；另一方面，全面提升对中华文化的高度自觉与自信，形成继承、创新中华民族文化的系统理论，提供了推动世界文明进步的“中国方案”。不断开创中华优秀传统文化“两创”新局面，有利于用传统文化之魂引领民族复兴之路，从中华优秀传统文化中汲取精神动力，进而推动党团结带领我国各族人民在延续中华民族血脉中奋勇前进，奔赴民族复兴新征程。

推动“两创”有利于为新时代治国理政夯实文化根脉。党的十八大以来，在不断开创中华优秀传统文化“两创”新局面这一基本方针的指引下，中华优秀传统文化作为一种精神文化资源，已经润物无声地融入到新时代治国理政的各个领域、各个方面，不断夯实全面建设社会主义现代化国家的文化根基。中华优秀传统文化倡导的“民亦劳止，汔可小康”“治国之道，富民为始”等理念为我们追求的全体人民共同富裕提供了文化来源；中华优秀传统文化有关“天下和平，则灾害不生”等理念为我们追求的和平发展道路提供了文化渊源；中华优秀传统文化强调的“回归自然，天人合一”等理念为我们追求的人与自然和谐共生提供了文化根基。特别重要的是，“中国传统民本思想中包含的人文价值和政治智慧具有不容置疑的时代价值，其中的思想精华成为构建中国现代政治文明的宝贵文化资源”[①]。政治在新的实践征程中，不断汲取中华优秀传统文化的精神内核，将中华优秀传统文化资源融入新时代治国理政的现实道路和社会生活的各个方面，有利于从国家发展和社会进步高度，在丰厚的资源中取精用宏、固本开新，进一步开辟新时代治国理政的新境界，更好地服务于新时代中国特色社会主义伟大事业。

（二）提升文化软实力、推进社会主义文化强国建设的客观需要

“文化兴国运兴，文化强民族强”[②]，一个国家的强盛与文化的兴衰息息相关。中国共产党历来重视文化建设，从成立之初就担起了振兴中华文化的使命，在新时代更是肩负着要在2035年实现建成社会主义文化强国远景目标的历史重任。经验表明，一个世界强国的崛起除开经济、军事力量等硬实力的提高外，另一方面必然表现为国家文化软实力的强大。文化软实力作为衡量综合国力的关键因素，是“一个国家基于文化而具有的凝聚力、生命力、吸引力和影响力”[③]。文化软实力的发展水平事关我国在世界文化格局中的定位，是建设文化强国过程中的核心内容，实现建成文化强国的目标必然要求我们不断提升文化软实力。文化

① 史家亮：《价值哲学视域下中国特色社会主义理论体系的人民性研究》，北京，人民出版社2020年版，第60页。

②《习近平谈治国理政》第3卷，北京，外文出版社2020年版，第32页。

③ 中共中央文献研究室：《习近平关于社会主义文化建设论述摘编》，北京，中央文献出版社2017年版，第198页。

软实力的提升是文化对外影响力、对内凝聚力以及建成文化强国目标推进力的统一结果，其仰赖的价值底蕴来源于中华优秀传统文化博大精深的根基。习近平总书记指出：中华优秀传统文化是“中华民族的突出优势，是我们最深厚的文化软实力”①。在新时代条件下，我们要推动中华优秀传统文化创造性转化、创新性发展，为提高文化软实力、实现文化强国目标注入源源不绝的生机与活力，努力缔造中华文化新的辉煌。

增强文化软实力是建成社会主义文化强国的必然要求，也是推动社会主义文化强国建设的迫切需要。文化强国，重在文化，旨在强国。习近平总书记强调：“统筹推进‘五位一体’总体布局、协调推进‘四个全面’战略布局，文化是重要内容；推动高质量发展，文化是重要支点；满足人民日益增长的美好生活需要，文化是重要因素；战胜前进道路上各种风险挑战，文化是重要力量源泉。”② 文化虽是软实力，但是我们要把增强文化软实力作为实现文化强国目标的硬任务。一方面，文化强国内蕴的巨大的文化力量，在新的时代条件下表现为人民文化素养的提高，社会文明程度的提升，文化产业事业、社会主义文艺的繁荣发展等。新时代要把抓紧、抓好提升文化软实力的任务放在全局工作的突出位置，助推社会主义文化强国建设。另一方面，在当前世界百年未有之大变局加速演进、国际形势日趋复杂、不确定性不稳定性因素层叠频出的时代背景下，我国要在文化、意识形态领域角逐的过程中取得一席之地、占得先机，就要加强文化建设，增强文

---

①《习近平谈治国理政》第 1 卷，北京，外文出版社 2018 年版，第 155 页。

② 习近平：《论把握新发展阶段、贯彻新发展理念、构建新发展格局》，北京，中央文献出版社 2021 年版，第 401 页。

化软实力，从容应对风险挑战，继续推动中国特色社会主义文化事业发展，不断向着文化强国、社会主义现代化强国的目标迈进。

推动“两创”是提升文化软实力的重要途径。国家文化软实力要实现“形于中”和“发于外”的价值引领，需要切实把我们自身的文化建设好，而文化建设也只有顺应社会发展和时代潮流才能凸显文化的内蕴和价值，才能永葆文化的生机与活力。马克思认为，“每一历史时代的经济生产以及必然由此产生的社会结构，是该时代政治的和精神的历史的基础”①。传统文化在历史的变迁过程中，伴随着时代境遇的变化，其原本意涵也会发生一定程度的变动，与当下的意识形态和社会发展还存在着不相适应的地方，具有一定的历史局限性，这是不以人的意志为转移的。我们通过结合当今时代发展需求来拓展、深挖中华优秀传统文化中的丰富资源和精神内蕴，转化、创新其内涵和表现形式，使其不断适应新的时代语境，因时而进，才能实现传统文化自身的升级优化和赓续发展，再现以及增强其影响力和感召力，使之在国家治理中起到良好的引导作用，从而更好地用文化力量来推动社会发展，服务于文化建设事业。

推动“两创”是建设社会主义文化强国的时代要求。实现建成文化强国的目标，完成社会主义的现代化不能离开我们文化的本根，中华优秀传统文化是“中华民族的精神命脉，是涵养社会主义核心价值观的重要源泉，也是我们在世界文化激荡中站稳脚跟的坚实根基”②。丰富的传统文化资源作为文化强国建设的资源供给库和精神支撑，必须要经过现代的洗礼，使其与当下时代

① 《马克思恩格斯文集》第2卷，北京，人民出版社2009年版，第9页。

② 习近平：《在文艺工作座谈会上的讲话》，北京，人民出版社2015年版，第25页。

条件相契合，从而达到中华文明的复兴以及新文明跃升的目的。“人类文明发展的历史证明，人们只有在已有的传统的基础上对其进行创造性转化，创新性发展，传统和传统文化才能承承相因，继往开来，与时俱进，发扬光大。”[①] 对待传统文化，一方面我们必须要继续深挖与梳理其与当今时代相贴合的价值意蕴，提炼出符合社会意识形态的思想观念；另一方面也要“坚持有鉴别的对待、有扬弃的继承，而不能搞厚古薄今、以古非今，努力实现传统文化的创造性转化、创新性发展，使之与现实文化相融相通，共同服务以文化人的时代任务”[②]。这就要求我们必须立足我国具体的实际情况，结合新时代的人文语境以及社会发展任务，来提炼优化传统文化资源，使传统文化中引导人们向上向善的内容能够发挥其跨越历史时空的魅力和价值，最大限度地契合人民的精神文化需求，增强人民对中华优秀传统文化的认同感，为促进社会发展滋补养分，不断丰富文化发展的精神向度和价值尺度，推动文化软实力由内向外综合提升，形成具有巨大影响力和感召力的中国先进文化，从而为社会主义文化强国的建成提供十足的底气支撑与深厚的依靠力量。

“文运同国运相牵，文脉同国脉相连。”[③] 把文化强国建设与中华优秀传统文化创造性转化、创新性发展关联起来，是对延续我们国家民族命脉的中华文化的敬畏与珍惜，同时也是对创造新的文明形态的前瞻。从此种意义上来看，文化强国建设与中华优

---

① 唐凯麟：《传统文化三题》，《求索》2018 年第 3 期。

② 《习近平谈治国理政》第 2 卷，北京，外文出版社 2017 年版，第 313 页。

③ 习近平：《在中国文联十大、中国作协九大开幕式上的讲话》，北京，人民出版社 2016 年版，第 5 页。

秀传统文化自身的创新转化互为条件、互为依托。建设社会主义文化强国能够促进中华优秀传统文化自身的优化赓续，而“两创”又能够为建成文化强国提供更为饱满的精神底色和坚实的力量根基。这对于在新时代坚定马克思主义信仰，培育和践行社会主义核心价值观，加快构建中国特色哲学社会科学，繁荣发展社会主义文艺，推动文化事业产业发展，实现社会主义文化繁荣兴盛，具有极为重大的意义。

推动“两创”有利于在新时代坚定马克思主义信仰。文化强国建设的发展道路与意识形态的指导密切相关。只有在正确指导思想的引领下，才能确保文化建设的方向不脱轨、不偏航。繁荣兴盛社会主义文化，“最根本的是持续加强理论武装工作，坚定马克思主义信仰，用发展着的马克思主义指导新的实践”①。因此，建设社会主义文化强国，要“把马克思主义基本原理同中国具体实际相结合、同中华优秀传统文化相结合”②。马克思主义与中华优秀传统文化的融合并不是简单的思想与文化的对接与碰撞，更不是用教条的、本本的马克思主义来指导文化建设，而是通过科学的世界观和方法论来深挖优秀传统文化中的价值内蕴，结合当下社会发展的需要来助推传统文化的创新，促进优秀传统文化与马克思主义基本原理实现有效融通，并运用马克思主义的立场观点方法来梳理中华优秀传统文化在转化创新过程中的逻辑进路，不断赋予其新的时代意涵，为推动文化强国建设注入源源

① 《习近平新时代中国特色社会主义思想基本问题》，北京，人民出版社2020年版，第258页。

② 习近平：《在庆祝中国共产党成立100周年大会上的讲话》，北京，人民出版社2021年版，第13页。

不竭的生机和动力。

推动“两创”有利于社会主义核心价值观的培育和践行。“核心价值观是文化软实力的灵魂、文化软实力建设的重点。”①作为当今中国社会的主流价值观，社会主义核心价值观凝聚着全民族的文化认同和价值追求，承载着我国深厚悠久的精神文化力量，是中国人民行为方式和价值观念的集中反映。“中华文明绵延数千年，有其独特的价值体系。中华优秀传统文化已经成为中华民族的基因，植根在中国人内心，潜移默化影响着中国人的思想方式和行为方式。今天，我们提倡和弘扬社会主义核心价值观，必须从中汲取丰富营养，否则就不会有生命力和影响力。”②社会主义核心价值观是我国优秀传统文化的具象表达，是基于我国传统文化的推陈致新。与此同时，其作为我国主流价值观的指向标，又指引着优秀传统文化的创新发展，两者相互融合、共同发展。我们推进社会主义文化强国建设，推动中华优秀传统文化不断创新发展，能够为主流价值观的培育提供文化滋养，不断增强其价值引领力和时代号召力。在建设文化强国的过程中，坚持发挥社会主义核心价值观的导向功能，强化教育引导，注重实践养成，能够促进优秀传统文化的创造性转化，使其适合社会发展需要，贴合人民群众要求，展现出永久魅力和时代风采。

推动“两创”有利于加快构建中国特色哲学社会科学。没有繁荣的哲学社会科学的国家不能称得上真正的文化强国。建设社会主义文化强国，加快构建中国特色哲学社会科学至关重要。源远流长、博大精深的中华文化是构建中国特色哲学社会科学的宝

---

①《习近平谈治国理政》第1卷，北京，外文出版社2018年版，第163页。

②《习近平谈治国理政》第1卷，北京，外文出版社2018年版，第170页。

贵资源和深厚根基，通过融通中华优秀传统文化，适应时代的发展需求，不断推进知识创新、理论创新、方法创新，有利于增强哲学社会科学的发展活力。当下全球范围内各种文化交流交锋碰撞激烈，文化多元化和世界性日益凸显，只有不断从中华文化中汲取知识智慧，不断实现优秀传统文化自身的更新与升级，才能在与世界其他文明交流互鉴中赢得优势，才能凝练出体现“中国特色、中国风格、中国气派”的新的理念、主张和方案，才能构建出彰显中国立场和中国智慧的特色哲学社会科学，才能在国际上增强我国哲学社会科学的影响力，从而加快推动文化软实力的提升和社会主义文化强国的建设。

推动“两创”有利于繁荣发展社会主义文艺。社会主义文艺具有满足人民文化需求，提升人民文化自豪感、获得感和幸福感的功能。在我国物质文明不断提升的今天，人民对美好生活的向往更多地向精神文化领域转移，这对社会主义文艺的繁荣发展提出了更高的要求。创新是文化、文艺发展的源泉，只有不断挖掘中华优秀传统文化中符合当下时代发展的思想观念、人文精神以及道德规范，创新文艺内容和表现形式，“把艺术创造力和中华文化价值融合起来，把中华美学精神和当代审美追求结合起来”①，才能推出适应社会发展需要的文艺产品，社会主义文艺发展才能跟上时代发展的步伐，才能满足人民日益增长的精神文化需求。

推动“两创”有利于促进文化事业和文化产业发展。促进文化事业和文化产业发展，对于建成文化强国来说意义重大。文化事业是文化强国建设的中心任务。文化产业体系作为链接国家硬

① 习近平：《在中国文联十一大、中国作协十大开幕式上的讲话》，北京，人民出版社 2021 年版，第 11 页。

实力与软实力的中间环节，能够把文化的潜在优势转化为强劲的文化竞争力，从而有利于文化软实力的擢升。推动文化事业发展、文化产业体系的建构，对内有利于焕发人民的文化热情，增强优秀传统文化的凝聚力和感召力，同时也能提升中华文化对外的影响力和吸引力，推动文化强国建设伟大目标的实现。

（三）勇担文化使命，促进中华优秀传统文化赓续发展的内在要求

中国共产党既是中华优秀传统文化的忠实传承者和弘扬者，又是中国先进文化的积极倡导者和发展者，积极承担起铸就中华文化新辉煌的历史使命。随着中国共产党对文化建设规律认识的深化，文化使命逐渐被赋予新的时代内涵。党的十九大报告指出："当代中国共产党人和中国人民应该而且一定能够担负起新的文化使命，在实践创造中进行文化创造，在历史进步中实现文化进步！"[①] 进入新时代，中国共产党的文化使命表现为时刻坚持以马克思主义为指导，坚守中华文化立场，立足当代中华文化现实，继承弘扬革命文化，发展中国特色社会主义文化，推动中华优秀传统文化创造性转化、创新性发展，建设社会主义现代化文化强国。促进优秀传统文化赓续发展是新时代文化使命的重要内容。习近平总书记指出："从历史的角度看，包括儒家思想在内的中国传统思想文化中的优秀成分，对中华文明形成并延续发展几千年而从未中断，对形成和维护中国团结统一的政治局面，对形成和巩固中国多民族和合一体的大家庭，对形成和丰富中华民族精神，对激励中华儿女维护民族独立、反抗外来侵略，对推动

---

①《习近平谈治国理政》第 3 卷，北京，外文出版社 2020 年版，第 35 页。

中国社会发展进步、促进中国社会利益和社会关系平衡，都发挥了十分重要的作用。”[①] 五千多年的中华传统文化不仅是中华民族的文化根基、精神内核，更是中华民族实现开拓发展、开创未来的坚实基石。因此，承担新时代的文化使命要着眼于中华民族传统文化的传承和发展，促进中华优秀传统文化的赓续发展。具体来讲，一方面要站稳民族文化立场，立足中华文化土壤，尊重坚持中华传统文化的民族性、本土性和自主性；另一方面要坚持古为今用、推陈出新，秉承扬弃的态度，实现优秀传统文化的创造性转化和创新性发展。

中华优秀传统文化具有赓续发展的文化基因。放眼世界，中华文明是四大古文明中唯一没有中断的文明，而且历久弥新，在新时代焕发出强有力的生机与活力。中华传统文化自身具有包容性、多样性、兼收并蓄和与时俱进品质，这决定了中华传统文化的发展并不是一成不变的，而是不断与其他文化包容互鉴、博采众长，不断与时俱进。回溯历史，中华民族历经三次重要的思想文化大融合。一是在汉代中华文明接纳吸收了来自印度的佛教，最终形成了以儒、佛、道三者相结合的中华文明伦理体系；二是伊斯兰教自唐代、基督宗教自明代晚期大规模传入，与中华文化的碰撞、融合，最终形成了中国化宗教；三是近代以来，中国受到西方文化的冲击和挑战，中国人民在探寻民族出路的进程中选择了马克思主义，把马克思主义基本原理同中国具体国情和传统文化紧密相结合，从而开创了马克思主义中国化的伟大历程，推动中华文明从古代向现代转型。由此可见，中华传统文化源远流长且历久弥新，正是基于五

---

① 习近平：《在纪念孔子诞辰 2565 周年国际学术研讨会暨国际儒学联合会第五届会员大会开幕会上的讲话》，《人民日报》2014 年 9 月 25 日。

千多年历史，坚持兼容并蓄且不断推陈出新，始终立足时代而发展，始终推进传统文化实现创造性转化、创新性发展。

在新时代，中国共产党人勇担文化使命，着力推动中华优秀传统文化在新的历史条件下创造性转化和创新性发展，中华传统文化在新时代日益焕发出强有力的生机与活力，其影响力和感召力大幅度提升，具有当代价值的文化精神得到大力弘扬，为推进中国特色社会主义伟大事业提供了强大精神动力。

推动“两创”能够为传统文化注入生机和活力，激活其生命力。作为在历史中形成的中华传统文化，不可避免地存在时代局限性。面对因时移世易和历史局限而导致的传统文化存在不合时宜的糟粕，只有坚持古为今用和正确取舍，立足时代特点和要求，对传统文化中至今仍有借鉴价值的内涵和表现形式加以改造，将中华优秀传统文化与现代文明有机地融合在一起，才能重新激活其勃勃生机，共同为“以文化人、以文育人”的时代任务服务。在新时代，坚持把马克思主义基本原理同中国具体实际相结合、同中华优秀传统文化相结合，不断赋予中华传统文化新的时代内涵和现代表达形式，能够从根本上激活其生命力，推动中华优秀传统文化在新时代焕发出新的生机和活力。

推动“两创”能够促进中华传统文化与时俱进，增强其影响力和感召力。中华传统文化是中华民族生生不息、发展壮大的精神滋养。文化发展并非静态不变的，也不是循环往复的，其思想观念、价值观念和制度建构等内容在不同的时代中延续发展，其影响力和感召力也会因文化自身的发展状况而产生不同的影响。当下文化发展进入新时代，面对各国文化浪潮的冲击，只有促进传统文化的“两创”，按照时代的新进步和新发展，对传统文化的内涵加以补充、拓展和完善，才能增强其影响力和感召力，使中华文化在世界文化竞争中占有一席之地并发挥应有作用。

推动“两创”能够更好地促进中国特色社会主义文化大繁荣大发展。实现优秀传统文化的创造性转化和创新性发展，是新时代文化建设的重要内容，也是促进社会主义文化大繁荣大发展、实现新时代文化使命的基本途径。习近平总书记指出：“中国特色社会主义文化，源自于中华民族五千多年文明历史所孕育的中华优秀传统文化，熔铸于党领导人民在革命、建设、改革中创造的革命文化和社会主义先进文化，植根于中国特色社会主义伟大实践。”[①] 这指出了中国特色社会主义文化的中华优秀传统文化渊源。在新时代，只有通过“两创”实现传统文化在新时代的新发展，才能更好地促进中国特色社会主义文化的大繁荣和大发展，实现中国共产党人的文化使命。

（四）提升文化防御能力、为人类提供正确精神指引的时代需要

当今世界正在发生深刻复杂变化，文化多样化持续推进。世界文化多样化在不同文化的相互依存、对话、交流中发展，交流、交融与交锋成为世界文化发展的大趋势。在这样的趋势面前，一种文化的存在和发展，既需要从与其他文化的交流中汲取有益养分以促进自身发展，又需要通过有效途径向外传播自身文化，从而为促进和维护世界文化多样化作出贡献。然而，世界文化多样化作为一种趋势面临着多重挑战，文化的抱残守缺、文化的傲慢乃至文化帝国主义不同程度的存在，成为影响文化多样化

①《习近平谈治国理政》第3卷，北京，外文出版社2020年版，第32页。

的障碍。在这样的时代背景下，中华文化既需要通过加强自身建设提升文化防御能力，又需要坚持世界眼光，在文化多样化过程中为人类提供正确精神指引。

推进中华优秀传统文化创造性转化、创新性发展，是在世界文化激荡中站稳脚跟的需要。党的十九届六中全会通过的《中共中央关于党的百年奋斗重大成就和历史经验的决议》强调指出，“中华优秀传统文化是中华民族的突出优势，是我们在世界文化激荡中站稳脚跟的根基”[①]，这是从世界文化发展的视野对传承创新中华优秀传统文化重要意义的强调。自大航海时代以来，中国就面临着西方列强将自己的文化强制灌输到我国的困境，这是综合国力衰微所衍生的文化受压迫的具体表现。在当代，随着现代信息技术和电子科技的飞速发展，不同国家之间的文化壁垒正在逐渐减弱，以新兴科技为载体的文化产品可以在极短的时间内席卷全球。我们在看到这种发展带来机遇的同时，更要看到这一变化所带来的挑战，因为这些文化产品有相当一部分带有明显的异族印记，与中华文化有着明显的不相容性。这种带有侵略性的文化产品，催生了文化霸权主义。因此，提升文化防御力，抵御文化入侵和文化压迫，在日益缩小的地球村显得尤为重要。“中华民族有着深厚文化传统，形成了富有特色的思想体系，体现了中国人几千年来积累的知识智慧和理性思辨。这是我国的独特优势。”[②] 面对西方发达资本主义国家强势的文化扩张，在世界文化交流中处于相对弱势地位的中国，必须以优秀传统文化为根基推

---

① 《中共中央关于党的百年奋斗重大成就和历史经验的决议》，北京，人民出版社2021年版，第46页。

② 习近平：《在哲学社会科学工作座谈会上的讲话》，《人民日报》2016年5月19日。

进文化强国建设，建立起合理的文化交流与防御机制，提升中国的文化防御力，从而在世界文化激荡中站稳脚跟。

推进中华优秀传统文化创造性转化、创新性发展，是为人类文明提供正确精神指引的必然要求。习近平总书记指出："推动中华文明创造性转化和创新性发展，激活其生命力，把跨越时空、超越国度、富有永恒魅力、具有当代价值的文化精神弘扬起来，让收藏在博物馆里的文物、陈列在广阔大地上的遗产、书写在古籍里的文字都活起来，让中华文明同世界各国人民创造的丰富多彩的文明一道，为人类提供正确的精神指引和强大的精神动力。"[①] 当今世界不安定因素层出不穷，恐怖主义、贫困差距、经济危机等，时刻危及世界的和平与发展。人类在创造了辉煌灿烂成果的同时，也遭遇了无数的战争、冲突和苦难，付出惨痛的代价。只有文明交流才能消除隔阂，只有相互尊重才能和平相处，只有世界和平人类社会才能向前发展。中华优秀传统文化的和平基因决定了中华文明是致力于促进全球人民共同发展的文明。中华文明中历来没有国强必霸的基因，只有真诚交流互鉴、共享发展的愿景和努力。这一文明的现代发展，必将促进我们与全世界其他文明一道，高举和平、发展、合作、共赢的旗帜，为人类美好的明天提供正确的精神指引，共同创造人类的美好未来。

立足底蕴深厚的中华优秀传统文化，推进中华优秀传统文化的创造性转化和创新性发展，有利于在世界文化的多样化进程中找准找好立足点，在提升自身文化防御能力的同时，为人类文明作出更大的贡献。

---

① 习近平：《出席第三届核安全峰会并访问欧洲四国和联合国教科文组织总部、欧盟总部时的演讲》，北京，人民出版社 2014 年版，第 17 页。

推动“两创”有利于坚定文化自信。文化自信是最深沉和持久的自信，能否建立起坚定的文化自信，同一个国家的兴衰有着直接的联系。在一轮又一轮的文化创新中，中华优秀传统文化本着兼收并蓄的态度，为自己不断注入新鲜的血液，通过文化创造性转化和创新性发展获得新的生机和活力，不断夯实着坚定文化自信的根基。而且，这种坚定的文化自信，为民族生存与发展培养了强大的内驱力，使得在经济全球化不断深入、文化传播与交流日益广泛密切的今天，中国人民有信心和能力将中华优秀传统文化根植心中，在中华优秀传统文化的创新发展中不断增强文化自信。

推动“两创”有利于推动世界各国文化的交流互鉴。从世界意义上讲，中华优秀传统文化创造性转化和创新性发展，有利于推动中华优秀传统文化走向世界，以平等的态度推动中华文化与世界不同优秀文化之间的交流与发展。平等相待、彼此尊重是不同文明和谐相处的前提。习近平总书记指出：“每个国家、每个民族不分强弱、不分大小，其思想文化都应得到承认与尊重。”[①]在人类漫长的发展过程中，不同时期文明的演化发展和不同国家民族文明的多元并存，共同造就了人类文明谱系。中华文化要走向世界，必须进行创造性转化、创新性发展，并结合时代内容给予新的阐释，提高世界各国文明对中华优秀传统文化的认同感。在此基础上，本着海纳百川、兼收并蓄的态度，与各国文化进行相互交流并汲取其优秀因素，在推进自身文明发展的同时，推动建设一个更加多彩、更有活力的世界。

推动“两创”有利于为世界文明的进步与发展贡献中国智慧

① 习近平：《在纪念孔子诞辰2565周年国际学术研讨会暨国际儒学联合会第五届会员大会开幕会上的讲话》，《人民日报》2014年9月25日。

与中国方案。中华文化在世界上具有独特的魅力和优势，对世界不同国家和民族的文明有着强大的吸引力，为人类文明发展作出过重大贡献。近代以来，由于外敌的侵略使中华文明的世界影响力逐渐减弱，西方资本主义文化在世界文化激荡中逐渐占据了主流地位。但是，包含中国人几千年绵延不断的智慧和理性的中华文明，富有深厚底蕴，这为世界范围内不同时期的有识之士所公认。新时代的中国，有实力也有责任为世界文明的繁荣与发展提供中国智慧与中国方案，这是新时代推动中华优秀传统文化创造性转化、创新性发展的世界意义所在。

三、创造性转化、创新性发展的基本内涵与辩证统一

创造性转化、创新性发展，各有其相对独立的内涵，二者又是辩证统一的。科学把握创造性转化、创新性发展的内涵及创造性转化、创新性发展的辩证统一，是深化传承弘扬中华优秀传统文化的认识前提和必然要求。

（一）“创造性转化”的内涵阐释

把握创造性转化的基本内涵，不仅是践行创造性转化的基本前提，也是统筹推动创造性转化、创新性发展的现实需要。

第一，创造性转化的意蕴分析。创造性转化是聚焦实现“转化”的“创造性”实践，是与“创造”具有不同规定性的一种特定属性实践。具化到中华优秀传统文化的语境当中，创造性转化中华优秀传统文化是主体焕发中华优秀传统文化现时价值的能力彰显。一方面，要突出创造性思维，挖掘创造点，立足实际进行

系统思考，推动中华优秀传统文化中具有现实价值的内在要素实现现代化转型。运用创造性思维去转化中华优秀传统文化，要防止将中华优秀传统文化与现代社会作机械嫁接，以确保中华优秀传统文化实现理性创造与合理转化。另一方面，要科学把握创造性转化中华优秀传统文化与符合普遍规律、一般原则的“共性”转化的本质区别，在实现符合普遍规律和一般原则的“共性”转化的同时，着力于精准对接社会发展现实需求的“个性”转化，既注重从一种形式和状态到另一种形式和状态的过程变化，又注重创造性转化的结果呈现，通过内涵改造和现实诠释的方式，将从历史深处走来的中华优秀传统文化转化为在现代社会中仍能保持传统文化底色的现代文化。

第二，创造性转化的哲学基础。创造性转化以否定之否定规律为哲学基础，实质是批判、克服、继承、发扬，核心是“扬弃”。正如黑格尔所说，“扬弃在语言中，有双重意义，它既意谓保存、保持，又意谓停止、终结”①。在此合理的基础上，马克思指出：“辩证法在对现存事物的肯定的理解中同时包含对现存事物的否定的理解，即对现存事物的必然灭亡的理解。”“辩证法不崇拜任何东西，按其本质来说，它是批判的和革命的。”②以扬弃为核心的否定之否定规律内含肯定与否定共存的双重逻辑，在本质上与片面机械的否定具有明确界限。以扬弃的方式创造性转化中华优秀传统文化，是中国共产党人始终坚持、发展的文化方法论。坚持这一方法，必然承认创造性转化只有经过“肯定—否定—否定之否定”的发展过程，才能在肯定性与否定性的对立统

①［德］黑格尔：《逻辑学》上卷，杨一之译，北京，商务印书馆 1966 年版，第 98 页。
②《马克思恩格斯文集》第 5 卷，北京，人民出版社 2009 年版，第 22 页。

一中协调推进。只有坚持否定之否定规律，才能正确把握创造性转化的发展方向和具体道路，防止走到“文化复古主义”和“文化虚无主义”的错误道路上去。也只有在这一哲学前提下，创造性转化才能凭借其时空穿透力，确保中华优秀传统文化切实成为推动中国历史乃至世界历史发展的先进文化因素。

第三，创造性转化的现实关照。中国特色社会主义进入新时代，是当下我们必须重视的最大现实。基于“历史方位—时代问题—时代任务”的逻辑运行图景，创造性转化中华优秀传统文化的实践坐标，在中国特色社会主义新时代必然发生对应变化。在当代中国，创造性转化中华优秀传统文化，意在为中华民族实现强起来这一历史跨越提供强大本土文化支撑。习近平总书记指出：“优秀传统文化是一个国家、一个民族传承和发展的根本，如果丢掉了，就割断了精神命脉。”[①] 中华优秀传统文化植根于中华大地，与中华民族命运息息相关。将历史的镜头聚焦到当代中国，创造性转化中华优秀传统文化可谓是确保中华民族顺利实现强起来的重要文化抓手。创造性转化中华优秀传统文化是推动人的现代化的必然要求，而人的现代化能否实现，直接关涉到推进中华民族实现强起来历史进程的主体质量。而且，在世界百年未有之大变局背景下，构建人类命运共同体已然成为世界各国共同应对复杂挑战的重要前提和应有之义。构建人类命运共同体是一个自洽的逻辑体系，形成全人类共同价值又是构建人类命运共同体的一个很重要的逻辑前提，而实现全人类共同价值又必然要求世界文化加强交流互鉴并取长补短。特别是在经济全球化已经

① 《习近平谈治国理政》第 2 卷，北京，外文出版社 2017 年版，第 313 页。

成为客观现实的情况下，文化全球化的趋势已进入不可逆的历史进程。在这样不可逆的文化全球化发展趋势下，实现世界各国文化的交流互鉴与取长补短，需要世界各国文化相互尊重、有效融合。如果创造性转化不能有效推进，中华优秀传统文化就很难在突破时空局限的过程中与世界各国文化有效融合。

第四，创造性转化的方法步骤。创造性转化是一个在渐进中实现突破的过程，需要经过“划定标准—分析鉴别—改造转化”等基本步骤。首先要划定标准。创造性转化的传统文化必须是优秀的，优秀与否既是主体的价值判断，更是基于客观现实的科学评价标准。有学者认为，“适应时代需求、推动社会发展、经受实践检验、有助文化认同、促进民族团结、提供精神支撑、助力民族复兴、有益世界文明是判断文化优秀与否的评价标准”[①]。除此之外，评价中华传统文化是否优秀，也要区分过去优秀与现在优秀，联通现在优秀与未来优秀，防止将评价是否优秀的标准固定化。更进一步讲，评判中华传统文化是否优秀，必须立足于马克思主义立场观点方法进行科学审定。只有那些符合马克思主义立场观点方法的中华传统文化才是优秀的，而那些与马克思主义立场观点方法相冲突的中华传统文化必然不在优秀的范畴之中。其次是分析鉴别。所谓分析，就是分析中华传统文化的文化存在、整体构成和发展轨迹等。中华传统文化虽在物质、制度和思想等层面立体呈现，但创造性转化主要集中在思想文化层面上。所谓鉴别，就是在一定价值标准下明晰中华传统文化中优秀的东西和糟粕的东西，正确确定创造性转化的对象和方式。有学者认为，

① 李宗桂：《试论中国优秀传统文化的评价标准》，《社会科学战线》2017 年第 8 期。

"中华传统文化当代传承的时代命题就在于坚持由内而外的整体传承，反对只重表面没有内涵的割裂式传承"[①]。创造性转化要兼顾中华传统文化的整体性，不能形而上学地破坏中华传统文化的内部生态。最后是改造转化。改造转化就是从时代需求出发，对中华优秀传统文化在内容方面进行重新诠释，在形式方面进行创新表达。比如，从现代社会中的生命至上原则出发，塑新中华优秀传统文化中的"舍生取义"等类似观念的具体内容与表达形式，就是改造转化的一个重要体现。

第五，创造性转化的价值旨归。激发和增强中华优秀传统文化的文化生命力，是创造性转化的价值旨归。从本质上看，中华传统文化产生于封建社会形态，服务于封建社会经济基础和政治上层建筑，具有与生俱来的时代特征，难以抵御现代社会发展的冲击。习近平总书记指出："要系统梳理传统文化资源，让收藏在禁宫里的文物、陈列在广阔大地上的遗产、书写在古籍里的文字都活起来。"[②] 推动创造性转化，就是要让中华优秀传统文化"活起来"，绝不能让中华优秀传统文化"死过去"。而让中华优秀传统文化"活起来"，首先要在守住中华优秀传统文化本真的前提下，使中华优秀传统文化在创造性转化的过程中不断适应现代性发展，进而使自身的文化肌体真正"活起来"。进一步讲，创造性转化中华优秀传统文化，不仅要回到中华优秀传统文化本身，也要让中华优秀传统文化内化于现代人的"心"，外化于现代人的"行"，熔铸于现代人的血脉之中；要使中华优秀传统文

① 耿波：《中华传统文化的当代传承应是一个系统工程》，《社会科学评论》2008 年第 3 期。

②《习近平谈治国理政》第 1 卷，北京，外文出版社 2018 年版，第 161 页。

化成为现代社会生产和生活实践的有机要素，并与现代社会发展相协调、相适应。只有这样，中华优秀传统文化不仅能够助推社会主义文化强国建设，而且能够渗透到治国理政的方方面面，全面助推社会主义现代化强国建设，更好地发挥它在构筑中国精神、中国价值和中国力量中应有的文化作用。通过创造性转化激发和增强中华优秀传统文化的文化生命力，是一个系统工程，需要立足中华优秀传统文化之“内”，着眼中华优秀传统文化之“外”。

（二）“创新性发展”的内涵阐释

对“创新性发展”内涵的理解，既要承续与联系“创造性转化”，更要着眼于“创新”与“发展”，立足于对中华优秀传统文化的创新与提升上。

第一，创新性发展的意蕴分析。创新性发展是以实现发展为导向的创新性实践，体现了主体在利用和再造对象中进行创新的能力，确保对象不断产生新的物质形态和精神形式。具体到文化传承领域来看，创新性发展中华优秀传统文化强调利用和再造，与中华优秀传统文化的“运动”和“变化”具有同一性，意在推进中华优秀传统文化跨越已有发展阶段、发展水平和发展层次。

第二，创新性发展的哲学基础。创新性发展以辩证发展规律为哲学基础。马克思、恩格斯将“现实的人”的实践活动作为理解人的本质、社会历史发展的基点，批判了在发展观点上的形而上学思维范式，科学揭示了辩证发展规律。“对抽象的人的崇拜，即费尔巴哈的新宗教的核心，必定会由关于现实的人及其历史发展的科学来代替。”[①]“现实的人”的实践活动在自身演变以及相

① 《马克思恩格斯全集》第 28 卷，北京，人民出版社 2018 年版，第 349 页。

互作用的过程中造成“发展”这一事实，事物的发展在“现实的人”的实践活动中实现。辩证发展规律深刻回答了“事物为什么发展”“事物依靠什么发展”以及“事物怎样才能实现好的发展”等问题，这归根结底是“现实的人”的问题。辩证发展规律指导我们如何站在“现实的人”的角度，将中华优秀传统文化为什么要实现创新性发展以及何以实现创新性发展等问题有机联系起来，着力丰富创新性发展中华优秀传统文化的正确理念，深化对其内在必然性的认识程度。可以说，创新性发展中华优秀传统文化是以“现实的人”而不是以“抽象的人”为主体的实践活动，是辩证发展规律在中华优秀传统文化领域的具体实践彰显。只有在这一哲学前提下，中华优秀传统文化才能在社会形态变迁中始终保持旺盛生命力。

第三，创新性发展的现实关照。在时间视域下，倘若说创造性转化是偏重于“回头看”的实践，那么，创新性发展则是侧重于“当下看”的活动。具体来说，创新性发展中华优秀传统文化理应突出现实导向，将新时代的新发展实际作为关照侧重点，并据此及时修补中华优秀传统文化在内容结构等方面的“漏洞”，从而使中华优秀传统文化稳步适应现实发展环境。创新性发展中华优秀传统文化必须以焕发中华优秀传统文化发展活力为前提，科学回答“中华优秀传统文化如何融入现实”的问题，鲜明体现中华优秀传统文化的优势，补齐中华优秀传统文化的发展“短板”，省察中华优秀传统文化的创新方式。在空间视域下，创造性转化主要是在中国的空间范畴内开展，而创新性发展更突出面向世界的空间范畴拓展。具体来说，创新性发展中华优秀传统文化既要立足于中国的具体实际，又要时刻瞄准世界发展动态，着重发挥中国文化发展道路对世界文化发展的引领作用，更好地将中华优秀传统文化融入文化全球化的发展进程当中，在全面审视世界发展问题的过程中明察中华优秀传统文化的地位和作用。

第四，创新性发展的方法步骤。与创造性转化相比较，创新性发展是一个比较抽象的系统性工程。从逻辑上划分，创新性发展主要经过“确立对象—明确载体—实益发展”的递进环节。首先是确立对象。基于逻辑分析，创造性转化与创新性发展分属于前后有序的阶段与层次。创新性发展的对象不能在创造性的对象之前，而是要在它之后。创新性发展的“中华优秀传统文化”，与创造性转化的“中华优秀传统文化”，存在文化体系和文化要素方面的显著区别。可以说，创新性发展的“中华优秀传统文化”是经过创造性转化之后的“中华优秀传统文化”，会因创造性转化的持续推进而发生动态变化。其次是明确载体。创新性发展是抽象构建的过程，必须借助相应的载体才能实现从抽象到现实的跨越。具体来说，创新性发展中华优秀传统文化要同发展现实文化、培育践行社会主义核心价值观、推动马克思主义中国化时代化等现实载体统一起来，绝不能局限于抽象的理论建构当中。最后是实益发展。所谓实益发展，就是通过从无到有的增添以及从有到优的升华，使中华优秀传统文化的实际利益创收实现最大化。比如，将西方文化中的科学技术这个动力系统批判吸纳到中华优秀传统文化之中，使西方文化中的科学技术“动力系统”与中华优秀传统文化“刹车系统”实现结合，就能够让中华优秀传统文化为现代社会发展创造最大效益。

第五，创新性发展的价值旨归。体现和增强中华优秀传统文化的影响力，就是创新性发展的价值旨归。创新性发展的价值旨归，既包括推动中华优秀传统文化与我国现代社会相适应，也必须着眼于世界发展需要以及未来发展需要，拓宽中华优秀传统文化走出去的途径，进而使中华优秀传统文化的影响力与时代共提升。中华优秀传统文化的影响力不仅包括中华优秀传统文化在国内的影响力，也包括中华优秀传统文化在国外的影响力。中华优秀传统文化在国内的影响力，主要体现在运用治国理政的程度、在社会风尚中的含量、在个体精神境界中的体现等层面。中华优秀传统文化在国外的影响力，主要体现在中华优秀传统文化能否在实现全人类共同价值方面展现出穿越时空、跨越民族的挖掘力，展现出中华优秀传统文化的包容性与软实力。从更深层面来看，中华优秀传统文化作为具有一定优越性的文化形态，必须把面向世界各国人民提炼道德精神、伦理思想和价值理念作为实现创新性发展的重要任务，为中国乃至世界发展提供民族性与世界性相统一的精神支撑和价值尺度。

（三）创造性转化与创新性发展的辩证统一

创造性转化和创新性发展是辩证统一的，主要体现在以下几个主要方面。

第一，创造性转化与创新性发展分别属于继承和发展中华优秀传统文化的不同层次和阶段。继承和发展中华优秀传统文化是一个整体性过程，可以划分为不同的层次和阶段。这些不同的层次和阶段环环相扣，构成了继承和发展中华优秀传统文化的逻辑运行图景，如“保留存真—梳理探究—传承弘扬—转化改造—创新发展”等。其中，创造性转化属于转化改造阶段，创新性发展属于创新发展阶段。创造性转化和创新性发展在继承和发展中华优秀传统文化的逻辑体系中居于不同的位置，发挥着不同的作用，是以不同层次和阶段展现在继承和发展中华优秀传统文化的有机体之中，展现出层次鲜明的逻辑线条。相比较于创造性转化，创新性发展处于较深层次和较高阶段。比如，“贞操”和“孝顺”等传统文化所要求的行为方式，其合理精神在现代社会仍有价值，但在表述形式、践行方式和评判标准等方面，却都需要结合客观实际进行转化和发展。对于“贞操”和“孝顺”等传统文化，首先要对其进行创造性转化，对刻板的“贞操”和无原则的“孝顺”进行否定之否定。在此基础上，才能提倡“贞操”时代化、鼓励“孝顺”原则化，对“贞操”和“孝顺”等传统文化进行创新性发展，防止在评价标准方面出现厚古薄今的现象。倘若对创造性转化和创新性发展分属的层次和阶段没有理性认识，就必然会对创造性转化和创新性发展的基本要求和主要任务没有正确把握。

第二，创造性转化和创新性发展虽属于同一个整体，但侧重点存在差别。创造性转化以中华优秀传统文化为本体，以转化为内在要求，以创造性为基本特点，以把中华优秀传统文化“转过来”为立足点，以使中华优秀传统文化适应现代社会为目标导向。而创新性发展是建立在创造性转化的基础上，偏重于对创造性转化的进一步提升。创新性发展以已经被创造性转化的中华优秀传统文化为对象，以推动中华优秀传统文化适应现实状况“往前走”为主要要求，以创新为内生动力，致力于产出中华优秀传统文化的新形态，成为贯通中华优秀传统文化与现代社会新文化体系的“枢纽”。创造性转化和创新性发展在内涵和特点方面存在差异。创造性转化没有突破中华优秀传统文化的旧文化范围，是通过对中华优秀传统文化的内容和形式进行同质转化，使中华优秀传统文化与现代文化体系深度融合，从文化认同方面发力推动现代社会发展。而创新性发展着眼于突破中华优秀传统文化的旧文化范围，使中华优秀传统文化在内容和形式方面实现异质提升，确保中华优秀传统文化在不断进入新文化范围的过程中实现价值突破。因此，创新性发展在侧重点方面明显异于创造性转化。

第三，创造性转化和创新性发展的逻辑关联。创造性转化在时间维度上是“着眼过去”，在空间维度上是“中国之中国”，是文化自信一个很重要的体现。没有创造性转化，创新性发展缺乏必要前提。创新性发展在时间维度上是“放眼未来”，在空间维度上是“世界之中国”，是文化担当的一个重要体现。创造性转化和创新性发展是互为依存的过程。没有创新性发展，创造性转化就势必难以打通“关键一公里”。一方面，创造性转化是创新性发展的准备环节，不仅是对中华优秀传统文化的系统整合构建，也是推动中华优秀传统文化更好适应现实条件的重要发力点。只有确保中华优秀传统文化的内容与形式的现实性，反对自目封闭固守，才能有效增强中华优秀传统文化的历史穿透力和时代感召力，进而为创新性发展打牢基础。没有创造性转化，就谈不上创新性发展。另一方面，创新性发展是创造性转化的接续要求，是创造性转化向前推进的必然逻辑。也就是说，创新性发展是对创造性转化的内在深化和外在延伸，是对创造性转化的有机提升，体现了创造性转化的未来取向。从完整意义上讲，创新性发展是创造性转化最终完成的标志。创造性转化和创新性发展共处于自洽的逻辑体系当中，具有严密的内在逻辑关联，必须在总体视域下进行辩证审视，绝不能将两者割裂开来。

深刻把握创造性转化、创新性发展的基本内涵与辩证统一，既涉及理论层面的阐述，也关涉实践层面的推进，是防止和纠正创造性转化、创新性发展出现错误倾向的必然要求，值得高度关注。当前，创造性转化、创新性发展的深化推进，迫切要求我们对两者的基本内涵以及两者的辩证统一进行符合时代需要的系统辨析。我们只有以更加宽广的文化视野、更加坚定的文化定力，深入审思创造性转化、创新性发展的基本内涵与辩证统一，才能进一步提高对创造性转化、创新性发展的认知程度，进而更加扎实地推动中华优秀传统文化传承发展。

四、推进创造性转化、创新性发展的原则遵循与基本任务

中华优秀传统文化创造性转化、创新性发展的原则遵循，是为达到创造性转化、创新性发展目标所必须遵循的准则，而中华优秀传统文化创造性转化、创新性发展的基本任务或目标，则是在党的全面领导下，深入挖掘中华优秀传统文化，使其服务社会主义核心价值观建设，服务当代中国文化强国建设目标，让中华文化展现出永久魅力和时代风采。习近平总书记指出："发展中国特色社会主义文化，就是以马克思主义为指导，坚守中华文化立场，立足当代中国现实，结合当今时代条件，发展面向现代化、面向世界、面向未来的，民族的科学的大众的社会主义文化，推动社会主义精神文明和物质文明协调发展。要坚持为人民服务、为社会主义服务，坚持百花齐放、百家争鸣，坚持创造性

转化、创新性发展，不断铸就中华文化新辉煌。”[①] 这一重要论述，为我们科学把握推进中华优秀传统文化创造性转化、创新性发展的原则遵循和基本任务提供了科学指南。

（一）推进创造性转化、创新性发展的原则遵循

推进中华优秀传统文化创造性转化、创新性发展，必须坚持导向性、时代性、人民性、开放性等基本原则。

1. 坚持马克思主义指导和中国共产党领导的导向性原则

坚持导向性原则，即在进行中华优秀传统文化创造性转化、创新性发展的过程中，坚持以马克思主义为指导，坚持中国共产党的领导，维护新时代中国特色社会主义意识形态安全。方向引领行动，行动成就目标。只有坚持马克思主义指导，坚持党的领导，才能牢牢把握文化创新发展方向，在继承优秀传统文化的基础上守正创新，构筑中国特色社会主义文化体系。习近平总书记指出，“兴文化，就是要坚持中国特色社会主义文化发展道路”[②]。

一是坚持马克思主义指导。坚持马克思主义指导，坚持社会主义先进文化前进方向，这是中国特色社会主义文化最鲜明的特征，也是关系文化改革发展全局的根本问题。2022 年 7 月，习近平在省部级主要领导干部专题研讨班上发表重要讲话指出：“拥有马克思主义科学理论指导是我们党鲜明的政治品格和强大的政治优势。实践告诉我们，中国共产党为什么能，中国特色社会主义为什么好，归根到底是马克思主义行。”[③] 推进中华优秀传

① 《习近平谈治国理政》第 3 卷，北京，外文出版社 2020 年版，第 32 页。

② 《习近平谈治国理政》第 3 卷，北京，外文出版社 2020 年版，第 312 页。

③ 《高举中国特色社会主义伟大旗帜　奋力谱写全面建设社会主义现代化国家崭新篇章》，《人民日报》2022 年 7 月 28 日。

统文化创造性转化、创新性发展，实现中华文化的繁荣发展，必须回答一个走什么路、朝什么目标前进的方向性、战略性问题，而贯穿其中的核心就是坚持马克思主义对文化发展的指导地位。坚持以马克思主义为指导，是保持中国文化先进性的根本要求。为此，我们要用马克思主义指导“两创”工作，坚持好、运用好贯穿其中的立场观点方法，在中国特色社会主义伟大实践中推动中华文化新发展。

一方面，马克思主义是科学的世界观和方法论，为推进中华优秀传统文化创造性转化、创新性发展提供科学指导。马克思主义揭示了世界发展的普遍规律，是无产阶级和劳动人民认识世界和改造世界的强大思想武器；马克思主义与时俱进，不断丰富和发展自己，不断开拓新境界，能够指导新时代的文化建设。正如恩格斯所指出的：“马克思的整个世界观不是教义，而是方法。它提供的不是现成的教条，而是进一步研究的出发点和供这种研究使用的方法。”① 马克思主义指导思想作为灵魂，确定了社会主义文化的根本性质和发展方向，在推进中华优秀传统文化创造性转化、创新性发展中发挥着重要的指导作用。

另一方面，马克思主义与中华优秀传统文化之间具有相容性，这是马克思主义指导功能得以发挥的重要基础，同时也要求我们在新的历史条件下进一步促进马克思主义与中华优秀传统文化的结合。马克思主义与中华传统文化在文化背景和时代特征等方面有着本质的区别，但是之所以我国的传统文化能够与作为外来文化的马克思主义相互融合，就是因为它们之间有着内在的相容性。

---

①《马克思恩格斯选集》第 4 卷，北京，人民出版社 2012 年版，第 664 页。

如马克思主义的共产主义理论与中华传统文化的“大同”思想具有相容性。孔子勾画了选贤与能、讲信修睦、老有所终、壮有所用、幼有所长、鳏寡孤独废疾者皆有所养的社会美景（《礼记·礼运》）。墨子主张：“今天下无大小国，皆天之邑也；人无幼长贵贱，皆天之臣也。”（《墨子·法仪》）中华传统文化一直崇尚“大同”理想。马克思主义依据人类社会历史的发展规律，科学地预见了共产主义社会的基本特征，向全世界劳动者展示了未来共产主义社会的美好前景。马克思主义理论与中华传统文化的“大同”思想确实有着相似之处，也就为二者的融合提供了可能。此外，马克思主义尊重人、解放人、发展人与中华传统文化的“民为邦本”具有相同之处。马克思主义唯物史观与中华传统文化的历史观，马克思主义的辩证法与中华传统文化中的朴素辩证法思想等，都有着相通之处。这为我们坚持马克思主义导向，进而实现马克思主义与中华传统文化的融合提供了广泛的可能性。

二是坚持中国共产党的领导。只有在中国共产党的领导下，中华优秀传统文化的创造性转化、创新性发展，才会形成坚强的领导核心和强大的组织力量，使对优秀传统文化的传承成为一种全社会的共同行动。

一方面，中国共产党是中华优秀传统文化的传承者和弘扬者。中国共产党无论在为崇高理想而奋斗、为社会进步而担当，还是在加强党组织凝聚力战斗力、加强党员个人修养等方面，都是中华优秀传统文化的传承者和弘扬者。譬如，崇尚中华传统美德是中国共产党人的一贯追求，从革命战争年代到国家建设时期，中国共产党人都是中华传统美德的践行者和引领者。无数共产党人视死如归、舍生取义，自强不息、威武不屈，大义凛然、不怕牺牲，吃苦耐劳、公而忘私，廉洁奉公、鞠躬尽瘁，在他们的身上反映了无产阶级对中华传统美德的坚守，高扬了中国传统的道德力量，涌现出了千千万万具有崇高道德情操的模范人物，起到了巨大的道德示范作用和表率作用，引领全社会向着更美好的方向前进。

另一方面，中国共产党是中国特色社会主义文化建设不断开创新局面的领导力量。党的领导是中国特色社会主义最本质的特征，是中国特色社会主义制度的最大优势。在推进中国特色社会主义文化建设的进程中，中国共产党始终注重加强和改进党的领导。改革开放之初，邓小平强调，“各级党委都要领导好文艺工作”，明确指出“党对文艺工作的领导，不是发号施令，不是要求文学艺术从属于临时的、具体的、直接的政治任务，而是根据文学艺术的特征和发展规律，帮助文艺工作者获得条件来不断繁荣文学艺术事业，提高文学艺术水平，创作出无愧于我们伟大人民、伟大时代的优秀的文学艺术作品和表演艺术成果”[①]。这一论述，确立了改革开放新时期党领导文艺工作以及文化建设的基本原则。在推进改革开放、推进社会主义精神文明和文化建设的进程中，我们党始终坚持这些基本原则，并就切实加强和改进党对精神文明建设、文化建设的领导形成了一系列思想成果和制度安排。党的十八大以来，在文艺工作座谈会、党的新闻舆论工作座谈会、哲学社会科学工作座谈会等思想文化领域的一系列座谈会上，习近平总书记系统阐明加强党对文化工作领导的重大意义、根本原则、重点内容、方式方法等，确立了新时代党领导文化建设工作的

---

①《邓小平文选》第2卷，北京，人民出版社1994年版，第213页。

科学方法论，带领全党开辟了马克思主义基本原理同中华优秀传统文化相结合的新境界，实现了马克思主义中国化新的飞跃。

总之，推进中华优秀传统文化的创造性转化、创新性发展，必须坚持马克思主义在意识形态领域的指导地位，坚持中国共产党的全面领导。唯有牢牢把握社会主义先进文化的前进方向，才能弘扬民族精神和时代精神，把中国特色社会主义文化事业推向前进。

2. 坚持去粗取精、批判继承的时代性原则

马克思主义认为，文化发展是连续性与非连续性的统一，对待传统文化的正确态度是取其精华、去其糟粕，批判继承、古为今用。社会主义革命并不是要抛弃历史上积累的社会生产力和文明成果，而是要消灭资本主义生产资料私有制及其他一切形式的私有制。社会文化转型与文化发展也是如此，要克服一切与私有制相适应的剥削的、自私自利的观念，而那些具有超越时代的永恒价值的文化则需要继承。马克思认为，资本主义文化破除了封建宗法的等级，“一切固定的僵化的关系以及与之相适应的素被尊崇的观念和见解都被消除了”，这是符合人类发展规律的；但“资产阶级撕下了罩在家庭关系上的温情脉脉的面纱，把这种关系变成了纯粹的金钱关系”[①]，却也显示了资本主义文化的局限性。这就要求社会主义要区别开先进文化和落后文化，批判地继承传统文化。列宁认为，马克思主义这一革命的无产阶级思想体系赢得了历史性的意义，是因为它并没有抛弃资产阶级时代最宝贵的成就，相反却吸收和改造了人类思想和文化发展中一切有价值的东

①《马克思恩格斯选集》第1卷，北京，人民出版社2012年版，第403页。

西。要建设社会主义，就要继承人类优秀文化遗产，反对历史虚无主义。列宁指出："资本主义把文化只给予少数人。而我们必须用这个文化来建设社会主义。我们没有别的材料。我们要立刻用资本主义昨天留下来可供我们今天用的那些材料来建设社会主义。"[①] 毛泽东依据历史唯物主义的基本思想和中国无产阶级的历史任务，首先提出要在历史的辩证的分析基础上批判地继承历史文化遗产，从而为正确对待文化遗产提供了科学的态度和方法。毛泽东强调："清理古代文化的发展过程，剔除其封建性的糟粕，吸收其民主性的精华，是发展民族新文化提高民族自信心的必要条件。"[②] 毛泽东提出的"批判继承"观点，在建设中国特色社会主义文化过程中具有重要指导意义。传统文化具有积极成分，也有消极因素。对于精华，即符合人类历史进步和社会发展方向的，我们要积极地加以继承；对于那些不符合人类历史发展进步和社会发展方向的消极因素，我们应该坚决摒弃。中华传统文化产生于农耕时代，是在小农经济基础上形成的文化观念，其中的封建等级纲常观念、"三从四德"、官本位等观念，与社会主义民主、社会主义市场经济的价值观相抵触，是需要剔除的糟粕。我们对优秀传统文化的学习，对中华文化精神的弘扬，必须采取扬弃的态度，从中汲取积极的因素，并对其进行调整、丰富和提高，使之与马克思主义理论相结合，建立基于传统又超越传统的中国特色社会主义文化。

在中国特色社会主义新时代，坚持去粗取精、批判继承的原则，我们才能不断推陈出新。中华传统文化的许多内容，与

① 《列宁全集》第 36 卷，北京，人民出版社 1985 年版，第 48 页。
② 《毛泽东选集》第 2 卷，北京，人民出版社 1991 年版，第 707—708 页。

社会主义市场经济、民主政治、现代治理等不协调、不相容。这要求我们对传统文化经过科学扬弃之后，使其为我所用。习近平总书记指出："在去粗取精、去伪存真的基础上，坚持古为今用、推陈出新，努力实现中华传统美德的创造性转化、创新性发展。"① 我们要不断研究新情况、解决新问题，消除传统文化中阻碍社会发展的消极因素，弘扬优秀传统文化，实现优秀传统文化的创造性转化和创新性发展。传承中华文化，要"辩证取舍、推陈出新，摒弃消极因素，继承积极思想，'以古人之规矩，开自己生面'"②。

3. 坚持发挥人民群众在文化建设中主体作用的人民性原则

充分发挥人民群众在文化建设中的主体作用，是马克思主义人民群众观在文化建设领域的重要体现。时刻把人民放在心中最高位置，依靠人民、为了人民，是改革开放进程中中国共产党人始终不渝的信念和追求。以人民为中心，体现广大人民群众的广泛参与，贯穿于改革开放以来我们党推进中国特色社会主义文化建设的全过程。推进中华优秀传统文化创造性转化、创新性发展，建设中国特色社会主义文化，目的是让人民群众能够更好享受到文化发展的成果。人民群众是文化的创造者。中国特色社会主义文化是人民共建共享的文化，充分尊重和发挥人民群众在文化建设中的主体作用，充分释放蕴藏于人民群众之中的文化创造潜力，是推进中华优秀传统文化创造性转化、创新性发展的重要原则遵循。习近平总书记指出："人民既是历史的创造者、也是历史的见证者，既是历史的'剧中人'、也是历史的'剧作

① 《习近平谈治国理政》第1卷，北京，外文出版社2018年版，第160页。

② 习近平：《在文艺工作座谈会上的讲话》，北京，人民出版社2015年版，第26页。

者'。"[①] 推进中华优秀传统文化创造性转化、创新性发展，就要坚持以人民为中心的工作导向，使广大人民群众成为文化建设的"剧中人"和"剧作者"，并且把人民满意不满意作为检验文化建设成效的最高标准。

首先，充分发挥人民群众在文化传播和传承中的主体作用。中华优秀传统文化的现代传播，其最鲜活的形态就是人民大众的现实生活。人民大众是中华优秀传统文化的传播者、践行者和弘扬者。广大群众用自己真实的生活、现实的人生进行着优秀传统文化的传播与传承。譬如在乡村中有着非常宝贵的传统物质遗产，有着从古代走来的礼仪文化，传统的美德故事在人民群众中口耳相传。人民大众是优秀传统文化传播传承的主力军。在现代社会，人民群众通过互联网等手段，通过群众性文化活动等方式，传播着中华文化的真善美的丰富内容。

其次，充分发挥人民群众在文化评价中的主体作用。文化创新的成果是为人民群众服务的，文化创新的成效应该由人民群众来评价。文化建设搞得好不好，文化产品质量高不高，评判的权力掌握在人民手中，要把人民作为文艺审美的"鉴赏家"和"评判者"。随着时代的进步发展和媒体技术的更新迭代，人民群众对文化产品的质量、品位等方面的要求不断提升。为此，要准确把握人民精神文化需求，保障人民文化权益，推出更多满足人民文化需求、增强人民精神力量的优秀作品。"文艺创作方法有一百条、一千条，但最根本、最关键、最牢靠的办法是扎根人民、扎根生活。"[②] 广大文化文艺工作者要坚持为人民创作的理念，深

---

①《习近平谈治国理政》第 2 卷，北京，外文出版社 2017 年版，第 314 页。

②《习近平谈治国理政》第 2 卷，北京，外文出版社 2017 年版，第 319 页。

入人民群众生活，感受人民群众的喜怒哀乐，从而为人民创作出更多有精神高度、文化内涵、艺术价值的好作品。

最后，充分发挥人民群众在文化创新中的主体作用。文化创新的活力来自人民群众，文化创新的活动应该吸引人民群众广泛参与。伴随人民生活的不断改善，人民群众对文化创造的积极性高涨，文化创新活力竞相迸发。人民群众更多的是在生产生活实践中，通过非职业性的文化表达，抒发自己对文学、音乐、美术等艺术方式的热爱，展现自我，愉悦身心。有道是"文化在民间，创造在基层"。要充分发挥人民群众在文化创新中的主体作用，搞好群众性文化创造活动，文化管理部门要更新文化创新观念，做好各种促进保障工作。要为群众文化活动、文化创新提供积极的舆论导向，提供有力的政策保障；要优化城乡文化资源配置，构建人民群众广泛参与的文化创作、生产、传播、评价机制，不断激发全民族的文化创造活力；要处理好文化创新中的社会效益与经济效益相结合的问题，更好发挥文化创造引领社会、教育人民、推动发展的积极作用。

4. 坚持不忘本来、吸收外来、面向未来的开放性原则

推进中华优秀传统文化的创造性转化、创新性发展，在于推陈出新。为此，要坚持开放性原则，坚持改革创新时代精神。要对中华传统文化进行全面把握，将其与西方文化作比较，使传统文化能够实现民族性与世界性的统一，从而实现中华文化的综合创新。习近平总书记强调："我们要坚持不忘本来、吸收外来、面向未来，既向内看、深入研究关系国计民生的重大课题，又向外看、积极探索关系人类前途命运的重大问题；既向前看、准确判断中国特色社会主义发展趋势，又向后看、善于继承和弘扬中

华优秀传统文化精华。”①“对我国传统文化，对国外的东西，要坚持古为今用、洋为中用。”② 张岱年讲过：“我反对东方文化优越论，也反对全盘西化论，主张兼取中西文化之长而创造新的中国文化。我这种主张可以称为‘综合创新论’。”③ 这可以被视为推动优秀传统文化创造性转化与创新性发展的最初探索。

首先，创造性转化、创新性发展要坚持民族性与世界性的统一。中华传统文化承载着中华民族的基本价值追求，有着独特的民族特质，民族性是在我们的思想文字、风俗习惯以及衣食住行的细小环节当中体现出来的。强调民族性，“并不是要排斥其他国家的学术研究成果，而是要在比较、对照、批判、吸收、升华的基础上，使民族性更加符合当代中国和当今世界的发展要求”④。同时，否定中国文化的民族性，只会造成我们文化建设上的迷茫和失落，而一味地排斥西方文化，最终也会失掉自己的民族性。“我们既要立足本国实际，又要开门搞研究。对人类创造的有益的理论观点和学术成果，我们应该吸收借鉴。”⑤ 中国文化向来主张海纳百川、兼收并蓄，传统文化中的儒、释、道长期并存，正是这种开放精神的集中体现。我们党坚持把马克思主义基本原理同中国具体实际相结合、同中华优秀传统文化相结合，不断推进马克思主义中国化时代化，也推动中华文明焕发出新的生机和活力。在新的时代条件下，努力实现中华优秀传统文化的创造性转化、创新性发展，使之与现实文化相融相通，尤须把马克

---

①《习近平谈治国理政》第 2 卷，北京，外文出版社 2017 年版，第 339 页。
②《习近平谈治国理政》第 1 卷，北京，外文出版社 2018 年版，第 156 页。
③ 张岱年：《文化与哲学》，北京，教育科学出版社 1988 年版，第 1 页。
④《习近平谈治国理政》第 2 卷，北京，外文出版社 2017 年版，第 340 页。
⑤《习近平谈治国理政》第 2 卷，北京，外文出版社 2017 年版，第 340 页。

思主义的思想精髓与中华传统文化精神融会贯通起来，不断开辟马克思主义中国化新境界，不断铸就中华文化新辉煌。

其次，创造性转化、创新性发展要立足当前、面向未来。一方面，推进中华优秀传统文化创造性转化、创新性发展，要立足当前、立足实际、立足大众。比如我国的文化典籍可谓汗牛充栋，要使这些文化典籍大众化，化作大众的精神滋养，就需要从这些典籍中提炼出名言、史例、论点等精华，以简洁明快的内容和形式，使之能够适应现代社会生活的快节奏、容易被广大群众所接受。还应使传统文化典籍工具化，通过工具化的手段使文化典籍走向民间。这就要求思想文化工作者创造性地做好传统文化的转化工作。另一方面，推进中华优秀传统文化创造性转化、创新性发展，要面向未来。从古至今，无数优秀文化作品启迪心智、陶冶情操，为群众所爱，为后世流芳，集中体现了中华文化面向未来的创造力、影响力。面向未来，需要我们深入挖掘和阐发中华优秀传统文化，为促进中国的未来发展提供思想文化资源，同时把中国文化创新成果传播出去，向世界讲好中国故事，为世界发展贡献中国智慧。

最后，创造性转化、创新性发展要善于融通古今中外各种资源，做到综合创新。当前，世界正处在一个各种思想相互影响、中西方文化相互渗透的时代。习近平总书记强调“要善于融通古今中外各种资源”[①]，特别是要融通马克思主义的资源、中华优秀传统文化的资源、国外哲学社会科学的资源。这引领我们寻求各种文化资源之间融通的可能性，不断走向文化综合创新的新境界。

①《习近平谈治国理政》第 2 卷，北京，外文出版社 2017 年版，第 338 页。

我们要善于融通国外各种有益的思想文化资源，吸收借鉴人类创造的一切优秀文明成果。文明因多样而交流，因交流而互鉴，因互鉴而发展。我们要在实现经济现代化的进程中完成传统文化的现代化转型，切实提高我国文化软实力和国际竞争力，“更好构筑中国精神、中国价值、中国力量，为人民提供精神指引”[①]。

（二）推进创造性转化、创新性发展的基本任务

推进中华优秀传统文化创造性转化、创新性发展，其基本任务或目标就是为建设文化强国、实现中华民族伟大复兴中国梦提供重要文化支撑，“让中华文化展现出永久魅力和时代风采”[②]。以习近平同志为核心的党中央始终重视文化建设，为传承弘扬中华优秀传统文化提供了坚实的政策保障。“当代中国共产党人和中国人民应该而且一定能够担负起新的文化使命，在实践创造中进行文化创造，在历史进步中实现文化进步！”[③]

弘扬中华优秀传统文化，推进中华优秀传统文化创造性转化、创新性发展，是建设中国式现代化、实现中华民族伟大复兴中国梦的内在规定。习近平总书记指出：“我国现代化坚持社会主义核心价值观，加强理想信念教育，弘扬中华优秀传统文化，增强人民精神力量，促进物的全面丰富和人的全面发展。”[④] 党的十九届五中全会明确提出了到 2035 年建成文化强国的远景目标。文化强国对内表现为社会主义先进文化繁荣发展，人们普遍具有饱满的文化自信；对外表现为对其他民族有较强的文化影响力，

① 《习近平谈治国理政》第 3 卷，北京，外文出版社 2020 年版，第 18 页。
② 《习近平谈治国理政》第 3 卷，北京，外文出版社 2020 年版，第 33 页。
③ 《习近平谈治国理政》第 3 卷，北京，外文出版社 2020 年版，第 35 页。
④ 《习近平谈治国理政》第 4 卷，北京，外文出版社 2022 年版，第 123 页。

引领世界文化发展潮流。“兴文化，就是要坚持中国特色社会主义文化发展道路，推动中华优秀传统文化创造性转化、创新性发展，继承革命文化，发展社会主义先进文化，激发全民族文化创新创造活力，建设社会主义文化强国。”[①] 为此，我们要明确推进中华优秀传统文化创造性转化、创新性发展的基本任务，以更好地为实现中国梦提供文化支撑。根据文化强国的社会文明程度、文化创新活力、文化软实力、文化产业发展等衡量维度，我们从如下 4 个方面阐述推进中华优秀传统文化创造性转化、创新性发展的基本任务。

1 在推进中华优秀传统文化创造性转化、创新性发展中提高社会文明程度

社会文明程度是文化强国的一个重要标志。党的十九大报告指出：“要提高人民思想觉悟、道德水准、文明素养，提高全社会文明程度。”[②] 人类社会发展史不仅是人类物质文明成果积累的过程，也是思想文化沉淀和传承的过程。“中华文明历来把人的精神生活纳入人生和社会理想之中。所以，实现中国梦，是物质文明和精神文明比翼双飞的发展过程。”[③] 提高全社会文明程度，是推进中华优秀传统文化创造性转化、创新性发展的重要目标所在。2017 年，中共中央办公厅、国务院办公厅印发《关于实施中华优秀传统文化传承发展工程的意见》，深刻阐述中华优秀传统文化传承发展工作，揭示了传承优秀传统文化，推进中华优秀传

---

① 《习近平谈治国理政》第 3 卷，北京，外文出版社 2020 年版，第 312 页。

② 《习近平谈治国理政》第 3 卷，北京，外文出版社 2020 年版，第 33 页。

③ 中共中央文献研究室：《习近平关于社会主义文化建设论述摘编》，北京，中央文献出版社 2017 年版，第 5 页。

统文化创造性转化、创新性发展的重要性。

提高民族文化素养，就要培育和践行社会主义核心价值观。中国古代历史上形成一系列价值观，如仁义礼智信、温良恭俭让等。我们可以通过对这些价值观进行创造性转化、创新性发展，作为今天培育和践行社会主义核心价值观的重要资源。此外，中国历史上志士仁人的做人做事理念，如“先天下之忧而忧，后天下之乐而乐”的政治抱负、“苟利国家生死以，岂因祸福避趋之”的报国情怀、“富贵不能淫，贫贱不能移，威武不能屈”的浩然正气、“鞠躬尽瘁，死而后已”的献身精神等，都体现了中华民族的优秀传统文化和民族精神，对今天我们树立正确世界观、人生观、价值观很有益处。习近平总书记要求我们要用中华民族创造的一切精神财富来“以文化人”“以人育人”，2014 年在北京大学师生座谈会上，他讲道：“中华文明绵延数千年，有其独特的价值体系。中华优秀传统文化已经成为中华民族的基因，植根在中国人内心，潜移默化影响着中国人的思想方式和行为方式。今天，我们提倡和弘扬社会主义核心价值观，必须从中汲取丰富营养，否则就不会有生命力和影响力。”[①] 他强调：“培育和弘扬社会主义核心价值观必须立足中华优秀传统文化。牢固的核心价值观，都有其固有的根本。抛弃传统、丢掉根本，就等于割断了自己的精神命脉。”[②] 一个民族、国家的核心价值观必须同这个民族、国家的历史文化相契合。“富强、民主、文明、和谐，自由、平等、公正、法治，爱国、敬业、诚信、友善”的社会主义核心价值观，就是对中华优秀传统文化及其价值观的传承与升华。

① 《习近平谈治国理政》第 1 卷，北京，外文出版社 2018 年版，第 170 页。

② 《习近平谈治国理政》第 1 卷，北京，外文出版社 2018 年版，第 163—164 页。

2. 在推进中华优秀传统文化创造性转化、创新性发展中激活文化创新活力

首先，要在推进中华优秀传统文化创造性转化、创新性发展中，回答什么是中国式现代化、如何坚持中国道路、怎样凝聚中国力量等重大课题。习近平总书记2013年在全国宣传思想工作会议上指出："宣传阐释中国特色，要讲清楚每个国家和民族的历史传统、文化积淀、基本国情不同，其发展道路必然有着自己的特色；讲清楚中华文化积淀着中华民族最深沉的精神追求，是中华民族生生不息、发展壮大的丰厚滋养；讲清楚中华优秀传统文化是中华民族的突出优势，是我们最深厚的文化软实力；讲清楚中国特色社会主义植根于中华文化沃土、反映中国人民意愿、适应中国和时代发展进步要求，有着深厚历史渊源和广泛现实基础。"[①] 我们只有在不断推进中华优秀传统文化创造性转化、创新性发展中，才能真正"讲清楚"这4个方面的重大问题。习近平总书记2021年在给《文史哲》编辑部全体编辑人员的回信中指出："深入阐释如何更好坚持中国道路、弘扬中国精神、凝聚中国力量"，"回答好这一重大课题，需要广大哲学社会科学工作者共同努力，在新的时代条件下推动中华优秀传统文化创造性转化、创新性发展。"[②] 要增强全民族文化创造活力，让一切文化创造源泉充分涌流。

其次，要通过推进中华优秀传统文化的创造性转化、创新性发展，使优秀传统文化在广泛的社会生活中"活"起来。例如，国风文化是一种以中华传统文化为基础，蕴含着大量中国元素并与现代流行趋势相结合的艺术形式或生活方式。它彰显中华传统

---

① 《习近平谈治国理政》第1卷，北京，外文出版社2018年版，第155—156页。
② 《习近平给〈文史哲〉编辑部全体编辑人员回信》，《人民日报》2021年5月11日。

文化精神，体现中华审美特色，因此受到人们特别是青年人的广泛喜爱。国风文化蕴含着深厚的传统文化积淀，将传统文化理念、古代诗词歌赋等传统民族文化符号和青年文化、流行文化符号进行创新性融合，并以青年惯用的传播形式和互动模式进行文化再生产和再传播，成为优秀传统文化的时代化表达。国风文化实际上是对传统优秀文化的时尚化、生活化传承，拓展了大众化叙事策略，由此激发了整个社会崇尚文化、崇尚创新、崇尚品位的追求取向，激发了整个社会的文化创新活力，不失为一条推进中华优秀传统文化创造性转化、创新性发展的成功路径。

3. 在推进中华优秀传统文化创造性转化、创新性发展中增强国家文化软实力

一个国家的强大不仅表现在经济、军事实力上，还要有文化上的强大吸引力、感召力、影响力，这就是国家文化软实力。提高国家文化软实力，不仅是我国文化建设的一个战略重点，也是实现中华民族伟大复兴的重要前提。习近平总书记指出："提高国家文化软实力，关系'两个一百年'奋斗目标和中华民族伟大复兴中国梦的实现。"[①] "中华优秀传统文化是中华民族的突出优势，是我们最深厚的文化软实力。"[②] 推进中华优秀传统文化创造性转化、创新性发展的一项基本任务，是夯实国家文化软实力的根基、传播好中国价值观念、展示好中华文化独特魅力，促进社会主义文化强国建设，增强国家文化软实力。

首先，通过推进中华优秀传统文化创造性转化、创新性发展，夯实国家文化软实力的根基。以中华优秀传统文化为深厚根

---

①《习近平谈治国理政》第 1 卷，北京，外文出版社 2018 年版，第 160 页。

②《习近平谈治国理政》第 1 卷，北京，外文出版社 2018 年版，第 155 页。

基，中国特色社会主义文化建设才有稳固基础，才能促进社会主义先进文化的民族性、科学性和大众性的实现，形成和增强民族共同体意识。产生于广阔文化土壤的中华优秀传统文化，内含人与自然关系维度的“道法自然”“天人合一”思想，治国理政维度的“以民为本”“为政以德”思想，科学方法维度的“居安思危”“抱朴守中”思想，天下关系维度的“兼收并蓄”“天下大同”思想等，能够为新时代中国特色社会主义文化建设供给最丰富的文化滋养。党的十八大以来，习近平总书记在国内外诸多重要场合屡屡提出，“要系统梳理传统文化资源，让收藏在禁宫里的文物、陈列在广阔大地上的遗产、书写在古籍里的文字都活起来”①，“使中华优秀传统文化成为涵养社会主义核心价值观的重要源泉”②。发展至今，中华优秀传统文化得到广泛弘扬，国家文化软实力根基更加厚实，我们的道路自信、理论自信、制度自信和文化自信更加坚定。

其次，通过推进中华优秀传统文化创造性转化、创新性发展，传播好中国价值观念、展示好中华文化独特魅力。创造更多跨文化接受的可能性及路径，推进中华优秀传统文化创造性转化、创新性发展，有助于中华传统文化理念得到更广泛的传播，中华传统文化的魅力得到更广泛的认同，增强跨文化感召力和吸引力，展示大国形象。特别是推进中华优秀传统文化创造性转化、创新性发展，有助于我们克服“以洋为尊”“以洋为美”“唯洋是从”等错误认识和心理，批判和纠正“去价值化”“去中国化”“去主流化”等错误做法，从而在推进中华优秀传统文化创

---

①《习近平谈治国理政》第 1 卷，北京，外文出版社 2018 年版，第 161 页。

②《习近平谈治国理政》第 1 卷，北京，外文出版社 2018 年版，第 164 页。

造性转化、创新性发展过程中，彰显出中国特色、中国风格、中国气派。

4. 在推进中华优秀传统文化创造性转化、创新性发展中促进文化事业和文化产业发展

文化事业和文化产业是文化强国建设的题中之义，是提高社会文明程度、保障民众文化权益的内在要求和重要举措。习近平总书记指出，要“增强全民族文化创造活力，推动文化事业全面繁荣、文化产业快速发展，不断丰富人民精神世界、增强人民精神力量，不断增强文化整体实力和竞争力，朝着建设社会主义文化强国的目标不断前进”①。这为我们更好把握和实现中华优秀传统文化创造性转化、创新性发展，指明了前进方向。

首先，在推进中华优秀传统文化的创造性转化、创新性发展中，使优秀传统文化的时代价值充分展现。我国是有着悠久历史的统一多民族国家，历史文化极为丰富。各种远古的神话传说，诸子百家的哲学思想，历代仁人志士的事迹、诗词歌赋、书法绘画、传奇小说、民间故事等，为文化产业中的文化产品和服务的制作提供了丰富的内容资源，可以为现代影视、文艺节目、图书出版、教育培训等文化产业提供思想内容和创意资源。我们要深化研究并厘清传统文化的时代价值，充分挖掘、汲取中华优秀传统文化的精神滋养，创造思想精深、艺术精湛、制作精良的文化产品。要以社会效益和经济效益相统一为基本前提，着力研究文化内涵的创新性表达，为人们提供价值理性与技术理性相统一的特色文化产品。

① 《习近平谈治国理政》第 1 卷，北京，外文出版社 2018 年版，第 160 页。

其次，在推进中华优秀传统文化创造性转化、创新性发展中，赋予优秀传统文化更多与时俱进的因素。要使优秀传统文化与现代科学、市场经济深度融合，既保持中华文化优秀的精神品格，又能与当下自媒体时代的新特征相契合。在数字化、图像化、视频化的当下，受众的信息获取方式、认知方式、交互方式以及媒介使用习惯发生了巨大的变化。文化传播必须适应新媒体环境以及受众心理和行为方式的变化，更新传播理念，充分借助人工智能、虚拟现实等技术，实现传统文化要素与信息数据要素的融合互动，努力传播当代中国价值观念，更好展示优秀传统文化的独特魅力。要建立现代公共文化服务体系，进一步完善基层公共文化设施网络，建立多元主体参与的价值共创机制，强化社会化服务。

我们要充分认识到，“应对共同挑战、迈向美好未来，既需要经济科技力量，也需要文化文明力量”[①]。传承和弘扬中华优秀传统文化，推进中华优秀传统文化创造性转化、创新性发展，是一项伟大的文化工程。我们要更好地把握中华优秀传统文化创造性转化、创新性发展的原则、任务和目标，推动文化强国建设不断迈出更为扎实的步伐。

五、推进创造性转化、创新性发展要处理好一系列基本关系

推进中华优秀传统文化的创造性转化、创新性发展，是在新

① 《习近平谈治国理政》第 3 卷，北京，外文出版社 2020 年版，第 465 页。

的目标、新的时代境遇下推进的伟大工程，需要立足时代要求，围绕中华优秀传统文化传承与创新，传统文化与革命文化、社会主义先进文化的有机统一，民族文化传承与文明交流互鉴等几个方面，处理好一系列基本关系。

（一）中华优秀传统文化传承与创新的关系

每一种文明都是民族精神血脉的延续，不仅需要薪火相传、代代守护，还需要与时俱进、勇于创新。中华优秀传统文化所承载的中华文明是人类文明中唯一持续了五千余年依然生生不息、绵延发展的文明，是人类文明的杰出代表，其中积淀和蕴含着有益于人类发展的极为丰厚的价值资源和无穷智慧。要使之继续为人类提供正确的精神指引和强大的精神动力，就要挖掘好、运用好中华优秀传统文化这一宝库，使中华文明蕴含的有益于人类发展的永恒价值在新的时代条件下绽放光彩。

坚持传承与创新相统一，是中华优秀传统文化弘扬发展的基本规律，也是新时代推动中华优秀传统文化创造性转化、创新性发展要处理好的一个重要关系。

只有坚持传承与创新相统一，才能推进文化强国建设。建设文化强国是中国式现代化的重要目标。我国是文明古国，是文化资源大国，迫切需要加快推进与我国深厚文化底蕴和丰富文化资源相匹配的社会主义文化强国建设。自党的十七届六中全会明确提出把我国建设为文化强国的命题以来，党领导人民着手全面推动文化强国建设，已经取得非凡成就。建设社会主义文化强国仍然在路上，需要持之以恒持续推进。只有建设好社会主义文化强国，才能更好地满足人民的精神需求，丰富人民的精神世界，增强人民的精神力量，维护国家的文化安全，增强国家文化软实力。建设社会主义文化强国，离不开对中华优秀传统文化的传承与创新。这要求我们既要加强对中华优秀传统文化思想价值的挖掘和阐发，传承好民族文化的基本元素，又要推动中华优秀传统文化的创造性转化、创新性发展，充分发挥中华优秀传统文化对文化强国建设的重要作用。

只有坚持传承与创新相统一，才能推进中华民族共有精神家园建设。我国优秀传统文化体现着民族的认同感、归属感，凝聚着中华民族自强不息的精神追求和历久弥新的精神财富，是建设中华民族共有精神家园的重要支撑。在建设中华民族共有精神家园问题上，我们需要对中华传统文化进行去粗取精、推陈出新，使之符合现代社会需要，被现代人接受。只有这样，我们民族的文化基因才能够得以延续，我们才能够在此基础上，"深入推进社会主义核心价值体系建设，不断培植我们的精神家园，增强全民族的凝聚力向心力"①。

只有坚持传承与创新相统一，才能为人类发展提供正确而强大的精神动力。习近平总书记多次谈道，在五千多年的文明发展历程中，中华民族为人类文明进步作出了不可磨灭的贡献。当代中国共产党人的责任是"团结带领全党全国各族人民，接过历史的接力棒，继续为实现中华民族伟大复兴而努力奋斗，使中华民族更加坚强有力地自立于世界民族之林，为人类作出新的更大的贡献"②。这要求我们在继承中华优秀传统文化的基础上，要通过我们这一代人坚持不懈的努力，以传统文化弘扬和先进文化创造

①《习近平在全国宣传思想工作会议上强调　胸怀大局把握大势着眼大事　努力把宣传思想工作做得更好》，《人民日报》2013 年 8 月 21 日。

②《习近平谈治国理政》第 1 卷，北京，外文出版社 2018 年版，第 4 页。

去满足人类突破当代困境的精神需求，继续为中华民族伟大复兴和人类文明多元发展作出新的贡献。

中华文化源远流长，积淀着中华民族最深层的精神追求，代表着中华民族独特的精神标识，为我们在治国理政、道德建设方面提供了有益启发，为中华民族生生不息、发展壮大提供了丰厚滋养。不忘本来才能开辟未来，善于继承才能更好地创新。坚持传承与创新相统一，就要坚持古为今用、推陈出新，在传统文化与时代需要之间架设起能够通达未来的桥梁。

首先，理解中华文化的特性，培养起高度的文化自觉。要把中华文化特性与现代文化融入中国特色社会主义文化发展之中，使中国特色社会主义文化既能弘扬优秀传统文化，同时还能成为传播科学知识和先进文化的重要阵地。一要保持中华文化的特性。习近平总书记指出："保持和发展本民族文化的优良传统，积极吸取世界其他民族的优秀文化成果，实现文化的与时俱进，是关系党和国家前途与命运的重大问题。我们决不能在文化观念上照抄照搬，在发展模式上简单模仿，必须坚决防范和抵御各种腐朽落后文化的侵蚀。"[①] 中华文化的优良传统内蕴着中华文化的特性，是中华民族的身份验证，必须保持好我们的优良传统和文化特性。二要不断增强文化自觉。文化自觉是要懂得每个国家的历史传统、文化积淀、民族特色和发展趋势，自觉维护与传承，在此基础上不断推进创新。培养高度的文化自觉，"其目的在于在建设中国特色社会主义文化过程中，自觉凝聚共同价值理念和精神力量，激发民族创造力和凝聚力，建设中华民族在当今时代

① 习近平：《干在实处　走在前列——推进浙江新发展的思考与实践》，北京，中共中央党校出版社 2006 年版，第 290 页。

安身立命的共有精神家园”[1]。

其次，把握中华文化精髓，树立高度文化自信。中华文化博大精深，在传承创新中要抓住本质内容，把握中华文化的精髓，不能舍本逐末。文化自信是最深沉和最持久的自信，文化上的自信必须植根于中华优秀传统文化之中。习近平总书记要求“讲清楚中华文化的独特创造、价值理念、鲜明特色，增强文化自信和价值观自信”[2]，其根本意蕴就在于强调必须把握中华文化精髓，才能真正助益文化自信的树立与增强。

最后，遵从文化发展规律，推进文化事业繁荣发展。把握事物的规律是做好工作的前提条件，坚持传承与创新相统一，一定要遵循文化发展的规律。中华文化的传承与创新，目的是生产更多传承优秀历史文化、符合社会时代要求、满足人民需求的优秀文化产品，不断提升国民精神生活质量和文明程度，增强国家的软实力，从根本上说，就是服务于人民文化需要和社会文明进步。创造性转化和创新性发展是一项系统复杂的工程，需要调动全民族的力量，在改革中不断探索中华优秀传统文化传承创新的规律。党中央提出“继续深化文化体制改革，加快文化发展步伐，着力培育文化优势，壮大文化力量，提升国家文化软实力”[3]的战略决策，就是要通过文化体制改革和机制创新，不断解放和发展文化生产力，调动人民传承和创新优秀传统文化的积极性，激发优秀传统文化创作活力，满足人们对高尚文化产品的

---

① 陈光明：《努力培养高度的文化自觉》，《光明日报》2012年12月25日。

②《习近平在中共中央政治局第十三次集体学习时强调　把培育和弘扬社会主义核心价值观作为凝魂聚气强基固本的基础工程》，《光明日报》2014年2月26日。

③《中共中央关于全面深化改革若干重大问题的决定》，《人民日报》2013年11月16日。

需求，推动整个文化事业的大繁荣，发挥中华优秀传统文化引领风尚、教育人民、服务社会、推动社会文明进步的作用。

（二）传统文化与革命文化、社会主义先进文化的关系

在新时代推动中华优秀传统文化创造性转化、创新性发展，要处理好传统文化与革命文化、社会主义先进文化的关系。从实践历程来看，三者一脉相承。中华优秀传统文化是中华民族的精神命脉，是中华文化的根源。崇仁爱、重民本、守诚信、讲辩证、尚和合、求大同等思想理念和自强不息、敬业乐群、扶正扬善、扶危济困、见义勇为、孝老爱亲等传统美德，体现着中华民族世世代代在生产生活中形成和传承的世界观、人生观、价值观，塑造和培育着中华民族的思维方式、精神品格、价值取向和行为方式。革命文化传承着中华民族的优良传统，融合了马克思主义立场观点方法，对中华优秀传统文化进行了再生再造和凝聚升华，并在革命实践中熔铸提升。社会主义先进文化萃取了中华优秀传统文化和革命文化的精华，是对中华民族优秀传统文化和革命文化的深度融合，是中华文化在当代中国的最新发展。中国特色社会主义共同理想和共产主义远大理想、马克思主义中国化理论成果、社会主义核心价值观、以爱国主义为核心的民族精神和以改革创新为核心的时代精神等，共同熔铸了社会主义先进文化。三种文化形态内在关联、相互贯通，体现着中华民族一脉相承的精神追求、精神特质、精神脉络。

与此同时，传统文化与革命文化、社会主义先进文化都体现了中华民族的伟大创造力。文化是民族的精神结晶，中华文化在不同历史时期形成与之相适应的文化形态。中华优秀传统文化表现在浩如烟海、灿烂辉煌的文化成果之中，集中体现为贯穿其中

的思想理念、传统美德、人文精神，昭示了中华民族的伟大智慧创造。革命文化是近代以来特别是五四新文化运动以来，在党和人民的伟大斗争中培育和创造的思想理论、价值追求、精神品格，集中体现了马克思主义指导下中国近现代文化的发展及其成果。社会主义先进文化是在党领导人民推进中国特色社会主义伟大实践中，在马克思主义指导下形成的面向现代化、面向世界、面向未来的，民族的、科学的、大众的社会主义文化，代表着时代进步潮流和发展要求。这三种文化形态，都是中华民族在历史发展进程中的伟大创造。

传统文化与革命文化、社会主义先进文化构成当代中国文化优势的三大支点。中华优秀传统文化、革命文化和社会主义先进文化彰显着中华民族的奋斗历程，蕴含着中华民族的精神气概，贯穿着中华民族的理想追求，联结着中华民族的过去、现在和未来，是中华民族共同创造的精神家园，也是中华民族屹立于世界民族之林的强大精神力量。中华优秀传统文化是中国特色社会主义植根的文化沃土，是涵养社会主义核心价值观的重要源泉，是当代中国发展的突出优势，也是我们在世界文化激荡中站稳脚跟的坚实根基，其中最核心的思想理念已经成为中华民族最基本、最强大的文化基因。革命文化是激励中国人民克服一切艰难险阻、从胜利走向胜利的关键所在，是社会主义中国在文化上不可动摇的基石，是中华民族立足当代、走向未来的永恒精神力量和永远精神财富。社会主义先进文化在新中国成立以来特别是改革开放以来的伟大实践中积累发展，在中国特色社会主义新时代正高歌猛进；中国特色社会主义的生动实践，亿万人民追求美好生活的不懈奋斗，为之注入蓬勃旺盛的创造活力。三种文化形态汇聚成当代中国文化的主流，构成当代中国文化优势的三大支点，共同构筑了当代中华儿女的文化自信。

把握和处理好传统文化与革命文化、社会主义先进文化的关系，必须坚决反对三种文化形态进行割裂乃至使之对立的错误言论。在当代中国，推进中国特色社会主义文化建设，既要坚决反对历史虚无主义和文化虚无主义的错误思想，反对全盘否定传统文化的非理性情绪和主张全盘西化的错误观点；也要坚决反对复古泥古、以儒代马等错误倾向，反对否定党领导人民在实现从站起来到富起来再到强起来过程中创造的革命文化和社会主义先进文化的错误认识；更要坚决反对否定当代中华文化发展的社会主义性质、否定当代中国实践的文化价值等错误认识和倾向。同时，我们要正确处理好坚定文化自信与学习吸收外来文化的关系，既旗帜鲜明反对照抄照搬、简单移植的崇洋西化倾向，也坚决反对故步自封、闭目塞听等文化保守主义倾向。更为根本的是，我们要坚持马克思主义立场观点和方法，植根中国实践，遵循文化发展规律，正确处理好本来与外来、当下与未来、继承与创新、转化与发展的关系，努力在历史传承中增进创新，在文明互鉴中发挥优势，在人民群众伟大实践中实现中华文化创造性转化、创新性发展，不断创造中华文化新辉煌。

在把握和处理传统文化与革命文化、社会主义先进文化关系过程中，要着眼于熔铸文化自信、培养社会主义核心价值观、实现中华民族伟大复兴目标。聚合革命文化、社会主义先进文化和中华优秀传统文化，能够推动中国特色社会主义文化繁荣，增强文化自信，建设文化强国。三种文化形态同频共振，形成的精神动力是强大的，必将为新时代培育和践行社会主义核心价值观、凝聚起实现中华民族伟大复兴的磅礴伟力，奠定坚实而牢固的思想基础和精神支撑。

（三）民族文化传承与文明交流互鉴的关系

当今世界，文化多样性是一个基本事实。习近平主席曾在不同场合多次强调世界文明多元多彩的问题，特别强调："文明是多彩的，人类文明因多样才有交流互鉴的价值。阳光有七种颜色，世界也是多彩的。一个国家和民族的文明是一个国家和民族的集体记忆。人类在漫长的历史长河中，创造和发展了多姿多彩的文明。从茹毛饮血到田园农耕，从工业革命到信息社会，构成了波澜壮阔的文明图谱，书写了激荡人心的文明华章。"[①] 这意味着，每一个国家和民族的文明，作为一种集体记忆，都具有积极意义；不同时代或发展阶段的文明形态，都各具激荡人心的不同价值。由此，要推动中华优秀传统文化创造性转化、创新性发展，就要处理好民族文化传承与文明交流互鉴的关系，在文明交流互鉴中发展民族文化，通过民族文化的发展促进人类文明的交流互鉴与创造提升。

一要树立多元互鉴的学习意识。文明的交流互鉴，是推动人类文明进步和世界和平发展的重要途径。注重交流互鉴本身，是中华优秀传统文化的重要内容。中国人在两千多年前就认识到了"物之不齐，物之情也"的道理。从历史上看，虚心学习、积极借鉴别国别民族思想文化的长处和精华，是增强本国本民族思想文化自尊、自信、自立的重要条件。推动文明交流互鉴，可以丰富人类文明的色彩，让各国人民享受更具丰富内涵的精神生活、开创更有价值和意义的美好未来。

---

① 习近平：《在联合国教科文组织总部的演讲》，《人民日报》2014 年 3 月 28 日。

二要搭建其双边与多边文化交流的平台。文化的交流互鉴对增进相互了解、促进社会繁荣、不断深化互利共赢的国际关系，具有极其重要的意义。多元互鉴只能通过范围广泛的人文交往实现，所以搭建双边与多边文化交流的平台至关重要。在新时代，我们积极推动“一带一路”建设，举办“一带一路”交流与合作文化论坛，加强海外孔子学院建设，举办“汉语桥”世界中学生中文比赛等，都有效推动以文明交流超越文化隔阂、以文明互信超越文化冲突、以文明共存超越文化优越，搭建起行之有效的文化交流平台，推动了人类文明的发展进步。

三要做开放包容的学习型国家。加强多元文明的交融互鉴，与国家发展和人民福祉息息相关。一个国家和民族需要开放包容，需要在学习交流过程中不断促进文化繁荣和文明发展。任何关于本国福祉与发展的明智筹划，都无法将多元文明的交融互鉴排除在外。如教育所传承的知识虽然包括本民族的传统知识，但在全球化时代，教育必须肩负起认识和借鉴不同文明价值的使命。换言之，对其他文明之价值缺乏认识的教育，不能算是一种好的教育。当代中国的文化建设，以及与之相应的人的素养的提高，必须在持续的开放与学习中获得持续的进步。

总之，处理好传承与创新的关系，能让我们的传统文化保持不竭的生机与活力；处理好传统文化与革命文化、社会主义先进文化的关系，能使我们自觉站在文化自信、文化强国的高度，充分调动丰富的文化因素，助力中华民族伟大复兴；处理好民族文化传承与文明交流互鉴的关系，能让我们自觉融入人类文明进程，坚持自己的主体地位并取他人之长，为人类文明的发展提供中国方案并作出中国贡献。

第三编

践行路径

推进创造性转化与创新性发展不断深化

从历史深处走来的中华优秀传统文化，何以达到实现创造性转化、创新性发展的目标，以服务于中国式现代化建设的需要，是深化优秀传统文化现代化研究必须回答的问题。我们必须深入甄别，在把握好现实状况与基本走向的基础上，强化挖掘整理与系统化研究，提炼出规律性认识；必须充分发挥中华优秀传统文化资政育人的强大功能，把其中丰富的治国理政智慧，作为建设新时代文化、践行社会主义核心价值观和培养时代新人的深厚源泉；必须将中华优秀传统文化融入人民大众日常生活之中，把仁义礼智信内化于心、外化于行；必须运用数字技术赋能中华优秀传统文化，创新转化方式内容；必须完善推进创造性转化、创新性发展的制度举措，这既是应有之义也是必然要求。唯其如此，中华优秀传统文化才能实现创造性转化、创新性发展的旨归，助力于中华民族伟大复兴新征程。

一、推进中华优秀传统文化创造性转化、创新性发展的现实状况与基本走向

中华民族五千多年文明历史所孕育的中华优秀传统文化，积淀着中华民族深沉的精神追求，展现着中华民族独特的精神风貌，是中华民族赖以繁衍不息、繁荣富强的丰厚滋养，是中国特色社会主义文化植根的肥沃土壤，是当代中国快速发展的突出优势，是我们在当今世界文化激荡中站稳脚跟、谋求进步的主要根

基。党的十九届六中全会通过的《中共中央关于党的百年奋斗重大成就和历史经验的决议》，深刻总结了党的十八大以来我们党推进文化建设的战略部署和重大成就，突出强调“推动中华优秀传统文化创造性转化、创新性发展”。坚定文化自信，建设文化强国，需要我们结合新的时代条件传承好、弘扬好中华优秀传统文化，守正创新、推陈出新，让深厚悠久的中华文化绽放出新的时代光彩。在过去的“十三五”时期，全国深入贯彻落实习近平总书记关于弘扬中华优秀传统文化重要论述和指示要求，贯彻落实党中央关于推动中华优秀传统文化创造性转化、创新性发展的重要方针，着眼“四个讲清楚”，充分发挥中华优秀传统文化资源优势，扎实推进精神文明建设、研究阐发、保护传承、教育普及、公共文化事业、文化产业发展实践养成和交流传播。

与此同时，在推动中华优秀传统文化创造性转化、创新性发展方面，也还存在着工作不到位的情况，如经费投入力度不够大、转化创新不够、方式手段相对单一、研究资源力量有待整合和人才队伍力量较为薄弱等。“十四五”时期，要进一步推动中华优秀传统文化创造性转化和创新性发展，就要注重整合优化全国各地“两创”研究资源、推进传统文化传承保护开发、深化传统文化普及教育、加强传统文化的实践养成、构建推动传统文化对外交流合作大格局、创新推动优秀传统文化“两创”方法手段、加强优秀传统文化人才队伍建设和优化优秀传统文化“两创”工作机制。

（一）推进中华优秀传统文化创造性转化、创新性发展的成就与经验

1. 精神文明建设方面的“两创”

精神文明建设方面的“两创”，是为了与全面建成小康社会

进程相适应，与社会主义核心价值观相匹配，推动优秀传统文化融入国民教育，推进人民群众的精神文明建设，找到传统文化与现代生活的连接点，满足人民日益增长的美好生活需要。这要求以满足人民日益增长的美好生活需要为出发点和落脚点，不断赋予中华优秀传统文化新的时代内涵和现代表达形式。具体来说，精神文明建设方面的“两创”表现在，全国广大作家、学者用传统文化精髓滋养文艺和学术创作，创作出更多高扬中国精神、反映时代气象、体现中华审美风范的优秀文化作品；中央和地方媒体开设与中华优秀传统文化相关的专题专栏，推出一系列专题片、纪录片；有关部门举办一系列文化活动、主题展览，以此来彰显中华文化的风采神韵。比如，大型纪录片《记住乡愁》《航拍中国》，电视节目《典籍里的中国》《中国诗词大会》《国家宝藏》《唐宫夜宴》《洛神水赋》等，引起社会大众广泛而热烈的关注；传统文化主题动画片《大禹治水》《愚公移山》《杨家将》《百鸟朝凤》等深受“小观众”们的喜爱与推崇；传统戏曲进校园、进乡村的宣传活动稳步推进，传统节日文化得到全社会的重视与传承，“望得见山、看得见水、记得住乡愁”的文化理念日益深入人心。越来越多的游客走进大剧院、博物馆，走进历史名城、街区，走进名山大川，以求欣赏人文之胜，领略自然之美。文物热、非遗热、传统节日热、探索自然热纷纷兴起，全社会共同擦亮了历史文化金名片。举例而言，为加强中华优秀传统文化中沂蒙精神和红色文化资源的挖掘、整理和研究，红色革命老区临沂举办了红色主题展览500余个，其中包括举办纪念抗战胜利70周年主题展、庆祝建党95周年主题展，同时山东全省范围内近50个革命博物馆、纪念馆等向全社会免费开放。为打造文化精品传承红色基因，民族歌剧《沂蒙山》、吕剧《大河开凌》、舞剧《乳娘》、复排经典京剧《红云岗》等一大批优秀革命历史题材剧目应运而生，在全国范围内产生了热烈反响。此外，山东为实施革命文物保护利用工程，专门印发《山东省革命文物保护利用工程实施意见》，编制出台《山东省革命文物保护利用总体规划》，编辑出版《山东省革命文物图录》以作记录和宣传之用。现如今，山东 93 个县已入选中央宣传部、财政部、文化和旅游部、国家文物局公布的第二批革命文物保护利用片区分县名单，数量居全国第一。

近 10 多年来，作为全国中华优秀传统文化的重点保护区和推动中华优秀传统文化创造性转化、创新性发展的积极推动者，山东在努力寻找中华优秀传统文化同精神文明创建的最佳结合点。从 2008 年起一直到现在，在实施的“四德工程”中注意吸收中华传统美德精华，发展出以孝、诚、爱、仁为核心内容的小“四德工程”，在国内引起了良好的社会反响。推进“一县一道德品牌”工程，全省建立善行义举“四德榜”11.7 万余个，基本实现行政村全覆盖。先后命名三批、95 个“四德工程”建设示范县（市、区），命名了 100 个“四德工程”建设示范点。在全省推行“厚道儒商”品牌，威海市大力弘扬“君子文化”和“君子之道”。持续性地、创造性地实施“文明山东”建设，齐鲁大地成为精神文明建设的一道亮丽风景线。

强力推进新时代文明实践中心工作，以提质扩面、打造品牌为着力点，加强制度设计、示范引领、评价激励，推动试点工作取得重要进展。目前，山东省已建设县级文明实践中心 176 个（含开发区、高新区等），建成率 100%；建设镇级文明实践所

1849个，建成率98.1%；建设村级文明实践站56786个，建成率79.6%。其中，全国新时代文明实践中心试点县（市、区）29个，数量全国第一，省级试点县50个。

将弘扬齐鲁优秀传统文化纳入未成年人思想道德建设工作、文明校园创建测评体系之中。在《全省未成年人思想道德建设工作测评体系》和《山东省中小学文明校园测评细则》中，要求加强未成年人中华优秀传统文化教育，持续开展经典诵读和戏曲、书法、传统体育等进校园活动。

2. 研究阐发方面的“两创”

改革开放以来，全国广大社科工作者按照党中央的重要指示和要求，以儒学研究阐发为重点，以中华优秀传统文化优势学科建设为支撑，统筹推进研究阐发体系建设。

一是新建、重建以及扩建了一批国内的儒学研究机构，其中包括北京大学儒学研究院、清华大学国学研究院、中国人民大学孔子研究院、复旦大学上海儒学院、南京大学中华文化研究院、武汉大学国学院、山东大学儒学高等研究院、四川大学国际儒学研究院、吉林大学古籍研究所、西北大学中国思想文化研究所、中国政法大学国际儒学院、浙江大学儒商与东亚文明研究中心、华东师范大学先秦诸子研究中心、山东师范大学齐鲁文化研究院、曲阜师范大学孔子文化研究院、山东理工大学齐文化研究院、山东社科院国际儒学研究与交流中心、孟子研究院以及儒家文明省部共建协同创新中心、齐鲁遗产活化利用示范中心和中华传统文化研究与体验基地等。在儒学发源地的山东，还有与北京大学合作建设的中华传统文化教育实践基地，在孔子故里曲阜的济宁学院成立的儒学与地域文化研究传播中心。另外，山东还特别注重引进培育儒学研究高端人才，近5年来一共遴选山东省特聘儒学大家1名、泰山学者特聘儒学专家9名、特聘儒学青年专家14名，实施了“儒学大家”计划，倾力打造具有全球引领力的儒学研究中心，力求以儒家文化发源地的身份在世界儒学研究传播中掌握充分话语权。

二是大力支持全国“两创”方面的课题立项。以文化大省山东为例，2015年山东设立了山东省齐鲁优秀传统文化传承创新工程项目（后改为山东省中华优秀传统文化传承创新工程项目），立项了大量有关传统文化研究方面的国家社科基金和省级课题。启动和推进全球汉籍合璧工程，已经作为国家重点文化工程列入“中华古籍保护计划”和“山东省中华优秀传统文化传承发展工程重点项目”。

三是取得了一大批国内研究性精品成果。完善工作体系，提升工作质量，持续抓好重大项目、重点项目的立项、论证和推进，如《全宋诗》《儒藏》（精华编）等古籍整理工作；继续推动相关高校古籍整理研究专业机构建设，通过平台、项目来带动工作开展、加强队伍建设，使古籍工作的规模和质量都得到提升，为研究中华优秀传统文化提供更加可靠、更加丰富的文献支撑。“全球汉籍合璧”工程扎实推进，截至目前，共出版包括前期基础项目“子海”在内的重要成果512册（含1239种古籍及相关著述），复制回归并影印出版《铁冶志》《子海珍本编·台湾卷·中央研究院历史语言研究所第一辑》《子海珍本编·海外卷（日本）》《子海珍本编·台湾卷·国家图书馆（一至五辑）》等珍稀汉籍546册1156种；出版《子海精华编》点校整理成果5辑64册80种，累计出版学术期刊《汉籍与汉学》6辑。《孔子博物馆藏孔府档案汇编・明代卷》（共三卷）出版发行，启动《儒学五圣》编纂和“四书”解读工程，组织出版了《孟子文献集成》《孟府档案》。

3. 传承保护方面的“两创”

一是古籍保护传承扎实推进。党的十八大以来，习近平总书记对古籍工作给予高度重视和悉心指导。仅以北京大学为例，2013 年，习近平总书记给考古文博学院 2009 级本科团支部全体同学回信；2014 年，习近平总书记探望哲学家汤一介先生，了解《儒藏》编纂进展情况；2018 年，习近平总书记与人文学科的多位学者亲切交流，与曾翻译《论语》《孙子兵法》等古籍的美籍汉学大师安乐哲教授交谈，希望他向国外更多地介绍中华优秀传统文化。习近平总书记的谆谆教诲和殷殷嘱托，不仅为北京大学做好古籍工作提供了不竭动力，也为相关高校共同做好古籍保护、整理、出版等工作指明了方向。“中华古籍保护计划”深入实施，“国家古籍保护中心中华优秀传统文化实践基地”在孔子故里曲阜挂牌，创建国家古籍保护中心人才培训基地和省古籍修复中心。修复古籍近 52873 叶（件），完成宋刻本《文选》科学修复管理项目。在山东创建“山东省图书馆古籍珍本数据库”“山东省图书馆易学古籍数据库”“山东省图书馆藏佛经全文数据库”等。

二是注重加强对物质文化的挖掘和保护。坚持以文化为国家和民族之魂、国家治理之基，塑造整体推进中华优秀传统文化传承发展新格局。这要求我们发挥社会主义制度优势，将传承发展中华优秀传统文化作为各级党委和政府的重要职责，纳入经济社会发展规划纲要和国家文化发展改革等有关规划。中办、国办印发《关于实施中华优秀传统文化传承发展工程的意见》，向全社会明确了传承发展的总体目标、主要内容、重点任务和工作要求。印发《关于在城乡建设中加强历史文化保护传承的意见》《关于加强文物保护利用改革的若干意见》《长城、大运河、长征国家文化公园建设方案》等配套文件，着重推动传承发展的重点领域、重点工作相互衔接、形成合力。注重运用中华优秀传统文化涵养社会主义核心价值观，注重发挥传统伦理文化对国民精神的培根铸魂作用，大力弘扬中华民族优秀传统美德，弘扬中华优秀人文精神，引导全社会形成向上向善向美的良好风气。

着眼于增强中华文化认同、国家认同和民族自豪感、民族自信心，加强文物考古工作，组建中国历史研究院，加强对中华民族多元一体格局、中华民族共同体历史的研究与阐释；加强青少年中国历史和优秀传统文化教育，深入开展民族团结进步宣传教育与实践社会活动；加强对香港、澳门特区青少年爱国主义教育、中国历史和中华文化教育；推进两岸人文交流合作，铸牢中华民族共同体意识。

在全国推动中华优秀传统文化创造性转化、创新性发展示范区，山东以齐鲁文化遗产有效保护、合理利用、传承发展为主线，推进文物保护重点工程，实施“七区三带”片区规划，启动实施泰山文化保护传承“三个一”推进工程。大运河（山东段）文化带、齐长城文化带纳入国家文化公园战略，精心组织编制了《长城国家文化公园（山东段）建设保护规划》。推进山东海疆历史文化带建设，编制《山东海疆历史文化带建设规划》，开展水下遗产资源调查。积极参与“海上丝绸之路”申遗，开展申遗水下遗产保护项目。

三是非物质文化遗产得到有效保护、合理利用、传承发展。坚持以摸清文化资源家底为支点，进一步夯实传承发展中华优秀传统文化的工作基础。深入开展文化资源普查梳理，让文物说话，让历史说话，让文化说话，把历史智慧告诉人们，使人们坚定文化自信，增进国家情怀。启动中华文化资源普查工程，完成可移动文物、古籍、美术馆藏品和戏曲剧种的全面普查，有效提升全国文化遗产资源基础数据的全面性、准确性。据统计，全国现有不可移动文物 76.67 万处，可移动文物藏品 1.08 亿件（套），非物质文化遗产资源 87 万项。我国有 42 个非物质文化遗产项目列入联合国教科文组织名录，位居世界第一；成功申报世界遗产 56 项，位居世界第二。截至 2020 年，全国累计完成古籍普查登记数据 270 余万部，占总任务的 94%；累计发布古籍数字资源达 7.2 万部。国家美术藏品数据库已基本形成。

目前，各项传统文化资源的普查复核、数据补充完善和动态调整工作正稳步推进，分级分类实施科学保护有了可靠支撑，深入研究和转化利用已逐步驶入快车道。坚持以重大工程项目为牵引，凝聚各方合力，推动中华优秀传统文化保护传承走深、走细、走实。增强全体民众文物保护意识，加大全社会文化遗产保护力度。以中华优秀传统文化传承发展工程为总抓手，确定国家古籍保护、中华经典诵读、非物质文化遗产传承发展、中华民族音乐传承传播、中国传统村落保护等 15 个重点工程项目为具体抓手，建立由中央有关部门牵头的工程部际协调组，形成全国上下一盘棋的整体发展局面。这些重大工程项目的实施，让一些濒危的传统艺术得到了抢救式的保护，一些古老的手艺技艺重新得到重视并得以传承，一些沉睡在历史中、陈列在大地上的文物重现往日的光彩，一些被破坏的文化生态系统逐步得到修复并获得了优化提升，国家文化遗产的保护上了一个大台阶。2021 年 4 月，中央有关部门印发《中华优秀传统文化传承发展工程“十四五”重点项目规划》，对原有重点工程项目进行调整、补充和完善，并新设农耕文化、中医药、古文字、城市文化生态修复、历史文化名城名镇名村街区和历史建筑保护利用等项目，推动优秀传统文化更好融入经济社会发展和人们日常生活，使之焕发永恒魅力和当代价值。

山东省非遗保护取得显著成绩，形成了非遗保护的“山东模式”，集中连片文物保护模式得到国家文物局推广。完成第一次全国可移动文物普查，全省 671 家国有可移动文物收藏单位共登录文物 286 万余件（套）、实际数量 558 万余件（套），居全国第 3 位。建立了多层级的文物和非物质文化遗产保护名录，“济南泉·城文化景观”被国家文物局列入“中国世界文化遗产预备名单”。目前全省有联合国教科文组织认定的“人类非遗代表作名录”项目 8 个、国家级名录 173 项、省级名录 751 项；国家级传承人 92 名、省级传承人 440 名。创建了 1 个国家级文化生态保护实验区、11 个省级文化生态保护实验区。山东非遗传习大课堂、非遗文创设计大赛、非遗项目数字化记录等，让遍布城乡的非遗从“角落”走上了“舞台中央”，济南成为中国非物质文化遗产博览会永久举办地。探索形成了非遗项目、传承人、传习所、生产性保护基地和生态保护区“五位一体”的保护模式。

四是深入实施县及县以下历史文化展示工程。从改革开放到 2020 年，尤其是 2013 年 11 月习近平总书记视察孔子研究院发表曲阜重要讲话以来（以下简称“曲阜讲话”），以山东省济宁市曲阜市、邹城市、泗水县为核心区的曲阜优秀传统文化传承发展示范区，充分发挥传统文化历史悠久、博大精深、资源富集的区域优势，坚持以创造性转化、创新性发展的“两创”方针为指导，积极推动中华优秀传统文化的传承发展，开创了多点开花、整体推进、重点突出、特色鲜明、成效显著的良好局面，在全国范围内形成了以融合与创新为核心内容的“曲阜模式”。评选出一批传统文化乡镇、村落、街区和传统民居，全国许多县（市）建成历史文化展示馆，以“留住乡村记忆”为主题的村史馆遍地开花，为地方乡村振兴、脱贫致富构筑起“精神高地”。

4. 普及教育方面的“两创”

以教育大省山东为例，省内开展丰富多彩的道德实践活动，推广善行义举“四德榜”、培育“齐鲁家风”等，齐鲁大地呈现出“郁郁乎文哉”的美好气象。深入挖掘乡土文化积淀，整体推进“乡村文明行动”和“乡村记忆行动”，促进城乡文明协调发展。

打造在全国具有广泛影响力的传统文化传播节目《国学小名士》，活动已开办7届。成功举办两届“国际中学生儒学辩论大会”，带动全社会形成读经典的浓厚氛围。“中华优秀传统文化故事会故事集”系列丛书和光盘正式公益发行，中华优秀传统文化故事会进校园活动暨“蓓蕾艺术工作站”建设完满完成，大型系列文化纪录片《齐鲁家风》在中央电视台播出并引起强烈反响。中华优秀传统文化大众化系列读物陆续出版，《孔孟正源》《儒道同源》《公道文源》“文化三源”丛书出版发行。运用传统音乐、舞蹈、诗歌、礼仪、民俗、家规家训、民间曲艺等多样形式，通过组织经典诵读、儒家文化讲坛，编选中华优秀传统文化通用读本，不断推进中华优秀传统文化大众化、社会化。

强化各级各类学校传统文化教育。组织编写了中华优秀传统文化教材，将中华优秀传统文化纳入中小学地方课程，制定了《关于推进全省高校中华优秀传统文化教育工作的意见》，成为全国第一个在小学、初中和普通高中 3 个学段全面开设中华优秀传统文化课程的省份。截至 2019 年年底，全省本科高校共开设传统文化课程 2200 余门，其中必修课 800 余门、选修课 1400 余门，每年上课总人数达 50.6 万余人。启动实施中华优秀传统文化传承弘扬（教育）工程，设立山东省教师优秀传统文化教育基地，70 所中小学入选全国中小学中华优秀传统文化传承学校。打造具有全国影响力的干部政德教育基地，现已成为中央党校、浦东干部学院等院校的教育培训点。组织开展戏曲、诗词、书画、高雅艺术、传统体育、中医文化进校园等丰富多彩的主题教育实践活动，将优秀传统文化融入到师生的学习生活和德性养成之中。深入开展中华经典诵读工程，连续举办“论语大会”“中华传统美德进校园”“礼敬中华优秀传统文化”等活动。实施“戏曲进校园”计划，累计进校园演出 300 余场。

5. 公共文化事业方面的“两创”

2019 年 8 月 25 日，尼山世界儒学中心在孔子诞生地山东曲阜揭牌成立，标志着全球儒学研究传播交流实体平台正式诞生，成为与尼山世界文明论坛、国际孔子文化节、世界儒学大会等重大文化活动齐名的国际儒学研究交流平台。2018 年中央广播电视总台中秋晚会在曲阜尼山圣境成功举办，充分展示了齐鲁大地上的中华优秀传统文化。以举办尼山世界文明论坛为载体，2019 年 5 月启动实施尼山世界文明论坛配套提升工程三年行动计划，已完成投资约40亿元，一般公共预算和政府债券安排3.8亿元，着力打造“南有博鳌、北有尼山”的国际级论坛。

全国广大文艺工作者以文艺创作推动文化传承，创作了一大批优秀传统文化题材的文艺作品。论传承，讲文化，中原地区的河南当属推动中华优秀传统文化创造性转化、创新性发展的重点示范区域。“一部河南史，半本中国史。”河南卫视立足于传播中华优秀传统文化，一直坚守在宣传的第一线。先后出台了多场文化大型节目，如《梨园春》《武林风》《华豫之门》《汉字英雄》《成语英雄》《文学英雄》《知根知底》《隐秘的细节》《少林英雄》等，吸引了海内外人士广泛收看和积极关注，在社会上引起了人们的热烈讨论和一致好评。《七夕奇妙游》与之前接连出圈的《唐宫夜宴》《元宵奇妙夜》《清明奇妙游》一样，都属于河南卫视倾力打造的《中国节日系列特别节目2021季》，一时间在文化界造成了巨大轰动。

山东推出了大型文化纪录片《齐鲁家风》（第一季、第二季）、大型历史文化纪录片《战国大学堂之稷下学宫》、舞剧《齐风·甫田》、长篇纪实文学《渔灯》、新编大型历史京剧《大运河》和传统文化题材电视剧《琅琊榜》，推出了舞剧《法显》，民族歌剧《檀香刑》，电视纪录片《孔府档案》，长篇小说文化题材三部曲《君子梦》《双手合十》《乾道坤道》，歌曲《中国印》《孔子说》等一批优秀的传统文化题材文艺作品，传统文化题材大型话剧《孔子》和长篇纪实文学《黄河传》即将完成。推动形成“齐鲁画派”，创作推出长卷《孔子周游列国图》等一批优秀作品，重点打造了民族歌剧《沂蒙山》和大型纪录片《永远的孔子》。

山东省教育厅设立了一批中华优秀传统文化传承基地，立项建设20个传统文化方面的人文社科研究基地。2019年，山东大学联合曲阜师范大学申报的儒家文明协同创新中心被教育部认定为省部共建协同创新中心。“尼山圣境”“孔子博物馆”等重大工程相继建成开放。积极推动优秀传统文化进社区、下基层，在济南市商河县文化部门将传承上千年的鼓子秧歌民俗与发展广场舞队伍结合起来，在孟子故里邹城市图书馆、文化馆、大剧院分别推出了传播母爱文化的公益服务项目。

6. 文化产业发展方面的“两创”

地以“孝”名，风以“孝”纯。孝文化，是湖北省孝感市建设发展的先天文化资本。近年来，孝感立足于“五位一体”总体布局和“四个全面”战略布局要求，充分发挥丰厚的孝文化资源优势，广植孝文化元素，奋力建设更高品质的孝文化产业。以孝为魂，打造城市文化高地，迸发出强大发展正能量。五年来，城市发展和文化传承印证着“中华孝文化名城”建设的成功实践——理论研究结出硕果，带动文化产业繁荣。成功打造中华孝文化学术研究和交流核心基地、“中华孝文化高峰论坛”永久会址，推出了一批学术性、应用性理论成果和孝文化知识读物。以孝文化涵养社会主义核心价值观，常态化、全覆盖选出孝老爱亲等方面的道德典型，形成了“孝感道德群星”现象。连续举办16届孝文化旅游节、“青少年孝行月”等社会实践活动，在全国范围内的影响逐步扩大，文化品牌得以不断擦亮。

持续深化孝廉机关、孝德校园、孝亲社区（村）、孝诚企业、孝勇军“五孝”品牌建设，楚剧、剪纸、善书、皮影等传统艺术百花齐放、推陈出新，推动孝文化产业发展持续向好。大力发展

“文化＋制造＋农业＋旅游”等业态，相继涌现一批龙头文化企业。文化旅游向路线精品化、产品多元化、服务智慧化迈进，文化产业增加值占GDP比重近年来稳定在5%以上，居全省前列。同时，着力用孝文化壮大市场主体，鼓励市场主体在生产经营活动中合理使用孝文化元素，全市命名含孝文化元素的市场主体1000多家、注册商标500多件、特色包装2000多种，以文化点亮了城市的文明。老澴河畔，文昌阁、老码头、三军台桥等历史文化古迹的修复“快马加鞭”，城市书房充满活力，市县乡村四级公共文化服务基础设施网络不断加强，孝文化产业的发展成果日益惠及人民群众。为加快建设中华孝文化名城，建设更高品质的幸福城市，孝感正阔步向前。

为激活传统文化的生机与活力，全国各大重点地区带头示范，努力把传统文化的潜在优势转换成现实的产业优势和经济优势，积极推动传统文化融入文化产业发展。在山东，已召开三届儒商大会，在文化产业发展中注入优秀传统文化元素，把文化创意产业列为全省新旧动能转换“十强”产业重点，设立100亿元的文化产业投资母基金。此外，重点规划了曲阜优秀传统文化传承发展示范区、齐文化传承创新示范区和大运河文化带、齐长城文化带、山东海疆历史文化带，打造全省文化产业新引擎。

文化遗产成为山东新旧动能转换的动力。先后承办了五届中国非遗博览会，交易额均突破400亿元。大力振兴山东传统工艺，建立了12类别89个传统工艺项目，全省现有3个国家级、68个省级非遗生产性保护示范基地，带动23万人就业。全省共有各类传统工艺类企业和经营业户120多万个，年营业收入1700多亿元，利税160多亿元，直接从业人员390余万人。探索“互联网+非遗”“互联网+传统工艺”模式，全省有5661个非遗活跃电商，打造创新型手工艺企业1996家。促进文物单位对外开放，对外开放文物单位1280处，其中省级以上文保单位建成景区并开放620处。

山东省内博物馆成为旅游重要点线，孔子博物馆、中国教师博物馆、世界儒学文献资料收藏中心等已经建成。创建了一批富有活力的文化产业示范园区，曲阜新区文化产业园列为国家级文化产业示范园区名单，台儿庄古城文化产业园被命名为国家级文化产业试验园区，青岛市文化街、淄博东夷齐文化发展有限公司、周村古商城旅游发展有限公司、嘉祥石雕文化产业园等14家单位上升为国家级文化产业示范园区和示范基地，为传统文化“两创”提供了持续“动力源”。

7. 实践养成方面的“两创”

在全国重点示范区的山东，在城乡建成基层“道德讲堂”6万多所，乡村（社区）儒学讲堂发展到1万多个。深入实施孝、诚、爱、仁“四德工程”，在全省城乡建成“善行义举四德榜”10万余个，建设命名“四德工程”示范市10个、示范县（市、区）65个，示范县（市、区）实现一县（市、区）一道德品牌。在浙江，2013年建起了以“文化礼堂、精神家园”为主题，集学教、礼仪、娱乐于一体的综合性农村文化礼堂。“文化礼堂以教育教化、乡风乡愁、礼仪礼节、家德家风和文化文艺为建设内容”，是传承传统乡村文化，建设现代乡村文明的生动实践。

深入推行省、市、县级公共图书馆“图书馆+书院”模式，山东建成尼山书院154个、城市社区儒学讲堂1604余个、乡村儒学讲堂2.2万个。每年举办“国学小名士”经典诵读电视大赛，带动1000所学校100多万名中小学学生参加。建成了全球孔子学院总部体验基地，设立了尼山圣境景区体验式项目，一改往日走马观花式的研学游模式，结合情境将传统文化体验极大拓展。组织开展中华优秀传统文化故事会征集工作，面向全国征集评选优秀故事700篇，出版书籍8册、光盘2册，在全省中小学遴选、建设蓓蕾艺术工作站1630个，每年开展故事会传播和艺术普及活动1.5万多场。按照“十三五”期间省考核办组织的全省城乡居民满意度考核结果看，全省“文化生活”满意度每年均排名第2位。

8. 交流传播方面的“两创”

中华优秀传统文化传播交流影响日益广泛。在国际交往中，我国坚持以文明交流互鉴为原则，推动中华文明与世界各国文明美美与共、和合共生。深化人文领域间的国际合作，健全中外高级别的交流机制，完善对外文化交流机构在全球范围内的广阔布局。截至2020年，我国已在全球设立45家海外中国文化中心。做强做大“感知中国”“欢乐春节”“文化中国”“四海同春”等对外文化交流活动品牌。为把文化遗产作为文明传播交流的“天然使者”，我国与20多个国家签订文化遗产领域的合作协定。举办多场出入境文物展览，与“一带一路”沿线国家开展援外文物保护修复和联合考古等多项合作。亚洲文明对话大会期间，成功举办“大美亚细亚——亚洲文明展”，来自49个国家的400多件文化瑰宝荟萃一堂，呈现了亚洲和人类文化遗产的独特魅力，促进了亚洲不同文明间的互学互鉴、共同发展。鼓励支持相关机构在国外主流媒体平台开设中国专栏、中国剧场、中国专区专页等，增进了各国人民对中国文化的认知与认同。

由浙江太湖世界文化论坛和北京故宫博物院共同创建的“中华文化客厅”项目是面向全世界、全社会宣传普及中华优秀传统文化的重要平台，有效推动世界了解中国，推动中华文化走向世界，使中外文化交流过程更具场景感、仪式感、获得感，从而满足世界各民族和中国人民的多重文化需求。

山东继续打造提升“孔子故乡·中国山东”品牌，尼山世界文明论坛已经成功举办了 8 届。实施“尼山书屋走出去”工程，推动“孔子学堂”建设。截至目前，已经建成 2000 多所国内孔子学堂、22 个海外孔子学堂和 4 个海外孔子文化交流中心。连续举办了 4 届“齐文化与稷下学高峰论坛”、4 届“中英世界足球文化高峰论坛”和 1 届“海峡两岸齐文化节论坛”、1 届“中国—希腊古典文明高峰论坛”等学术活动。通过在海外开设孔子学院，开展境外办学，向世界各国宣传和推介中华优秀传统文化，目前山东已在 19 个国家建立了 27 所孔子学院。

山东积极开展对外文化交流。五年来全省举办文物外展 54 个，展览文物总数 1100 件（组）。组织 370 多个非遗项目、900 多名非遗传承人，赴法国、澳大利亚、埃及、泰国等近 40 个国家和地区开展文化交流。连续多年赴海外举办“欢乐春节”活动，打造了春节文化走出去“齐鲁品牌”。在国外举办“山东文化年”“孔子文化周”“孔子文化展”“齐鲁文化丝路行”等系列活动，齐鲁文化对外影响力不断提升。努力加快文化“走出去”步伐，发挥资源优势，创新传播方式，把打造展示中华文明的重要窗口作为建设文化强省的重要目标，构建了全方位、多层次、宽领域的对外传播格局。

（二）推进中华优秀传统文化创造性转化、创新性发展的不足与根源

我国在推动中华优秀传统文化创造性转化、创新性发展方面做了大量工作，取得了重要成效，但仍存在着一些问题，工作中还有许多不足，这是导致创造性转化、创新性发展动力欠缺、未能引向深入的根源。

1. 经费投入力度还不够大

以重点区域山东为例，2015 年以来，山东省财政相继投入 2.5 亿多元专项资金用于扶持优秀传统文化重点项目建设。但是从实际情况来看，一些推动优秀传统文化创造性转化、创新性发展的重大项目经费需求量非常大，投入和需求之间还存在较大差距。比如，为突出山东特色、体现山东作为，推动山东优秀传统文化工作走在全国前列，山东重点实施的“全球汉籍合璧”工程、中华优秀传统文化动漫创作工程等一些示范性强、影响力大的拳头项目，经费预算动辄就是几千万元乃至上亿元，而省级财政只能给予一定的扶持资金，支持力度远远不够，这些重大项目急需国家层面给予更大资金支持。

2. 转化创新不够

近年来，虽然全国各地对传承发展中华优秀传统文化，推动创造性转化、创新性发展的认识和重视程度不断提升，但在实际工作中，还存在着重视程度不平衡的现象，一定程度上存在着重传承保护轻创造转化、重研究阐发轻教育传承的现象。有些地方在推动优秀传统文化创造性转化、创新性发展方面投入的人力、物力、财力还不够，传承发展优秀传统文化工作与群众的实际生产生活联系还不紧密，优秀传统文化实践养成和传承教育的效果

还不明显。比如一些非物质文化遗产，有的需要保护，有的需要转化利用，但在实际调研中发现，很多地方只是重视非遗的保护，而忽略了其创造性转化和创新性发展：不少可以转化为市场产品的非遗还只是陈列在展览馆里，没有通过“两创”挖掘呈现出其应有的文化价值和时代价值，没有转化成市场产品，从而很难融入人民群众的生产生活。

3. 重理论研究轻大众普及，方式手段相对单一

在全国推动“两创”的实际工作中，运用创意设计、虚拟现实技术、微视频等新技术新手段传承发展优秀传统文化做得还不够，在推动“两创”方面存在着路径固化、方法简单等问题。从具体工作来看，研究阐发的关注点过于集中，对儒家文化、重要典籍的研究阐发投入比较大、研究比较深入，但对我们党在革命中形成的红色文化以及在老百姓生产生活中形成的民俗文化的研究阐发还不够深入、不够系统。普及教育的手段还不够丰富、形式不够活泼，过多地依靠理论讲解和知识灌输，与人民生产生活结合不够紧密。实践养成形式单一，重知识灌输、轻养成教育，重课堂教育、轻社会实践，“孝诚爱仁”四德工程和精神文明创建的引导示范作用不明显、不充分。此外，传统文化与文化旅游、文化产业融入、结合也不够紧密。

4. 研究资源力量有待于进一步整合

全国传统文化研究力量较为分散，各地研究机构设置普遍存在交叉重叠现象。目前，相关研究阐发力量多分散于各高校、科研院所、研究会等单位，没有形成一股传统文化研究阐发的合力，造成了研究力量的分散化和研究内容的同质化、研究机构的重叠化。一些单位、机构本位主义较为严重，彼此之间由于缺乏

有效的整合力量，相互之间联系较为松散，既没有很好地就传统文化研究的一些重大问题进行多方面的实质性合作，对各自的研究状况也缺乏深入了解，沟通不够，甚至是各自为战。

5. 人才队伍力量较为薄弱

目前，全国推动优秀传统文化创造性转化、创新性发展的杰出人才特别是领军人物、具有比较优势的高端学者相对偏少。人才培育力度不够，青年学术团体有待进一步整合和凝练。人才主要集中在各级党政机关单位和学校，从事优秀传统文化传承发展工作的民间组织和团体基本处于自发、分散状态，理论素养和知识水平比较有限，人员素质参差不齐，部分非遗项目传承人面临无人可传、面临断档的窘境。

（三）推进中华优秀传统文化创造性转化、创新性发展面对的挑战与机遇

中华优秀传统文化是我们民族的瑰宝，但快速发展的现代社会也给推动创造性转化、创新性发展带来了一系列新的问题，成为传统文化进一步发展的巨大挑战，而巨大挑战之中同时又蕴含着难得的发展机遇。

挑战一：对传统文化的当代价值缺乏正确认识，文化自信缺失

近代以来中华民族饱受西方侵略的屈辱历史，使很多国人将落后挨打的原因错误地全部归结为传统文化的迂腐滞后，认为西方文化比中华传统文化优越，我们正是由于文化的落后才会被西方打败，并因此对传统文化失去信心，进而全盘否定传统文化。这种历史虚无主义的想法直至今天仍然影响着国内很大一部分人的认知。此外，自改革开放以来，以经济建设为中心的思想使国

家将主要精力放在发展经济上，客观上也造成了传统文化的发展被忽略甚至被搁置的事实。对经济利益的重视与追求淡化了对传统文化的敬畏与尊重，导致很多人甚至一些企业家、专家学者仍然还将传统文化看作落后的封建残余，视其为无用的文化糟粕，认为它阻碍了中国的现代化进程，必须完全放弃传统文化以全力迎合全球化、经济化浪潮。

挑战二：新媒体技术的发展弱化了传统文化的影响力

现代科学技术的发展极大地改变了人们的生存环境和生活状态，互联网以及衍生的各种新媒体技术渗透到了人们社会生活的各个方面，成为现代社会不可或缺的组成部分。新媒体技术的发展在世界范围内实现了信息传递与共享，其便捷高效的传播方式与海量的信息内容使大众更容易接受并选择应用新媒体技术，而传统文化与现代传媒方式的割裂大大降低了其传播效率，从而影响了传统文化的生命力。此外，随着新媒体的广泛普及，网络文化的社会影响力也在不断增强，人们对传统文化的认同则进一步下降。网络文化以发达的信息传输系统为依托，以电脑、电视、平板、手机等各种高科技信息工具为载体，使用多样的语言和信息符号来表达观点、传递情绪，创造了崭新的文化表达形式。网络文化借助实时传播和广泛参与等优势给人们的生活带来了全新的文化体验，迅速发展成为一种强势的现代文化类别，逐步瓦解着以往传统文化的地位，使人们对传统文化的情感与认同日渐淡化，并在有意无意中疏远传统文化，这就缩小了传统文化的生存空间。

挑战三：全球化进程对传统文化的存在基础和产业构建造成了双重冲击

全球化推动各种文化要素跨越国家和地区界限进行相互交流

碰撞，但这并不意味就是真正的文化共存和共享，它的背后实际上是文化软实力强大的西方国家凭借对文化话语权的掌控来操纵大众媒体极力向外输出西方价值观念。外来文化尤其是西方文化的强势入侵，动摇了传统文化的生存基础，使传统文化的现代发展处于十分不利的境地。除此之外，西方文化产业成熟的发展模式，对我国传统文化产业发展的市场环境和产业竞争力也造成了巨大的压力。以近年来的美国电影为例，美国流行文化之所以能够受到国内大批青少年的狂热追捧，不仅在于其流行文化本身迎合了青少年的现代审美取向，更在于其背后强大产业体制的支撑。经过几十年的发展，美国的文化产业在文化产品的生产和销售方面已经形成一个成熟的体系，成为经济增长的重要因素，也使附着在文化产品上的美式价值观在全世界范围内得到了最大限度的宣传。与此同时，在以美国为首的发达国家文化产业系统全新的理念以及操作模式的强烈冲击下，中国的文化传媒逐渐失去了创新发展的动力和自信心，这一点在娱乐传媒表现得尤为突出。前些年，国内文化市场里充斥着各种粗制滥造的山寨版娱乐节目，传统文化节目反而无人问津而日渐落寞。再加上没有具体可行的发展规划以及完善的法律保障，文化产业发展呈现出愈加混乱的崩坏局面。

当然，我们也要意识到，社会的飞速发展对传统文化的传播既是极大的挑战，也带来了难得的机遇。传承和弘扬中华优秀传统文化就要对传统文化资源进行深度的开发提炼，创新传统文化传播的形式与内容，以创新精神推动传统文化现代化发展，正确处理好继承和创造性发展的关系，重点做好创造性转化和创新性发展。挑战即是机遇，机遇就隐含在挑战之中。

机遇一：中国的飞速崛起，使传承优秀传统文化坚定民族文化自信有了坚实基础

改革开放以来，中国经济快速腾飞，经济建设、政治建设、社会建设、文化建设和生态建设取得一系列举世瞩目的重要成就，中国人民逐步恢复了民族自尊心、民族自豪感。越来越多的中国人（包括海外华人）意识到：中华文化是我们区别于其他民族的精神血脉，是我们民族的根与魂；我们要摒弃各种错误观念，树立正确的文化自信心态；要高度重视中华传统文化，加强对传统文化遗址的保护，对传统文化资源进行系统的分析与整理，不断挖掘传统文化的价值与内涵。

随着改革开放的深入，在中西文化交流中，越来越多的有识之士认识到：传承发展传统文化，并不意味着故步自封，并非拒绝与其他任何文化交流。一方面，我们不能将传统文化与西方文化完全对立起来，实行“关门主义”，一门心思只想着发展我们自己的文化；另一方面，我们也不能盲目崇拜西方文化而全盘否定传统文化。我们要以中国文化发展的现实需要和人民群众的文化需求为依据，坚定文化自信，传承和弘扬中华优秀传统文化，同时积极吸收和利用西方文化等其他文化中合理有用的部分，并在此基础上加以不断创新，使中华优秀传统文化与现代社会融洽发展，以符合时代精神和契合现代社会的合理形式散发出我们自身文化的独特魅力。

机遇二：充分利用新媒体技术，大力传播传统文化

我们应树立新媒介意识，深入研究新媒体及传统文化传播规律，打破新媒体与传统文化之间的障碍与隔阂，将两者有机统一起来，充分利用新媒体受众广泛且传播方式灵活多变的特点，使

新媒体成为传播传统文化的主要阵地。为此，我们要充分利用新媒体平台，构建传统文化精品项目。广泛的参与性是新媒体平台的主要特征。我们要加强对传统文化精髓的提炼与升华，利用新媒体操作方式带给大众独特的文化体验，增强大众参与的趣味性，形成广泛的线上线下互动。要构建更加智能化的传统文化精品项目并加以宣传，在保持传统文化鲜明特色的基础上拓展传统文化更大的发展空间，达到事半功倍的效果。需要重视的是，利用新媒体要注意科学规避风险，有效地趋利避害。为此，政府要加强对新媒体发展方向的引导，做好监督人，把好质量关，为大众提供真实有用的信息内容。在发挥新媒体优势的同时，也要守好传统媒体阵地，使新媒体与传统媒体有机结合，以达到优势互补的效果，发挥媒体传播传统文化的最大作用。

机遇三：充分利用传统文化资源，发展特色文化产业

文化软实力在当今世界综合国力竞争中的作用越来越突出，大力发展文化产业，是提高国家文化软实力的重要手段。在全球文化要素激烈碰撞的大背景下，文化产业发展如果没有鲜明的民族特色，就必然无法在日益激烈的国际文化竞争中立足，这需要我们将自己的文化产业打上独特的“中国烙印”。中国是拥有几千年文化历史的文明古国，传统文化无疑是我们发展文化产业最独特的优势。我们要充分保护好传统文化资源，不断提高公民的文化保护意识，避免造成人为的资源破坏。

文化企业要树立品牌意识，加强对传统文化资源的商业化转化，开发具有品牌价值的传统文化产品，围绕文化品牌建立完整的商业链条，实现以点带面式发展，创造文化产品的高附加值，打造国家特色文化名片。合理的文化运行机制是文化产业发展的

基础，机制的突破带来文化产业的创新发展。要优化各种资源的有效组合，尽快建立适应社会主义市场经济的产业链条和运行机制，实现传统文化产业的集约式发展。此外，政府部门要加强政策倾斜和引导，完善相应的法律法规，更好地促进现代文化市场体系的成长。

不忘历史才能开辟未来，善于继承才能善于创新。中华民族创造了源远流长的中华文化，中华民族也一定能创造出中华文化新的辉煌。传承和弘扬传统文化的最好办法，就是不断创新。我们不但要学习和坚守中华传统文化，更应该与时俱进地创新发展中华传统文化，使中华传统文化顺应时代发展潮流，重新焕发出蓬勃的生命力。

（四）推进中华优秀传统文化创造性转化、创新性发展的基本方向与践行路径

1. 总体思路

以习近平新时代中国特色社会主义思想为指导，全面贯彻党的二十大精神，深入贯彻落实习近平总书记在指导全国文化事业建设中视察全国各地重要讲话和重要指示批示精神，着力形成整体推进的战略态势，把弘扬中华优秀传统文化与发展现实文化有机统一起来，在继承中发展，在发展中继承，实现中华优秀传统文化创造性转化和创新性发展。

——围绕推动中华优秀传统文化“两创”的战略目标，着力构建“五大体系”，即构建中华优秀传统文化研究阐发体系、普及教育体系、实践养成体系、保护传承体系、传播交流体系。

——坚持项目化推进思路，集中力量抓好全国重点项目建设，以重点项目带动优秀传统文化“两创”工作整体推进。

——坚持守正创新，推进全国范围内各种文物的保护利用改革，实施革命文物保护利用工程，实施非物质文化遗产传承发展工程，加大古籍保护力度，着力构建依法保护、传承发展的文化遗产保护利用体系，监管到位的文物安全防范体系。

——以全国供给侧结构性改革为主线，供需两端齐发力，构建富有传统文化鲜明特色、创新活力迸发、具有国际竞争力的文旅产业新格局，推动传统文化和旅游融合发展，实现以文塑旅、以旅彰文。

——整合利用全国各方面力量和资源，加强对外文化交流合作，培育传统文化交流品牌；加强海外文化阵地建设，发挥优秀中华文化“走出去”的独特作用。

——改革全国创新人才工作体制机制，抓住培养、引进、用好人才 3 个环节，全面提高优秀传统文化人才队伍素质，为传承弘扬中华优秀传统文化提供智力支持和人才保证。

2. 主要目标

到 2025 年，基本形成中华优秀传统文化传承发展体系，取得一批影响广泛的研究阐发成果，形成一批全面覆盖的普及教育载体，培育一批深入生活的实践养成品牌，建设一批特色鲜明的保护传承项目，搭建一批沟通中外的传播交流平台，中华文化软实力和对外影响力显著增强，道德文化高地根基更为坚实。

3. 优化整合地方“两创”研究资源

山东是儒家文化的发源地，是中华优秀传统文化的重要发祥地，拥有极为丰富的文化资源，肩负着弘扬中华优秀传统文化和发展齐鲁文化的重要使命，山东学者更应该立时代之潮头、通古今之变化、发思想之先声，形成自己的理论、自己的话语、自己的研究范式，建成真正的传统文化研究高地。

一是加强对传统文化的全方位研究。以儒家文化、红色文化、齐鲁文化为重点，深入研究阐发优秀传统文化的丰富内涵和精髓，推进中华优秀传统文化转化创新。深入推进管子、晏子、老子、孔子、庄子、孙子、墨子、曾子、孟子、荀子等诸子百家思想学说研究，加强东夷文化、齐文化、鲁文化、莒文化以及泰山文化、黄河文化、海洋文化、运河文化等特色文化研究。实施沂蒙精神研究传承工程，设立“沂蒙精神研究”专项，开展沂蒙精神“六进”活动。

二是加强研究机构平台建设工作。进一步推动优秀传统文化协同创新中心的共建共享。积极创建孔子大学，加快建设尼山世界儒学中心，打造成具有全球引领力的儒学研究中心、世界儒学协同创新平台，在山东儒学研究中发挥核心、纽带作用。提升《孔子研究》的品质，创建其他国际性的儒学公开刊物。继续提升尼山世界文明论坛品牌知名度。充分发挥山东大学儒学高等研究院、山东师范大学齐鲁文化研究院、曲阜师范大学孔子文化研究院（国学院）、山东理工大学齐文化研究院、山东社科院国际儒学研究与交流中心、孟子研究院等的引领作用。

三是加强中华优秀传统文化学术体系、学科体系和话语体系建设。支持山东中华优秀传统文化优势学科、特色学科、新兴学科和交叉学科建设，进一步巩固儒学、易学、墨学、道学等学科传统优势，扶持稷下学、东夷学等新兴学科发展。鼓励传统文化方面的学术创新、理论创新，做大做强“生活儒学”“社会儒学”“观念儒学”“人类儒学”“文化儒学”“生命儒学”“大同儒学”以及“新道学”“新墨学”“新易学”等。

四是完善中华优秀文化“两创”研究人才保障供给机制。在“泰山学者”的学科配额上，增加优秀文化学科的人才比例，或是设置专门的“泰山学者”岗位，年龄可以放宽到60岁。继续大力实施“儒学大家”计划，完善“孔子文化奖”“孔子教育奖”评选活动机制，设立国际性的“儒学传播奖”和省级层面的“儒学创新奖”。

4. 推进传统文化传承保护开发

“十四五”时期，全国各地区要以文化遗产有效保护、合理利用、传承发展为主线，以文化遗产保护传承法制建设、理论研究、传习教育为重点，全面提升文化遗产保护传承的能力水平。

一是进一步推进海内外范围内中华经典文献整理的基础性工作。以一批重大课题的策划实施为抓手，把一些领域相近、专长互补的优秀学者调动起来、组织起来，共同把中华古籍的整理研究、抢救性保护、数字化再生推向新的高度，打造具有时代影响力的精品，建构更加完善的文献系统存藏体系，使各相关学科真正站在时代学术的前沿，引领中国古典学术研究的潮流。

二是加强全国文化区域建设。以山东为例，要加强建设“两区三带”五大区域。重点建设好国家级曲阜优秀传统文化传承发展示范区和齐文化传承创新示范区，深入实施曲阜片区、临淄片区、省会片区、黄河三角洲片区、半岛片区、沂蒙片区、鲁西片区等文物保护片区规划。尤其是齐文化传承创新示范区，要按照时间表、路线图，加快推进临淄区的稷下学宫国家文化公园和周村区儒商示范园两个重点项目的实施。加强世界文化遗产、历史文化名镇名村、历史文化街区、各级文物保护单位及城镇化、工业化进程中各类文化遗产的保护利用。推动长城、大运河国家文化公园建设及黄河流域保护和高质量发展，着力打造齐鲁文化旅游带，建设好山水圣人中华优秀传统文化旅游带、大运河（山东段）文化旅游带、黄河文化和绿色生态旅游带、齐长城文化旅游带、红色文化旅游带5条齐鲁特色文化旅游带。

三是加强全国非物质文化遗产普查挖掘、保护传承。开展非物质文化遗产记录工程，推进全国各地的非遗传习所、非物质文化遗产馆建设，完善非遗保护项目、传承人、传习所、生产性保护基地、文化生态保护区“五位一体”保护传承体系。实施地方戏曲振兴工程、曲艺传承发展计划和传统工艺振兴计划，加强地方戏曲传承保护，建设一批地方戏曲振兴发展示范区。开展濒危剧种“依团传承”，建立“优秀保留剧目名录”和“剧本共享平台”。创建一批生产性示范基地，开展非遗传承人群研修研习培训，培养传统工艺新生代传承人群。

四是加强全国历史文化名城、名镇、名村和历史文化街区、历史优秀建筑、百年老字号、传统民居、古树名木保护。推动乡镇村志编修，挖掘乡村传统文化资源。加强工业文化遗产保护利用，加快发展各地民俗文化产业。加强博物馆、美术馆群及方志馆建设。如在山东地区，支持潍坊、淄博等探索“政府主导、社会主建、规划引领、共建共享”文化发展模式，支持潍坊打造“中国画都”城市品牌，推进台儿庄古城博物馆群建设等。

五是实施全国县及县以下历史文化展示工程。做好县级历史文化展示场所的调整、充实、改造和提升工作，加快推进乡村两级历史文化展示，建成县乡村三级历史文化展示体系。如在山东，推进“乡村记忆”工程，把文化保护传承与新型城镇化建设相结合，用5年时间，打造10个“乡村记忆”乡镇，推出50个

“乡村记忆”民俗节庆项目，建设100个“乡村记忆”博物馆，建设1000个“乡村记忆”民居。

六是统筹推进全国红色文化保护展示。实施革命文物保护传承五年行动计划，组织实施一批革命文物保护利用工程，如重点抓好山东地区沂蒙革命纪念馆、临沭县滨海红色文化纪念园、山东省档案馆、山东省党史馆、青岛党史纪念馆、胶东革命历史陈列馆、渤海革命老区纪念园、冀鲁豫边区革命纪念馆、网上山东抗日战争纪念馆等基地建设。推动红色旅游持续健康发展，合理推进旅游设施建设，打造红色旅游精品线路，提升红色旅游景点品质，创建全国红色旅游经典景区。

5. 深化传统文化普及教育

一是构建全国传统文化社会教育体系。以青少年和党员干部为重点，以各级各类学校为主渠道，把中华优秀传统文化贯穿于启蒙教育、基础教育、职业教育、高等教育、干部教育等各个领域。推进中华优秀传统文化进校园，开发建设中华优秀传统文化课程和教材体系，推动高等院校开设中华优秀传统文化必修课。将中华优秀传统文化纳入党员干部教育培训规划，编写党员干部中华优秀传统文化读本，把中华优秀传统文化作为政德建设和党员干部教育培训的重要内容。

二是充分利用全国各类公共设施、场所和阵地，发挥传统媒体和新媒体作用，推进中华优秀传统文化宣传教育和大众传播。譬如在山东，深入实施乡村儒学和社区儒学推进计划，发挥如极具特色的尼山书院、孔子学堂等引领作用，推动有条件的乡镇（街道）综合文化站、农村（社区）基层综合性文化服务中心设立儒学讲堂（道德讲堂），定期讲授优秀传统文化。

三是继续推进新时代全国文明实践中心建设。积极开展文明实践志愿服务活动，加强文明实践研究院建设。严格考核监督，将新时代文明实践中心建设纳入意识形态工作责任制，纳入党政领导班子和领导干部实绩考核。将新时代全国文明实践中心建设作为推动乡村文化振兴工作的重要内容，纳入每年乡村振兴考核指标体系。

四是推动全国传统文化题材文艺创作全面繁荣。“十四五”期间，要持续加大中华优秀传统文化题材文艺创作生产的工作力度，进一步推出一批弘扬优秀传统文化题材的精品力作。如山东重点抓好大型话剧《孔子》的创作生产和京剧《大运河》、山东梆子《泰山挑山工》的打磨提升，重点抓好电视剧《柳毅传奇》《大海源》、长篇报告文学《海上丝路——从青岛到红海》《鲁声玉振》等的创作生产。在深入挖掘儒家文化、加强儒家文化题材文艺创作的基础上，组织作家艺术家围绕山东区域内的齐文化、东夷文化、黄河文化、海洋文化、泰山文化以及诸子百家文化等进行挖掘提炼，创作推出一批新的优秀文艺作品。

6. 加强传统文化的实践养成

强化全国各项道德建设工程和精神文明创建活动的示范引导作用，通过形式多样、生动活泼的实践活动，推动中华优秀传统文化在人们生产生活中活起来、传下去，使之内化于心、外化于行。提升文化品牌质量，结合传统民俗节日、重大节庆日和重要纪念日组织开展爱国主义、传统美德等教育。

以文明城市、文明村镇、文明单位、文明家庭、文明校园创建活动为载体，开展中华传统美德教育、节俭养德全民行动。将中华优秀传统文化中的优秀思想内涵融入到市民公约、乡规民约、学生守则、行业规章、团体章程等社会制度规范之中。广泛开展移风易俗，大力倡树文明新风，推动中华优秀传统文化融入全国精神文明创建。

7. 构建推动传统文化对外交流合作大格局

按照习近平总书记关于“文明交流互鉴”“构建人类命运共同体”等战略思想，进一步促进优秀传统文化与国外文化的相融相通，广泛吸收外来有益文化成果，用好各种对外文化交流机制平台，创新传播方式，构建全方位、多层次、宽领域的对外传播格局，打造文明交流互鉴高地。

一是着力推进与“一带一路”沿线国家地区的文化交流合作。针对“一带一路”沿线国家和地区不同特点，积极融入“一带一路”沿线国家人文交流。比如，在中外文化交流的重点地区山东，设立“一带一路”沿线国家儒家文化的对外传播和文明互鉴研究专项，支持“一带一路”沿线相关国家开展齐鲁文化研究，建设“一带一路”齐鲁文化研究智库。开展山东与“一带一路”沿线文物征集，推出儒家文化与丝路文化展览。实施“‘一带一路’看山东”传播工程，积极参与国家“丝绸之路文化之旅”文化交流活动。

二是拓展国内民间交流合作领域。鼓励人民团体、民间组织、民营企业和个人从事与优秀传统文化有关的对外交流活动，全面推进中华文化开放合作，形成对外文化交流合力。挖掘侨团侨社、同乡会馆、中餐馆等的文化传播潜力，培育更多海外传播本土力量。以山东为例，要继续推进海外尼山书屋、孔子学堂建设，建设好、运营好贝尔格莱德中国文化中心，加强山东与中国驻外文化中心、孔子学院等机构的合作。

三是充分利用各种现代化的传播手段。发挥文化和科技相互促进的作用，运用互联网、通信卫星、广播电视、手机等新兴媒体，不断推进对外文化传播技术手段和工具转型升级，丰富和拓展中华优秀传统文化“走出去”的渠道和资源。

四是在全国建设多种文化交流平台和载体。如在山东，继续发挥“孔子故乡·中国山东”“尼山世界文明论坛”等齐鲁文化传播交流平台作用，提升中国（曲阜）国际孔子文化节、世界儒学大会、潍坊国际风筝会、泰山国际登山节等的国际影响力。着力构建管理平台、协调平台、宣传交流平台、研究平台和对外翻译平台五大对外文化交流传播平台。实施立体化的对外文化战略，坚持教育交流和旅游交流相结合，讲好中国故事、山东故事。继续加强与海外中国文化中心、孔子学院等机构的合作，积极参与海外中国文化中心建设，承担人文交流项目。充分发挥山东友好省州、友好城市在对外文化交流中的作用，把友城建成文化交流的稳定平台。

五是在国内开展多样化的中华文化交流活动。比如，在山东，当地精心组织了“孔子文化世界行”“孔子文化丝路行”等活动，实施了“山东—海外中国文化中心年度合作”工程。实施“感知山东”交流工程，积极参与“感知中国”“美丽中国”“文化中国”“欢乐春节”等大型国家形象推广活动。实施对外文化服务标准化建设工程，整合儒学、非遗、舞台艺术、美术、文物、动漫、图书、产业项目等资源，系统化、模块化、标准化地策划对外文化交流项目。

六是加强重点外宣媒体国际传播能力建设。加强与国外媒体、中央重点外宣媒体合作，发挥海外华文媒体作用。深化对外文化贸易，鼓励和扶持国内文化企业在“一带一路”沿线国家开展项目推介、产品展销、投资合作，促进更多具有中华文化特色的文化产品和文化服务进入国际市场。

8. 创新推动优秀传统文化“两创”的方法手段

适应时代潮流，加大“两创”方法手段创新力度，不断赋予优秀传统文化新的内涵。

一是积极探索和运用“文化 + 创意”设计，运用各种现代表现形式和传播手段。探索运用“文化 + 高科技”，在尊重史实和传统文化精神的前提下，更多地借助 VR 虚拟现实、3D 动画、H5 场景制作等新技术，让优秀传统文化表达更生动、更炫酷、更吸引人。

二是加强优秀传统文化数字化建设。推进中华文化经典数字化，建成面向海内外的传统文化经典数据库。推进数字化图书馆、博物馆、美术馆、方志馆、档案馆建设。推进地方志数字化建设，加快档案馆馆藏档案数字化。如实施山东省古籍保护计划，建设山东省国家古籍珍本数据库、山东省古籍数字图书馆。推动非物质文化遗产和革命历史档案数字化，健全民间文化抢救保护档案和数字化保护平台。强化优秀传统文化互联网传播，办好中国孔子网、孔子网络台，建设齐鲁优秀传统文化服务云平台。建设革命历史档案信息数据库，实施爱国主义教育基地网上展示工程。

三是在全国范围内大力推动传统文化与旅游产业深度融合。探索运用“文化 + 旅游”，大力发展红色文化体验游、乡村特色体验游、传统文化研学游，扶持各地打造独具地方特色的文化旅游演艺品牌，让群众在亲身体验中感知和接受优秀传统文化。加快全国各地文化旅游品牌建设，如山东打造提升区域内的东方圣地、仙境海岸、平安泰山、泉城济南、齐国故都、鲁风运河、水浒故里、黄河入海、亲情沂蒙、鸢都龙城十大文化旅游目的地品牌和中华泰山封禅大典、威海华夏传奇等一批文化旅游演艺品牌。

9. 加强优秀传统文化人才队伍建设

“十四五”时期，全国各地要传承发展中华优秀传统文化，推动优秀传统文化创造性转化、创新性发展，这其中，创新型人才队伍建设是关键。应当进一步研究制定切实可行的培训和扶持政策，不断加强优秀传统文化人才队伍建设，为优秀传统文化的创造性转化、创新性发展提供坚实人才保障。

一是加快全国传统文化人才高地建设。如山东深入落实《关于加强儒学人才高地建设的意见》，发挥儒学高端研究平台的作用，面向海内外积极引进和集聚一批儒学研究高端人才。支持济宁干部政德教育基地实现内涵式发展，鼓励引导国内知名高校和研究机构来山东设立研究机构，建设各具特色的优秀传统文化人才集聚区。

二是加强全国优秀传统文化人才队伍建设。如山东进一步实施“传统文化人才引进和培养”计划，支持省图书馆、博物馆、文化馆、美术馆实施“大师引进工程”，深入实施齐鲁文化人才工程，加强山东传统戏曲、基础研究、编纂出版、传播推广、影视制作、创意策划人才培养，加强传统戏曲、杂技及民间歌舞、民间音乐高层次人才培养基地建设。通过实施国家级代表性传承人抢救性记录工程，培养 1 万名非遗传承人才，打造多层次、可持续的人才梯队。

三是夯实全国基层优秀传统文化人才队伍。加强基层宣传文化队伍建设，大力培养传统文化教育的师资力量，重视发现和培养民间文化传承人特别是非物质文化遗产项目代表性传承人。发展壮大文化志愿者队伍，定期组织民间组织负责人参加培训，通过硕、博高学历人才引进、文化人才定向招考等渠道，为基层引进一批专业人才，全面提升基层专业人才队伍整体水平。

10. 优化优秀传统文化“两创”工作机制

推动优秀传统文化创造性转化、创新性发展是一项长期的系统工程，需要加强顶层设计和总体规划，建立健全政府主导、部门协作、社会力量广泛参与的管理体制和运行机制。

是建立资金投入机制。设立各地方省级层面推动优秀传统文化“两创”的专项经费，扩大重点项目评选覆盖面，加大对示范性强、影响力大的拳头项目的扶持力度。引导社会资金合理进入，推动部分项目市场化运作，为推动优秀传统文化“两创”提供必要资金保障。

二是建立工作协调机制。建立各级党委宣传部门牵头，文化、文联、高校、研究会、民间组织等参与的推动“两创”工作协调小组，搭建沟通交流平台，定期召开分析研讨会、工作协调会等，形成推动优秀传统文化创造性转化、创新性发展的合力。将推动中华优秀传统文化“两创”，纳入各级党委、政府年度工作考核指标。

三是建立工作考核机制。将推动优秀传统文化“两创”纳入年度工作考核，作为精神文明创建、乡村文明行动考核的重要指标，提高“两创”在传承发展中华优秀传统文化工作中的考核比重，引导各级党委政府和职能部门进一步提高对“两创”工作的重视程度。

二、强化中华优秀传统文化的发掘、甄别与研究

中华优秀传统文化是中华民族的根和魂，是增强国家文化软实力和竞争力的重要资源，其中蕴含的全人类共同价值是解决当前全球问题、实现人类共同发展的宝贵财富。要发挥这些资源的效用，实现这些财富的价值，就必须推进其创造性转化与创新性发展不断深化，这包括：强化发掘整理，实现传统文化资源整合优化、增量提级；科学甄别对待，辨析、萃取传统文化中真正优秀的精华内容；系统深入研究，通过范式创新打造具有中国底蕴、中国特色的学术体系、思想体系与话语体系。

（一）强化发掘、增量提级，激发“加法效应”

中华民族历经五千多年的沧桑发展，形成了源远流长又独具特色的传统文化。改革开放以来，尤其是党的十八大以来，我国在传统文化发掘整理方面取得一系列重要成果，为传统文化传承发展奠定了坚实基础。立足当代，推进优秀传统文化创造性转化与创新性发展的不断深化，必须进一步强化发掘整理，拓展对象范围，优化整合资源，创新方法手段，实现传统文化资源增量提级，以激发传统文化效能“加法效应”。

1. 开阔思路，拓展传统文化范围

中华优秀传统文化博大精深，其中蕴含的思想理念、道德规范、人文精神、美学追求等，积淀着中华民族最深沉的精神追求，代表着中华民族独特的精神标识，是中华民族生生不息、发展壮大的突出优势。几千年来，传统文化就像“基因”“密码”

一样嵌在各种文化载体之中。对传统文化的发掘整理，离不开对各种载体的深入发掘整理，其前提是不断开阔思路，对传统文化的范围进行再认识与再拓展。

近代以前，有意识地对传统文化的发掘整理主要集中在文献领域，尤其是以儒家学派经典、历朝历代正史、诸子百家著述、诗词文赋汇编等为主要内容的“经、史、子、集”典籍文献。清代学者就曾通过训诂、校勘、考据等方法，对传统典籍文献进行全面整理总结，堪称传统文化集成之作的《四库全书》，便是这一时期的代表性成果。典籍文献确是传统文化的主要载体，也是对传统文化进行发掘整理的重点，但仅止于此是不够的。20 世纪初，在中西文化激烈交锋碰撞的背景下，胡适等学者就曾掀起“整理国故”运动，提出“用历史的眼光来扩大国学研究的范围”，“过去种种，上自思想学术之大，下至一个字、一只山歌之细，都是历史，都属于国学研究的范围”，国学的使命是“整理中国一切文化历史”[①]。经此运动，以前不被重视的野史、巷议、话本等也都被纳入国学范围，传统文化的范围有所扩大，并产生一系列研究成果。

党的十八大以来，在大力传承发展传统文化的良好氛围中，传统文化的范围得到极大拓展，除典籍文献继续被高度重视、深入发掘整理外，文物、古迹、医药、烹饪、节日、历法、戏曲、书画等各种文化形态都受到关注或重视。当今，强化传统文化发掘整理须进一步开阔思路，将更多非主流、非精英、非物质文化内容发掘整理出来。

---

① 胡适：《〈国学季刊〉发刊宣言》，《胡适文存》第二集，北京，首都经济贸易大学出版社 2013 年版，第 9—10 页。

所谓非主流文化，是相对于以儒学为主的主流思想文化而言。历史上，除了儒家，还有墨、道、法、释等思想文化，工、农、兵、医等科技技艺，琴、棋、书、画等传统艺术，以及礼俗、宗教、民间信仰等，这些文化形态同样凝结了先民的智慧与精神。过去对这些文化内容重视不够，尤其是偏于科学、技术、工艺、方法、制造等部分，因其多属“术”非“道”而长期受到忽视，在“科学技术是第一生产力”的今天，这些内容亟待深入发掘整理。

所谓非精英文化，是相对于严肃精英文化而言，主要指世俗的、民间的文化。近世以来，民俗、民乐、游艺杂技等文化载体得到一定程度的重视与发掘，但是饮食、服饰等更为生活化的文化内容以及书信日记、家训乡约、账簿票据、医案医方等更为个性化的文化载体，则尚未得到足够重视。事实上，其中不仅蕴含思想文化，更蕴含丰富的经济、政治、制度、风俗等文化内容，对其深入发掘整理，有助于对传统文化更加全面、深入地认知与传承发展。

所谓非物质文化，是相对于物质文化而言。近年来全国各地普遍高度重视非物质文化遗产的发掘、整理、保护与传承，国务院先后公布 5 批共计 1557 个国家级非物质文化遗产代表性项目，涉及民间文学、音乐、舞蹈、戏剧、曲艺、体育、游艺、杂技、美术、技艺、医药、民俗等诸多门类。尽管如此，非物质形态文化仍有进一步发掘空间，比如方言俚语、家宅布局、手工技艺、节会仪式等，都是体现先民生活智慧、生活美学、生活样态的重要载体，有待深入发掘整理。

2. 招贤育才，增强发掘整理力量

传统文化的发掘整理靠人来完成，对相关人才的延揽、培养

以及对人才队伍的组织、激励便是题中应有之义。从历史与现实经验来看，要想强化对某一领域或主题传统文化的发掘整理，应以合理的体制机制组建专门机构或人才队伍，加强人才延揽、培养、激励、交流等力度，为传统文化发掘整理工作提供稳定的、高质量的智力保障。

创新体制机制，适时组建稳定、有力的传统文化发掘整理机构或团队。中外各民族都在漫长历史中创造形成了卷帙浩繁、极大丰富的传统文化，单靠一人或几人，发掘整理工作往往难成规模和体系，这就需要以合理的体制机制组建专门机构或团队。《四库全书》就是团队合作的典型成果，这部中国古代最大规模的丛书，收录多达3500余种、3.6万余册古书，其编修由清高宗乾隆亲自主持，360余位高官、学者参与编撰，3800余位学者参与誊抄，耗时13年。17世纪德国哲学家莱布尼茨著作全集的编纂工作也是如此，自1901年国际科学院联席会议动议后，德法3家科学院便组建编辑团队，开始整理编辑出版工作，预计2055年才能全部完成，将用时150年左右。当今，随着传统文化范围不断拓展，越来越多门类、形态的传统文化受到关注与重视，再加上科技手段、传播方式日新月异，传统文化发掘整理越来越复杂，工作要求也越来越高，这更需要以团队合作方式开展工作，以合理的体制机制适时组建专门机构或团队更显必要。

创新体制机制，延揽、培养传统文化发掘整理高素质人才。无论是大型的、有组织的文献整理工程，还是各类小型的、自发自主的传统文化发掘整理工作，都需要高素质专业人才的引领、参与和实施，这就要求各级政府部门和各类文教科研机构创新体制机制，大力引进、培育相关高端人才。一方面，应因时因地因人制宜，适当突破现有人才聘用机制，通过提供科研平台、条件以及物质、精神激励等方式，吸引全国乃至全世界范围内的高端人才；另一方面，应注重培养已有人才，尤其是青年人才，在职称评审、课题研究、进修培训、会议研讨、出版发表等方面给予适当扶持与激励。这两方面双管齐下，有助于各类传统文化发掘整理工作形成合理的人才梯队，确保各类工程项目高质高效完成。

创新体制机制，推动不同地域、不同门类、不同行业的传统文化发掘整理人才加强互动交流、互通互鉴。一方面，不同地域往往有不同的传统文化，如齐鲁文化、中原文化、巴蜀文化、岭南文化等便各具特色，相关发掘整理人才的交流互动可以互通有无、扩大视野；另一方面，不同门类的传统文化如传统文学、传统舞蹈、传统戏曲、传统音乐等往往有不同的理念与方法，相关发掘整理人才的交流互动可以相互启发、相互借鉴；再一方面，不同行业的传统文化往往有不同的传承发展范式，比如非物质文化的发掘整理便与物质文化、典籍文化大不相同，近年来部分地区推动非物质文化遗产传承人走进展会、校园以及博物馆、艺术馆等，便极有助于不同行业的人才获得新的发掘眼光与整理视角，是非常有益的探索。

3. 善用“杠杆”，提升发掘整理能级

随着经济社会的快速发展与科学技术的日新月异，传统文化的发掘整理有必要且有可能摆脱传统的“粗放模式”，通过规划文化区域、设立投资基金、打造工程项目等一系列现代“杠杆”工具，使传统文化发掘整理走向更加科学、现代的“集约模式”，推动传统文化资源的整合优化，撬动传统文化资源能级的大幅提升。

规划文化区域，整合文化资源。党的十八大以来，全国各地针对传统文化资源的保护、传承、开发、利用开展了一系列探索实践，取得了一批重要成果。美中不足的是，由于各地大都各自为战，缺乏沟通、合作，有些探索限于人、财、物等因素难以成行，有些探索重复浪费，更有甚者恶性竞争，导致低效乃至带来损失。要解决这些问题，须以系统思维从较高层面对文化资源做出整体性规划，促进不同区域间文化资源的共建共享。山东“两区三带”规划就是这样一种尝试，《山东省传承发展中华优秀传统文化工作方案》提出，着力建设曲阜优秀传统文化传承发展示范区、齐文化传承创新示范区和大运河（山东段）文化带、齐长城文化带、山东海疆历史文化带五大文化区域，突破行政区划限制，推动协同发掘整理，促进传统文化资源的整合优化，增量提级。

设立投资基金，撬动产业发展。现代社会中，发展文化事业往往需要大量资金，尤其是传统文化的发掘整理，因其对人才、技术、工具等的要求越来越高，所需资金量也越来越大，资金状况一定程度上决定着发掘整埋的水平、质量和效率。由于文化事业不同于纯粹的经济活动，投入产出比往往短期难以衡定或者不该衡定，故而资金问题的解决首先有赖于政府部门的筹集，这也是过去国内发展文化事业的主流做法。随着金融与资本市场的发展、成熟，通过市场筹措资金的渠道应引起重视。2020 年 11 月，国家层面的中国文化产业投资母基金正式成立，目标规模 500 亿元，首期募资 317 亿元，其中山东省认缴出资 20 亿元。在此之前，全国各地也陆续设立了上百支各类文化产业投资基金。这些基金有助于以政府引导资金撬动、吸引各方资本投入，通过市场化运作、专业化管理，推动文化资源整合优化和文化产业高质量发展，未来应重点关注并充分利用。

打造工程项目，实现重点突破。近年来，传统文化范围不断拓展，对传统文化资源的发掘、整理、开发、利用也不断强化，但是具体到某一时期、地区或行业、门类，还应在回应时代诉求的基础上突出重点，集中优势与力量攻克最为重要、最为紧迫的发掘整理任务。于此，打造文化工程、设立文化项目不失为有效方法。国家层面自不待言，山东近年来的探索已较为深入。单就典籍文献发掘整理而言，从孔府档案、孟府档案到全球汉籍合璧工程、海外儒学文献回归工程，多项古籍整理工程取得重大成果。同时，山东还开展中华古籍保护计划，搭建起一系列古籍文献数据库，为从经典中提炼齐鲁文化精髓、全面阐释中华文化奠定了扎实基础。山东省图书馆还拟联合山东大学图书馆等单位打造山东古籍保护与修复重点实验室，进行科学化、规范化、标准化再提升。通过工程项目引领传统文化发掘整理，成效明显。

4. 增强 IP 意识，创新发掘整理形式

俗语说“酒香不怕巷子深”，但在社会发展瞬息万变与传播技术、手段高度科技化的今天，“酒香也怕巷子深”。传统文化的发掘整理不能再像过去一样，只顾闷头做具体的、碎片化的工作，还应该增强 IP 意识，也就是知识产权意识，适时对发掘整理工作予以创造性地总结、“包装”与推广，通过内容与形式的创新，形成一批强 IP 产品，最终推动传统文化增量提级。

IP 是英文 Intellectual Property 的缩写，本义为“知识产权”，在传播技术、传播手段等高度科技化、融合化背景下，文化 IP 产品具有文化符号的意味，往往有极高辨识度、强变现能

力和长变现周期，也就是说，可以迅速并且持续产生较高的文化价值、经济价值或社会价值。当然，这些特征背后是文化 IP 产品在内容与形式上的强创新力与强生产力。这对于传统文化的发掘整理工作来说极富启示意义。在“两创”语境下，要强化传统文化发掘整理，总体而言应强化创新意识，具体而言应强化受众意识、融合意识、整体意识等，以创新思维带动传统文化的发掘整理、开发利用。

强化受众意识，是指在创新开展传统文化发掘整理时，注意从受众出发，寻找所发掘整理的传统文化内容与受众的连接点，如情感共鸣、知识满足、实际功用等，通过创新性的发掘整理工作，使传统文化具有更强感染力和渗透力。在这方面，近年拍摄播出的纪录片《舌尖上的中国》堪称范例，它以美食为载体，融合食物背后的文化、匠心、乡愁，充分调动观众的味觉、视觉、听觉和情感，获得了较大成功。此后，国内出现一众以“寻味”“味道”为主题的美食类纪录片。电视节目《见字如面》也是注重受众的典范，它以书信为载体，通过明星读信的形式，向观众立体呈现历史场景、人生故事和社会风物，展现传统的精神情怀和生活智慧，引发观众的情感共鸣，产生了巨大反响。

强化融合意识，是指在传统文化范围不断拓展、现代生活日趋丰富、精神追求不断提升的时代背景下，单一的传统文化发掘、整理、传播、呈现方式已难以收获良好效果，应注重多种门类、多种行业的跨域融合和多种科技手段、传播方式的综合运用。近年来，在全国引发巨大反响的“故宫文创”便是融合创新的典范。故宫博物院有 180 多万件（套）文物藏品，其发掘整理难度可想而知。故宫博物院文创团队创新性地将藏品中的文化元素应用于图书、游戏、食品以及各类日常用品如口红、提包等，同时采用VR、AR、激光扫描、摄影测量、全息投影等现代科技手段，开发多样化数字文创产品，推动文化遗产的数字化展示、传播和应用，尤其深受年轻人青睐。

强化整体意识，是指在传统文化发掘整理时，不仅要注重单个项目、产品、工程的深度发掘，还要注重整体性的策划与包装，使某个行业、门类、机构或区域的传统文化内容形成“整体效应”，最终实现“1+1>2”的成效。于此，“故宫文创”是较为典型的例子，其既注重单件文创产品的开发和推广，也注重将“故宫文创”的招牌打出去，形成整体特色和品牌效应。山东新近推出的“山东手造”也是极为有益的探索，该省依托当地丰富的非物质文化遗产和传统手工艺资源，将美术绘制、织造印染、雕刻工艺、编织扎制、烧制锻造、漆器绘制、文房四宝、美食消费八大门类的特色手工技艺打包形成“山东手造”品牌，一体发展、整体宣介，力争让传统文化真正“活”起来。

（二）科学甄别、去粗取精，赓续“优秀基因”

中华民族在五千多年文明发展史中创造了源远流长、博大精深的传统文化，以今观之，有些内容以其蕴含的思想理念、道德规范、人文精神、美学追求等为民族传承发展提供了强大动力，有些内容则因认识水平、时代条件等的限制而属于糟粕。当今推进传统文化创造性转化与创新性发展，应先提取传统文化的“优秀基因”，即必须以科学态度相对待，以专业精神做甄别，去粗取精，去伪存真，通过教育、传播等方式因势利导，通过法律、制度等方式予以规范，真正把跨越时空、超越国度、富有永恒魅力、具有当代价值的文化精神弘扬起来，实现“优秀基因”的赓续发展。

1. 科学对待，坚持“去粗取精”基本原则

如何对待传统文化是古今中外每一时代都会面临的课题，尤其是近代中国，面对“三千余年一大变局”，这一课题尤为凸显。对此，党在百年奋进历程中作出了一系列探索，始终坚持“去粗取精”基本原则，以科学态度对待传统文化。

早在20世纪30年代，毛泽东就提出，“学习我们的历史遗产，用马克思主义的方法给以批判的总结”是学习的一大任务，“从孔夫子到孙中山，我们应当给以总结，承继这一份珍贵的遗产”[①]。1940年，毛泽东在陕甘宁边区文化协会第一次代表大会上提出：“清理古代文化的发展过程，剔除其封建性的糟粕，吸收其民主性的精华，是发展民族新文化提高民族自信心的必要条件；但是决不能无批判地兼收并蓄。必须将古代封建统治阶级的一切腐朽的东西和古代优秀的人民文化即多少带有民主性和革命性的东西区别开来。”[②] 这明确了中国共产党对待传统文化的基本原则和态度——“剔除糟粕、吸收精华”，提出了“精华”的判断标准——“民主性和革命性”。

改革开放以后，邓小平进一步将学习中国历史文化、继承弘扬中华优秀传统文化提到了促进中国发展、振兴中华民族的高度，认为振兴中华民族“要懂得些中国历史，这是中国发展的一个精神动力”[③]。邓小平提出，“要划清文化遗产中民主性精华同

---

① 《毛泽东选集》第2卷，北京，人民出版社1991年版，第533—534页。

② 《毛泽东选集》第2卷，北京，人民出版社1991年版，第707—708页。

③ 《邓小平文选》第3卷，北京，人民出版社1993年版，第358页。

封建性糟粕的界限”[①]，“属于文化领域的东西，一定要用马克思主义对它们的思想内容和表现方法进行分析、鉴别和批判”[②]。世纪之交，江泽民提出，“发展社会主义文化，必须继承和发扬一切优秀的文化，必须充分体现时代精神和创造精神，必须具有世界眼光，增强感召力。中华民族的优秀文化传统，党和人民从五四运动以来形成的革命文化传统，人类社会创造的一切先进文明成果，我们都要积极继承和发扬”。对于我国几千年历史留下的丰富的文化遗产，“我们应该取其精华、去其糟粕，结合时代精神加以继承和发展，做到古为今用”[③]。21世纪以来，胡锦涛提出，“中华文化是中华民族生生不息、团结奋进的不竭动力”，“中华民族伟大复兴必然伴随中华文化繁荣兴盛”，要推动社会主义文化大发展大繁荣，就要“弘扬中华文化，建设中华民族共有精神家园”。在对待传统文化的态度上，胡锦涛指出，“要全面认识祖国传统文化，取其精华，去其糟粕，使之与当代社会相适应、与现代文明相协调，保持民族性，体现时代性”[④]。

进入中国特色社会主义新时代，习近平总书记提出对传统文化进行科学分析，“对有益的东西、好的东西予以继承和发扬，对负面的、不好的东西加以抵御和克服，取其精华、去其糟粕，而不能采取全盘接受或者全盘抛弃的绝对主义态度”[⑤]；对待传统文化，“要坚持古为今用、以古鉴今，坚持有鉴别的对待、有扬

① 《邓小平文选》第2卷，北京，人民出版社1994年版，第335页。
② 《邓小平文选》第3卷，北京，人民出版社1993年版，第44页。
③ 《江泽民文选》第3卷，北京，人民出版社2006年版，第278页。
④ 《胡锦涛文选》第2卷，北京，人民出版社2016年版，第640—641页。
⑤ 《习近平在中共中央政治局第十八次集体学习时强调　牢记历史经验历史教训历史警示　为国家治理能力现代化提供有益借鉴》，《人民日报》2014年10月14日。

弃的继承，而不能搞厚古薄今、以古非今，努力实现传统文化的创造性转化、创新性发展，使之与现实文化相融相通，共同服务以文化人的时代任务”[①]。

纵观百年以来，历代中国共产党人都坚持科学、辩证看待传统文化，主张区分其中的精华与糟粕，坚持“取其精华、去其糟粕”或谓“去粗取精”的基本态度和原则，为传统文化的发掘、整理、甄别和传承发展奠定了科学的理论基础。

2. 小心甄别，兼顾永恒魅力与时代价值

在科学对待、去粗取精的基本原则下，对传统文化的甄别应持小心谨慎态度，既不能误判其中的糟粕，也不能误判其中的精华。在具体甄别过程中，应采取批判继承方法，将传统文化中具有普遍意义和永恒魅力的部分、符合时代诉求和实践要求的部分、契合全人类共同价值和能促进全人类共同发展的部分甄别出来，为创造性转化与创新性发展打下良好基础。

优秀传统文化应具有普遍意义和永恒魅力。冯友兰曾在《关于中国哲学遗产的继承问题》一文中指出，中国哲学史中有些哲学命题，往往具有两方面的意义：一是抽象的意义，一是具体的意义。这一分析对于甄别传统文化，尤其是思想理念、道德规范、人文精神、美学追求等方面的传统文化，极具启发意义。所谓抽象的意义是指传统文化中所蕴含的普遍的、一般的意义，而具体的意义是其特殊的、个别的意义。比如《论语·里仁》说“父母在，不远游”，古代交通、通信极不方便，人们应尽量留在父母身边，这就是具体的意义，这重意义今天不见得完全适用，

① 习近平：《在纪念孔子诞辰2565周年国际学术研讨会暨国际儒学联合会第五届会员大会开幕会上的讲话》，《人民日报》2014年9月25日。

因为交通、通信已极大发展，人们为求学、工作、旅游等而跨越千里甚至远涉重洋都不足为奇。但从这句话的抽象意义来看，人应当体贴孝顺父母，免除父母之忧，这重意义是普遍的、一般的，今天依然适用，理应传承发展。故而，对传统文化进行甄别应具体问题具体分析，尽量萃取那些能够跨越时空的、具有普遍意义的因而具有永恒魅力的部分。

优秀传统文化应回应时代诉求，符合实践要求。意大利学者克罗奇曾在《历史学的理论和历史》中指出，“一切真历史都是当代史”[①]。也就是说，每一个历史判断的基础都是实践的需要，它赋予一切历史以当代史的性质，因为无论与实践需要有关的那些事实如何年深日久，历史实际上总面向着当时代的需要和实际。这一观念深刻指出了对待与处理历史传统的时代指向和实践指向：只有能够回应时代诉求、符合实践要求的历史传统才是真正“活的”传统；反过来说，在对传统文化进行甄别时，应当特别注意其与时代诉求、实践要求相契合、相呼应。中国“小康社会”建设尤其体现了这一点。“小康”出自儒家经典《礼记·礼运》，是孔子提出的一种社会模式，相较“大同”财产公有、人人平等、社会和谐的高级理想，“小康”低一个层次，但也是期求社会稳定、治理有方、国泰民安。1979年和1984年，邓小平先后在会见日本两位首相时提出建设“小康之家”“小康社会”的目标，指出：“这个小康社会，叫做中国式的现代化。翻两番、小康社会、中国式的现代化，这些都是我们的新概念。”[②] 在改革

---

① ［意］克罗奇：《历史学的理论和历史》，田时纲译，北京，中国社会科学出版社2005年版，第6页。

② 《邓小平文选》第3卷，北京，人民出版社1993年版，第54页。

开放背景下，这些提法创造性地赋予传统小康思想以中国特色社会主义和中国式现代化道路的新内涵。2021 年 7 月 1 日，小康社会宣告全面建成。

优秀传统文化还应契合全人类共同价值，促进全人类共同发展。尽管各国历史、文化、制度、发展水平不尽相同，但各国人民都追求和平、发展、公平、正义、民主、自由的共同价值。坚守和弘扬全人类共同价值，是各国人民共同化解全球性风险与危机、推动全人类共同发展的重要基础，也是对中华传统文化进行甄别与辨析的重要标准。《论语・颜渊》所言“己所不欲，勿施于人”，便是契合全人类共同价值的重要道德准则，它不仅在中华民族发展史上产生了重要影响，而且曾在 18 世纪末被写入法国《人权宣言》。法国启蒙思想家伏尔泰认为，它是“最纯粹的道德准则”，应该成为“所有人的座右铭”。这一理念所蕴含的思想，也可以从联合国总部大楼走廊墙壁上的格言中找到呼应，“Do unto others as you would have them do unto you”的说法，与“己所不欲，勿施于人”异曲同工。当今，面对世界百年未有之大变局，我们应深入发掘、甄别中华传统文化中能契合全人类共同价值的精华内容，为全人类共同发展提供“中国智慧”与“中国方案”。

3. 专业眼光，注重集思广益与动态调整

对传统文化的甄别应在科学对待、去粗取精原则下，将具有普遍意义和永恒魅力、符合时代诉求和实践要求、契合全人类共同价值和促进全人类共同发展的内容发掘出来，这些工作主要应由专业研究、专业工作人员来具体实施，其间应经过广泛研究、讨论、证明、检验，并对甄别结果适时调整，以避免甄别过程的

偏颇、粗暴和教条，确保甄别结果的科学性和有效性。

传统文化的甄别应坚持专业主义。中华传统文化是中华民族集体智慧的结晶，同时又渗透在民族整体生活样态与精神面貌之中，往往“百姓日用而不知”（《周易·系辞上传》）。若要对传统文化进行科学甄别，即以理性的、反观的视角取其精华、去其糟粕，这项工作首先且主要应由专业研究、专业工作人员来具体实施。比如对文献典籍、文物遗迹实物与内涵的甄别，主要应由文、史、哲及相关领域研究人员来进行，对非物质文化遗产的甄别主要应由传承人、制作人或相关领域研究人员来进行，对传统工、农、兵、医等行业理念与技艺的甄别则主要应由行业从业人员、研究人员来进行。只有专业人员以专业眼光、专业方法开展专业工作，才能最大限度避免“外行指导内行”可能导致的失误。在这个意义上，专业主义是传统文化具体甄别工作中的第一原则。

传统文化的甄别应尽量集思广益。俗话说，“灯不拨不亮，理不辩不明”，天下道理往往都是在论辩中趋于明晰，这说明研讨论辩、集思广益具有相当的重要性。对某些传统文化的甄别、辨析，应在贯彻专业主义原则的同时，辅之以民主原则，而不能只由某个组织、机构甚至某个人拍板决定。也就是说，在专业人员以专业眼光、专业方法开展专业甄别之中、之后，都应根据实际需要开展不同层次、不同范围的研讨、论辩等，听取最广大相关人员的意见和建议，使甄别结论更加合理、合情、科学、有效。当然，对甄别结论的研讨、论辩必须遵循一定的规则，诚如《荀子·正名》所说，应“以仁心说，以学心听，以公心辨”，在理性阐述、诚敬倾听、公正讨论的基础上实现集思广益。

传统文化的甄别还应适时动态调整。古希腊哲学家赫拉克利特以“人不能两次踏进同一条河流”的著名论断形象地说明了万物的流变不息，中国思想文化的重要源头《周易》也自始至终都在阐述“唯变所适”的变易哲学，变化是对抗僵死与教条的最佳方法。对传统文化的甄别与辨析应注重“变化”原则。一方面，随着时代变化与社会发展，时移世易，甄别结论应作出相应调整，以更好回应时代诉求与实践要求；另一方面，同一文化内容还应根据适用地域、群体或个体的不同而有所调整。孔子本人就是极其注重“变化”的典范，他在教导弟子时往往对不同弟子所问的同一问题给出不同的回答，是谓“因材施教”，这说明即便是具有普遍意义和永恒魅力的思想理念、道德规范、人文精神、美学追求等，也需要因时因地因事因人制宜，作出不同的甄别处理。同时，这也对甄别工作提出一项要求，即对于一时甄别为糟粕的内容，也不应立即全盘消灭，只需予以标记，以警世人。

4. 因势利导，借力教育、传播及法律制度

对传统文化的甄别和辨析不仅要从理念原则、萃取方法、操作程序等方面着手，还应建立广义的制度层面的保障。比如教育制度方面，可因地制宜，推动优秀传统文化进校园的体制化、规范化；传播制度方面，可通过现代先进的媒体形式和传播手段，推动优秀传统文化普及推广的精准化、立体化；法律制度方面，应进一步完善相关法律法规，在保护优秀传统文化传承发展的同时，对糟粕予以惩戒和规范。

加强教育，推动优秀传统文化走进校园。通过专业甄别、广泛研讨而萃取出的传统文化精华，最终将被注入社会与大众生

活；也只有抵达这一环节，传统文化的甄别才算取得了阶段性的成功。在优秀传统文化走向社会和大众生活的“最后一公里”，教育制度是重要的必经通道；换言之，只有进入教育，传统文化的发掘整理与甄别辨析才初步完成。近年来，国内部分地区已开始探索传统文化教育，比如2017年山东率先实现在小学、初中、普通高中和大学4个学段全面推广使用优秀传统文化教材、开设优秀传统文化课程；2018年山东又针对传统文化教育状况开展大型问卷调查，就优秀传统文化课程设置、教材质量、教学效果等问题进行调查、统计、分析，形成了传统文化甄别辨析、教育引导、效果检验的“闭环”。这一切，都是通过教育制度保障传统文化甄别辨析的有益探索。

借力传媒，推动优秀传统文化普及推广。高科技时代的到来不仅改变了媒介形式和传播方式，更使人们的生活样态发生了巨大变化，在多媒、融媒强力塑造社会生活的背景下，传统文化的甄别辨析以及优秀传统文化的普及推广也应充分利用、融入新的传媒生态，找到适合自身的传播规律。一方面，应大力推动传统媒体创新形式，改变单一的、说教式的文化传播策略。于此，中央电视台播出的《中国诗词大会》就是成功的探索，该节目以古典诗词为载体，通过演播室比赛形式，综合运用舞美、动画、音乐等视听手段，配以专家点评解说、场内外互动等环节，激发了全社会赏读古诗词的热情。另一方面，应大力推动新媒体聚焦传统文化的甄别与传播。于此，“短视频＋传统文化”的新模式值得特别关注。近年来，以抖音、快手等为代表的短视频媒体推出大量以传统文化为内容的单件产品或专题直播等，使传统文化获得了崭新场景和个性表达，也为甄别、辨析、传承、发展等工作提供了新的空间和契机，值得进一步探索与实践。

完善法律，避免传统文化糟粕沉渣泛起。“传统文化在其形成和发展过程中，不可避免会受到当时人们的认识水平、时代条件、社会制度的局限性的制约和影响，因而也不可避免会存在陈旧过时或已成为糟粕性的东西。”[①] 今天，因受限于认识水平或有意识地借机敛财而继续组织、参与与传统文化糟粕内容有关的活动者，仍不时出现。如 2017 年先后引发全社会关注的“丁璇风波”和“康金胜风波”，丁璇和康金胜的“女德班”打着传承传统文化的幌子，宣扬“女孩带的最好嫁妆就是贞操”“女子就该在最底层”等“男尊女卑”糟粕思想。从传统文化甄别辨析视角来看，对于上述行为，不仅应从道德上予以谴责，还应该完善相关的法律法规，从法制层面予以约束和惩戒，以有效防范传统文化糟粕沉渣泛起。

（三）系统研究、创新范式，绌绎“中国方案”

推动中华优秀传统文化创造性转化与创新性发展，核心在于转化、发展传统文化中具有普遍意义和永恒魅力、符合时代诉求和实践要求、契合全人类共同价值和促进全人类共同发展的文化精华，关键则在于对这些精华作系统地研究与阐发。在中国特色社会主义新时代，对中华优秀传统文化的系统研究应立足“中国问题”，创造“中国方法”，通过研究范式和体制机制的创新，打造“中国学派”，最终构建起具有中国底蕴、中国特色的学术体系、思想体系与话语体系，为世界和平与发展提供“中国智慧”和“中国方案”。

---

① 习近平：《在纪念孔子诞辰 2565 周年国际学术研讨会暨国际儒学联合会第五届会员大会开幕会上的讲话》，《人民日报》2014 年 9 月 25 日。

1. 强化问题意识，回应“中国问题”

作为人类认识的强大动力，“问题意识”是学术研究与探索的核心问题，尤其是近年来，国内学术研究日益成熟与规范，有没有问题意识往往是判断一项研究成功与否的重要显化标准。对优秀传统文化的系统研究而言，问题意识更显重要，因其研究对象往往是与现实社会、现实生活有一定距离的历史传统，如果缺乏明确的、有力的问题意识，相关研究便既无益于传统文化的传承与发展，也无助于现实问题的解释与解决。

所谓“问题意识”，有学者认为是指人对自己周围的各种现象尤其是在自己研究的领域里不采取轻信的态度，而总是自觉地抱着一种怀疑的、思索的、弄清楚问题的积极态度[①]，也有学者认为是指焦点意识、重点意识、聚焦意识、中心意识或者研究的立足点、关怀所在[②]，等等。总之，问题意识是以反思的而非盲从的态度使研究聚焦于对某一问题的解决或推进上。根据来源的不同，问题意识可笼统分为两类：一为理论问题意识，一为现实问题意识。前者主要来自文本，后者则主要来自生活世界。不同研究领域所需问题意识各有侧重，但总体上需要二者兼具，其中又以来自生活世界的问题意识更具根本性。尤其是人文、社科、艺术等研究领域，概念、观念、思想往往不会凭空产生，而是以问题意识为前提与根据。

作为中华优秀传统文化的重要组成部分、中国古代思想文化的重要形态，宋明理学本身就是在问题导向下系统研究并转化发

---

① 俞吾金：《问题意识：创新的内在动力》，《浙江日报》2007 年 6 月 18 日。

② 王学典：《历史研究为什么需要“问题意识”——与青年学生谈治学之二》，《北京师范大学学报（社会科学版）》2020 年第 6 期。

展传统文化的产物和典范。唐宋之际，“儒门淡薄，收拾不住，皆归释氏”，儒、释力量的失衡给社会治理和社会发展带来诸多困扰。正是为解决这些问题，宋代学者开始思考如何接续发展孔孟道统以应对佛教挑战，并在这一问题意识或谓历史使命驱动下创发形成了理学。早期理学家张载“为天地立心，为生民立道，为往圣继绝学，为万世开太平”① 的名言，便集中体现了理学的使命与追求。理学成为宋元明清几个朝代儒家思想与社会意识形态的主流，影响中国数百年，源于其明确的问题意识和对历史传统的有效转化。

不仅理学，历史上凡是产生过深远影响的思潮、事件，无不是敏锐地发现了时代的诉求，并通过对历史传统的转化与发展担负起时代的使命，解决了时代的课题。值此之故，强化中华优秀传统文化的系统研究，也应坚持问题导向，强化问题意识，立足“中国问题”，解决“中国问题”。

进入中国特色社会主义新时代，“中国问题”展现出新的内涵与特征。2021 年，中国宣布全面建成小康社会，历史性地解决了绝对贫困问题，接下来将奋力全面建成社会主义现代化强国。与此同时，中国也面临复杂的国际形势，全球政治进入风险高发期，全球经济进入长期停滞新常态，全球治理进入治理赤字新格局，可谓“百年未有之大变局”。在这样的变局中，如何推动国内经济、政治、文化、社会、生态等领域持续改革、发展以实现中华民族伟大复兴，如何向世界讲述崛起的中国并处理好与世界的关系，都是时代提出的最为重要、最为迫切的课题。

---

① 张载：《张子全书》，林乐昌编校，西北大学出版社 2015 年版，第 259 页。

只有从“中国问题”出发，才能对传统文化作出准确甄别与有效辨析；只有力图解决“中国问题”，才能在优秀传统文化研究阐发中取得富有创新性、系统性的成绩，使优秀传统文化在全面建成社会主义现代化强国与中华民族伟大复兴过程中充分发挥精神动力的关键作用。

2. 立足中国实践，创造“中国范式”

强化优秀传统文化的系统研究，不仅要立足“中国问题”，还要发展出能够切实解释“中国实践”、解决“中国问题”的理论、方法与话语体系，亦即发展出具有中国特色的研究范式。“中国范式”的创造，应在对中国实践、中国问题进行深入调查研究的基础上，对优秀传统文化进行多学科、跨学科的深度冶炼，提炼出对中国实践具有强大解释力、对中国问题具有强大解决力的理论、方法和话语，使其具有更长远的价值和更加旺盛的生命力。

古代中国在漫长历史中形成了独具特色的传统文化研究范式，其中尤以经学最具代表性。自汉武帝采用董仲舒“推明孔氏、抑黜百家”之策以至清末废除科举，其间两千年可统称“经学时代”。经学范式对于传统文化的研究、传承和传统社会的治理、稳定发挥了重要作用。但近代以来，面对“三千余年一大变局”，经学范式力有不逮，终被西方传入的现代学术尤其是科学范式所取代。一百多年来，多数重要历史关口，“中国实践”的解释与“中国问题”的解决往往都是依靠西方现代学术提供的理论与方法。西学为近代以来中国革命、建设尤其是改革开放以来的改革、发展提供了重要的理论、方法与话语支撑，中国的救亡图存、发展壮大在很大程度上得益于西学。

但是，西学毕竟是基于西方历史与实践的产物，其在解释

“中国实践”、解决“中国问题”时难免出现“水土不服”。尤其是近年来，中国各领域高速发展，有些西学理论的解释力、解决力明显不足，这已引起学界广泛关注。有学者提出，应加强发展本土原创理论，推动实现1949年以来“第三次学术大转型”[①]。立足“中国实践”、强化优秀传统文化研究，并从中发掘内生思想资源，无疑是这一学术转型的题中应有之义。

在创造“中国范式”的意义上强化优秀传统文化的系统研究，首先要按照现代科学研究方法和先进技术手段对传统文化予以全面梳理、系统整理，这是系统研究的前提和基础。于此，国内正在开展的部分古籍整理工程如北京大学的《儒藏》、四川大学的《儒藏》以及山东大学的《子海》、“汉籍合璧”等，都已取得重要进展和成果。这些工作本身就是优秀传统文化系统研究的一部分，为进一步提炼与萃取优秀传统文化提供了条件和可能。

更为重要的是，“中国范式”的创造要按照现代业已成熟的科学研究方法对传统文化进行冶炼与萃取，亦即按照分科治学原则进行分门别类的研究，并进一步按照学科交叉、学科融合原则进行跨学科综合研究，以萃取形成更加符合现代社会、经济、文化发展要求的概念、观念、理论与方法。于此，近世学界已有所探索。如社会学家费孝通提出的“差序格局”，就是受传统儒家以“爱有差等”等原则建立的礼治秩序的启发，并予以社会学提炼和改造而形成的概念，以此来解释中国传统社会的社会结构、道德观念等相关问题。再如，近年来加拿大学者贝淡宁提出的

① 王学典：《迎接第三次学术大转型》，《中华读书报》2022年5月6日。

“贤能政治”，即是受传统儒家“选贤任能”观念启发并予以现代政治学改造而形成的概念。类似的例子还有不少，值得进一步研究与探索。

3. 创新体制机制，打造“中国学派”

优秀传统文化的系统研究以“中国问题”为起点，以“中国范式”为方法，其成熟和繁荣则以形成“中国学派”为重要标志，即形成众多以中华传统文化为思想资源、以“中国范式”解释、解决“中国问题”的规模化、特色化研究团队。由此，优秀传统文化研究“中国学派”的形成，核心在人才，关键在体制机制创新，尤其需要鼓励创新研究的良好氛围、公平合理的人才引育与评价机制、各具特色的文教科研机构和分工协作的协同研究机制。

形成鼓励传统文化创新研究的良好氛围，为“中国学派”的打造培育生长沃土。中外历史经验教训一再表明，自由宽松的氛围是学术研究和创新的前提。就中国历史而言，宋代尊重士人，鼓励知识生产与思想创新，儒释道等各种学术激荡互鉴，“庆历之际，学统四起”，涌现出大量知名学派；清代虽比宋代有更为丰富的文化积累，但多个皇帝大兴“文字狱”，打压士人，钳制思想，终无太多知识与思想创造。当今推动打造优秀传统文化研究的“中国学派”，应营造鼓励创新研究的良好氛围，破除传统文化研究的各种思想桎梏，使研究主体拥有更多自主性，并从物质精神激励、知识产权保护等方面予以支持。

形成公平合理的传统文化研究人才引育与评价机制，为“中国学派”的打造提供核心动能。优秀传统文化的系统研究离不开人才支撑，“中国学派”的打造更是需要高端人才和特色人才，这些都离不开公平、合理、高效的人才引育与评价机制。从人才引育角度来说，应创新聘用制度，通过直接聘用或设置荣誉职位、兼职、特聘等柔性聘用方式，将不同国度、不同地区甚至不同行业、专业的专家学者会聚起来，形成某一专题或课题的强势研究力量；同时，注重对青年人才的培养，激发其投身传统文化研究的热情与智慧，形成合理的人才梯队。从人才评价角度来说，应改变唯论文数量以及以刊评文等不合理现象，在传统文化研究人才认定、职称评审、奖项评选等方面设置更加多元的评价标准，形成更加合理的评价体系。

形成一批各具特色的传统文化科研教育机构，为“中国学派”的打造提供平台支撑。中外历史上著名学派的形成都离不开科研教育机构的支撑，如宋代中国之所以学术繁荣、学派林立，便与宋初开始兴起的“书院”密不可分。“自五代以来，天下学校废，兴学自殊始”，说的便是晏殊与范仲淹兴办应天书院之举。宋代书院既是教育机构，承担着培养人才的重要职能，同时也是各学派的重要阵地，使学派形成一定的辨识度，如作为宋学重要源头的泰山学派便主要依托于泰山地区的泰山书院与徂徕书院。近年来，全国各地纷纷成立各类传统文化科研教育机构及民间组织，对传统文化的系统研究与传承弘扬发挥了重要影响，但也需进一步强化特色，务实研究，多出精品，开放交流，真正发挥平台效应。

构建分工协作的协同研究机制，为“中国学派”的打造提供合作共享的畅通渠道。一个学派的形成或依托师承，或依托地域，或依托共同的理论旨趣、研究方法等，学派成员并不一定从属于同一机构或组织，这就需要不同机构或组织之间的分工协作。中华优秀传统文化的系统研究更是如此。传统文化博大精深、内容丰富，地域、机构间文化资源不均衡，靠“单打独斗”难以形成全面、深入、系统的研究，需要不同地域、不同文教科研机构之间建立分工协作的协同研究机制。于此，“儒家文明协同创新中心”已经从体制机制上作出有益探索。儒家文明省部共建协同创新中心肇端于 2012 年，由山东大学牵头组织，协同清华大学、北京师范大学、浙江大学、四川大学、华东师范大学、曲阜师范大学等单位，依据科学研究、学科建设、资政育人“三位一体”方针，通过体制机制创新，凝聚海内外儒学研究力量，加强中华传统文化领域的协同研究与实践，推动中华优秀传统文化的创造性转化与创新性发展，打造中国乃至世界儒家文明传承创新的重镇。

4. 扩大交流互鉴，提供“中国方案”

中华优秀传统文化的系统研究不仅要立足中国，还要放眼世界，通过“引进来”与“走出去”等方式扩大对外交流，加强互通互鉴，实现问题意识的全球化、研究范式的前沿化和研究学派的本土化，将传统文化中契合全人类共同价值、促进全人类共同发展的精华内容挖掘阐释出来，为化解全球性风险与危机、推动全人类共同发展贡献“中国智慧”与“中国方案”。

文明因多样而交流，因交流而互鉴，因互鉴而发展。人类历史上，凡是文化勃兴、文明发展的时期往往伴随着不同文化、文明之间的交流与互鉴。比如唐宋之际的中国，儒、释、道三家激烈交锋，知识分子泛滥诸家，儒家借鉴佛道创发形成了理学这一影响中国近千年的重要思想文化形态，佛教也受儒道影响而发展出了高度中国化的宗派。再如从 16 世纪开始的“西学东渐”，尤其是近代以来西方科学、民主等思想的传入，也极大改变了中国学术、思想的生态，对中国革命、建设、发展影响巨大。这些历史不断提示后来者，文化发展绝不能闭门造车。传统文化的系统研究也是如此，虽然其以中华文化为研究对象，以中国问题、中国实践为立足点、出发点，其视野却不能固封于一隅，而应向世界和人类敞开，面向“世界问题”“人类问题”而展开，致力于解决全球性风险与危机，推动全人类共同发展。

既然传统文化研究应面向“世界问题”“人类问题”而展开，中外交流互鉴便是题中应有之义。国内传统文化研究界应注重“引进来”“走出去”，加强与其他国家、地区、文化间的学术思想交流与互鉴。一方面，中外交流互鉴应注重有形交流，打造高品质的平台载体。如太湖世界文化论坛、尼山世界文明论坛等，都是近年来较有影响力的由中国举办的世界级文明交流对话平台。其中，始于2010年的尼山世界文明论坛是以世界文明对话为专有主题的文明交流互鉴平台，在国内初步形成了“南博鳌、北尼山”的论坛格局。另一方面，中外交流互鉴也应注重无形交流，深度学习吸收其他国家和地区系统研究传统文化的理论和方法。西方同中国一样有悠久的历史传统，近代以来也同样面临系统研究传统文化的课题，其间涌现出各式各样的理论与方法，吸取其经验教训有助于当前中华优秀传统文化的系统研究。

在中外交流互鉴过程中，中国还应勇于向世界提供“中国智慧”“中国方案”。当今世界正经历百年未有之大变局，世界多极化、经济全球化、社会信息化、文化多样化深入发展，同时，不稳定、不确定因素也在增加，全球经济低迷，单边主义、保护主义抬头，网络安全、重大传染性疾病、气候变化等非传统安全威胁持续蔓延，国际秩序和全球治理体系受到冲击。尤其是近两三年来，叠加新冠疫情的影响，国际经济、科技、文化、安全、政治等格局都在发生深刻调整，世界进入动荡变革期，人类生产生活面临前所未有的挑战和考验，这些问题的解决有赖于各国、各地区、各文化给出有效解决方案。中国理应将基于中华优秀传统文化的系统研究而形成的“中国范式”“中国智慧”“中国方案”不断与全世界分享，并使其在分享过程中得到检验和修正，推动“中国方案”的不断完善和全球性问题的有效解决。

三、充分发挥中华优秀传统文化资政育人的强大功能

中华优秀传统文化蕴含着丰富的治国理政智慧，在政治建设、经济发展、社会管理以及生态文明等方面提供重要借鉴。中华优秀传统文化是中华民族最深厚的软实力，有利于增强社会主义文化自信、社会主义意识形态认同以及中华民族伟大复兴的凝聚力。博大精深的中华优秀传统文化已经沉淀为我们的精神命脉，是中华民族在世界文化激荡中站稳脚跟的根基。中华优秀传统文化蕴含着丰富的思想道德观念，是涵养社会主义核心价值观的重要源泉，为培育时代新人提供了宝贵资源。

（一）中华优秀传统文化蕴含着丰富的治国理政智慧

习近平总书记指出：“中国优秀传统文化的丰富哲学思想、人文精神、教化思想、道德理念等，可以为人们认识和改造世界

提供有益启迪，可以为治国理政提供有益启示。”[①] 比如，传统文化中的“天人合一”思想，不同于西方“主客二分”的文化模式，主张人与自然和谐相处、共生共在。我们提出的“建设美丽中国”“绿水青山就是金山银山”“加快生态文明体制改革”等重要论断，就借鉴了这种顺应自然的优秀传统文化精神。

1. 中华优秀传统文化中的政治建设借鉴

人类追求美好社会的愿望是相通的，中华优秀传统文化中的“大同社会”理念给我们提供了重要借鉴。“天下大同”是古代社会所希冀的政治理想，在这种不分彼此、各得其所的“大同之世”中，“大道之行也，天下为公。选贤与能，讲信修睦，故人不独亲其亲，不独子其子，使老有所终，壮有所用，幼有所长，矜寡孤独废疾者，皆有所养。男有分，女有归。货，恶其弃于地也，不必藏于己；力，恶其不出于身也，不必为己。是故，谋闭而不兴，盗窃乱贼而不作，故外户而不闭，是谓大同。”（《礼记·礼运篇》）其中，“天下为公”是关于财产公有、权利分享、社会共建的构想。在这种公正无私的社会氛围中，有贤德的人管理社会事务，每个人都尽力尽责，共同为建设美好社会贡献才智；“讲信修睦”是规范人与人之间关系的行为准则，在这种讲求信义、推行和睦的道德状况下，“男女老少”各司其职、各得其所，“矜寡孤独废疾者”都能得到社会供养。这种人人劳作、互相帮扶的社会制度中，潜移默化地形成了“四海一家”（《荀子·议兵》）、“和衷共济”（《尚书·虞书·皋陶谟》）的生活理念。

① 习近平：《在纪念孔子诞辰 2565 周年国际学术研讨会暨国际儒学联合会第五届会员大会开幕会上的讲话》，《人民日报》2014 年 9 月 25 日。

中国人民将这种美好生活愿景带给世界各国人民，中国推动建设人类命运共同体是对传统文化“大同世界”构想的当代超越。习近平总书记指出：“当今世界，人类生活在不同文化、种族、肤色、宗教和不同社会制度所组成的世界里，各国人民形成了你中有我、我中有你的命运共同体。”[①] 唯有超越族别、国界以及区域的狭隘划分，立足人类社会整体视域，才有可能解决当代世界的共同难题，构建人类命运共同体。创新发展优秀传统文化的“和合”精神，方可以“协和万邦”（《尚书・尧典》）理念推进世界和平发展。在处理各国争端方面，中华优秀传统文化一直秉持“求同存异”的态度，认为“物之不齐，物之情也”（《孟子・滕文公上》），主张“智者察同，愚者察异”（《黄帝内经・素问》），强调“海纳百川，有容乃大”（清・林则徐）。在处理国家关系方面，中华优秀传统文化认为“和也者，天下之达道也”（《中庸》），主张“处大国不攻小国，处大家不篡小家，强者不劫弱”（《墨子・兼爱中》），强调“己所不欲，勿施于人”（《论语・颜渊篇第十二章》）。优秀传统文化为我国倡议建设平等公正的全球治理秩序、构建“新型大国关系”提供了文化自信，也为那些希望保持民族独立性的国家实现现代化提供了重要理念支撑。

2. 中华优秀传统文化中的经济发展借鉴

中华优秀传统文化有着辩证的义利观传统，“见利思义”（《论语・宪问》）、“以义制利”（《荀子・正论》）、“义以生利”（《国语・晋语一》）等重要观念，涉及经济思想史上的财富论、利益

① 《习近平谈治国理政》第 1 卷，北京，外文出版社 2018 年版，第 261 页。

论等重要范畴，关系到经济社会发展和国计民生。中华传统文化既有“重义轻利”的观点，也有“利义并重”的主张，还有“以利为先”的论述，并没有在否定一方的基础上只承认另外一个方面的合理性，而是把“义”与“利”有机联系起来。从本质上而言，中华优秀传统文化没有截然隔断“义”与“利”的内在关系，而是强调“义利兼顾”，反对“一己私利”以及“不义富且贵”等极端逐利行为。子曰：“富与贵，是人之所欲也；不以其道得之，不处也。”（《论语·里仁》）这里的“道”并不是高深的哲理玄思，而是正确获取财富的根本遵循，按照儒家思想的文化传统，凡是符合礼法、仁德以及信义的就符合“道”，也就达成了人们得以获利的基本条件。用通俗的语言来表述，恪守社会秩序、讲究诚实守信是个人能够获益的前提，尤其是在市场经济日益成熟完善的现代社会，每个人的经济活动既要遵守自由交易的市场秩序，更要遵循约定俗成的经济伦理，才能成为大家称赞的致富带头人，进而带动形成风清气正的共享共富氛围。

推动“义利观”的创新性发展和创造性转化，让经济伦理和市场正义扎根于每个人的心灵，引导每一个人在追求个体利益的同时兼顾社会利益，最终达成同舟共济、共享发展、共同富裕的美好生活愿景，是新时代中国特色社会主义发展的必然要求。中国创新发展中华优秀传统文化，倡导并身体力行新时代“义利观”，强调“计利当计天下利”，这成为中国在国际上弘扬公平正义、增强凝聚力和感召力的鲜明形象。习近平总书记指出：“政治上坚持正义、秉持公道、道义优先，经济上坚持互利共赢、共同发展。要找到利益的共同点和交汇点，有原则、讲情谊、讲道义，多向发展中国家提供力所能及的帮助。”[①] 我们秉承“道义优先”的义利观，欢迎全球各国搭乘中国现代化快速发展的“顺风车”，致力于建设共赢共享、普惠各方的经济全球化，这种“义利观”着眼于人类社会整体想问题、办事情，能够推动各国通过互惠互利取得经济合作共赢成果。只有充分考量合作各方尤其是发展中国家的利益，在经贸领域、基础建设以及技术交流等方面多予少取，才能营造全球经济稳定发展的新态势。在全球经济增长缓慢、动能不足的时代背景下，世界经济稳定发展亟待通过加强合作来推动。中华优秀传统文化强调“义胜利者为治世，利克义者为乱世”（《荀子·大略》），彰显出宝贵的借鉴价值；我们推动共建“一带一路”高质量发展，充分展现了互利合作、共赢共享的中国担当。

3. 中华优秀传统文化中的社会建设借鉴

“民本思想”是中华优秀传统文化的重要内容，也是历代思想家着力维护的核心理念。中国的经典文化古籍记载着许多“爱民、养民与治国”之间关系的重要论述。先秦时期的诸子百家就已经认识到“以民为本”的重要性，比如，管子在答询齐桓公“何谓其本”的疑问时，提出“齐国百姓，公之本也”（《管子》），孟子则直接提出“民贵君轻”的观点。中华优秀传统文化之所以一直强化“重民”传统，视人民为国家社稷的根本、君王执政的前提，是因为“君者，舟也；庶人者，水也。水则载舟，水则覆舟。”（《荀子·哀公》）由此以来，“得民心者得天下”的思想广为流传，“主之本在于宗庙，宗庙之本在于民”（《吕

① 人民日报评论部：《习近平用典》，北京，人民日报出版社 2015 年版，第 177 页。

氏春秋·务本》)，“民为邦本，本固邦宁”(《尚书·夏书·五子之歌》)的观念源远流长。从孔夫子到孙中山，从“三民主义”到“全心全意为人民服务”，中华优秀传统文化蕴含的民本思想在现代社会得到了创造性转化和创新性发展。无论是在革命年代和建设时期，还是在改革开放的伟大实践中，中国共产党始终秉持为人民服务的宗旨，践行“从群众中来，到群众中去”的工作路线，不断提高人民群众的生活水平、不断满足人民群众的生活需要。

中国特色社会主义进入新时代以来，以习近平同志为核心的党中央坚持以人民为中心的发展思想，赋予人民主体地位以新的内涵。一是将传统民本思想上升到法治高度，形成“以民为本、立法为民”的执政理念；二是充分吸收中华优秀传统文化的民本思想精髓，批判性继承“政之所兴在顺民心，政之所废在逆民心”(《管子·牧民》)，发扬尊重群众、向人民学习、为人民群众服务的光荣传统；三是继承发扬“故君人者，爱民而安，好士而荣，两者无一焉而亡”(《荀子·君道》)蕴含的理念，形成“不断满足人民群众日益增长的美好生活需要”的发展目标，牢固确立起人民群众的主人翁地位和中华民族伟大复兴的主导力量地位。中国共产党尊重人民主体地位，视人民群众为“真正的英雄”。习近平总书记强调：“70年来，全国各族人民同心同德、艰苦奋斗，取得了令世界刮目相看的伟大成就。”[①] 中国共产党有执政为民的情怀，有领导全国各族人民实现中华民族伟大复兴的担当，从全面建成小康社会、脱贫攻坚取得全面胜利，到迈进

① 习近平：《在庆祝中华人民共和国成立70周年大会上的讲话》，《人民日报》2019年10月2日。

实现共同富裕的现代化新征程，中国共产党以人民为中心的发展思想超越了传统民本观，体现了党性与人民性的有机统一。不仅如此，中国共产党还吸纳“出入相友，守望相助，疾病相扶持”（《孟子·滕文公上》）的智慧，致力于为人类作出新的更大贡献，坚持和平对话解决争端、共同协商化解分歧，推动建立惠及世界各国人民的全球治理框架，积极为全球各方尤其是发展中国家作出力所能及的贡献。

4. 中华优秀传统文化中的生态文明借鉴

中国有着不同于西方“主客二分”的思维方式，强调“天人合一”“三才之道”，即认为天道、地道以及人道是一个有机的生命体，因而强调人与自然和谐共生，提出了诸多人与自然相互促进的真知灼见，如“人法地，地法天，天法道，道法自然”（《道德经·第二十五章》）、“民，吾同胞，物，吾与也”（张载：《西铭》）等。中华优秀传统文化认为人是自然的产物，人类不能凌驾于自然之上，古代先贤反对“涸泽而渔”的生活方式，认为无休止向大自然索取的行为是错误的；不仅如此，古代先贤们还认识到自然有其可兹人类利用的规律，因而人们应该“不与天争职”，并且“敬其在己者”，也就是说，人们既要遵守自然之法，又要发挥主观能动性。如荀子认为，要“制天命而用之”，从而达到造福人类的目的。法家主张“人与天调”，人类要遵循万物生长的自然规律。道家则要求采取“无为而治”的态度对待自然界，不要违背自然界的规律以及生态平衡的原理。概而言之，中华优秀传统文化认识到自然生态的发展规律，“不为尧存，不为桀亡”，同时强调人与自然相互依存的紧密关系和内在统一，重“时”尚“中”、“以时禁发”、“钓而不纲，弋不射宿”。这些历久弥新的优秀传统文化思想，是当代社会亟待挖掘和发扬的生态智慧。

中国共产党倡导可持续发展理念，与中国古代先贤的生态智慧高度契合。党的十八大将生态文明建设纳入“五位一体”总体布局，党的十九大提出“加快生态文明体制改革”，确立建设美丽中国目标。中国共产党传承古代先贤的“系于苞桑”的生态意识，营造“乐山乐水”的生态境界，以实现“天更蓝、山更绿、水更清、环境更美”的发展目标。基于改革开放以来的环境问题以及全球范围内的生态失衡态势，中国创新性地继承“人与自然和谐”的整体发展观，提出“生态兴则文明兴，生态衰则文明衰”的重大论断，积极践行人与自然和谐共生、促进人与自然共同发展。不仅如此，中国还积极借鉴“天行有常”“人与天调”的生态智慧，通过发挥自身的主动性和积极性，有针对性地开展有中国特色的“绿化之路”，坚决打赢污染防治攻坚战。习近平总书记提出：“绿水青山就是金山银山。”① 绿色发展、科学发展、可持续发展是中国式现代化的必然要求，“两山论”创新性发展了中华优秀传统文化的生态智慧，指引中国创造出人类文明新形态。2015 年 11 月，习近平主席在巴黎出席气候变化领导人峰会时指出：“应对气候变化是人类共同的事业。”② 中国言行一致、率先垂范，庄严作出碳达峰、碳中和的承诺，创造了绿色、低碳、创新发展的社会主义现代化道路，为打造多元共生的全球生

① 中共中央文献研究室：《习近平关于社会主义生态文明建设论述摘编》，北京，中央文献出版社 2017 年版，第 23 页。

② 习近平：《携手构建合作共赢、公平合理的气候变化治理机制——在气候变化巴黎大会开幕式上的讲话》，北京，人民出版社 2015 年版，第 8 页。

态系统提供了中国智慧和治理方案。

中华优秀传统文化中的治国理政智慧，之所以能够为中国特色社会主义制度和国家治理体系提供重要借鉴，在于我们予以批判性地继承与发扬，把跨越时空、超越国度、富有永恒魅力又具有当代价值的优秀传统文化予以创造性转化与创新性发展。根据马克思主义基本原理，新事物是从旧事物这一‘母体’中孕育而生，既否定了旧事物中消极过时的因素，又保留了旧事物中合理有效的因素，同时还增加了旧事物中所没有包含的新内容，从而解释新经验，解决新问题。比如，“立君为民”“民为邦本”“民贵君轻”等传统文化理念，并没有“人民的统治”“自治的人民”“为人民服务”的现代内涵，我们只有合理吸纳古代民本观念的“合理内核”，又注重克服其“文化糟粕”，才能在新的历史条件进行辩证扬弃，确立“以人民为中心”的科学立场。

（二）中华优秀传统文化是意识形态和文化建设的深厚源泉

作为中华民族最深厚的软实力，中华优秀传统文化已经成为中国的突出文化优势。习近平总书记指出：“无论哪一个国家、哪一个民族，如果不珍惜自己的思想文化，丢掉了思想文化这个灵魂，这个国家、这个民族是立不起来的。”[①] 历史以血的教训告诉我们，抛弃或者背叛自身历史文化的民族，必然上演一幕幕历史悲剧。中华优秀传统文化凝聚着华夏儿女的共同精神家园，是维持全体中国人的精神纽带，利于当代中国坚定文化自信、汇聚磅礴力量、提升国家形象。中华优秀传统文化所蕴含的“道法自

① 习近平：《在纪念孔子诞辰2565周年国际学术研讨会暨国际儒学联合会第五届会员大会开幕会上的讲话》，《人民日报》2014年9月25日。

然”“和为贵”以及“天下兴亡、匹夫有责”等理念，为解决人类共同面临的问题和困境提供了思想之源。

1. 中华优秀传统文化有助于增强社会主义文化自信

中华优秀传统文化有着兼容并蓄的精神传统，从“周虽旧邦，其命维新”（《诗经·大雅·文王》）到“苟日新，日日新，又日新”（《礼记·大学》），这种革故鼎新的文化传统必然能够破除“文化保守主义”种种干扰。比如，照搬照抄传统文化礼仪、固守传统文化理念的文化复古主义在新时代是行不通的，把传统文化当成解决中国现代化问题的灵丹妙药，甚至试图以复兴传统文化替代马克思主义的“新儒学理论”也是不得要义的，忽视文明互鉴、排斥西方文明的“本土主义”在实践上更是错误的。对优秀传统文化的革故鼎新，当然要剔除传统思想糟粕，形成与新时代社会实践相适应的价值理念。新时代的价值理念应当是大众日常生活的合理表达，进而固化为群众日用而不觉的社会意识和风俗习惯。实际上，中华优秀传统文化为中国大众普遍认同，成为当下社会意识形态的重要组成部分。而中华优秀传统文化的精神涵养，又使得社会主义意识形态更具民族底蕴和中国特色，如新时代中国特色社会主义“以人民为中心的发展思想”以及“人类命运共同体”理念，就与中华优秀传统文化“民为邦本”“天下大同”等理念密切相关。正是在此意义上，习近平总书记强调：“对中国人民和中华民族的优秀文化和光荣历史，要加大正面宣传力度，而且要经常讲、反复讲。”[①] 概言之，中华优秀传统文化蕴含的价值理念，已经融入当下社会的日常生活，成为强化

① 中共中央文献研究室：《习近平关于社会主义文化建设论述摘编》，北京，中央文献出版社2017年版，第34页。

社会主义意识形态认同的有机因素。

传承弘扬中华优秀传统文化，能够有效地整合多元社会思潮和大众意识，坚定中国特色社会主义共同理想，增强道路自信、理论自信、制度自信及文化自信。中国特色社会主义有着自身的历史逻辑和实践根基，中国式现代化不是西方现代化道路的“翻版”，也不是其他社会主义国家现代化模式的“再版”，中国现代化新道路扎根于中华优秀传统文化的土壤之中，从“不患寡而患不均”到“共同富裕”，从“天下为公”到“人类命运共同体”，中国式现代化道路在充分吸收借鉴中华优秀传统文化的基础上实现了涅槃重生，昭示着一种新文明形态的创造。习近平总书记指出：“要增强文化自信，在传承中华优秀传统文化基础上发展社会主义先进文化，加快建设社会主义文化强国。”① 社会主义先进文化积淀着中华优秀传统文化最深层的价值追求，成为支撑中华民族伟大复兴的精神力量。传承弘扬中华优秀传统文化，创新性发展社会主义先进文化，汇聚中国特色社会主义的文化力量，在文化发展逻辑上是清晰的，在社会实践层面是正确的。正是基于对中华优秀传统文化的创造性转化、创新性发展，中国特色社会主义文化得到全国各族人民广泛认同，中国特色社会主义成为中国人民的共同理想，新时代中国特色社会主义开启了中国现代化新征程，中国共产党带领人民创造了中国式现代化道路，为其他发展中国家进行现代化建设提供了中国智慧。中华民族从站起来到富起来、强起来，中国人民彰显出无比强大的自信心和自豪感。

---

① 中共中央文献研究室：《习近平关于社会主义文化建设论述摘编》，北京，中央文献出版社 2017 年版，第 18 页。

2. 中华优秀传统文化有助于增强中华民族伟大复兴的凝聚力

近代中国的落后固然与传统文化和封建习俗相关，但绝不能把旧中国落后挨打的根源归咎于“传统文化的遥远回响”，更不能把传统文化的糟粕等同于传统文化自身。文化虚无主义思潮的错误根源，就在于以片面的态度看待传统文化，用传统文化的落后因素否定其精华部分，进而主张全面否定传统文化，甚至热衷于“去中国化”“全盘西化”那一套削弱社会主义意识形态认同的种种论调。习近平总书记指出：“如果‘以洋为尊’、‘以洋为美’、‘唯洋是从’，把作品在国外获奖作为最高追求，跟在别人后面亦步亦趋、东施效颦，热衷于‘去思想化’、‘去价值化’、‘去历史化’、‘去中国化’、‘去主流化’那一套，绝对是没有前途的！”[①] 正确的思想是从批判错误思潮的过程中确立的，先进的文化是从超越落后文化的过程中形成的，建设社会主义先进文化必须注重从传统历史文化中吸收借鉴优秀养分，坚决抵制文化虚无主义以及全盘西化论的错误言论，从而推动中国特色社会主义文化繁荣发展，切实夯实社会主义意识形态的文化根基。实际上，正是基于中华优秀传统文化的丰厚滋养，中华文化才能建构自身的独特标识，中国特色社会主义才能形成自身的独特优势，从而强化社会主义意识形态根基和话语权。

传承弘扬中华优秀传统文化，能够更有效增强人民群众的理想信念，形成中华民族伟大复兴的巨大精神力量。习近平总书记指出：“中华民族生生不息绵延发展、饱受挫折又不断浴火重生，都离不开中华文化的有力支撑。中华文化独一无二的理念、智

① 中共中央文献研究室：《习近平关于社会主义文化建设论述摘编》，北京，中央文献出版社 2017 年版，第 9 页。

慧、气度、神韵，增添了中国人民和中华民族内心深处的自信和自豪。”[①] 在人类历史发展的滚滚长河中，中华民族历经战火动乱而绵延不绝，中华文明历经他国文明冲击而历久弥新，彰显了中华优秀传统文化的强大生命力。“天下兴亡、匹夫有责”的政治理念，“先天下之忧而忧，后天下之乐而乐”的社会抱负，“富贵不能淫，贫贱不能移，威武不能屈”的道德情操，是优秀传统文化的丰厚积淀，也是民族精神孕育而成的民族性格，根深蒂固的优秀传统文化已经成为中国人繁衍生息的文化血脉。当前，中国民族迎来伟大复兴的契机，我们必须大力弘扬优秀传统文化，构筑全体中国人的共有精神家园，将千千万万中华儿女团结在一起、凝聚在一起，为实现“中国梦”广泛凝聚共识。中国人历来就有文化自信的气度，有实现民族复兴的信心，这种自信气度与复兴信心汇聚成亿万中国人的强大精神力量，足以支撑中华民族实现现代化、实现共同富裕。

3. 中华优秀传统文化有利于增强社会主义意识形态认同

在经济全球化的历史进程中，西方文化在全世界开疆扩土，资本驱动下的娱乐经济为迎合市场而不断膨胀，甚至将中华传统文化裹挟其中，进而将之转变为资本逻辑下的文化消费品。文化消费主义固然能够推动经济快速发展、提升市场消费水平，然而它在本质上却在弘扬传播着资本主义属性的价值和观念，如建立于资本全球化基础之上的“新自由主义”“普世价值论”等，宣传资本市场的价值观念，必然在一定程度上削弱社会主义意识形态的基本功能。习近平总书记强调：“要坚决克服有些宣传报道

① 中共中央文献研究室：《习近平关于社会主义文化建设论述摘编》，北京，中央文献出版社 2017 年版，第 15 页。

脱离生活、不接地气、同群众贴得不够紧的问题，坚决克服一味迎合市场带来的低俗化现象。”[①] 传承弘扬优秀传统文化，能够保持中华民族的文化底色，有效抵制西方文化在国内扩张的风险，尤其能够瓦解资本主义消费意识形态的潜在渗透。中华优秀传统文化倡导“知足常乐”“淡泊明志”，告诫人们在欲望面前保持理智、在诱惑面前保持心智，如老子说“五色令人目盲，五音令人耳聋，五味令人口爽”，“重为轻根，静为躁君”，这告诉我们要警惕经济繁荣带来的物质诱惑、市场浪潮带来的消费主义。实际上，社会主义现代化一直强调“两个文明协调发展”，中国式现代化是富强民主文明和谐美丽的社会主义现代化，我们充分吸收借鉴中华优秀传统文化的思想智慧，必能克服资本主义“单向度”发展的现代化弊端，创造人类文明新形态，充分彰显中国特色社会主义的国际影响力和塑造力。

提升国家文化软实力，要“形于中”而“发于外”。习近平总书记强调：“把继承传统优秀文化又弘扬时代精神、立足本国又面向世界的当代中国文化创新成果传播出去。”[②] 为此，我们要做好传统文化资源的创造性转化，将古籍里的文字转化为通俗易懂的语言，把陈列的遗产转化为喜闻乐道的故事，让禁宫里的文物栩栩如生地鲜活起来。互联网已经成为各国文化竞争的主战场，直接关系到意识形态安全。我们要善于利用新兴媒体弘扬中华优秀传统文化，做好文化传播平台的“互联网 +”融合发展的

---

① 中共中央文献研究室：《习近平关于社会主义文化建设论述摘编》，北京，中央文献出版社 2017 年版，第 26 页。

② 中共中央文献研究室：《习近平关于社会主义文化建设论述摘编》，北京，中央文献出版社 2017 年版，第 201 页。

文章，让广大网民尤其是青少年群体乐于在网络空间获取优秀传统文化创新发展的精神滋养。

（三）以中华优秀传统文化涵养社会主义核心价值观

中华优秀传统文化是涵养社会主义核心价值观的重要源泉。“格物致知”“诚意正心”“修身”是对个人层面的要求，“齐家”则是社会层面上的要求，“治国、平天下”体现了国家层面的要求。习近平总书记指出：“我们提出的社会主义核心价值观，把涉及国家、社会、公民的价值要求融为一体，既体现了社会主义本质要求，继承了中华优秀传统文化，也吸收了世界文明有益成果，体现了时代精神。”[①] 历史反复证明，优秀传统文化是不能中断也无法中断的，博大精深的中华优秀传统文化已经沉淀为我们的精神命脉，成为中华民族在世界文化激荡中站稳脚跟的根基。

1. 中华优秀传统文化涵养国家层面的社会主义核心价值观

治国之道，国富民足。富强是国家现代化的首要目标，凝聚着中华民族的千年梦想，是中华优秀传统文化的精髓所在。中国古代君主的首要任务是富民强国，“主之所以为功者，富强也”（《管子·形势篇》）。儒家学说指出：“凡治国之道，必先富民。民富则易治也，民贫则难治也。”（《管子·治国》）这强调人民富裕则国家富强，将民富与国强统一起来，“富强”的目标在于君民共富、天下稳定。法家言：“明主者，通于富强则可以得欲矣。故谨于听治，富强之法也。”（《韩非子·八说》）国家实施一系列重农抑商、奖励农耕的举措，在于促进国家的富裕强大，“优先

① 中共中央文献研究室：《习近平关于全面建成小康社会论述摘编》，北京，中央文献出版社 2017 年版，第 115 页。

富国”是法家学说的核心诉求。由此观之，法家“富强先富国”的理念，重在增强国家的综合实力；儒家“富强先富民”的理念，重在人民生活水平的提高。前者注重国家整体实力，后者注重顺应民心。中华优秀传统文化蕴含的“富强”思想，为社会主义核心价值观提供了重要借鉴。社会主义核心价值观的“富强”，意在“国强”与“民富”的辩证统一，既要实现全面小康，推动人民群众迈进共同富裕，又要推动国家综合实力的全面提升。

民为邦本，本固邦宁。传统文化有着丰富的“民主”观念，从孟子的“民贵君轻”，荀子的“立君为民”，到黄宗羲的“民主君客”，古代中国的“民主”观念历经漫长的转变过程，始终坚持“民本主义”的传统。这种“民主”观念，不在于让人民参政改变君主的想法，而在于君主要顺民心、虚心纳谏，“道善则得之，不善则失之矣”（《礼记·大学》）。更为重要的是，要通过解决民生问题达成民主问题，比如，“国之兴也，视民如伤，是其福也”（《左传·哀公元年》）。实际上，中华优秀传统文化始终是在人民生存和生活的民生问题上论及民主，将解决民生问题视作民本、民主的基本前提，也就是说，只有人民生活富足安康，国家才能繁荣发展，这是中华优秀传统文化彰显的核心价值。社会主义核心价值观的“民主”观念，传承发展了古代中国的“民本”思想。习近平总书记强调：“人民对美好生活的向往，就是我们的奋斗目标。”[①] 中国共产党始终把人民群众看作国家主人翁，矢志不移为人民群众各项权利的实现而努力。对于中国而言，全过程人民民主不仅在于选举权和被选举权的保障，也不仅

① 中共中央文献研究室：《十八大以来重要文献选编》（上），北京，中央文献出版社 2014 年版，第 70 页。

在于直接选举和间接选举的落实，而在于能否真正汇聚民意、解决民生，更大程度地满足人民群众对于美好生活的需要。

见龙在田，天下文明。在传统文化典籍中，“文明”二字最早出现于《易经·乾卦·文言》，依据孔颖达的解释，“天下文明者，阳气在田，始生万物，故天下有文章而光明也”。实际上，文即“纹理”，意味着事物发展的“趋势”，或者说是“道”，即“日月相推而明生焉”(《周易·系辞下》)。“文明”既蕴含着“道”被理解并展现的过程，也意味着事物发展、社会进步的一种状态。中华优秀传统文化注重礼乐教化人民，通过洞察自然规律以及人性本质，形成和谐有序的社会生活。“刚柔交错，天文也；文明以止，人文也。观乎天文，以察时变；观乎人文，以化成天下。”(《周易·贲卦·彖辞》)这意味着文明的社会状态，要通过调节人际关系、人性修养等才能达成。由此可知，社会主义核心价值观的“文明”批判性发展了传统社会的文明观，既要求我们个人在道德修养上做到“自知者明”，同时要求建构能够教化大众的良好社会秩序，推动形成一种人与自然同生共存、人与人和谐相处的人类新文明形态，这意味着中国特色社会主义“五大文明”建设要相互协调、并行发展。

和实生物，协和万邦。古代中国特别注重“和”文化，强调“中庸之道”，“中者，不偏不倚，无过不及之名”(《四书章句集注·中庸章句》)，“乾道变化，各正性命，保合太和，乃利贞”(《易经·乾卦·彖传》)。对于古代先贤而言，“和”有着 3 个层面上的规定：一是人与自然的和谐，即“人法地，地法天，天法道，道法自然”(《老子·第二十五章》)；二是政治规则及其秩序的和谐，“发号出令而民说，谓之和”(《礼记·经解第二十六》)；

三是经济层面上的和谐，要在国富民强的基础上做到财富和收入的均等，“有国有家者，不患寡而患不均，不患贫而患不安”（《论语·季氏》）。社会主义核心价值观的“和谐”，继承和发展了古代中国的“和”的思想，追求作为人生智慧和处世规则的“和”文化。实际上，“和谐”更为强调人与自然、人与人之间的关系融洽，力求各安其位、各得其所，从而达到社会层面上的协调、有序。在国际关系上而言，这种“和谐”观必然要求中国现代化走和平发展道路，中国关于各国互相尊重核心利益、推动构建人类命运共同体的倡议，就是充分吸收借鉴古代中国“和文化”的必然结果。

2. 中华优秀传统文化涵养社会层面的社会主义核心价值观

为仁由己，无为而治。自由并不是西方文化所独有的价值理念，中华传统文化蕴含着丰富的自由思想，从陶渊明悠闲自得的生活状态，嵇康特立独行的处事风格，到李白潇洒乐观的人生态度，无不彰显着中国人独特的自由追求。中华优秀传统文化尤为珍视自由理念所弘扬的心理体验、生存状态，这种精神以及思想上的人格自由并不是特定意义上的绝对价值，而是一种符合自然规律以及社会规律的价值诉求。比如，道家讲精神上的自由，强调自由的真谛在于人与自然的和谐，“乘天地之正，而御六气之辩，以游无穷”（《庄子·逍遥游》）。儒家论及心灵上的自由，却格外强调自由不能违背“礼”，更不能破坏社会秩序，“从心所欲，不逾矩”（《论语·为政》）。由此观之，中华优秀传统文化中的“自由”是一个整体概念，强调个体自由和社会自由的有机统一。中国共产党有着自己的自由追求，“民族独立、人民解放，建立一个自由平等的新中国”是矢志不移的追求。社会主义核心价值观传承中华优秀传统文化中的“自由观”，倡导一种“复合”型自由观，这种自由观首先尊重人的生存权和发展权，保障每一个人基本生活的自由权利，其次是确保人民群众有“免于强制和干涉”的自由，能够自由而全面地发展。

列德尚贤，爱无差等。追求平等是人类社会的永恒主题，也是中华优秀传统文化的核心理念，“爱无差等”“有教无类”“兼爱”等经典文化语句，揭示了古代中国先人的平等观念。相对于道家倡导的“万物齐一”观念，儒家更为重视人与人之间的平等，儒家认为官无常贵、民无常贱，主张通过“论德而定次，量能而授官”打破阶级固化的藩篱，“王公士大夫之子孙也，不能属于礼义，则归之庶人。虽庶人之子孙也，积文学，正身行，能属于礼义，则归之卿相士大夫”（《荀子·王制》）。法家强调法律面前人人平等，“法不阿贵，绳不挠曲。法之所加，智者弗能辞，勇者弗敢争。刑过不辟大臣，赏善不遗匹夫”（《韩非子·有度》）。当然，古代的平等观并非绝对意义上的平等，而是奠基于“三纲五常”等封建等级秩序之上的平等。儒家所主张的平等观念，囿于自身的内在矛盾和冲突，是无法落实到位的。社会主义核心价值观所强调的平等，既不是古代严格等级秩序基础上的平等，也不是“大跃进”时期的绝对平均，它不仅涵盖物质层面、政治层面上的平等，还包括精神层面上的尊重，追求机会平等、过程平等以及结果平等的统一。

不殊贵贱，天下为公。“公正”是人类自古以来的社会理想。早在先秦时期，孔子提出：“大道之行也，天下为公。”（《礼记·礼运》）在儒家看来，公平正义如同日月光华，每一个人都应该被平等对待，“天无私覆，地无私载，日月无私照”（《礼记·孔子闲居》)。在法家看来,公平正义是国家存亡的根本,要为民公正,“正,是也。从止,一以止。凡正之属皆从正”(《说文解字》)。墨家则主张:“举公义,辟私怨。”(《墨子·尚贤上》)中华优秀传统文化中的公平正义理想,尤为强调为政者一心为公,如晋代傅玄主张:“政在去私,私不去则公道亡”(《傅子·问政》),唐代房玄龄提出:“理国要道,在于公平正直”(《贞观政要》),朱熹认为:“一心可以兴邦,一心可以丧邦,只在公私之间尔”(《二程语录》)。当然,公平正义是一个历史范畴,不存在适用于任何时代、一切社会的标准,我们要从社会经济关系的不同领域,正确把握好具体的公平正义内涵。

礼法共治,德刑合一。“法治”观念有着悠久的历史文化传统,“昔者先君桓公之地狭于今,修法治,广政教,以霸诸侯”(《晏子春秋·谏上九》)。这里的“修法治”“广政教”,已经蕴含着“法治”“德治”相结合的观念。儒家尤其是孟子倡导的“德治”,没有忽视“法治”的作用,荀子发展出“礼法并用”的观点。当然,从思想渊源上说,法家是中国历史上倡导“法治”的最重要学派,春秋时期管仲提出“依法治国”观点,“依法治国,则举措而已”(《管子·明法》);战国时期李悝的《法经》,已经形成了比较系统的封建成文法典。韩非子的法治思想强调法律面前人人平等,将法律视为“民之命”“治之本”,“明君使其群臣,不游意于法之外,不为惠于法之内,动无非法”(《韩非子·有度》)。这种颇具现代观念的法治思想,瓦解了“刑不上大夫、礼不下庶人”的等级基础,对中国法律的诞生产生了重大的影响,纠正了古代中国偏重宗法血缘和等级秩序的伦理观。在中国传统社会的治国理政实践中,“德礼为政教之本,刑罚为政教之用”（《唐律疏议》），“至道大行，隆礼至法，则国有常”（《荀子·君道》）。由此观之，“仁政”为体，“法治”为术，建构了传统社会礼法共治、德行合一、德法并用的法治传统。社会主义核心价值观倡导的“法治”，是国家治理的必然要求。这种“法治”观遵循法律至上、宪法至上的基本原则，坚持依法治国与以德治国相统一，从根本上体现了人民至上的价值理念。社会主义“法治”观既要求人民群众遵守具体的法律规定，又将这种法治精神融入公民的血液之中，真正做到内化于心、外化于行。

3. 中华优秀传统文化涵养个人层面的社会主义核心价值观

胸怀天下，心系家国。爱国精神是中华优秀传统文化的精髓，从“亲民如子，爱国如家”到“匈奴未灭，何以成家”，从“苟利国家生死以，岂因福祸避趋之”到“我自横刀向天笑，去留肝胆两昆仑”，从“革命尚未成功，同志仍需努力”到“为中华崛起而读书”，爱国精神沉淀于古代仁人志士的内心深处，成为中华优秀传统文化的精神灵魂。古代先贤所倡导的“先天下之忧而忧，后天下之乐而乐”，更是将“爱国”精神发展为每一个中国人的道德情操和精神情怀，成为凝聚中华儿女的强大精神感召力。社会主义核心价值观赋予“爱国”以新的内涵。“爱国”首先要爱祖国领土山河、民族同胞，更要自觉维护国家主权；“爱国”必须拥护社会主义制度、拥护中国共产党领导，这是中华优秀传统文化与马克思主义相结合、与中国现实相结合的必然结果。

敬业乐群，惟精惟一。中华优秀传统文化蕴含着“敬业”的光荣传统，中国先人有着乐于奉献的工作态度、恪尽职守的责任意识，比如，“大禹治水，三过家门而不入”（《史记·夏本纪》），

“事君，敬其事而后其食”（《论语·卫灵公》）的古训流传至今。对于古代社会而言，“敬业”是学生学习过程中的重要阶段，“一年视离经辨志，三年视敬业乐群”（《礼记·学记》），也就是说，学生要达成专心致志的工作态度、融洽相处的处世之道，这是一个人最重要的美德之一。儒家把工作上的“敬业态度”上升为“治国理政”的原则高度，“道千乘之国，敬事而信，节用而爱人，使民以时”（《论语·学而》）。正是依靠这种“业精于勤，荒于嬉”、“功崇惟志，业广惟勤”的一丝不苟的敬业精神，古代中国能够创造出享誉世界的“四大发明”。习近平总书记强调：“幸福不会从天而降，梦想不会自动成真。”[①] 社会主义核心价值观中的“敬业”，要求我们热爱工作、勤奋肯干、自律克制、勇于创新。

诚者天道，言信必果。在古代人的道德理论框架内，“诚与信”是不可分割的有机整体。“诚，信也”“信，诚也”（《说文解字》），“诚”是个人的内在修养，“信”是个人内在修养的外在表征，“诚信”要待人诚恳、信守承诺，“君子博学而孱守之，微言而笃行之，行必先人，言必后人，君子终身守此悒悒”（《曾子·立事第四十九》）。在儒家学说看来，“诚信”是对他人的一种庄重承诺，也是自我评价的社会标准：其一，“诚”是安身立命的根本，“诚者，勿自欺也”；其二，“信”要遵守承诺，“言之所以为言者，信也”。“诚信”观念是中华优秀传统文化的基本组成部分，也是社会主义核心价值观的重要思想渊源。在建设中国特色社会主义市场经济体制的社会转型期，我们要充分吸收借鉴优秀传统文化中的“诚信”思想，促进社会主义诚信观的弘扬倡导。

① 《习近平谈治国理政》第 1 卷，北京，外文出版社 2018 年版，第 44 页。

仁者爱人，止于至善。“友善”是中华民族的传统美德，是处理人际关系的基本准则，历来为中国仁人志士所倡导，“大学之道，在明明德，在亲民，在止于至善”（《大学·第一章》）。儒家倡导的“善”蕴含着“友善”的原初意义，道家提倡的“上善若水”则揭示了利人利己的人生智慧。实际上，传统文化的“友善”，意在形成一种和谐的人际关系，通过教化行善的道理，引导人们交友择善，促进形成互相关心、相亲相爱的道德社会。社会主义核心价值观创新发展中华优秀传统“友善”观，先是在家庭层面要“爱人爱亲”，然后推己及人、由近到远，友善地对待他人，倡导人与自然、人与人、人与社会和谐共处，进而内化为每一个人的自主选择。

抛弃传统、丢掉根本，就等于隔断了自己的精神命脉，那种历史虚无主义和民族虚无主义的言论是荒谬的，也是非常危险的。习近平总书记强调：“培育和弘扬社会主义核心价值观必须立足中华优秀传统文化。牢固的核心价值观，都有其固有的根本。”[①] 中华优秀传统文化有着鲜明的民族特色，有着永不褪色的时代价值，诸如“言必信，行必果”、“出入相友，守望相助”、“天下兴亡，匹夫有责”等，既有其自身精神的连续性和稳定性，又随着时代变迁而能够与时俱进。社会主义核心价值观是对中华优秀传统文化的传承发展，是我们生而为中国人的独特精神世界。

（四）用中华优秀传统文化培育时代新人

“道德当身，故不以物惑。”中华优秀传统文化蕴含着丰富的

① 中共中央文献研究室：《习近平关于全面建成小康社会论述摘编》，北京，中央文献出版社 2017 年版，第 112 页。

思想道德观念，在社会公德层面注重民族利益，在家庭伦理层面注重“人伦孝道”，在职业道德层面强调“忠恕之道”，在个人品德层面要求“道教为先、修身为本”，是社会主义公民道德建设理应挖掘的宝贵资源。习近平总书记指出：“我们要利用好中华优秀传统文化中的这些宝贵资源，增强人们的价值判断力和道德责任感，不断提高人们道德水平，提升人们道德境界。”[①]“国无德不兴，人无德不立”、“以身许国，何事不可为”、“鞠躬尽瘁，死而后已”、“君子不可以不修身”等优秀传统道德文化资源，为培育时代新人提供了重要的价值引领。

中华优秀传统文化有助于塑造时代新人的道德品格。“人无德不立”，中华优秀传统文化倡导德教为先、修身为本，尤为注重个人品德的塑造，比如，“太上有立德，其次有立功，其次有立言”(《左传》)，又如,“志于道，据于德，依于仁，游于艺”(《论语》)。实际上,“修身齐家治国平天下”的古训清晰表明,“修身”是个人健全人格、塑造理想的根基。“先天下之忧而忧，后天下之乐而乐”的爱国情怀、“穷则独善其身，达则兼济天下”的君子人格、“己所不欲，勿施于人”的处世境界、舍生取义的民族大义以及见贤思齐的虚心品格等，都是培育时代新人亟待吸收借鉴的文化底蕴和精神养料。中华优秀传统文化蕴含的伦理道德和礼仪规范，尤其是其价值取向、精神内核及品格素养，大多仍适应时代新人培育的诉求。唯有将优秀传统文化中的温良恭俭让、仁义礼智信等思想创造性转化、创新性发展，才能增强时代新人对中华优秀传统文化的认同感和归属感，进而潜移默化地影响他

① 中共中央文献研究室：《习近平关于社会主义文化建设论述摘编》，北京，中央文献出版社 2017 年版，第 141 页。

们的道德修养和人格操守。

中华优秀传统文化有助于滋养时代新人的价值理想。“四维不张，国乃灭亡。”中华优秀传统文化有着历久弥新的价值追求，忠贞爱国、以身许国的家国情怀，厚德载物、兼收并蓄的包容精神，自强不息、刚健有为的奋斗精神，蕴含着滋养时代新人的“精神之钙”，引领着青少年的价值追求。习近平总书记指出：“青年的价值取向决定了未来整个社会的价值取向，而青年又处在价值观形成和确立的时期，抓好这一时期的价值观养成十分重要。这就像穿衣服扣扣子一样，如果第一粒扣子扣错了，剩余的扣子都会扣错。人生的扣子从一开始就要扣好。”① 中华优秀传统文化为时代新人的价值观培育提供了丰厚的价值养料，充分吸收借鉴中华优秀传统文化中的道德理想、伦理资源和价值内涵，使之与新时代中国特色社会主义的国情相适应，形成时代新人的“精神家园”和“精神共性”，就能正确塑造青少年的世界观、价值观和人生观。

中华优秀传统文化有助于增强时代新人的创新能力。“日新之谓盛德”，中华优秀传统文化蕴含的丰富创新精神。中国人对创新精神的感悟历久弥新，早在西周时期，富含“创新”意义的词汇就已经出现，如“革，去故也；鼎，取新也”（《周易·杂卦》），“穷则变，变则通，通则久”（《周易·系辞下》）等。中华文明的突出优势在于兼收并蓄、博采众长而又注重创新，从“周虽旧邦，其命维新”到“温故而知新”，再到“自魏孝武西迁，雅乐废缺，征博采遗逸，稽诸典故，创新改旧，方始备焉”，中

① 习近平：《青年要自觉践行社会主义核心价值观——在北京大学师生座谈会上的讲话》，《人民日报》2014年5月5日。

国优秀传统文化的“创新”观涉及政治、文化以及经济等诸多领域。中华优秀传统文化中身体力行、知行合一的精神，要求时代新人要根据新情况、新问题提出新思路，敢于破除落后观念、突破陈规陋习，在新的历史条件下不断探索，发扬“苟日新、日日新、又日新”的创新智慧，在中华民族伟大复兴的新征程中成就大业。

中华优秀传统文化有助于激发时代新人的责任担当。“天下兴亡，匹夫有责”，中国仁人志士注重集体主义、爱国主义以及社会责任的培育，从“家国一体”的情怀担当，到“忠君爱国”的理想抱负，再到“先天下之忧而忧，后天下之乐而乐”的责任意识，中华优秀传统文化积淀着为家付出、为国奉献、为天下谋大同的责任和担当。习近平总书记强调：“有多大担当才能干多大事业，尽多大责任才能有多大成就。”① 中华优秀传统文化激励着一代代中华儿女忠贞报国、以身许国，在中华民族独立和复兴的历史实践中挥洒青春，甚至献出生命。抗倭名将戚继光、巾帼英雄刘胡兰、时代楷模黄大年等，都在中华优秀传统文化的氛围中成长，勇于奉献和担当是他们的共同特征。责任担当精神是中华优秀传统文化的精神基因，为培育时代新人提供了丰厚滋养。

培育时代新人要认真汲取中华优秀传统文化的思想精华和道德精髓，坚持在我国大地上形成和发展起来的道德价值。习近平总书记强调：“要理直气壮继承和弘扬中华民族传统美德。对先人传承下来的文化和道德规范，要在去粗取精、去伪存真的基础上，采取

① 习近平：《为建设世界科技强国而奋斗——在全国科技创新大会、两院院士大会、中国科协第九次全国代表大会上的讲话》，《人民日报》2016 年 6 月 1 日。

兼收并蓄的态度。”[①] 我们要立足新时代发展需要，对有利于国家德治和催人向善的优秀传统道德文化予以科学阐释，赋予与社会主义核心价值观相契合的传统道德文化元素以时代的新内涵、新形态，引导广大人民弘扬传统美德和时代新风，用社会主义核心价值观凝魂聚力，争做社会主义道德的示范者、良好风尚的维护者。

四、将中华优秀传统文化融入人民大众日常生活之中

习近平总书记指出：“中华文明绵延数千年，有其独特的价值体系。中华优秀传统文化已经成为中华民族的基因，植根在中国人内心，潜移默化影响着中国人的思想方式和行为方式。今天，我们提倡和弘扬社会主义核心价值观，必须从中汲取丰富营养，否则就不会有生命力和影响力。”[②] 千百年来，中华优秀传统文化已经融入到中国人的日常生活之中，已经深深植根于中国人基因之中，每个中国人的一言一行、一举一动，都带有中华优秀传统文化的标志。

（一）道不远人：大众日常生活中的传统文化印迹

中华优秀传统文化是我们民族的“根”与“魂”，是中华民族之所以成为中华民族、中国人之所以成为中国人的重要标志。作为中华优秀传统文化核心的儒家文化经典，“具有了宰制万态、

① 中共中央文献研究室：《习近平关于社会主义文化建设论述摘编》，北京，中央文献出版社 2017 年版，第 139 页。

② 习近平：《青年要自觉践行社会主义核心价值观——在北京大学师生座谈会上的讲话》，《人民日报》2014 年 5 月 5 日。

牢笼百家的功用。举凡治国的道理、社会的准则、教育的内容、做人的规矩、知识的获得等等，都可以通过研读经书的活动得到'权威'的答复"[①]。中华优秀传统文化从来没有离开过中国人的日常生活，即使社会发展到今天，中国大众日常生活中仍然延续着中华优秀传统文化，到处可见传统文化的印迹。

1. 自强不息的奋斗精神

"自强不息"一词出自《周易》的《象》,《乾》卦卦象说："天行健，君子以自强不息。"梁启超将儒家哲学界定为人生哲学，可谓精准地把握了儒家哲学的精髓。儒家最重要的经典《论语》，实际上就是讲怎样做人的学问。怎样做人，儒家给出的答案就是要有"自强不息""刚健有为"的精神。这种精神，不但成就做人，也成就做事。

对于"自强不息""刚健有为"精神，儒家经典作出了进一步诠释。"士不可以不弘毅，任重而道远。仁以为己任，不亦重乎？死而后已，不亦远乎？"(《论语・泰伯》)即说知识分子弘道要有毅力，一直到死。"为之不厌，诲人不倦"(《论语・述而》)，是说教书育人不能有厌烦之心，不能懈怠。"知其不可而为之"(《论语・宪问》)，是说只要认准的事情，明知道做不成功，也要坚持去做。"力行近乎仁"(《礼记・中庸》)，是说做任何事情都要尽力而为。儒家思想的核心是"仁","仁"是做人的最高标准。孔子对"仁"的解释是，只要"力行"就接近"仁"，离做人的最高标准不远了。怎样"力行"？《中庸》强调："人一能之，己百之，人十能之，己千之。果能此道矣，虽愚必明，虽柔必强。"

---

① 许道勋、徐洪兴：《中国经学史》，上海，上海人民出版社 2006 年版，第 65 页。

别人做一次就能达到，我要做一百次；别人做十次能达到，我要坚持做一千次。如果能做到这样，即使愚笨之人也变为聪明人，柔弱的人也变得坚强。中国几千年来的发展，就是中国人坚持“自强不息”“刚健有为”精神，支撑起整个社会发展的事业。清华大学将“自强不息”作为校训，刻在石头上立于校门前。

传统文化的自强不息精神，实质上来源于一种危机意识。《周易·系辞下》说，“君子安而不忘危”；孔子认为“人无远虑，必有近忧”（《论语·卫灵公》）；《左传》记载，“‘居安思危’，思则有备，有备无患”（《左传·襄公十一年》）；孟子进一步指出，“生于忧患而死于安乐”（《孟子·告子下》）。中国人都要懂得，只有依靠自强不息的奋斗，才能化解随时可能出现的危机。普通百姓在日常生活中，将这种安不忘危的理念运用到方方面面。家里的孩子出生以后要“苦其心志，劳其筋骨”（《孟子·告子下》），锻炼其心性，磨炼其意志。家庭的收入，首先要留足教育、医疗以及发展的资金，然后才考虑休闲、娱乐等。

自强不息精神同时也要求人们在变化的社会中不断创新。“周虽旧邦，其命维新”（《诗经·大雅·文王》）；《周易·系辞》说：“为道也屡迁，变动不居，周流六虚，上下无常”，“唯变所适”。《易传》认为“穷则变、变则通、通则久”，“日新之谓盛德，生生之谓易”。《大学》一开始就讲“新民”，即“苟日新，日日新，又日新”。创新是中华民族能够屹立不倒的重要因素。中华民族的不断创新，让自己不断适应外部环境的变化，不断推动着中华民族的生存和发展。“创新精神是中华民族最鲜明的禀赋。在5000多年文明发展进程中，中华民族创造了高度发达的文明，我们的先人们发明了造纸术、火药、印刷术、指南针，在天文、算学、医学、农学等多个领域创造了累累硕果，为世界贡献了无数科技创新成果，对世界文明进步影响深远、贡献巨大，也使我国长期居于世界强国之列。”[①]

2. 通权达变的思维特性

怎样解决好在日常生活中不断出现的一些矛盾，中华优秀传统文化给予我们经验指引。

传统文化重视经与权的关系。“经者，道之常也；权者，道之变也。道是个统体，贯乎经与权。”（《朱子语类》卷三十七）“经者只是存得个大法，正当的道理而已。盖精微曲折处，固非经之所能尽也。所谓权者，于精微曲折处，曲尽其宜，以济经之所不及耳。”“权者即是经之要妙出也。”（《朱子语类》卷三十七）孔子说：“可与共学，未可与适道；可与适道，未可与立；可与立，未可与权。”（《论语·子罕》）

经是不能变的常道，但却不能固守于经，许多时候应该“反经为权”。《孟子》里有许多讨论权变的事例，有些甚至成为经典案例。如男女授受不亲事例，淳于髡问孟子：“男女授受不亲”符合“礼”吗？孟子回答说这是礼。淳于髡又问：“嫂溺，则援之以手乎？”孟子回答：“嫂溺不援，是豺狼也。男女授受不亲，礼也；嫂溺援之以手者，权也。”（《孟子·离娄上》）嫂子掉水里，如果不伸手拉上来，就失去了人性，就是“豺狼”，如果伸手去拉，又违背了“男女授受不亲”的礼。在这种情况下，只能突破礼而不能做豺狼。这就是通权达变。如举一废百事例，孟子认为，“杨子取为我，拔一毛而利天下，不为也。墨子兼爱，摩

① 习近平：《在中国科学院第十七次院士大会、中国工程院第十二次院士大会上的讲话》，《人民日报》2014年6月10日。

顶放踵，利天下，为之。子莫执中。执中为近之。执中无权，犹执一也。所恶执一者，为其贼道也。举一而废百也”（《孟子·尽心上》）。杨朱和墨翟都不懂得权变，执一而废百，孟子认为，“杨氏为我，是无君也；墨氏兼爱，是无父也。无父无君，是禽兽也”（《孟子·滕文公下》）。再如“言必信，行必果”，孔子和孟子都不赞同，认为这是不懂得权变。孔子认为“言必信，行必果，硁硁然小人哉”（《论语·子路》）；孟子认为“言不必信，行不必果，唯义所在”（《孟子·离娄上》）。

在日常生活中，中国人经常进行通权达变，处理各种矛盾。法院判案过程中，通常考虑情感因素，首先要对双方当事人进行判案前的调解，这种调解就是要通权达变，用一种权变的方式达到既维护法理又兼顾情感的效果，实现法理无情人有情。中国人生病，得了绝症，家人不会直接告诉病人真实的情况，而是告诉病人没什么大事，以此安慰病人，这样的做法曾被西方人指责是剥夺了病人的知情权，但中国人恰恰认为这是人性化的表现，是一种权变。在“己”“家”“国”的关系处理上，带有非常明显的通权达变色彩，个人服从家族，小家服从大家。新冠疫情发生以来，全国各地医护人员纷纷舍小家，奔赴疫情地区进行抗疫，就是为了国之大家。

权即反常，因而权不可常用。程颐认为，“以反经合道为权，故有权变权术之论，皆非也。权只是经也”（朱熹：《论语集注》）。朱熹认为，“经是万世常行之道，权是不得已而用之”，“虽是权，依旧不离经，权只是经之变”（《朱子语类》）。无论怎样通权达变，最后必须回归到经中，经是常态，权只是一时的权变，而不能作为日常生活的准则。

3. 诚信的立身原则

“信”最早见于金文，本义为言语真实，引申泛指诚实，不欺，又引申指信用。“信”是儒家的“五常”之一，孔子将“信”作为“仁”的重要体现，提出“敬事而信”“谨而信”(《论语·学而》)，认为“信”是圣贤必备的品德，凡在言论和行为上做到真实无妄，便能取得他人的信任，“信则人任焉”(《论语·阳货》)。当权者讲信用，百姓也会真情相待，“上好信，则民莫敢不用情”(《论语·子路》)，“君子信而后劳其民”(《论语·子张》)。孟子认为，“可欲之谓善，有诸己之谓信”(《孟子·尽心下》)。这样，“信”就成为自身具备的美德。

信是“人之为人”的最基本原则，是人生命中不可或缺的部分。只要人的生命个体存在于世，诚信就是这个个体的重要内容。中国传统儒家思想是理解诚信的典型代表。孔子把诚信与做人联系到一起，其弟子子贡问为政时，孔子回答有 3 个条件，即“足食、足兵、民信”，这 3 个条件中，“兵”可“去”，“食”也可以“去”，唯独“信”不可去，认为“自古皆有死，民无信不立”。孔子还感叹“人而无信，不知其可也。大车无輗，小车无軏，其何以行之哉？”因此，孔子每天要反省自己的行为，包括“与朋友交而不信乎？”，以“言必信”、“与国人交，止于信”的标准来做人。“信”在传统文化中往往与“诚”联系在一起，构成了“诚信”。“诚者，天之道也。诚之者，人之道”(《礼记·中庸》)；“诚者天之道也，思诚者人之道也。至诚而不动者未之有也，不诚未有能动者也”(《孟子·离娄上》)。传统文化经典不仅把诚信看作“人之为人”的应有内容，而且认为诚信的关键在于“诚”，人只要“诚之”“思诚”，那么，诚信就是理所当然的。

由此开辟了儒家的“内圣”与“外王”的路径，即每个人只要内在修养到一定的道德境界，都能够“成贤”“成圣”，成为一个至诚君子。至诚君子当然是诚信的模范，不需要外加君子诚信的任何条款。

本体论意义上的诚信，被视为人之为人的根本，视为人的一种德性，即做人的一种道德原则。在中华传统文化的视野里，人的诚信是一个道德原则问题，是道德的高尚与低下的问题。人要做一个道德高尚的人，起码的条件就要讲诚信。因此，诚信是一种精神层面上的自觉意识，是人的心灵中的一种做人准则。这种做人准则不是后天加给人的，而是人生来就有的。但是，这种先天的诚信理念并不能自觉地彰显出来，需要启蒙和“反求诸己”。所以，诚信理念在很大程度上成为儒家思想影响极深的中国人的个体人格，中国人从小就受做人要诚实、讲信用的启蒙教育和熏陶。儒家思想的诚信理念塑造了中国人一诺千金的优秀品格。从中国古代教子童谣“拉钩上吊、一百年不许变”，到成人心灵契约的“君子一言，驷马难追”，都是对儒家诚信理念的践履。

诚信被中华民族确立为人之为人的根本，是做人的底线。人无信不立。孔子曾感叹“人而无信，不知其可也。”（《论语·为政》）孔子每天反省自己的行为，以“言必信”（《论语·子路》）、“与朋友交，言而有信”（《论语·学而》）的标准来要求自己。《大学》讲“与国人交，止于信”。长期以来，中国人将重信守诺发展成为民族的美德，并以此来教育后代。诚信成为公民层面的社会主义核心价值观之一。

4. 中庸的做人标准

中庸是儒家思想为传统社会做人做事设立的最高标准。孔子即使被后人誉为圣人，也曾感叹“中庸不可能也”（《礼记·中庸》）。中庸指不偏不倚地把握“中”这一看似平常而又极高明的标准，是指做人做事正好的一种状态，什么事情都做到不偏不倚，无过无不及，“行到得恰好处，无些过与不及”（朱熹：《中庸集注》）。孔子强调“无欲速，无见小利。欲速，则不达；见小利，则大事不成”（《论语·子路》）；“不得中行而与之，必也狂狷乎！狂者进取，狷者有所不为也”（《论语·子路》）。在孔子看来，“中庸之为德也，其至矣乎！民鲜能久矣”（《论语·雍也》），中庸这个标准是非常高的，人几乎是不能做到的。但做不到，并不代表不能去做。

《中庸》对“中”进行了诠释，“诚者不勉而中，不思而得，从容中道，圣人也。”“喜怒哀乐之未发，谓之中；发而皆中节，谓之和。中也者，天下之大本也。”这是说，做人做事不用勉强，不用努力，自然而然举手投足之间，就能达到喜怒哀乐皆“中节”。为了做到“中庸”，中国人在长期的实践和体悟中得到了一些经验，如做人要外圆内方、外柔内刚，要“宽以待人，严于律己”，等等。

中庸并不是无原则的行为方式，而是原则性极强的做人艺术。朱熹认为：“中道之人，有狂者之志，而所为精密；有狷者之节，又不至于过激；此极难得。”（朱熹：《中庸集注》）程颐认为：“不偏之谓中，不易之谓庸。中者，天下之正道，庸者，天下之定理。”（朱熹：《中庸集注》）“有狂者之志”是说做人志向要高远，而行事要缜密；“有狷者之节”是说要有拘谨之人的节制，但不要太保守。这样的人，朱熹认为是极其难得的。《中庸》讲“极高明而道中庸”。我们评价某人有气质、有风度、有气概、有气度等，很大程度上就是说这个人做人很成功，达到了中庸。

诚然，在我们大众的日常生活中，传统文化的印迹远远不止这几个方面。其他如仁、义、礼、智、信，温、良、恭、俭、让，以及诚、敬、恕、忠、孝、爱、知、勇、宽、惠、慈、亲、善、恒、和、友、顺、齐、庄、肃、悌、刚、毅、贞、谅、质、正等，都能在大众日常生活中随处可见。可以说，中国大众的日常生活，处处充满着中华民族优秀传统文化的影子。

（二）经典相伴：日常生活中的诵读经典

“经”指的是儒家的经书，“典”是指有垂范价值的重要文献书籍。在传统社会中，经典专指儒家的经书及典籍。这是因为儒家思想是传统社会文化的绝对核心，“由孔子开创的儒家学说，自西汉武帝时期被一家独尊之后，其地位虽然在两千年的中国历史上因某些原因而有过升降，但其独享或分享统治阶级意识形态的‘话语霸权’地位却并没有怎样改变”[①]。传统社会走入近代社会后，由于经学内部的纷争以及西学的冲击，经典分崩离析，逐步解体。在文化的中西、古今争论中，经典已经不再专指儒家典籍，而是指传统社会中一切有垂范价值的文献，包括诗词歌赋、诸子典籍等。因这些文献属于传统社会，被指是故有的文化，于是，这些文化内容也称为“国学”“国故”“国粹”等。

传统社会中，经典在人们生活中发挥着重要作用，成为人们行为的依据；经典相伴着每一个人，成为人们日常生活中不可或缺的标准、法则。现代社会经学解体后，每次涉及轻视甚或抛弃

① 庞朴、马勇、刘贻群编：《先秦儒家研究》，武汉，湖北教育出版社 2003 年版，第 1 页。

经典的决定，都会引起学术界和相关人员的激烈反对。

民国建立伊始，经学体制已被冲击得七零八落，政府宣布废止读经。1912 年 1 月 19 日颁发的《普通教育暂行办法》，明确写着这样的条款："小学读经科，一律废止"，"凡各种教科书，务合共和国民宗旨。清学部颁行之教科书，一律禁用"。在同年 7 月 10 日召开的全国临时教育会议上，蔡元培进一步指出："普通教育，废止读经；大学校废止经科。而以经科分人文科之哲学、史学、文学之门。"[①] 政府废止读经政策出台后，在社会上引起了很大的反响，一时间，读经还是废止读经成了社会争论的焦点。康有为激烈反对，痛陈废止尊孔读经之危害："近者易古旧之官制，弃唐、虞五采五章之服色，乃至吉凶之礼，无所适从，甚乃废弃经传，停孔子之丁祭，即间存之，亦废去拜跪矣。甚至举国旧俗，不问美恶，皆破弃而无所存，民无所从，教无所依，上无所畏于天神，中无所尊夫教主，下无所敬夫长上，纪纲扫地，礼教土苴。夫云上无道揆，下无法守，犹有礼俗存焉；今乃至无以为教俗，则惟有暴戾肆睢，荡廉扫耻，穷凶极恶，夺攘矫虔，以肆其争欲而已。"[②] 他痛切指出："中国立国数千年，礼仪纲纪，云为得失，皆奉孔子之经，若一去之，则人皆无主，足非不知所定，进退不知所守。"[③] "自共和以来，礼乐并废，典章皆易，道揆法守，扫地无余，遂至教育之有司，议废孔子之祀

① 《全国临时教育会议开会词》，《蔡元培全集》第 2 卷，北京，中华书局 1984 年版，第 264 页。

② 康有为：《中华救国论》，汤志均编：《康有为政论集》（下），北京，中华书局 1981 年版，第 713 页。

③ 康有为：《孔教会序一》，汤志均编：《康有为政论集》（下），北京，中华书局 1981 年版，第 733 页。

典，小则去拜跪而行鞠躬，重则废经传而裁俎豆，黉序鞠茂草之场，庙堂歇丝竹之声。呜呼！曾不意数千年文明之中华，一旦沦胥，至为无教之国也，岂不哀哉……彼以孔教为可弃，岂知中国一切文明，皆与孔教相系相因，若孔教可弃也，则一切文明随之而尽也，即一切种族随之而灭也。”[①] 湖南教育会会长叶德辉成立“经学会”，鼓动“倡明经术，即在此时，楷模人伦，期在元首”[②]。1917 年四川省教育学会曾鉴、廖平等 299 人联名上书，要求“明令学校次第读经，以正人心，以明国教”。广州“市区各学塾遵令废止，呈报到司者已居多数，而照旧读经未能一律废止者亦尚有人”；上海“为开明之地，各小学校读经者固类多废止，而各私塾则仍多抱持不废”[③]；守旧之人“误会废止读经之条文，以为圣经贤传，万无可废，硁硁然有抱残守缺之思。儿童父兄以此相要，顽固塾师以此相市”，甚至还写了“驳正教育部废止读经浅说”[④]。

1934年至1949年间，国民政府面向全国发起了新生活运动，把“四维”即“礼义廉耻”放在了中心思想的关键位置来推进，把原内容为“孝、悌、忠、信、礼、义、廉、耻”的“八德”改造成了中西道德精华相融合的“新八德”，即“忠、孝、仁、爱、信、义、和、平”，又提倡“智、仁、勇”“三达德”。新生活运动前后，各地响应国民政府对传统文化的尊崇，提出读经增进团结，鼓舞士气。1933 年广东军队负责人陈济棠命令下属

① 康有为：《孔教会序二》，汤志均编：《康有为政论集》（下），北京，中华书局 1981 年版，第 737—738 页。

② 韩达编：《1911—1949 评孔纪年》，济南，山东省出版总社 1988 年版，第 38 页。

③《杂评三》，《申报》1913 年 5 月 18 日。

④《粤教育界争废止读经问题》，《申报》1913 年 5 月 18 日。

军校实行读经，并建议广东各学校恢复读经课。1934年国民政府考试院院长戴季陶号召读经，国民党湖南省主席何健发布指示，“《四书》《五经》为国学根本，欲讲八德，必须读经”，湖南省教育厅规定各级学校将读经编入课程。[①] 在学者层面，一些人也支持读经。章太炎宣称“今日读经，有千利无一弊也”，“所谓读经无顽固之弊者，何也？曰：经学本无所谓顽固也。谥经学以顽固，盖出诸空疏不学辈之口。彼略识点画，苦于九经、三传之不尽解，而又忝拥皋比，深恐为学子问难所穷，故尽力抹杀，谥以顽同。少年浮躁，利其便己，从而附和，遂至一世波靡，良可愤叹。”[②]1935年，王新命、何炳松、萨孟武等十位教授联名发表《中国本位的文化建设宣言》，指出要“从事中国本位的文化建设，必须用批评的态度、科学的方法，检阅过去的中国，把握现在的中国，建设将来的中国”，“徒然赞美古代的中国制度思想，是无用的；徒然诅咒古代的中国制度思想，也一样无用；必须把过去的一切，加以检讨，存其所当存，去其所当去；其可赞美的良好制度伟大思想，当竭力为之发扬光大，以贡献于全世界”[③]。

20世纪80年代以来，随着中国改革开放政策的实施，经典诵读逐渐在全国各地以不同层次、不同形式展开。20世纪90年代以来，小学生诵读《弟子规》《千字文》《三字经》等，中学生诵读古代诗词，大学生诵读“四书五经”等。“诵读国学经典，塑造君子人格”“诵读国学经典，点亮智慧人生”“诵读国学经

① 韩达编：《1911—1949评孔纪年》，济南，山东省出版总社1988年版，第233页。
② 章太炎：《论读经有利而无弊》，《天津大公报》1935年6月15日。
③ 王新命、何炳松等：《中国本位文化建设宣言》，《文化建设》1935年第1卷第4期。

典，浸润美好人生”等，即是经典诵读者们的切身体验，也是他们诵读经典的动力。一时间，经典诵读成为中国社会个体人生亮点。全国各地各类学校，均有人主办经典诵读活动，甚至出现以经典诵读为主要内容的私塾，并办得红红火火。深圳梧桐山村就曾发展到十余家私塾，规模最大的有学生上百人。“私塾是针对 3 至 13 岁孩童设置的全日制读经之所，所谓读经就是‘诵读古今中外的经典’。”“读经目标在于开发人性，涵育内心智慧，使教育发挥最大成效。”“我们要培养的是君子、大才、圣贤。”① “自 2004 年开始，约有 3000 家私塾、学堂涌现全国，读经声响彻各地，民间教育实验盛况空前。这其中既承载了一些人对体制教育的不满，又混合了某种对传统文化的热忱。最后形成的，既有一种宗教性的热忱，也有一种使命感。”②

与经典诵读相呼应的是，全国一些高校利用人文资源优势，开办总裁研修班，在总裁研修班的培训课程中，加入经典内容。如北京大学举办的总裁研修班中，就包括北京大学国学智慧班、中国文化与经典研修班等。2013 年由中央广播电视总台、国家语言文字工作委员会推出的大型原创文化类电视节目《中国汉字听写大会》受到热捧，“据央视统计，《中国汉字听写大会》播出后同时段收视率飙升 4 倍，微博话题登顶热门榜，点击突破 18 万，百度搜索高达 42 万”③。《中国汉字听写大会》举办 3 季，其后，关于传统文化的竞赛类节目收视率居高不下。央视不断推出

① 刘瑜：《梧桐山下多私塾　每日琅琅读经声》，《深圳商报》2010 年 6 月 10 日。

② 张瑞、张维：《走进深圳梧桐山：这更像是一个耗尽耐心的故事　十字路口的读经村》，《南方周末》2014 年 9 月 5 日。

③ 王雪峰：《〈中国汉字听写大会〉带来的喜与忧》，《中华读书报》2013 年 9 月 18 日。

此类节目，如《中国成语大会》《中国谜语大会》《中国诗词大会》等,《中国诗词大会》目前已经举办6季，还在继续进行之中。这说明传统文化日益深入百姓生活之中。

正因为经典与大众的关系密切，各阶段的教育正不断加大传统文化内容的比重。中央文件明确要求，将中华优秀传统文化“贯穿国民教育始终”“把中华优秀传统文化全方位融入思想道德教育、文化知识教育、艺术体育教育、社会实践教育各环节，贯穿于启蒙教育、基础教育、职业教育、高等教育、继续教育各领域”[①]。基于此，中小学纷纷编写《中华优秀传统文化》教材，增加关于中华优秀传统文化的内容，大学也在通识教育的模块中增加了传统文化的课程。山东大学专门设立“尼山学堂”，本科四年主干课程全部为古经与古典。经典相伴，成为当前中国社会从幼儿园学童到每一个大学生的基本学习状态。

（三）国学热潮：从大众认知走向国民接受

“国学”在中国古代专指“国立学校”，《周礼》《汉书》《后汉书》《晋书》里都有。但近代以来，随着西方文化的传入，国学又指称中国传统思想文化学术，其后又进一步扩大，指中国历代的文化传承和学术记载，包括中国古代历史、哲学、地理、政治、经济乃至书画、音乐、易学、术数、医学、星相、建筑等。“国学热”曾在20世纪二三十年代“整理国故”运动中有所体现，胡适于1923年创办《国学季刊》，呼吁研究国学，并列出国学研究书目始《论语》《大学》《中庸》《孟子》《周礼》《孔子集语》等180余种，“为普通青年人想得一点系统的国学知识的人

① 中共中央办公厅、国务院办公厅：《关于实施中华优秀传统文化传承发展工程的意见》，《人民日报》2017年1月26日。

设想”[①]。其后，梁启超针对胡适开列的国学研究书目，也开列了一份“国学入门书要目”，开列《四书》《易经》《书经》《礼记》等25种书目为“最低限度必读书目”，并认为如果这些书不读，“真不能认为中国学人矣”。此后，开书目、治国学便成为一种“时髦”，迅速影响到全国知识界，形成一股声势不小的“读线装书”的潮流。但这个国学热潮并没有持续多久，随着胡适等调整“整理国故”的方针，热潮迅速降温。此后很长一段时间，国学被列为封建遗毒，人们唯恐避之不及。

20世纪80年代出现了“文化热”，国学开始被当时知识分子重视。尽管80年代思想主题是反传统，但传统文化的研究还是有所表现。1984年上半年，新中国第一批文化史研究专刊《中国文化研究集刊》《中国近代文化史研究专辑》问世，下半年，《中国文化史丛书》《中国近代文化史丛书》出版。同时，各大报刊纷纷开辟专栏开展“中国文化与现代化”等问题的讨论，举办“中国近代文化史讨论会”“东西方文化比较研究学术讨论会”“东西方文化比较研究协调会”“首届国际中国文化学术讨论会”等，进一步推动了文化研究的热潮。北京学者成立了“中国文化书院”，举办“中国文化讲习班”，聘请梁漱溟、冯友兰、张岱年、任继愈、李泽厚、庞朴、杜维明等海内外知名学者作文化专题演讲，并出版了《论中国传统文化》专辑。

20世纪90年代，社会层面出现“国学热”。1992年北京大学传统文化研究中心成立。1993年8月16日《人民日报》整版刊登了《国学，在燕园又悄然兴起》，介绍北京大学国学研究的

---

① 胡适：《一个最低限度的国学书目》，欧阳哲生编：《胡适文集》第3册，北京，北京大学出版社1998年版，第87页。

有关情况，认为国学的再次兴起，是新时期文化繁荣的一个标志，它将成为我国文化主旋律的重要基础。其间，《人民日报》头版发表了《久违了，“国学”！》，《光明日报》、《文汇报》、《文艺报》、中央电视台等媒体也纷纷报道北京大学国学研究情况。1993 年北京大学出版《国学研究》，被认为是“国学热”兴起的标志。

“国学热”的重要标志，是儒学经典的重新问世。20 世纪 90 年代以来，儒学经典的编印、诠释、解读、直解书籍以及现代版的《论语》《孟子》等已无可计数。1994 年至 1999 年出版的国学典籍包括：《国学丛书》（20 本）、《儿童启蒙教育》丛书、《国学启蒙经典系列读本》、《国学举要》丛书、《经典启蒙》丛书、《中国传统文化荟要》等；1995 年立项的《大中华文库》（汉英对照）包含从先秦至近代代表性著作 100 种；《东方文化集成》1996 年启动，分 10 编，共 500 种；1997 年张岂之、徐葆耕主编《清华大学学生应读书目》（人文部分），本科生试用 80 种；上海人民出版社重新出版中华古籍译注丛书，中国书店出版《新刊四书五经》；各种版本的《诸子集成》、经典缩印本、影印本等，现于各地新华书店。这些经典的再版和重新出版，构成了“国学热”的基础资料，为人们与历史上儒家人物进行思想交流提供了前提条件。北京大学传统文化研究中心与中央电视台制作 150 集《中华文明之光》在海外热播，助推了国学的热度。

21 世纪以来，“国学热”持续升温。2001 年，中央电视台推出《百家讲坛》栏目，宗旨是“让专家、学者为百姓服务，在专家、学者和百姓之间架起一座桥梁”，从而达到普及优秀中华传统文化的目的。阎崇年、钱文忠、王立群、于丹等学者对于古典的讲解，受到了观众的欢迎，许多观众通过《百家讲坛》栏目接受了传统文化。对此，中华书局总编辑顾青有着切身的体会："2003 年以后的'国学热'则主要由电视媒体推动。一些学者登上大众媒体，成为全民偶像。"这次"国学热"真正激发了大众对传统文化的热情，"在普遍的焦虑中，传统文化给人们带来一种新的安慰。在此之前西方文化大量涌入，但毕竟不是源于本土的思想，老百姓难免有所隔膜。通过一些学者的通俗讲述，大家听懂了自己老祖宗的道德学问，可以说是适应了当时文化反思的需要"①。一时间，在中国社会，对传统文化的认知发生了很大改变，传统文化被大众广泛接受并自觉传播。国学书院、国学培训班如雨后春笋，代替了"学奥数""学舞蹈"，成了不少孩子的选择；行古礼、用古诗成为青少年生活的一种时尚；引经据典成为文章写作的潮流；参观博物馆成为旅游的首选……传统文化与当下大众生活融为一体。诚如首都师范大学文学院教授王南指出的那样："这些年传统文化回归有'井喷'之势，不仅故宫、国博的展览受热捧，大众对于传统的关注已深入到社会方方面面。大家可能都有这样的感受，近年来许多几乎消失的民俗礼仪渐渐热了起来，关注节气的多了、贴春联的也多了。民间传承千百年的手工技艺也又受到了重视，传统文化元素甚至受到时尚界追捧。家长乐于让孩子接触传统文化经典。一夜之间身边练书法的人多了起来，汉服、旗袍也流行起来。"②

（四）仁义礼智信：抗疫精神中的传统美德

2020 年暴发的新冠疫情是一场世界性的灾难。在应对这场灾

---

① 杜羽：《传统文化经典为何越来越热》，《光明日报》2017 年 4 月 23 日。

② 袁新雨：《传统文化回归渐成潮流》，《北京晚报》2019 年 9 月 12 日。

难过程中，中华美德起到了重要的支撑作用，影响着中国人民的思维方式和决策行为。在抗疫过程中，人们随时能够感受到中华美德的品质，感激、感动、感恩成为使用频率最多的词语，诠释着以仁、义、礼、智、信为核心内涵的中华美德。

1.“亲亲而仁民”

“仁”是中华民族文化的精髓。从某种意义上说，中华民族的发展历史，就是对“仁”的实践、传承和创新的历史。“仁”作为中华民族的道德原则、道德标准、道德境界被大力推广，对中华民族文化的发展产生了深远影响。在2020年以来的抗疫斗争中，中国人民再一次诠释“仁”，赋予“仁”以时代的价值和新的含义。

行仁政，保护好国土和子民，这是传统文化对国家层面提出的倡议，也是百姓对政府的期盼。孟子劝梁惠王说，“未有仁而遗其亲者也”，指出“仁者无敌”（《孟子·梁惠王上》）。“天地之大德曰生”（《周易·系辞》），“生生之谓仁”（《孟子字义疏证》）。在任何困难面前，国家不放弃任何生命，不“遗其亲”。忧民之所忧，是国家之仁。正是受这一观念的影响，中华民族在历史上形成了民惟邦本、政得其民的国家治理理念。“老吾老，以及人之老；幼吾幼，以及人之幼。”（《孟子·梁惠王上》）“大道之行也，天下为公”“老有所终，壮有所用，幼有所长，矜寡孤独废疾者皆有所养”（《礼记·礼运》）等，成为国家治理的理想目标。2020年新冠疫情暴发以来，党中央、国务院高度重视，各相关部门和地方以对人民群众健康高度负责的态度，完善应对方案，全力以赴做好防控工作，体现了党和国家对人民生命健康的高度关怀。把人民群众生命安全和身体健康放在第一位，生命重于泰山，各级党组织和广大党员干部必须牢记人民利益高于一切，做好疫情防控工作直接关系人民生命安全和身体健康，直接关系经济社会大局稳定，也事关我国对外开放，党和国家是这样强调的，也是这样做的。

仁者爱人，是传统文化处理人与人、国与国关系的原则。孟子说，“仁者爱人，有礼者敬人。爱人者，人恒爱之；敬人者，人恒敬之”（《孟子·离娄下》）。儒家讲“亲亲而仁民，仁民而爱物”（《孟子·尽心上》），“民，吾同胞，物，吾与也”（张载：《西铭篇》）；墨家讲“兼而爱之”（《墨子·法仪》），都对“仁”作出了解读。疫情发生以来，中国大地上发生了太多太多的爱心行动和感人事迹，为“仁者爱人”加入了新时代的注解。疫情发生之际，上海首批医疗队伍于除夕夜启程赶往武汉，其后广东、四川、山东纷纷派医疗队赶往湖北疫区支援抗疫。来自国家卫健委、国家中医药管理局、中国中医科学院及29个省（区、市）和军队的68支医疗队、8310余名医疗队员来到湖北，支援疫情防控工作[①]。2020年2月22日湖北省疫情防控指挥部召开新闻发布会介绍，近期全国各地医疗队大力支援湖北，包括解放军派出的医疗队，人数已经达到3.8万余人。全国各地纷纷向湖北运送蔬菜、水果等救援物资，保障疫区人民战胜困难。疫情蔓延世界各地，中国在自身疫情没有解除、医疗物资紧缺的情况下，向世界各地伸出援助之手，捐赠医疗物资、派出医疗支援队、介绍抗疫经验，中国的爱心感动世界，塞尔维亚总统武契奇深情亲吻五星红旗，总理布尔纳比奇称为中塞钢铁般的友谊竖一座纪念碑。

---

① 梁建强、喻珮：《全国68支医疗队8310余名医疗队员驰援湖北》，《新华每日电讯》2020年2月3日。

己所不欲，勿施于人，是传统文化中仁者的行为。《论语》中孔子回答子贡时说，“仁者己欲立而立人，己欲达而达人”（《论语·雍也》）；仲弓问仁时，孔子回答说，“己所不欲，勿施于人”（《论语·颜渊》）。孟子也讲，“穷则独善其身，达则兼济天下。”（《孟子·尽心上》）“推恩足以保四海，不推恩无以保妻子”（《孟子·梁惠王上》）。成人达己，成己达人，成为中国人践行仁的一种美德。新冠疫情发生后，中国在第一时间向世界卫生组织通报有关情况，制定《新型冠状病毒感染的肺炎诊疗方案》。中国对待疫情的公开、透明，为世界抗疫争取了时间。面对世界各国的疫情，中国向世界展现的是尊重、友善、仁爱，从来不对任何国家的抗疫情况说三道四。同样是面对疫情，中国百姓体现出了高度的“推己及人”之心，主动“宅”在家里，负起责任。疫情蔓延意大利、伊朗等国，马上有人发出“推己及人，别对他国疫情幸灾乐祸”的警示。

2.“义，人之正路也”

“义”表示合宜、合理、合乎正义，引申指人与人之间在感情、言行方面合宜的联系与情义。“义”是中华民族由来已久、生生不息的传统美德。中国文字中有许多词语揭示“义”的特征，如“道义”“义不容辞”“见义勇为”“义正辞严”“义举”“义士”等。“义”的精神贯穿中华民族五千多年历史，谱写出一曲豪迈奔放的史诗。

由民族大义衍生的爱国主义，是“义”的第一要义。民族大义为了本民族的繁衍生息和美好生活，与各民族团结友好共存，建设统一强大的国家。所以，中华民族历来重视自己的国家，视家、国、天下为一体，推崇“修身”“齐家”“治国”“平天下”。爱国、家国情怀历来是中华民族的追求。屈原的“亦余心之所善兮，虽九死其犹未悔”，顾宪成的“风声雨声读书声、声声入耳，家事国事天下事、事事关心”，顾炎武的“天下兴亡，匹夫有责”，林则徐的“苟利国家生死以，岂因祸福避趋之”，孙中山的“天下为公”等，都体现了中华民族的家国情怀。疫情发生后，全国上下立即行动起来，迅速调度人、财、物支援抗疫。社会各界积极响应政府号召，有的奔赴抗疫一线，有的居家抗疫，捐钱、捐医疗用品、捐蔬菜水果等，都为国家抗疫贡献自己的力量。疫情面前，爱国的民族情怀在不断流淌。

舍生取义，历来是中华民族颂扬的精神。“生，亦我所欲也，义，亦我所欲也，二者不可得兼，舍生而取义者也。生亦我所欲，所欲有甚于生者，故不为苟得也。死亦我所恶，所恶有甚于死者，故患有所不避也。”（《孟子·告子上》）《孟子》塑造了中华民族义士在危难面前舍弃生命、坚持道义、勇于担当的光辉形象。苏武的大义凛然、宁死不屈，文天祥的“人生自古谁无死，留取丹心照汗青”，谭嗣同的“我自横刀向天笑，去留肝胆两昆仑”等，都诠释着中华民族舍生取义的大义精神。疫情面前，一批批义士挺身而出，不顾生命危险，毅然前往疫区，战斗在第一线，书写着生命的大义。2020 年 3 月 5 日，34 位以身殉职的疫情防控工作者被追授“全国卫生健康系统新冠肺炎疫情防控工作先进个人”称号。2020 年 4 月，14 位新冠疫情防控一线人员被评定为首批烈士。他们有的是直接参与一线救治工作的白衣战士，有的是始终坚守在疫情防控一线的公安干警，有的是用真心真情帮助解决群众生活困难的社区工作者，他们都是普普通通的人，却能够挺身而出，临危不惧，克服各种困难，放下一切，奔赴抗击新冠疫情战斗第一线。正是由于他们的坚守，挽救了一个个被病毒感染的生命，守护住了一个又一个完整的家庭。疫情面前，党员挺身而出，构筑起抗疫的中坚力量。习近平总书记在中央政治局常委会上要求，各级党委和政府要“把落实工作抓实抓细”，让党旗在防控疫情斗争第一线高高飘扬。“临时党支部”“党员突击队”“党员志愿服务队”等，成为抗疫工作中一道亮丽的风景，体现了共产党人勇于担当的精神，体现了共产党人义不容辞的初心使命。

见义勇为，是中华民族的优秀传统美德。孔子说，“见义不为，无勇也”，“君子义以为上，君子有勇而无义为乱，小人有勇而无义为盗”；见义勇为，更是社会主义精神文明的优秀品质，是社会表彰奖励的榜样行为。习近平总书记强调“让全社会充满正气、正义”，我国法律有明确条文鼓励见义勇为行为，并成立中华见义勇为基金会，弘扬社会正气。多少年来，中华民族涌现出无数见义勇为的感人事迹，激励着人们奋勇前行。疫情来临之时，84 岁高龄的钟南山院士，在劝别人“最好不要去武汉”的同时，自己亲赴武汉疫情最前线，带领医护人员，与病毒作抗争，与死神争分夺秒，被称为“最美的逆行人”；73 岁的李兰娟院士，在武汉与疫情奋战两个月，直至疫情得到控制，被称为抗疫“女神”。疫情发生以来，全国各地涌现出无数的志愿者，他们舍弃个人利益，毅然投入抗疫战斗的各条战线，诠释着见义勇为的优秀品质。

见利思义，也是中华民族的优秀美德。疫情发生后，为了加快医用器械和防护品生产，许多企业提前开工，加班加点，甚至许多企业转产生产防护品，解决一线抗疫困难。为了打赢抗疫战，这些企业在特殊时期生产的产品没有涨价，没有提高产品成本，甚至将产品无偿捐献给了抗疫一线。知恩图报是见利思义的重要内容，也是抗疫中的一道风景。汶川12名村民，将跨越12年的“感恩”送去武汉；武汉一个普通的残疾农民骑行40公里给医疗队送蔬菜，感恩他受到社会的帮助；山东日照一位环卫大爷到派出所捐1.2万元后转身就走，感谢社会对他的照顾。救危扶弱是见利思义的重要内容。疫情当前，乡镇、街道等基层把弱势群体的疾苦安危摆在首位。疫情牵动着每一个居民的心。虽然抗疫形势严峻，但暖心的故事每天都在发生，每个人都在为防控疫情做着力所能及的贡献。疫情面前没有旁观者，乡村、街道社区工作人员夜以继日，助力这场没有硝烟的战争。

3.“立于礼”

“礼”最早作“豊”，指祭神的器物和仪式，即用器皿盛双玉作供奉，以表示对上帝和先祖的敬重，后引申为道德观念和风俗习惯的仪节。在长期的历史发展中，“礼”作为中国社会的道德规范和生活准则，对中华民族精神素质的培养起了重要作用。作为一种仪式，礼表达着尊敬、厚待、敬重的态度和言行。中华民族历来有礼仪之邦称谓，礼这种美德在抗疫中得到了深入诠释。

礼，首先体现的是秩序。《论语》中说，治国要“齐之以礼”（《论语·为政》）、“为国以礼”（《论语·先进》）、“君使臣以礼”（《论语·八佾》）、“能以礼让为国”（《论语·里仁》）；与人相处要“恭而有礼”（《论语·颜渊》）。孔子所说“克己复礼”，这个礼就是秩序，最能体现中华民族“礼”这一品德。疫情防控期间，中国社会运转井然有序，社会运转没有出现惊慌、紊乱现象。“响应政府号召就是对抗疫工作的最大支持”“居家不外出就是支持抗疫”等，不仅是社区、村居的口号，更是中国公民的行动，以此赋予“礼”新的含义。

礼，也体现着尊敬，体现着对生命的尊敬、对前线人员的尊敬。庚子年清明节，中国以国家的名义、最高的规格深切悼念新冠疫情牺牲烈士和逝世同胞。习近平总书记等党和国家领导人在首都北京参加悼念活动，以行动宣示人民至上、生命至上，诠释中华民族对生命的敬畏。对于身处一线的抗疫人员，各省都以英雄的规格对待。各省医疗队完成任务回家，湖北人民恋恋不舍送别英雄。一幕幕让人泪目的感人场面，诠释着对生命的敬畏、对英雄的尊敬。

礼尚往来，是中华民族的风格、品质和美德。“来而不往非礼也”（《礼记·曲礼上》）已成为中国人的行为习惯。武汉疫情牵动着世界各国人民的心。疫情初期，俄罗斯、巴基斯坦、伊朗、日本、韩国、以色列等国家向中国提供各种支援。“投我以木桃，报之以琼瑶。”疫情在全世界蔓延后，在国内疫情依然严峻、防疫物资并不充裕的情况下，中国政府和人民仍尽己所能，火速驰援友邦，在全球抗击疫情中积极作为，向世界上82个国家捐赠医疗物资，向意大利、伊拉克、巴基斯坦、伊朗、英国等派出医疗队，支援这些重灾国家进行抗疫。

4.“知者不惑”

“智”最早出自甲骨文，古代也写作“知”。本义是聪明，引申义有智慧、智谋、计谋、策略等。智慧，是中华民族文明得以延续的重要因素。中国从历史上就是一个多灾多难的国家，但每一次灾难，中国都能逢凶化吉，靠的是中国人的智慧。

“致知在格物”（《礼记·大学》）、“格物穷理”（《答郑仲辩》），是儒家的修养功夫，这种修养功夫应用于生活日常，就是儒家的智慧。这种智慧在某种意义上是一种追求科学的精神。2020年新冠疫情刚刚发生，1月上旬，中国疾控中心、中国医学科学院以及中国科学院三方均在掌握新型冠状病毒全基因组序列后，向世界卫生组织提交了病毒序列，且在全球流感共享数据库（GISAID，Global Initiative on Sharing All Influenza Data）发布。1月24日《柳叶刀》发表武汉金银潭医院团队的论文《新型冠状病毒临床特征与管理》。其后，中国科研团队昼夜不休，从病毒溯源、病原检测、基因测序，到药物试验、疫苗开发等方面做好“明辨是非”工作。抗疫既是人类同病毒的殊死较量，也是科研与疫情的激烈搏斗。据《每日经济新闻》记者不完全统计，从2019年12月26日至2020年3月1日，来自中国疾病预防控制中心文献目录以及全球权威医学期刊的各类新冠病毒的研究文章共计190篇，其中115篇出自中国研究团队，占61%，身在全球抗疫一线的中国医学研究者是发稿的主要力量。《自然》（*Nature*）杂志总编辑玛格达琳娜·斯凯珀（Magdalena Skipper）说：“科学及医学研究在理解这一新型冠状病毒及与之相关的呼吸系统疾病方面发挥着至关重要的作用，同时也有助于寻求解决方案以遏制其蔓延。”2020年2月1日，《柳叶刀》在一篇评论中指出，“信息是疫情防控的关键”，“中国科学界反应迅速，实时调查和报告疫情，提供重要的公共卫生、临床和病毒学数据来指导中国和全球应对疫情”。中国智慧影响了世界。

“是非之心，智之端也”（《孟子·公孙丑上》）。智是明断是非的。疫情发生以来，中国备受世界舆论关注。欧美国家特别是美国将疫情原因甩锅给中国，特朗普多次称新型冠状病毒为

“中国病毒”“武汉病毒”，妄图将美国的疫情灾难“推锅”到中国身上，美国国务卿蓬佩奥于2020年3月24日至25日七国外长视频会议上“挑事”未遂后，在其后的新闻记者会上再度使用“武汉病毒”说法，更有某律师事务所可笑地起诉中国，妄图将美国的损失转嫁到中国身上。对这种行径，中国外交部新闻发言人予以严厉谴责。世界卫生组织已经明确将新冠肺炎称为“COVID-19”，美国执意逆国际共识而动，继续对中国搞污名化、诋毁抹黑中方抗疫努力，企图借此转移视线、转嫁责任，用心极其险恶。我国外交部强调，当前新冠疫情肆虐全球，美国国内疫情日益恶化。如果这个时候还不把精力用于自己本国的疫情防控，用于为国际抗疫合作营造气氛，反而一再挑起政治争端，破坏国际抗疫合作，这种政客还有什么道德可言？

5.“民无信不立”

“信”最早见于金文，本义为言语真实，引申泛指诚实、不欺，又引申指信用。“信”与“诚”紧密相连，诚信被视为人之根本，是做人的底线。人无信不立。中国人将重信守诺发展成为民族的美德，以此教育后代。诚信，在新冠疫情中得到深入阐释。

“凡交，近则必相靡以信，远则必忠之以言”（《庄子·人间世》）。习近平总书记引用庄子的话，阐明中国与世界和平相处的原则，指出人与人交往在于言而有信，国与国相处讲究诚信为本，中国愿同任何国家真诚相待、友好相处，不断巩固政治和战略互信。疫情发生以来，中国向世界展现了大国的担当和承诺，习近平总书记在北京会见世卫组织总干事、柬埔寨首相和蒙古国总统等多名外宾，与国际政要和各国元首保持密切沟通，介绍中国应对新冠疫情采取的措施和做法。疫情面前，中国积极开展抗疫国际合作，在全球抗击疫情的关键时刻，秉承“人类命运共同体”理念，克服自身困难，主动向世界多国提供医疗专家、抗疫经验、医疗物资等方面援助，为全球战“疫”送上“粮草”和“弹药”，用实际行动向世界展现了危难时刻的大国担当。

“信，国之宝也，民之所庇也”（《左传·僖公二十五年》）。当疫情来临时，中国社会秩序良好运行，在于社会各阶层都信守着承诺，履行着自己的职责。医护人员信守“救死扶伤、治病救人”的职业承诺，科学家信守“爱国、创新、求实、奉献、协同、育人”的职业承诺，人民警察信守“忠诚、为民、公正、奉献、廉洁”的职业承诺，企业信守“不能乘人之危，不能唯利是图”的职业承诺，党员干部冲锋在前、吃苦在前，信守着初心使命的承诺；民众在社区、在公共场所按规定如实填报个人的信息和行踪轨迹，信守着公民对社会的承诺。这一切，都是“无信不立”信念的自觉践行。

五、运用数字技术赋能中华优秀传统文化创造性转化、创新性发展

中华文化曾是人类文明中大体量、长时段的文化高峰。工业革命以来，欧美国家则凭借现代工业所带来的新动能和新技术优势，迅速占据世界文化舞台的“C 位”，形成了事实上的“西方文化中心论”。

近 20 年来，随着互联网普及，世界文化格局已发生了显著“位移”。以使用同一文化符号（汉字）的 14 亿多人口为优势，

中国已成为全球互联网大国与强国。如何在新的技术环境中实现中华优秀传统文化传承创新的“高赋能”模式，如何在新的“重大技术机遇”中实现高新数字技术与中华本土文化生产、传播、消费的全程对接，就成为当下中华文化复兴的一个战略性走向。

习近平总书记高度重视数字高新技术“赋能”于文化创新的划时代意义，早在2005年就提出“高新技术文化产业，是一个具有多重意义的产业”[①]的战略判断。党的十八大以来，重建中华五千年文明的文化自信，与“用好互联网带来的重大机遇，深入实践创新驱动发展战略”，先后上升为我们的基本国策[②]。在这一宏大背景下，数字技术赋能中华优秀传统文化创造性转化和创新性发展作为一个重大理论与实践问题，均得到极大重视，中华优秀传统文化在新的技术环境中必将绽放出绚丽的时代光彩。

（一）“前数字时代”世界的技术文化格局

技术与文化表现为一种类似“一体两面”的关系：二者都是人类智识的显性表达，表达于生产领域谓之技术，表达于生活领域谓之文化。换言之，技术是文化的底层支撑，文化是技术的延伸和展开[③]。正是技术与文化，或者“技术文化”，逻辑地构筑了人类文明的不同阶段、不同样貌，如农耕文明、工业文明和当下的“数字文明”。而中华文明也在人类文明的更迭中经历着“百

① 习近平：《干在实处，走在前列——推进浙江新发展的思考与实践》，北京，中共中央党校出版社2006年版，第332页。

② 2014年2月，在中央政治局第十三次集体学习中，习近平总书记提出要“增强文化自信和价值观自信”；2015年10月，党的十八届五中全会通过的《“十三五”规划建议》明确提出实施网络强国战略和“互联网+”行动计划；2018年4月，在全国网络安全和信息化工作会议上，习近平总书记深入阐述了网络强国战略思想。

③ 参见张明国：《“技术—文化”论——一种对技术与文化关系的新阐释》，《自然辩证法研究》1999年第6期。

年大变局”之下的伟大复兴。

农耕时期的中华民族创造了举世公认的文化辉煌。先秦诸子百家，不但奠定了中华文明“元典性”的价值体系、思维体系、语言体系和制度体系，还与西方先哲共同构建了人类文明的“轴心时代”；秦汉以降的大一统中国，向世界持续展示了“文明大国形象”“和平大国形象”“山河秀美的东方大国形象”，也始终以强大的文化贡献影响了整个人类文明。

例如，中古时期，中国所实现的两项“文化技术”的关键突破——造纸术和印刷术，使得书籍这一贵族文化产品最早在中国转变成大众消费品，知识大范围由贵族阶层向下流动，催生了文化更大的发展和繁荣。所以在长达千年的时间里，中国文化能够相对于其他地区始终保持着巨大的领先优势，不仅全面辐射了东亚地区，还远及西亚和欧洲，对西方的文艺复兴和启蒙运动都产生了重要影响，当时的中国被视为“东方理想国”，“莱布尼茨、伏尔泰、歌德、巴尔扎克、托尔斯泰等文化巨匠都从东方哲思中受到教益，获得灵感和启示”①。李约瑟谈及中国的四大发明时甚至认为，“要是没有这些贡献，就不可能有我们西方文明的整个发展历程”②。

推动欧洲文艺复兴和启蒙运动的一项更为直接的关键性技术，则是古登堡印刷术。中国宋代毕昇发明了活字印刷，此后400年，即公元1451年，德国人古登堡也发明了活字印刷，由此带来欧洲图书生产的革命。在古登堡发明活字印刷之前，整个欧

---

① 冯天瑜：《古代中国“软实力”的世界贡献》，《文化软实力研究》2018年第5期。

②［英］李约瑟：《李约瑟文集》，陈养正等译，沈阳，辽宁科学技术出版社1986年版，第123页。

洲只有 3 万本书。古登堡发明活字印刷 50 年后的 1500 年，欧洲已经有 900 万本书，1100 家印刷厂遍及 200 多座城市[①]。中国虽然发明了活字印刷，但这项最新技术却未能取代雕版印刷在中国的主体地位。新技术与文化产品（图书）深度融合的迟滞，也导致了人类文化格局在后世的一系列变动。因为古登堡的印刷术不但是欧洲文艺复兴的先声，“甚至我们可以说，它是诱发后来工业革命的关键性技术”[②]。

18 世纪末开始于欧洲的工业革命，深刻地改变了世界文明的格局。工业革命带来的声光电技术改变了文化生产、传播方式，以工业技术为基础的印刷机、电影、留声机、电视，以及汽车、火车、轮船、飞机所承载的现代旅游业等，更是极大地丰富了文化消费场景。在工业技术所推动的文化生产、文化传播和文化消费过程中，欧美话语体系确立了在世界范围内的统治权力，形成了事实上的“西方文化中心论”，文化实质被聚焦为一个“意义生产和话语争夺的重要场域”，一种掌握世界的大国战略。[③]

两次世界大战之后，世界的中心从欧洲转移到美国，美国顺势构建起一套庞大的话语传播系统，从政治建构到市场规则，从人文社会科学到大众娱乐，“美国文化，无论雅俗，其对外传播的力度是自罗马帝国以来从未有过的……罗马和苏联的文化影响止步于军事边界，而美国软实力统治着整个世界”[④]。

---

① ［美］葛洛蒂：《未来生存——通向 21 世纪的超级文凭》，张国治译，北京，电子工业出版社 1999 年版，第 261 页。

② 王一赫：《印刷述要》，赤峰，内蒙古科学技术出版社 2018 年版，第 55 页。

③ 刘丹凌：《客体、主体与情境：“像化”国家形象的认知图谱》，《南京社会科学》2017 年第 2 期；《观看之道：“像化”国家形象的视觉识别框架》，《南京社会科学》2018 年第 10 期。

④ ［美］约瑟夫·奈：《软实力》，马娟娟译，北京，中信出版社 2013 年版，第 16 页。

以电影、电视为例。20世纪美国垄断了世界大部分地区90%的电视新闻，还控制着世界上75%的电视节目生产和制作。虽然美国电影的生产总量只占世界电影产量的10%左右，但其放映时间却占据世界放映时间一半以上[①]。进入大屏幕时代以来，美国依赖好莱坞、迪士尼等影像产品成就了强大的“文化霸权”，“美国好莱坞一直在演绎着视觉霸权的神话。好莱坞的影响力早已超越了美国的国界……凭借前沿的影像技术、成熟的艺术创作范式、完善的营销体系，它成功打开了最为庞大的视觉场。在好莱坞创造的这个世界性视觉场当中，各种形象、意象、意义、价值观……让世界范围的受众接触、认知，甚至认同”[②]。

电影、电视领域中的这种“视觉文化霸权”，其形成的技术背景极其强大。以电影为例：一是由美国电影艺术与科学院、迪士尼集团自有六大研发机构、米高梅牵头七大制片厂成立的DCI（Digital Cinema Initiatives, LLC）以及影视工程师协会（Society of Motion Picture and Television Engineers, SMPTE）和MovieLabs（Motion Picture Laboratories, Inc.）等机构，持续不断地提出电影发展的战略预测和行业标准，牢牢掌控着全球影视产业的技术制高点；二是推动电影的行业技术与工业通用技术紧密结合，持续引领着影像技术的发展。关于后一点，人们最为熟悉的可能是数字时代工业光魔和皮克斯团队，如著名的“光栅化渲染”（Reyes）就是电影行业技术与计算机通用技术的深度融合的典范。其实在“前数字时代”电影史的两次重大变革中，有声电影有赖于GE、西门子等工业巨头的全程参与，

① 王沪宁：《文化扩张与文化主权：对主权观念的挑战》，《复旦学报》1994年第3期。
② 刘丹凌：《图像时代国家形象视觉塑造的悖论》，《社会科学研究》2013年第5期。

彩色电影则得益于巴斯夫等化工巨头的全程介入。由上述事例可以清楚看出，美国最成功的做法，就是在战略上始终重视并全力推动电影技术与通用技术的及时融合，从而保证其长久的“文化霸权”和由美国“制霸全球”的文化格局。

（二）“数字时代”中华文化伟大复兴的技术文化逻辑

随着互联网技术的普及和数字时代、数字文明的开启，世界文化格局开始发生显著位移。

数字技术是指借助一定的设备将图、文、声、像等信息编码转化为电子计算机能够识别的二进制数字“0”和“1”，并进行运算、加工、存储、传播、还原的技术。从纯技术角度讲，我国的数字化历程已有六七十年的历史[①]，但在很长一段时间里，数字技术仅应用于特定领域，直到 20 世纪 90 年代中期，互联网进入我国之后，数字技术才与文化逐渐融合。两院院士、电子学和信息学家罗沛霖最早注意到了数字技术对文化的重大影响，他认为“电子信息运作”是人类文化历史中，继语言、文字、印刷技术之后的第四个里程碑，“如今电子信息技术飞速发展，信息化，特别是经济信息化已经提上了重要日程，文化信息运作数字化革命也要提上同等高度……要大力发展汉语的互联网和加速服务器的重点建设，以便服务国人使用”[②]。

习近平总书记对数字高新技术与文化的深度融合作出前瞻性预判，指出要“面向高新技术，积极推动信息产业与文化产业的

① 参见陈堂、陈光、陈鹏羽：《中国数字化转型：发展历程、运行机制与展望》，《中国科技论坛》2022 年第 1 期。

② 罗沛霖：《迎接文化运作数字化革命》，原载《光明日报》1997 年 6 月 13 日，转引自《电视研究》1997 年第 8 期。

融合，不断提高技术含量，促进文化产业从劳动密集型向技术密集型转变，从低附加值向高附加值转变”[①]。党的十八大以来，重建中华五千多年文明的文化自信和建设“网络强国”先后上升为中华民族伟大复兴的基本国策。以使用同一文化符号（汉字）的14亿人口为优势，中国已成为全球互联网大国与强国，同时也在逐步成为“数字文化大国”与“数字文化强国”。

例如，从文化类的数字技术平台看，中国已经“实现了全球性的弯道超车”，抖音、快手等短视频平台快速发展，抖音海外版TIKTOK近两年在海外下载量排行第一，爱奇艺等长视频平台的用户量均接近欧美的NETFLIX（网飞）；从内容产品来看，《甄嬛传》《白蛇·缘起》《长安十二时辰》等优质国产影视作品进入欧美主流市场，很好地向世界展现了中华民族当代主流价值和中华优秀传统文化。与此紧密相关，中国近年连续八届举办世界互联网大会，连续六届举办世界工业互联网大会，尤其是2019年，根据习近平总书记的批示，广电总台对“央视频（杭州）生产制作基地”（2019年10月8日）、“央视频”（2019年11月20日）和“央视动漫集团”（2020年1月5日）的三大布局，显示了在新技术环境下，中国视觉工业从题材研发、生产制作到内容传播的国家整体战略。

站在这样的宏观背景下理解数字技术下的中国文化复兴，理解中华优秀传统文化的传承创新，其技术文化逻辑就十分清晰了。

一是有14亿人口为基数的海量互联网用户。据中国互联网络信息中心（CNNIC）2022年2月在京发布的第49次《中国互

① 习近平：《干在实处，走在前列——推进浙江新发展的思考与实践》，中共中央党校出版社2006年版，第331—332页。

联网络发展状况统计报告》显示，“我国信息基础设施持续优化，供给能力显著增强，已建成全球规模最大的光纤和移动宽带网络”[①]。截至 2021 年 12 月，我国网民规模达 10.32 亿，较 2020 年 12 月新增网民 4296 万，互联网普及率已达 73%，即时通信、网络视频、短视频用户规模则分别达到了 10.07 亿、9.75 亿和 9.34 亿，用户规模居全球首位。在数字时代，“规模即是正义”，庞大的用户体量构成了蓬勃发展的数字消费市场，也为中国数字文化的永续发展奠定了不可撼动的规模效应。

二是有古今一脉、未曾断绝的同一文化符号。汉语和汉字贯穿了中华文明发展史，作为中华文明的编码元件，汉语和汉字至少具有两个独特优势：其一，信息论已经证明，汉语是当前世界主流语言中信息熵最大的语言，沟通效率远优于其他语言，以联合国五大工作语言为例，汉语的信息熵为 9.6bit、俄语为 4.35bit、英语为 4.03bit、西班牙语为 4.01bit、法语为 3.98bit。不同模型下，这一数值有所差别，但无论何种模型，汉语的信息熵都遥遥领先。有一个有趣的现象，在联合国工作文件中，同样的内容，中文版永远最薄。其二，汉字作为一种表意文字，它的“音意分离”特征决定了其在时间上的稳定性和空间上的普适性，它对中华文化实际上起到了统一和固化作用，中华文化之所以能绵延五千多年而不断绝，成为世界上最庞大、最稳固的文化单元，与汉字的这个特点有着根本性的关联[②]，以至于

① 中国互联网络信息中心：《第 49 次中国互联网络发展状况统计报告》2022 年 2 月。

② 陆俭明：《汉字的独特性与中华文化之海外传播》，《民俗典籍文字研究》2018 年第 2 期；任翔：《汉字教育与中华文化的传承》，《教育研究》2018 年第 10 期；黄亚平：《论汉字传承与中国文明延续的辩证发展关系》，《深圳社会科学》2022 年第 1 期。

在一两千年之后的当代人，依然可以晓畅地阅读先秦经典和唐诗宋词，依然可以源源不断地从古人的智慧中汲取养分以应对当代发展问题，这在其他文明系统中是不可想象的。

三是中国拥有中华传统文化底蕴和社会主义制度优势，既能够实现对资本和技术的双重超越，推动数字经济健康发展，又能够为人类文明发展贡献中国智慧，携手各国重构一个符合人类共同价值追求的世界秩序，推动人类文明多样化发展。正如有学者已经指出的那样，中国不仅坚持数字技术发展的价值追求，而且赓续传承中华优秀文明基因所蕴含的追求和平发展、共同繁荣、合作共赢的中国智慧，“中国式数字文明的开启，对破除西方文明的利益至上价值观念具有积极作用：一方面，数字技术具有共享性的鲜明特点；另一方面，中国式数字文明秉承中华传统文化中的‘和而不同’‘以义为先、义利兼顾’的文明观，超越了西方‘零和博弈’的丛林法则，坚持在不损害自身利益的前提下实现平等合作，为世界各国描绘了共同发展、互利共赢的发展前景”[①]。

四是百年未有之大变局下中国的综合国力与文化底气。中国百年来走过了一段触底反弹式的“V”形曲线，从落后疲敝的农业文明艰苦转型为充满活力的工业文明，在这个过程中，我国的工业能力不仅完成了对欧美日等发达国家的追赶，在某种程度上还实现了超越。当欧美各国日渐衰退之际，中国却正日益成为全球经济发展的主要动力，对促进国家间政治平等、打破西方话语垄断发挥了决定性作用。中国以构建人类命运共同体为宗旨，秉

① 刘卓红、刘艺：《中国式数字文明的形成、特质与意义——基于历史唯物主义的视角》，《学习与探索》2022 年第 7 期。

持平等互信、合作共赢的发展理念，在经济全球化、新冠疫情防控、气候治理、地区安全与国际合作等重大问题上，屡屡拿出有别于欧美等国的中国方案，引发世界上绝大多数国家的积极响应。“大道之行也，天下为公。”中华文化具有超越国家、超越民族的气度和格局，和谐共赢是其基本底色，这种根植于传统文化的发展智慧是对西方竞争性文化的哲学超越。中国的崛起不仅仅意味着经济的成功、物质的发展，更深层次上代表了一条后发国家现代化发展的新道路、一种人类文明和谐共存的新形态，正如美国学者迈克尔・巴尔所说：“中国崛起不仅是一个经济事件，还是一个文化事件。”[①] 一个有指标意义的现象是，近年来，好莱坞大片在中国市场的表现越来越差，这一方面固然有审美疲劳的因素，更主要的原因，则是国人已不再习惯美国在银幕上作为“地球拯救者”而存在。

因应着“百年未有之大变局”的世界大势，重建中华五千多年的文化自信，增加中国抵御一切外来风险的文化底气和骨气，近年来中国密集出台了一系列数字技术赋能优秀传统文化传承创新的大政方针，确定了数字时代中华文明伟大复兴的根本宗旨。

总之，数字技术赋能中华优秀传统文化的创造性转化和创新性发展，是技术文明发展与中华文化内在演进的必然选择，其理论内涵可概括为：以中华传统文化为资源，以数字技术为手段，将传统文化基因与时代精神相结合，从文化的生产、传播、消费等环节，全面创新传统文化的表达形式，促进中华文化的全面复

① ［美］迈克尔・巴尔：《中国软实力：谁在害怕中国》前言，石竹芳译，北京，中信出版社 2013 年版。

兴，让优秀传统文化更好地滋养当代人的精神世界。

（三）数字技术赋能文化生产与优秀传统文化的“能量释放”

从文化技术史角度看，每一次技术领域的巨大革新都直接影响甚至决定着文化的存在形态和存在方式。当下，数字技术成为主流，全面渗透到文化产业链的各个环节，引发了文化生产力和生产关系的新一轮变革。从文化生产环节看，数字技术提供了迄今为止最大的摄取、生成、存储和处理各种文化元素的能力，为文化表达提供了更加多元、更为丰富的载体形态，极大提高了文化生产效率和文化产品的迭代进程[①]。传统文化是中华文化中历史最为悠久、体量最为巨大的核心资源，尽管大多数相关研究并未直接切入传统文化，但技术赋能文化产业链的种种效用也必然适用于传统文化范畴。

1. 数字技术为文化生产模式带来深远影响，中华优秀传统文化在新技术环境中的“文化生产力”“文化能量”得到极大释放

一是数字技术为文化产业带来了新的物理载体、新的生产模式和新的产品形式。一方面，数字技术对包括新闻出版、广播影视、文化艺术和文化娱乐等传统业态进行升级改造，衍生出数字出版、数字视听、数字图书馆和博物馆等新业态；另一方面，依托“数据 + 计算力”等高新技术，“无中生有”地创造出全新的产业业态，包括网络文学、网络游戏、网络直播和短视频

---

① 江小涓：《数字时代的技术与文化》，《中国社会科学》2021年第8期；韩若冰：《数字技术推动下的文化创意产业生态化发展及其向度研究》，《山东大学学报》2020年第2期；解学芳、陈思函：《5G+AI 技术群驱动的文化产业新业态创新及其机理研究》，《东南学术》2021年第4期；祁述裕、刘琳：《文化与科技融合引领文化产业发展》，《国家行政学院报》2011年第6期。

等[①]。文化生产力的释放必然同步带动对本土文化资源的发掘与开采。以最为活跃的游戏产业为例，在过去 10 年间我国自主研发、获得版号且迄今仍较为活跃的 1407 款数字游戏中，共计 585 款传播了中华传统文化，占比达 41.6%；在 80 款热门国产手游中，有 64 款传播了中华传统文化，占比达 80%。即便是部分热门游戏在发行时与传统文化没有特别显著的关联，但在后续运营过程中，也陆续推出了与中华传统文化紧密联系的更新内容[②]。二是 UGC 时代来临。便携终端设备的普及和越来越简单的生产工具，触发了从 PGC（Professional Generated Content，专业生产内容）到 UGC（User Generated Content，用户生产内容）的文化生产新样式，“由于数字技术进步，人类历史上第一次出现了文化内容的创造者从小规模专业作者向大规模业余作者迁移的局面”[③]。全民 DIY 的零中介、微内容的生产模式不仅极大扩展了文化生产者的规模，而且往往还依靠网友的转发分享迅速成为“网红爆款”或“超级 IP”，颠覆了以往由精英发起和主导的文化语境。三是在互联网为代表的数字技术所搭建的“大生产”环节中，消费不再是产业活动的终点，“世界正在变平”[④]，互联网抹平了生产者、传播者、消费者之间的界线，消费者同时成为生产者，大量存在的中小微“产消合一者”，实现了新技术环境下更广泛意义上的“创意阶层的崛起”，也开启了真正的文化生产

① 林颖、张华荣：《数字技术是产业高质量发展的支撑》，中国社会科学网，2022 年 7 月 21 日。

② 北京师范大学数字创意媒体研究中心、腾讯社会研究中心：《数字游戏传播中华传统文化报告》，第 3 页。

③ 张晓明：《文化产业的新形势新思路新战略》，《人民论坛》2017 年第 S2 期。

④［美］托马斯·弗里德曼：《世界是平的：21 世纪简史》，何帆、肖莹莹、郝正非译，长沙，湖南科学技术出版社 2016 年版，第 650 页。

大众化纪元。截至2021年12月底，抖音、快手、腾讯视频号等短视频/直播应用从零到“巨无霸”，短视频的用户使用率达到90.5%，用户规模增长到9.34亿[①]。在UGC的生产逻辑下，有多少消费者也就意味着有同样规模的文化生产者，而中华优秀传统文化也必然在如此广大的文化生产中得到更为强大的传承与创新。

2. 新技术支撑起更强大的文化资源的提取、处理和转化能力

传统文化的深邃内涵大多处于隐藏和遮蔽状态，一般很难直观地感受到它的魅力，数字技术通过放大、渲染、嫁接等方式可以将被隐藏和被遮蔽的内容纤毫毕现地展现出来。2021年河南卫视春晚舞蹈《唐宫夜宴》的火爆就生动诠释了这一点，一群以唐代侍女俑为造型的少女，在中国水墨画和各种传世国宝间婆娑起舞，优美而生动的舞姿与丰富而厚重的历史文化交相辉映，节目运用了“5G+AR”的技术，让虚拟场景和现实舞台结合，把弘扬传统文化与运用现代技术创新表达相结合，这是《唐宫夜宴》的成功带给中华文化当代传承的最大启示。

在文博领域，数字技术的这种提取和再现能力显得尤其重要，文物是不可再生的文化资源，穿越了百千万年的历史光阴，都比较脆弱易损，从物质属性上讲，这类文物本不适宜进行长时段的展陈。如敦煌莫高窟为了保护壁画，不得不制定堪称苛刻的参观要求——一天只能接待3000人，每人只能参观2个小时，每个洞窟参观8分钟。在这种情况下，数字技术就可以发挥替代作用，2015年敦煌研究院于线上面向全球公开发布了“数字敦

① 中国互联网络信息中心：《第49次中国互联网络发展状况统计报告》2022年2月。

煌”项目，现在任何人都可以在网上观看数字敦煌30个精美洞窟的壁画。

3.依托文化新业态，传统文化广泛“重生”于现代生活

文化产业新业态，是指依托现代高新技术生产、传播文化产品或服务的产业形态，具有云端化生产、平台化运营、场景式营销体验、推荐算法等典型特征，主要表现为网络视频、数字音乐、网络文学、网络游戏等产品形态。传统文化作为重要的生产物资和灵感源泉，借助于各种文化新业态载体，转化为流行的当代文化产品，融入现代生活。譬如，在网络视频领域，取材于传统文化的古装剧一度霸屏视频网站，以至于不得不出台“限古令”对古装剧的播出时长比例予以限制；在数字音乐领域，以《离人愁》《庐州月》《青花瓷》等为代表的“新国风”音乐久唱不衰，周杰伦2006年发表的《本草纲目》在2022年刘畊宏的健身直播中再次“火爆”；网络文学则成为IP产业链的“源泉”，输出了诸如《步步惊心》《鬼吹灯》《盗墓笔记》《琅琊榜》《择天记》《斗破苍穹》《诛仙》等取材于传统文化的众多优质IP，同时也创造出惊人的“文化生产价值”。据中国社会科学院《2021中国网络文学发展研究报告》显示，截至2021年年底，我国网络文学用户总规模达到5.02亿，拉动上下游产值超过1万亿元。在网络游戏领域，传统文化焕发出的生产力同样明显：2020年，米哈游推出的横跨主机、手机和PC端的《原神》，长期占据游戏榜首位。《原神》是一款典型的中国风游戏，既融入了中国特有的自然风貌、历史典故，又大量运用书法、戏剧和音乐等诸多艺术元素进行融合创新，如《原神》中的人物“云堇”设计灵感来源于花木兰、穆桂英、梁红玉等巾帼英雄，深

受玩家喜爱。

数字技术赋能传统文化传承创新既体现于大众文化，也体现于学术和教育领域，其最明显的机制就是学术研究的“生产能力”“生产效能”大幅提升。以历史学为例，新世纪以来，涌现出大批优质数据库，使得历史研究者尽量多地获取、占有和运用史料，并且全面细致地掌握相关的研究状况。例如中华书局推出的“籍合网”，已建成包含“中华经典古籍库”“中华文史学术论著库”“中华善本古籍库”“红色经典报刊库”“中国木版年画考察”“中华石刻数据库”等多个子产品在内的古籍整理与数字化综合服务平台。又如国家图书馆推出的“中国基本古籍库”，将自先秦时代开始，直至民国年间历朝历代经典文本典籍 1 万余册通过电子扫描，实现了纸质媒介存储方式到电子数据存储方式的转变。据不完全统计，文字资料可达 20 亿字，图像资料累计超过 2000 万页，电子存储内容总量是《四库全书》的 3 倍。在数字时代，学者不再需要青灯孤影、埋首故纸，仅仅凭借一两个“关键字”就可以快速准确地寻找到所需要的史料。“大数据时代资料来源的广泛化和精确化，使史学研究变得更为全面和准确。数字技术也加速了历史学研究的成果转化。历史学走进普通民众的途径、方式和速度都因数字技术而发生了改变，全媒体的传播手段和动态即时的呈现方式可以使史学研究成果实现最大限度的扩散，史学研究中的诸多话题都可以在史学界之外引发广泛讨论。”在新冠疫情大流行情况下，原来需要面对面展开的课堂教学和学术交流也进行了大规模的“数字迁移”，现在远程教学和远程会议已经成为一种学术“新常态”。“历史学的数字化转向已然是不可逆转的趋势”[①]，这其中体现的是史学研究中“生产能力”“生产效能”的显著提升。

（四）数字技术赋能文化传播与传统文化的蝶变

数字技术与生俱来地带有全球化乃至全时空的基因，其对文化传播最本质的影响是使文化的传播彻底突破了时间与空间的限制，从而创造出“前数字时代”不可想象的“爆款”景观。2012年，韩国鸟叔《江南 style》成为互联网历史上第一个点击量超过 10 亿次的视频，骑马舞一夕之间风靡全球，韩国全国只有 5000 万人口，如果没有互联网这项新技术、新动能，不可能出现这种文化现象。在中华优秀传统文化“两创”实践中，也有同样的经典案例，2020 年 7 月，网名为“阿木爷爷”的山东聊城老手艺人在海外社交平台走红。63 岁的“阿木爷爷”通过“榫卯”这一中国传统技艺，不用一根钉子、一滴胶水，制作出了各种精致木器，被网友誉为“当代鲁班”，获得百万粉丝、上亿流量，“阿木爷爷”展现的中国传统工匠技艺让外国网友叹为观止，他发布在 YouTube 上的视频没有一个英文字母，却圈了无数海外粉丝，向世界展现出中华传统文化之“巧”，传递出中国智慧之光。

从文化传播的角度看，数字技术赋能中华优秀传统文化的“两创”，至少可以归纳为以下 3 个方面。

1. 基于数字技术的互联网为中华优秀传统文化的大众传播提供了一个革命性的媒介平台，打破了自上而下、由中心到边缘的

① 王育济：《关于“历史学的数字化转向”》，《光明日报》2015 年 8 月 23 日；户华为、周晓菲：《激辩“历史学的数字化转向”》，《光明日报》2015 年 8 月 29 日；周兵：《迎接历史学的“数字转向”》，《光明日报》2020 年 7 月 20 日。

传播路径，构建起多向度、立体式、点对点的传播体系。数字时代的传播体系既可以线上线下双向互动，也可以让政府与企业跨界联通，如腾讯借助其巨大的平台影响力，与云南签订“新文旅IP 合作计划”，让数字文化内容融入传统文旅肌理，塑造了云南全新文旅 IP 形象“云南云”，推动 QQ 炫舞《瞳雀新生》《我们的西南联大》等 10 余个新文创项目逐步落地，多向度、立体式推进了云南历史文化的广泛传播。近年来，随着智能算法的普及应用，网络传播变得更加精准，各大内容平台会对用户偏好倾向进行跟踪，自动为用户匹配感兴趣的文化内容并进行个性化分发。现在人们打开一个网站或资讯 App，系统便会根据用户的浏览记录和阅读爱好，自动推送相应内容，这种类似于传统文化中“因材施教”的传播路径有助于网民根据个人兴趣形成稳固的文化圈层，促进优秀传统文化由线上到线下的纵深发展。如当下正蓬勃兴起的汉服文化和汉服产业，就是在这种线上线下的相互激荡中成功出圈的。

2. 互联网丰富了传统文化表现形式，通过图、文、视频、音频的交织互动，从而形成多媒体联动、更为生动、更为活泼的文化表达。“从现代人的视角去审视传统文化，既有一种对历史积淀和灿烂文明的敬畏感，又难免产生与现实生活脱节的疏离感。”[①] 互联网则将原来复杂晦涩的文化内容以通俗易懂的形式展现出来，拓展了传统文化的受众群体。近年来许多博物馆纷纷利用数字技术改进展示方式（如数字故宫），优化文化遗产“用户体验”。特别是利用虚拟空间技术等生成逼真、实时、三

① 陈彧：《碎片化与重构：微传播语境中的中国传统文化》，《当代传播》2017 年第 4 期。

维虚拟场景，强化展览互动性和参与感，满足观众感知和互动需求。这些数字化的展示方式，让人们以新鲜有趣的形式、真实可感的体验“云游”历史文化场景，感受中华优秀传统文化的博大精深，既能弥补观众无法亲临现场的遗憾，同时也能使观众获得许多即使在现场也无法获得的观感体验。又如上海辞书出版社将纸质版《辞海》数字化为网络版，所有词目增加了拼音标注和人声朗读，为7000余个汉字收录约3万个甲骨文、金文、简帛等的古文字字形，可以展示汉字早期形态和演变轨迹，使得内容呈现更为多维立体。以上仅仅是一些体系化的案例，事实上，在数字时代，海量的传统文化更多地呈现为一种弥散在网络空间中的碎片化、个性化的“微内容”，一条微博、一个微头条、一个朋友圈动态都会成为传统文化的传播通道。再如网络直播是近年来兴起的网络社交方式，具有直观快速、交互性强等特点，目前有大批传统文化爱好者利用网络直播推广中华优秀传统文化，构建网络直播的体验场景、生态场景和交互场景，主播同观众分享文化遗产背后的理念、历史、技艺，并随时回应观众的问题，在不经意的一问一答中就实现了传统文化的“人间种草”。

3. 互联网空间的传统文化传播表现出一系列明显的“反传统”特质——轻松、易懂、自由、灵活，极大地消解了传统文化的传播壁垒，为中华文化的世界传播提供了更多的可能。网络文学和网络游戏是最典型的代表：在中国十分火爆的网络文学，近年来在海外也日益走红，关注度和参与度节节上升。据统计，2020年中国网络文学的海外用户数量已达到3193.5万，海外市场规模达到4.6亿元人民币。中国网络文学海外门户网站起点国际（Webnovel），截至2020年年底已经培育超11万名海外创作者，推出海外原创作品超20万部，成功将中国特色网络文学创作和商业模式带向全球。中国网络文学，尤其是传统文化题材作品与生俱来地带有跨文化传播基因，正在以富有创意的方式推动着不同文化的融合和交流，中国网文已经与好莱坞电影、日本动漫、韩国偶像剧并为四大文化出海典范。网络游戏领域的成绩则更为突出，据2022年4月13日data.ai发布的全球年度LevelUp52强游戏发行商榜单显示，中国首次超过美国，跃居全球第一，中国上榜发行商有17家，其中腾讯、网易分居冠亚军[①]。新冠疫情对国际文化交流带来巨大冲击，数字技术则提供了一个完美的交流场域，如2021年1月中国歌剧舞剧院推出“舞动中国·中国歌剧舞剧云端演出季”，通过海外社交平台直播经典原创民族舞剧《孔子》《李白》《祝福春天》文艺演出和《春华国韵》民族音乐会。演出季活动相关视频和帖文在海外社交平台的覆盖规模达到1.3亿，视频播放量超过2500万次[②]。

“一种新媒介的长处，将导致一种新文明的产生。”[③]传播媒介绝不仅仅是文化传播的工具，同时还决定了文化的类型、风格甚至是内容。网络空间是开放多元的，在万亿次的协商、互

① 另外15家分别为：第7的字节跳动、第14的米哈游、第19的莉莉丝游戏、第24的FunPlus、第25的三七互娱、第32的阿里巴巴、第34的百度、第36的IGG、第39的欢聚、第44的友塔、第45的壳木、第46的龙创悦动、第47的江娱、第48的博乐、第50的世纪华通。

② 李嘉珊、刘霞：《助力文化强国建设，推进文化贸易高质量发展》，《光明日报》2022年7月7日。

③ ［加］哈罗德·英尼斯：《传播的偏向》，何道宽译，北京，中国人民大学出版社2003年版，第6页。

动中，自发形成了较为成熟的公共理性，这种公共理性建立在社会主流价值之上，对传播内容具有强大的规范能力。在前互联网时代，传统文化的传播环境是人际的、家族的、组织的，对传播内容的选择往往带有很大的盲目性，很难做到“取其精华，去其糟粕”。网络空间则不然，理论上讲，网络中传播的每一条内容都需要经过全体网民的“检验”，固然在网络空间不乏糟粕性、负面性、虚假性的内容，但随着网民素质的提高和相应监管体系的健全，此类内容会越来越缺乏生存空间，这在近年来的文化传播场域中已经有了明确体现。互联网对传统文化的传播不是原样照搬，而是超脱于日常生活之外的精神性、审美性的华丽蝶变。2022 年春节期间，灵感来源于《千里江山图》的春晚舞蹈《只此青绿》火遍全网，一个是由笔墨承载的静态画作，一个是用人物肢体表现的现代舞蹈，两者本不属于同一种艺术形式，但精神气韵和审美旨趣是一脉贯通的，这就是一种精神的、审美的传承与创新。

（五）数字技术赋能文化消费与当代“国潮”

随着技术的蓬勃发展，消费结构、消费偏好和消费模式等多个维度发生了重大变化，数字文化消费成为新常态。在基础设施、供给侧和消费者综合作用的结果下，数字文化消费在居民整体消费中的占有时长明显增加，在消费分配中的地位明显跃升，成为扩大文化消费、满足人民日益增长的美好生活需要的重要突破口[①]。业内普遍认为文化消费不仅是物质需求，且包含了文化体验、情感归属和身份认同。尤其是在逐渐成为消费主力的“90

① 范玉刚：《新时代数字文化产业的发展趋势、问题与未来瞩望》，《中原文化研究》2019 年第 1 期。

后”“Z 世代”群体中，文化实践、风格彰显和意义生成，都是以消费为前提的。[①] 传统文化大规模进入数字文化消费领域并获得巨大的成功，体现出主流消费群体对中华优秀传统文化深层精神内涵的传承和认同。

目前，有关数字时代文化消费的特征研究比较充分，结合数字时代中华优秀传统文化在消费环节中的传承与创新，我们着重讨论以下 3 方面的问题。

1. 数字环境重新定义了文化消费的价值，催生了更为复杂的文化生产、传播、消费影响机制。在当下的文化生产消费链条中，既存在传统的先生产后消费的模式，也存在以短视频平台为代表的“产消合一”模式，以及“流量明星”“粉丝经济”“众筹”等为代表的消费决策生产的模式。无论哪种模式抑或几种模式的混合，互联网都扮演了极其重要的角色，数字消费成为文化消费的主要形式。在这种消费模式下，消费者的角色被数字技术赋予多重身份，“传统的受众角色——被动的信息接受者、消费者、目标对象将终止，取而代之的是搜寻者、咨询者、浏览者、反馈者、对话者、交谈者等诸多角色中的任何一个”[②]。此外，数字消费还同时“创造出平行的数据市场”，海量数据的汇集，云计算、人工智能、机器学习对数据进行高效处理，最终实现精准推送，乃至决定前端的生产。譬如被称为“业余时间终极杀手”的抖音，其成功就得益于以用户喜好为中心的算法机制。视频网

① 敖成兵：《Z 世代消费理念的多元特质、现实成因及亚文化意义》，《中国青年研究》2021 年第 6 期。

② ［英］丹尼斯·麦奎尔：《受众分析》，刘燕南、杨振荣译，北京，中国人民大学出版社 2006 年版，第 158 页。

站 Netflix、爱奇艺等也都使用 AI 智能算法来决策生产和消费等诸多环节。借助于智能的消费情境和多元的“生产—消费”模式，传统文化在平台和个体消费者的支持下获得了更多的表达机会。例如，在主营文创产品的众筹网站摩点上，完成金额最高的前 3 名分别是故宫互动解谜书《迷宫·如意琳琅图集》（众筹金额 2020.2 万元）、《哪吒之魔童降世》官方授权手办（众筹金额 1509.3 万元）、故宫互动解谜书第二作《迷宫·金榜题名》（众筹金额 1414 万元），均为传统文化主题，排在其后的才是哈利·波特和漫威等海外文化主题产品。

2. 数字时代的文化消费突破了时空限制，构筑起传统文化多元化的消费场景。在数字时代，“线上 + 线下”成为最常见的消费场景，线下不再是前互联网时代的“实体”，而是在“线上 + 线下”整体链接中的一种“承接线上需求的空间”。这不仅持续催生新的产业形态和商业模式，也在同步改变着人的生活方式和审美方式。例如，当前文化体验娱乐综合体成了城市重要的景观和场景体验“打卡地”，激发受众“动起来”的多维立体的沉浸式体验消费场景的塑造成为时尚。只要戴上 VR 头盔，受众就可以“行走”在数字化的古代文化场景中，随程序做出诸多动作，沉浸在虚拟现实中。耳目一新的视觉传达和简单友好的交互方式成为消费的重要手段，使受众在古老文化“活起来”的过程中领略其前世今生和文化价值，继而也完成了一次“物有所值”的文化消费。

基于实时交互、无限链接，各种各样的社交媒体平台，社群、直播、KOL、网红、网络达人大有取代上一代诸如明星之类的消费符号，成为线上、线下消费的主要决策入口，个性化、即时化的文化消费需求得到了更广泛的认同和实现，个体在消费领域的影响力和话语权获得了前所未有的提升。这意味着传统文化只要嵌入其中的一个关键环节、一个关键人物，就可以通过直接抑或间接消费获得广泛的接受与传承。例如李子柒向世界展示了中国传统的“田园牧歌般”的乡村生活，是“一个全媒体时代传承与传播中华文化的生动案例”，而这一案例所带来的文化衍生品、传统农副产品的消费同样是巨大的。与此同时，随着新技术的应用，虚拟空间的文化消费也展开新一轮的扩张，以往虚拟文化消费在电子游戏方面表现最为明显，譬如游戏玩家为装备、皮肤等“氪”的“金”，随着区块链技术的发展和元宇宙概念的提出，NFT、数字藏品等成为新的虚拟文化消费热点。就国内目前发行的数字藏品而言，最大的两个来源，一是侧重创作的艺术作品，二是侧重创意设计的文物、文化遗产衍生品。无论是指向实物的，还是指向虚拟物品的数字文化消费，新技术都为传统文化“两创”提供了更为多元化消费场景。

3. 文化复兴的一种显性表达——“国潮”“国风”现象。从深层逻辑来看，消费的决定要素之一即文化认同，传统文化在这个维度上具有深厚的根基和得天独厚的优势。借助于科技的发展，这种优势最终表现为近年兴起的“国潮”“国风”现象。顾名思义，“国潮”指“国故”与“新潮”；“国风”指“国故”与“风尚”，都是“中华优秀传统文化”与“潮流风尚”的结合。这方面的案例有很多：汉服从小众到逐步被更多人接受的过程，正是“国潮”“国风”现象的一个缩影；根据《百度2021国潮骄傲搜索大数据》报告，“国潮”在过去10年里的关注度上涨了528%；哔哩哔哩的官方数据显示2021年其平台国风爱好者人数超1.77亿，在抖音等其他平台上，“国风”也已成为热门，用户通过展示汉服变装、“非遗”手作等方式，呈现自我审美意识和价值追求；2022年抖音发布十大潮流生活趋势，其中之一就是“华流即顶流”；国产的新消费品牌迅速崛起，如美妆品牌花西子，发掘中国传统美学的东方神韵，把传统微浮雕技术应用在彩妆上，打造出雕花口红、浮雕眼影盘等爆款产品。

近年来，故宫博物院、敦煌研究院、河南博物院等文博机构推动文化生产与消费全流程数字化转型，不仅让文物活起来，也形成了新的消费体验，例如敦煌研究院曾经在微信上推出了一款在线制作丝巾的“敦煌诗巾”小程序，上线当天即有6万人次参与DIY创作，是莫高窟每日接待的游客数量的20倍。当文化遗产拥抱数字消费，新型文化产业链也随之延长，“国潮”“国风”已经作为一种文化态度和生活方式，融入大众生活的方方面面。中国品牌、中国文化以及中国科技引领了全新的时尚生活：既彰显着中国文化、融合潮流元素的国货品牌及其消费潮流，也代表了超出实体的、在观念层面上的中国文化符号生产及消费领域的复兴潮流[①]。方兴未艾的“国潮”“国风”运动，揭示出运用数字技术以“古”入“今”的巨大魅力，体现了经济转型升级与文化自信提高的同向同行，是中华优秀传统文化创造性转化与创新性发展的直接成果[②]。

① 宗祖盼、刘欣雨：《“国潮”的消费认同与价值尺度》，《深圳大学学报》2022年第4期。

② 中国传媒大学与光明日报联合调研组：《“国潮”澎湃，如何更好彰显文化自信》，《光明日报》2021年9月2日。

（六）问题与展望

基于文化与数字技术的高度适配性，运用数字技术赋能传统文化的创造性转化、创新性发展已取得丰硕成就，但数字时代传统文化的表达也存在一些明显问题。

第一，表达的领域不足。中华优秀传统文化广泛存在于精神与物质的几乎所有领域，具有口头的、生活的、文本的、图片的、影像的、身体的各种形态，而目前数字技术触达的领域仍然有限。若要将复杂形态的传统文化进行更彻底的数字化表达，就需要建立普遍认可的数字化标准，有效采集传统文化符号，并在特定平台进行全面的“数字编码”，建立起广泛应用的“云超市”“云工厂”，这些工作仍需前瞻性的远见和综合布局。

第二，表达的文化深度不足。目前传统文化的数字化表达大多以平面化的展示和普及为主，对传统文化的精神内核缺乏精当的把握。所谓传统元素只是停留在以“器物”为代表的“元素”层面，而对价值观、道德观、审美观等更深层次的文化属性涉及不多。

第三，市场形态的平台垄断问题。互联网与生俱来的“去中心化”特质，降低了文化生产的门槛，赋予用户前所未有的生产与消费的权利。这一方面导致了互联网文化产业在商品与消费上的空前繁荣，另一方面则由于产品品位的下降使创作者与消费者的实际权利不得不向资源与算法让步，从而导致平台以“流量为王”的方式成为“审稿人”，消解了“创作者”与“消费者”的文化表达权利。面对这个问题，政府除了针对性立法并切实落实监管责任之外，更应当积极拥抱新技术，以国家主体及时将新技术引入数字文化产业治理之中，以实现科技与中国优秀文化、中华优秀传统文化的和谐共生，美美与共。

当下，数字技术已全面迈入“5ABC”的高新时代[①]。中国在“5ABC”时代形成全球领先的综合优势，无疑为优秀传统文化的创造性转化和创新性发展，提供了更为强大的技术环境。展望未来，中华传统文化资源彻底数字化、数据化的“全面编码”，文化新业态的传播消费平台与生产创作平台日益一体化，基于手机屏幕的“云旅游”“云观赏”演进为以天地万物、古往今来为“屏”的元宇宙，以及游戏引擎对未来数字文化产业全面的统领和支撑，构成了“5ABC”时代的4个重大技术文化趋势，这也是未来中华优秀传统文化创造性转化、创新性发展的四大着力点。

六、完善推进创造性转化、创新性发展的制度举措

中华优秀传统文化的创造性转化、创新性发展是一项艰巨的系统性工程，必然经历一个从生发、融合、再创造以至走向健康发展的过程。实现中华优秀传统文化创造性转化、创新性发展，构筑起中国精神、中国价值、中国力量，要凝聚社会各方面力

① “5ABC”指5G（5th Generation Wireless Systems）、人工智能（Artificial Intelligence，AI）、区块链（Blockchain）和云技术（Cloud Technology），也指代以这四项技术的发展统合所形成的“新基建”环境和“工业互联网”时代。在“5ABC”四项通用技术中，云技术发展最早，也最成熟，已经广泛应用于包括文化在内的众多生产领域；人工智能技术在近10年中，也直接作用于文化产品的生产制作；在5G和区块链技术方面，中国则已经跃居全球的“领跑者”“领头羊”，尤其是新冠疫情以来，中国密集推进的“新基建”战略，恰恰就是5G、人工智能、区块链、云技术的集成创新，说明中国已经进入“5ABC沸腾的十年”。

量，不断解决在“两创”过程中出现的新矛盾新问题，完善推进创造性转化、创新性发展的制度体制，采取切实有力的举措加以推进实施。

（一）建立完善创造性转化、创新性发展制度的必要性

1.“两创”方针提出的题中应有之义

习近平总书记指出：“文化是一个国家、一个民族的灵魂，文化兴国运兴，文化强民族强。”[①] 中国特色社会主义文化是激励全党全国各族人民奋勇前进的强大精神力量，中华民族的伟大复兴，离不开中国特色社会主义文化的繁荣兴盛。“中国特色社会主义文化，源自于中华民族五千多年文明历史所孕育的中华优秀传统文化，熔铸于党领导人民在革命、建设、改革中创造的革命文化和社会主义先进文化，植根于中国特色社会主义伟大实践。”[②] 中华优秀传统文化与革命文化和社会主义先进文化，“积淀着中华民族最深层的精神追求，代表着中华民族独特的精神标识”[③]。其中，中华优秀传统文化发挥着“源头”和“根茎”的作用，是“最深厚的文化软实力”[④]。

我们党对社会主义文化建设作出的战略性构想，其中之一是实现中华优秀传统文化的创造性转化和创新性发展。中华优秀传统文化是发展社会主义先进文化的深厚基础，是中华民族走向复

---

①《习近平新时代中国特色社会主义思想三十讲》，北京，学习出版社2018年版，第194页。

② 习近平：《决胜全面建成小康社会　夺取新时代中国特色社会主义伟大胜利——在中国共产党第十九次全国代表大会上的报告》，《人民日报》2017年10月28日。

③ 习近平：《在庆祝中国共产党成立95周年大会上的讲话》，北京，人民出版社2016年版，第14页。

④《习近平在中共中央政治局第十八次集体学习时强调　牢记历史经验历史教训历史警示　为国家治理能力现代化提供有益借鉴》，《人民日报》2014年10月14日。

兴无法割断的文化命脉。“传承发展中华优秀传统文化，就是要用蕴含其中的精髓精华滋养当代中国人的精神世界，提振当代中国人的精神力量。”[①] 可以说，创造性转化、创新性发展的“两创”方针，是马克思主义文化传承观在当代中国的理论表达和方法呈现，是对中华文化在当代如何发展、如何使之更好地服务于社会主义现代化建设、服务于人民群众文化需要的路径规划。“两创”方针的实现，需要有力的制度支撑。建立和完善创造性转化、创新性发展的制度体制机制，是“两创”方针提出的题中应有之义。

2. 在政治性内涵与学理性意蕴的统一中理解“两创”命题的必然要求

在当前学界，“两创”有时被理解为在微观层面对具体的传统文化概念内涵的转化和发展，从而呈现为一种传承创新方法；有时又被理解为在宏观层面对中华传统文化整体的现代转换和时代发展，从而呈现为一种传承创新理念[②]。这体现出，“两创”方针实际上具有政、学两方面之特性，是政治性内涵与学理性意蕴的统一。具体而言：

一方面，“两创”方针是通过领导人的提出、政治文献的确认、政策方针的执行而出场的政治话语。从政治学角度来说，“两创”方针充分体现了我们党所坚守的政治立场，是关系我国现阶段社会制度的大局性、根本性问题，是在马克思主义指导之下、

---

① 《习近平新时代中国特色社会主义思想三十讲》，北京，学习出版社 2018 年版，第 206—207 页。

② 李新潮：《中华传统文化“创造性转化、创新性发展”思想研究》，兰州大学博士学位论文，2021 年。

立足中华文化立场之上，为中国特色社会主义事业服务的文化理念[①]。因此，“两创”方针具有鲜明的政治性，具有深刻的政治内涵、充分的政治原则性，它不是文化复古主义，也不是历史虚无主义。在当前西方思想文化强势渗透以及复古主义简单推崇的双重夹击中，要坚守“两创”方针的政治性、方向性，必须要有制度依靠，必须打牢实践根基。

另一方面，“两创”方针是当代中国思想界对于文化传承的理论探寻和时代回应，其遵循特定的学术规范，具有特定的理论内涵，具有深厚的思想积淀，有自身的话语范围，隶属于一定的学术话语体系。“两创”方针的学理性意蕴，深植于思想史的沃土之中，需要我们从思想史和文化史的角度去解读文化传承，尤其是文化传承的机制问题。以此论之，从学术角度上对“两创”方针进行认知，可以等同于对文化传承机制的认知，即中华民族在几千年的发展过程中，在为满足生存和发展需要的实践过程中创造出了绚烂多姿的文化形态，形成了独特的适应于民族生存的文化环境和文化氛围，这需要着眼于学理性思考。

“两创”方针本身的政治性内涵与学理性意蕴，要求我们在二者统一的关系中去把握，即其政治性内涵需要通过辩证的学理分析得以论证，其学理性意蕴需要通过正确的政治引导得以彰显[②]。而无论是论证政治性内涵，还是彰显学理性意蕴，都需要制度作为理论依托和实践佐证，否则就是空中楼阁。

---

① 李新潮：《中华传统文化“创造性转化、创新性发展”思想研究》，兰州大学博士学位论文，2021 年。

② 李新潮：《中华传统文化“创造性转化、创新性发展”思想研究》，兰州大学博士学位论文，2021 年。

3. 解决现实文化冲突的必然要求

从更高的理论层次去思考，“两创”方针还涉及自1840年鸦片战争以来的文化观问题。中国古代社会非常漫长，如果仅从中华传统文化中的主流部分，即儒家文化获得独尊地位的汉代来计算，距今也有2000多年。这样漫长的传统社会所产生的文化观念，对每一位中国人而言都是根深蒂固的，即便是近代最排斥传统、最追求西化的学者，其学术思维的底层逻辑也是完全基于中华传统文化观念的。而这种文化观念，恰恰是从1840年开始，至今180多年的历史中，受到了现代西方文化的不断冲击。这种冲击，既是西方冲击东方，也是现代冲击传统。这使得现代中国人的文化观念和思维具有很大的矛盾性：一方面，中国人所受到的潜移默化的文化影响离不开传统文化，无论这种影响是有益的抑或是无益的；中国人所具有的底层的文化观念也是完全受制于传统文化的，即便是多年身处异域文化环境内的中国人，只要他幼年时代在文化观念形成过程中身受传统文化的影响，这种影响就是不可磨灭的。另一方面，许多中国人在西方文化的影响下，对中华传统文化产生了诸多质疑。我们看到的“过洋节”“崇洋货”等行为，本质上是多年来西方文化对中国社会的渗透，使当代中国人对西方文化产生喜爱和向往，并从主观意念上受到“西化”的结果。

为了解决这些现实的，甚至是迫在眉睫的文化冲突，现代中国已经在政府或民间，有意或无意地形成了诸多文化传承机制，如与政治相融合的制度保障机制，精英主导机制，教育传承机制，民间、家庭传承机制，文化产业化的利益导向机制，信息化、数字化的传承机制等。只是这些传承机制并不健全，从而使中华传统文化面临着传承困境。这主要体现在：政府的政策措施未能落实到位，反馈机制欠缺；民间传承组织零散，尚未形成完整的系统；教育系统对传统文化的重视程度不高，有关部门对文化产业的监管力度不够；社会对于传统文化的重视程度不高，民众缺少对优秀传统文化的深层认识和文化认同。

因此，“两创”方针作为文化观问题，实际上就是回应鸦片战争以来中国近现代哲学所探讨的中西古今文化关系问题，这是100多年来中国哲学着重探讨、激烈争论的一个重要问题[①]。更因当前面临百年未有之大变局，伴之经济全球化和逆全球化、基督教伊斯兰教佛教和传统汉字文化圈、海洋文化与大陆文化等冲突，必然要求“两创”方针的贯彻落实，务必有一整套行之有效的制度、有一整套文化传承机制，方能回应一系列现实问题并助益去弥合消解种种冲突。从这一点上来看，建立和完善创造性转化、创新性发展的各项制度，当是解决文化冲突问题的最现实需求。

4. 实现民众文化认同并取得文化自信的必然要求

实现民众文化认同并坚定文化自信，是解决现实文化冲突、使中华传统文化走出传承困境的当务之急，也是发展社会主义先进文化、实现文化意义上的民族复兴的基本条件。主要步骤有：一是了解掌握传统文化知识；二是形成对中华民族命运共同体的深厚情感；三是参与塑造现代中国人的价值观[②]。

从当前中华传统文化的传承发展现状来说，广大中国民众对传统文化存有认知不足和认知偏差。认知不足的问题主要在于，

① 李新潮：《中华传统文化“创造性转化、创新性发展”思想研究》，兰州大学博士学位论文，2021年。

② 成积春：《传承、弘扬、创新——中华优秀传统文化在山东》，北京，中国社会科学出版社2017年版，第60—61页。

传统文化与现代文化相比晦涩、深奥，在“快餐文化”流行的当下，其原本的传播元素很难有相适宜的土壤。而认知偏差的问题则体现在，对传统文化的误读和受到西方文化对中华传统文化认知偏见的影响。在认识程度方面所带来的问题，主要体现为：在中华民族命运共同体问题上，当代中国人普遍具有朴素的爱国情感、朴素的民族情感，但系统、理性的感情基础还相对薄弱。进而造成现代中国人的价值观念，在某种程度上来说还不够明晰，对中华文化之认同及应有的文化自信也是不足的。这种不足的显性之处，恰恰是当我们充满自豪感的时候，会不自觉地与国外主要是西方国家进行比较，且过分关注于西方国家的评价。这一境况近年来虽已有极大的改善，但依然普遍存在。实现文化认同、取得文化自信仍任重多艰。从这一点来说，实现优秀传统文化的创造性转化和创新性发展，必然要依赖于相关的制度机制。

（二）建立和完善创造性转化、创新性发展制度的原则

1. 坚持马克思主义为指导、坚定文化自信

传统文化是在自然经济的社会土壤中形成和流变过来的，为中华民族生生不息、发展壮大提供了强大精神支撑，同时本身也“浸润着封建主义思想和小农意识的糟粕，杂糅着许多消极、保守的惰性成分，具有不适应时代要求的局限性”①。从这一点上来讲，以优秀传统文化助力社会主义文化建设，落实“两创”方针，建立和完善创造性转化、创新性发展制度，首先就要运用马克思主义立场观点方法，站在时代的高度，根据社会主义现代化建设需要，予以精准挖掘、重新阐发。“马克思主义是我们立党立国的

① 成积春：《传承、弘扬、创新——中华优秀传统文化在山东》，北京，中国社会科学出版社 2017 年版，第 26 页。

根本指导思想，在坚持马克思主义指导地位这一根本问题上，必须坚定不移，任何时候、任何情况下都不能有丝毫动摇。”① 优秀传统文化的传承和发展，不是传统文化在当代的复兴，更不是忽视马克思主义的指导地位，重走“尊孔读经、以儒治国”的老路，而是从中华文明五千多年发展的历史经验中汲取营养。

“坚定文化自信，是事关国运兴衰、事关文化安全、事关民族精神独立性的大问题。”② 步入近代以来，中华民族屡屡为帝国主义的坚船利炮所震慑，在欧风美雨的侵袭下变得“花果飘零”，在西方强势文化的多层面冲击下，传统文化日渐沉沦、消解和失去“活性”，处在被外来文化吞噬的危险境地 ③ 。“一个抛弃了或者背叛了自己历史文化的民族，不仅不可能发展起来，而且很可能上演一幕幕历史悲剧”④，因此，只有“对自身文化理想、文化价值充满信心，对自身文化生命力、创造力充满信心，才能有坚持坚守的定力、奋起奋发的勇气、创新创造的活力”⑤。要建立和完善创造性转化、创新性发展的制度，我们必须对中华文化充满自信。我们应当自豪于中华民族五千多年来的辉煌成就，自豪于中华文化的博大精深、源远流长；看到“中华文化讲仁爱、重民本、守诚信、崇正义、尚和合、求大同的时代价值”，看到中华

---

①《习近平新时代中国特色社会主义思想三十讲》，北京，学习出版社 2018 年版，第 213 页。

②《习近平新时代中国特色社会主义思想三十讲》，北京，学习出版社 2018 年版，第 194 页。

③ 成积春：《传承、弘扬、创新——中华优秀传统文化在山东》，北京，中国社会科学出版社 2017 年版，第 38、第 40 页。

④ 中共中央文献研究室：《习近平关于社会主义文化建设论述摘编》，北京，中央文献出版社 2017 年版，第 16 页。

⑤《习近平新时代中国特色社会主义思想三十讲》，北京，学习出版社 2018 年版，第 195 页。

文明绵延千年的磅礴力量。

2. 坚持社会主义先进文化发展方向

坚持社会主义先进文化的发展方向，与坚持马克思主义为指导、坚定文化自信是一致的。发展中国特色社会主义文化，“要坚持为人民服务、为社会主义服务，坚持百花齐放、百家争鸣，坚持创造性转化、创新性发展，不断铸就中华文化新辉煌”①。

百花齐放、百家争鸣的“双百”方针，是在新中国成立初期，针对新中国社会主义科学文化事业蓬勃发展，但依然受到教条主义、官僚主义影响的这一境况，以毛泽东同志为主要代表的中国共产党人创造性提出的科学文化建设的方针政策。为人民服务、为社会主义服务的“二为”方向则是党的十一届三中全会以来，解放思想、拨乱反正，在总结新中国文化建设成就的基础上提出来的。“双百”方针是社会主义文化大繁荣、大发展的基本政策，是实现中华民族文化丰富多彩的重要保障；“二为”方向则是中国特色社会主义文化建设的基本要求，防范拒斥脱离群众、脱离现实的文化形式，明确社会主义先进文化必须是服务于人民、让人民喜闻乐见的文化。与之相比，“两创”方针是在二者基础上，统合传统与现代，为中华文化发展寻找根脉、编制未来的战略决策。“双百”“二为”“两创”各有侧重又相互支撑，共同指明了社会主义先进文化的发展方向。

因此，在建立和完善创造性转化、创新性发展制度的过程中，要始终坚持和把握社会主义先进文化的发展方向。一系列文化形式的构建和文化机制的创造，不能拘泥于古，亦不可盲

---

①《习近平谈治国理政》第 3 卷，北京，外文出版社 2020 年版，第 32 页。

从于新，要从制度上始终鼓励百花齐放、百家争鸣。同时，要在制度上明确“两创”的基本原则是“二为”，既要反对脱离人民群众的文化形式，更要反对打着文化交流的旗号进行的文化侵略。

3. 协调文化发展与当代政治、经济相适应

马克思、恩格斯指出：“历史方面的意识形态家（历史在这里应当是政治、法律、哲学、神学，总之，一切属于社会而不是单纯属于自然界的领域的简单概括）在每一科学领域中都有一定的材料，这些材料是从以前的各代人的思维中独立形成的，并且在这些世代相继的人们的头脑中经过了自己的独立的发展道路。”① 马克思主义唯物史观强调思想文化的相对独立性，指出文化发展具有自身的规律，同时也明确经济、政治对于文化具有决定性作用，而文化则对经济、政治具有反作用。

传统文化在当代社会，其所存在的经济、政治土壤都已经发生根本改变。但即便自然经济瓦解、帝制时代终结，传统文化依然发挥着重要作用，甚至可以说深刻影响着中国人的基本思维。当前中国的现代文化则主要基于新中国的经济、文化所产生，并深受欧美文化之影响。从某种程度上说，在当代中国，传统文化和现代文化必然存在冲突和矛盾，但这种冲突和矛盾是相对的。因为文化的相对独立性并不能否定生产方式，也不能否定构建在经济基础之上的政治体制。这也就是为什么我们要为传统文化寻找一个合适路径的缘由所在。目前我们以“两创”方针为指导，实际上就是促进传统文化与现代文化实现有

---

①《马克思恩格斯文集》第 10 卷，北京，人民出版社 2009 年版，第 658 页。

机融合、达到和谐共处，使传统文化中的精华、优秀的部分，不至于随着中国社会历史的大变革而解构和消失，而能够依然延续其顽强的生命力，使之通过创造性转化、创新性发展融入中国特色社会主义文化当中，为当代中国确认文化之根、文明之源。

以此论之，建立和完善创造性转化、创新性发展的制度，一方面要与当代中国经济、政治相适应。马克思认为，在不同的经济和社会环境中，人们生产不同的思想和文化。“中华民族的旧政治和旧经济，乃是中华民族的旧文化的根据；而中华民族的新政治和新经济，乃是中华民族的新文化的根据。”① 这既不是近代以来的“反传统”，也不是简单粗暴的“复古主义”。另一方面，我们也必须承认文化的相对独立性，遵循中华文化自身的发展规律。需要注意的是，这里存在一个被称为“拉卡托斯困境”② 的问题，即传统文化的创造性转化和创新性发展意味着一种“转化”和“创新”③，那么，这种转化和创新是对传统文化的“硬核”进行的还是对其“保护带”进行的？如果是对具“硬核”进行的转化创新，那转化创新之后的传统文化

① 《毛泽东选集》第 2 卷，北京，人民出版社 1991 年版，第 664 页。

② 所谓“拉卡托斯困境”出自丁立群教授在研究马克思主义时代化问题的时候所引入的一个概念。丁教授参照西方科学哲学家拉卡托斯对于组成“科学研究纲领”的“硬核”和“保护带”的认识，认为“硬核”相当于一个理论体系中的基本理论，是不可修改的，对“硬核”的修改意味着放弃了该研究纲领；而“保护带”相当于一个理论体系中的基本结论，是可修改的。然而，问题在于，如果我们所进行的创新触动了一个理论体系的“硬核”，那么创新后的理论还是原来的理论体系吗？如果我们只是对作为具体结论的“保护带”进行创新，那么这种创新能称之为真正的创新吗？丁立群教授将这一困境称为“拉卡托斯困境”。参见李新潮：《中华传统文化“创造性转化、创新性发展”思想研究》，兰州大学博士学位论文，2021 年。

③ 李新潮：《中华传统文化“创造性转化、创新性发展”思想研究》，兰州大学博士学位论文，2021 年。

还能算中华传统文化吗？事实上，中华传统文化一直以来都具有与时俱进的显著特征，其价值内涵一直在不断丰富过程之中。先秦之际，孔子讲求“述而不作、信而好古”（《论语·述而》），其实质并不是对于三代先王之道一成不变、一字不改的继承，而是有所扬弃地进行“删述”。“祖述尧舜、宪章文武”（《礼记·中庸》），是在继承其内涵精髓的基础上，结合当世之情随时以处之，因时而处之，其形制虽变，但精神内核如一。这充分体现了儒家“苟日新，日日新，又日新”（《礼记·大学》）的“革新”（《周易·杂卦》）观念。因此，在建立和完善创造性转化、创新性发展制度的过程中，需要注重对传统文化中“革故鼎新”等内容进行挖掘和发挥，充分重视文化的发展规律，以减少文化冲突。

4. 融合传统文化与现代文化

处理好传统文化与现代文化的冲突与融合，是建立和完善创造性转化、创新性发展制度过程中必然面临的和要解决的现实问题。传统文化之经济土壤主要是中国传统社会的自然经济，其政治土壤主要是中国帝制时代的各种专制制度；与之相对，当代中国依托中国特色社会主义制度发展社会主义市场经济，建设社会主义现代化国家。传统文化与现代文化的底层逻辑和立足思维都是迥然不同的。因此，习近平总书记指出：“传统文化在其形成和发展过程中，不可避免会受到当时人们的认识水平、时代条件、社会制度的局限性的制约和影响，因而也不可避免会存在陈旧过时或已成为糟粕性的东西。”[①] 这是二者冲突

① 习近平：《在纪念孔子诞辰 2565 周年国际学术研讨会暨国际儒学联合会第五届会员大会开幕会上的讲话》，《人民日报》2014 年 9 月 25 日。

的一面。

但与此同时，我们也要看到，即使是在中国传统社会经济和政治的基础上所产生的传统文化，也有许多精华的东西、优秀的东西，对于今天仍然有意义、有价值。对此，我们要运用马克思主义辩证法，用辩证思维思考和处理好传统与现代的关系。在建立和完善创造性转化和创新性发展制度方面，要采取扬弃的方式，克服形而上学的否定观。在这个意义上，任何新文化的产生都不是以完全否定旧的文化为代价，而应该是采用辩证否定的方式，克服旧文化中的消极部分，汲取、保留和改造旧文化中积极的、合理的有价值的因素。

（三）建立和完善创造性转化、创新性发展制度的着力点

1. 正本清源与阐释内涵

在 2014 年十八届中央政治局第十三次集体学习时，习近平总书记指出："牢固的核心价值观，都有其固有的根本。抛弃传统、丢掉根本，就等于割断了自己的精神命脉。"[①] 建立和完善创造性转化和创新性发展的制度，需要正本清源，依托对优秀传统文化的精准理解。以儒家文化为例，我们要追寻儒家文化的起源、发展，将儒家文化创始者孔子与数千年中华文明作深度连接，厘清中华传统文化的血脉源流；还要追寻孔子之前的时代，明了在上古时期中华文化是如何起源和发展的。只有这样，我们才能够把握儒家的原始形态、原始意涵以及嬗变形态和衍生意涵。

①《习近平谈治国理政》第 1 卷，北京，外文出版社 2018 年版，第 164 页。

既要正本清源，更要精准阐释。对中华文化内涵的精准阐释，分有多个层次。首先是语义阐释。源自传统的思想文化绝大多数是通过语言文字的载体而存在于当下，我们面临的第一个问题就是如何打破古代汉语与现代汉语在存在形式与表达方式上存在的天然障碍。这涉及古汉语文学、历史学、考古学、音韵学等多学科的内容。其次是对内涵变迁的认知，主要考察基本理念的演变，厘清一系列基本判断在思想史领域的发展，以历史经验启迪当代优秀传统文化“两创”机制建设。最后是对传统文化内涵在现代的价值判断，即通过内涵的阐释来明晰传统文化中哪些是优秀的，哪些是糟粕的，优秀的传统文化对当代社会具有什么样的价值。

如若对传统文化的内涵不解，对优秀传统文化的源与流认知不清，去芜存菁的扬弃工作就难以做得完善。许多与时代脱节、与社会主义核心价值观不符的糟粕文化，如郭巨“埋儿奉母”、董永“卖身葬父”、吴猛“恣蚊饱血”等故事，竟被错误地宣扬，这与我们传承弘扬优秀传统文化的本意完全是背道而驰的。

2. 转化与交融

创造性转化、创新性发展的着力点是“创新”，是赋予优秀传统文化新的时代内涵和现代表现形式，使优秀传统文化与现代社会生活结合起来，而非简单的因袭和固守。近年来，央视先后推出《国家宝藏》《经典咏流传》等一系列与优秀传统文化密切相关的节目，就是将优秀传统文化置于现代传媒形式之中，通过现代传媒、明星效应等方式，有效地促进了优秀传统文化的传播，引发了全社会的关注并收到了广泛赞誉。这类创造性转化的案例，一定程度上实现了传统与现代相联通与和谐。对优秀传统文化的创新，主要有3个层次。

第一个层次，形式上。传统文化受制于时代限制，其传承发展的载体主要是口口相传、笔墨相传，传播广度优先，传播中信息缺损也较大。现代科技给予文化传播以新的形式，使传播不再局限于文字，声音、图像皆可利用，且信息缺损较小。现代文化传播方式是先进的，务必使传统与现代在传播形式上达到统合。

第二个层次，内容上。现代社会的许多新概念和新理念是传统文化中所没有的，需要增益传统文化体系中没有的内容。比如“民主”“公平”等价值理念，这与传统文化中的“民本思想”“平均主义”看似一致，但本质上却有天壤之别，要找寻这其中的契合点。还有一部分文化概念和理念，在传统文化中确实存在，但其适用性存在局限。如古人讲“天下大同”，这和我们当前追求“人类命运共同体”是一脉相承、一体相通的，但传统文化中的“大同”和全人类的共同繁荣，却是截然不同的两个维度的问题。这些方面必须注意到。

第三个层次，核心价值上。传统文化在转化过程中，必须遵循社会主义核心价值观的要求。这既是当前中国社会的发展要求，也是真正发扬光大中华文化的必然路径。

3.入生活、重实践

任何价值理念必须通过社会实践才能转化为真正的价值力量。建立和完善创造性转化、创新性发展的制度，要将停留在观念层面的阐释和演绎，通过社会实践转变为当代社会的精神要素，使之贴近生活、走入实践。

贴近生活，就是要从制度上鼓励发展人民群众喜闻乐见的文化形式，创建亲民、近民的文化产品。传统文化有很多晦涩的部分，在当前快餐文化流行的时代，有些格格不入。快餐文化虽饱受批评，但不能否认的是，其形式和部分内容确实深受百姓喜爱。百姓大众喜爱的，正是文化发展所需要的，而非一味追求文化上的高雅与理论上的境界。

走入实践，就是在马克思主义指导下使传统文化必须在实践的批判过程中走进社会生活、接受实践检验。中华优秀传统文化当中的价值理念、传统美德、生活智慧、精神气度和气质神韵，只有融入现代中国人的日常生产生活之中，并且成为当代中国人生存方式的有机构成部分，才有可能在与现代社会的适应和协调过程中重新发酵与成熟。

入生活、重实践，亦即入人心、塑价值。中华传统文化没有在中国古代历次朝代更迭中断绝，没有在历史上多次焚书中湮灭，更没有在外族入侵时终止，是由于它的价值观念、行为模式已经成为“汉民族的一种无意识的集体原型现象，构成了一种民族性的文化——心理结构”[①]。这是依靠经典中的核心内容，通过格言、谚语以及道德规范、风俗等融入了老百姓日常生活方式之中，成为约定俗成、习以为常、不需要加以强调的、潜意识的行为，最终化入了民族的血脉之中，并凝结为一种民族精神。从教育、道德两个方面，从人心、价值上为当代中国人确立信念，必然在当代中国人的理想塑造和信念培育过程中，彰显经过创造性转化和创新性发展的优秀传统文化的时代性特征。

---

① 李泽厚：《中国古代思想史论》，北京，人民出版社 1986 年版，第 32 页。

（四）合力推进创造性转化、创新性发展的措施

1. 强化优秀传统文化研究、阐发、提炼

优秀传统文化的理论研究与阐释，是实现创造性转化、创新性发展的基础性工作。近年来，各地都在不断推进与传统文化传承弘扬相关机构的建设。以山东为例，早在 2015 年，山东省政府工作报告中明确提出：以开放的态度，推进孔子研究院等机构建设，打造一批重点研究基地。到今天，山东省已拥有一批高水平传统文化研究机构，如中国孔子研究院、孟子研究院、墨子研究中心、齐文化研究院、齐文化研究中心、运河文化研究院、山东孙子研究会等，均致力于传统文化的研究探索。

从研究成果来看，这些高水平的传统文化研究机构确实发挥了重要作用，但也存在着研究力量分散、人才无法聚集、成果应用和转化程度低等问题。对此，2019 年 8 月，由山东省委与教育部共同成立了尼山世界儒学中心，按照全新的“1+N”模式来进行构建，并在 2020 年，先后将孔子基金会秘书处整建制并入，将孔子研究院、孟子研究院、孔子博物馆等机构也划归其内，以形成集群效应，并探索形成了优秀传统文化研究、阐发、提炼的一些相关制度。可见，多机构联合共同打造世界儒学研究高地、儒学人才集聚高地、儒学普及推广高地和儒学国际交流传播高地，已是势在必行。

强化优秀传统文化的研究、阐发、提炼，需要格外关注优秀传统文化研究群体及其重要作用。古代传统文化对社会精英即知识分子的人生目标、社会责任，提出了“修身、齐家、治国、平天下”“穷则独善其身，达则兼济天下”“士不可以不弘毅，任重而道远”“先天下之忧而忧，后天下之乐而乐”等要求，这在今

天仍被许多学者所接受，并作为其修身、治学的标准。张君劢先生在谈到知识分子的文化责任时指出：“文化之存亡生死，非徒文字之有无焉，衣冠之有无焉，视其有无活力。活力之所在，莫显于社会之信仰，莫显于执行文化之人。”① 春秋战国时期，礼坏乐崩，诸子百家纷纷提出自己的治国之策与价值信仰，在学术思想上形成了百家争鸣的文化繁荣现象。孔子将前代文化、典章制度进行了整理，保留了中华传统文化的火种。秦焚书坑儒，古代典籍通过学者口述得以流传。“文化大革命”期间，我国的传统文化遭受了重大损失，但一些学者、知识分子仍然在默默地坚守着中华优秀传统文化，对传统文化保持理性的态度。在中国除特殊时期外，知识分子在社会上一直处于被尊重的地位，这有利于知识分子发挥传承中华优秀传统文化的引领作用。肩负国家治平与传承文化重任的知识分子，是传统文化的守卫者和文化传承的中坚力量。

2. 完善文化产业化的利益导向机制

当今社会文化不仅从思想层面对经济、政治产生影响，文化本身也作为一类产业带来直接经济效益。因此，建立和完善创造性转化和创新性发展制度的过程中，要注重利用文化产业的大发展来实现对文化利益的合理导向。近年来，国内出现“文创热”。以故宫博物院为例，其以故宫留存的各类珍贵文物、古籍为依托，不断推出与之相关的各类文创产品，深受国人的喜爱。这些文创产品源自故宫珍藏的文物，带有故宫的独特印记，完全不同于以往的旅游产品，对文化遗产的宣传、保护起到了重要作用，

① 张君劢：《民族复兴之学术基础》，黄克剑等编：《张君劢集》，北京，群言出版社1993年版，第73页。

有力宣传了中华文化之美。与此同时，这些文创产品因其所附带的文化印记，其经济价值也大大提升。

必须注意，“文创热”背后也存在一些乱象。一方面，在巨大的经济利益面前，一些机构和商家过分追逐经济效益，仿制品、侵权行为层出不穷；另一方面，对于文创产品所具有的经济价值，特别是其内蕴的文化内涵与文化附加属性，如何更好地去体现中华文化之美，许多文创机构和文创商家却并未真正关注。因此，建立和完善文化产业化发展利益导向机制刻不容缓，应当尽快完善相关的法律法规，明确文化知识产权所有，同时强化政策引导，出台一系列鼓励文化创意、文化产业发展的有力政策，制订发展文化产业，创作富有内涵和有利于优秀传统文化传承发展的文创产品的经济扶持计划等，力求从制度机制方面形成文化产业上升发展的良性态势。要以政府为牵引，以文化产业龙头企业为主力，加强与研究机构合作，借力公共文化设施建设，推动文化产业融合创新发展，有效提高文化产业的发展质量。

3. 完善文化遗产保护合作发展机制

建立和完善文化遗产保护合作发展机制，应从 3 个方面着手。

第一，开展文化资源普查活动，摸清家底。从 1956 年以来，我国已进行过 3 次文物普查工作，最近一次是 2007—2011 年进行的第三次全国文物普查和 2012—2016 年进行的可移动文物普查。以山东省为例，其间，山东省集聚各方力量对境内地上、地下的不可移动文物进行普查，其内容以调查、登记新发现的不可移动文物为重点，同时对已登记的不可移动文物进行复查，最终对普查结果进行验收。在此项行动中，发现并公布了包括沂南县大成庄遗址、沂源县北桃花坪遗址在内的百大新发现名单，对省内不可移动文物和可移动文物的情况基本摸清。通过普查，大量文物得到了各级政府和干部群众的认知与重视，一些新发现的文物得到了应有的保留和保护。而文物普查工作，只是构建文化资源地图的一个方面。还有大量的民间艺术、民风民俗等非物质文化遗产需要摸排清楚，以实现精准掌握，建立系统、全面的文化资源数据库。

第二，在家底清晰的基础上，还要根据切实掌握的文化资源现状，建立分类、分级保护与管理制度。分类制度下，对于不可移动的文物资源，要注重加强文物保护基础设施建设；对于可移动的文物资源，要新建和改造一批标志地方文明形象的重点博物馆，推进博物馆事业的快速发展；而对于民风民俗、民间工艺、民间戏曲等非物质文化遗产要落实物质载体，进行针对性扶持，实现抢救、挖掘、传承三步有序推进。在分级制度下，要明确从国家到省、自治区、直辖市再到各地市、县区之间对文化资源的保护、管理责任。各地要形成以主要领导为第一责任人、分管领导为主要负责人的文化遗产保护、管理制度。

第三，积极推进文化资源合理利用，推动文化遗产合作发展。要积极稳妥地加强文化资源的生产性开发。保护并非原封不动，按照“既要保护更要利用、在利用中保护”的工作思路，与金融、科技、创意、产业结构调整等有机结合，加快发展文化创意产业，推动文化产业创新发展。要利用旅游、金融、科技等产业的推动作用，大力发展文化旅游、教育培训、休闲体验、动漫创意、会展演艺、艺术品交易等特色产业。要深入实施文化产业重大项目带动战略，建设一批具有较强竞争力的文化产业集聚区、骨干文化企业和文化品牌。要进一步促进文化艺术与金融融合发展，着力打造文化艺术金融试验区。要不断深挖文化内涵，搞好项目策划、创意和创新，打造一批文化旅游精品项目，着力把优势文化资源转化为项目和产品。

4. 完善优秀传统文化育人体系

教育是人类特有的传承文化的能动性活动，具有选择、传递、创造文化的特定功能，在人的教化与培育上始终扮演着重要的角色。随着教育方式的不断变革，教育在人类文化的传承中将产生越来越大的影响。因此，要从教育着手，积极依托学校这一国民教育阵地，大力开展各项文化活动，推进优秀传统文化走进校园，进入课堂，融入师生的日常生活，推动传统文化的传承与发展，在教育制度中落实“两创”方针。

一方面，针对中小学现有的课程、教材内容，在认真研究，紧扣“两创”方针的基础上，有机地将优秀传统文化内容融入其中，实现以优秀传统文化助力中小学生思想品德教育。同时，积极开展艺术家进校园等活动，利用文艺工作者“教、学、帮、带”等形式，成功将非物质文化遗产送进课堂。要将优秀传统文化有序地融入学生的学习生活之中，加强面向学生群体的审美教育，丰富学生的校园文化生活。针对高校的优秀传统文化育人，应以“认知—认可—践行”为主线，通过课堂教学与思政教育，强化学生对优秀传统文化的认知感；借助主题鲜明的校园文化活动，提高学生的认可度；开展美德践行、志愿服务等社会实践，使学生将优秀传统文化内化于心、外化于行，构建层次分明、体系完整的高校优秀传统文化育人体系。

社区教育体系不能忽略。要以优秀传统文化充实社区教育资源，提升社区教育的水准和质量。近年来，山东省每年从服务社区教育发展、满足社区居民需要出发，鼓励高校和科研、教育机构，发挥教育系统人才、专业优势，创设一大批社区教育项目和课程资源。其中，与优秀传统文化相关的资源占据了相当大的比例，极大地促进了社区教育的高质量发展，使优秀传统文化得到传承发展与普及推广。

5. 重视民间、家庭传承机制建设

中国古代是一个在乡以宗族、在外以行会联结的家国同构的社会。家庭是构成国家社会的基本单位。民间和家庭传承也就成为传统文化传承最为稳固的方式。传统文化的价值理念、行为规范靠着约定俗成的自然延续在民间传承过程中内化为民众生活的一部分，并形成民族深层的心理结构，对民众生活产生潜移默化的影响。从这一点来说，家庭即是传承传统文化的基本单位，家教、家风对家庭成员的影响十分深远。在家庭中每一个成员都是传统文化的继承者和传播者。他们从长辈那儿继承传统，随着生命的延续，再把他们传承给下一代，生生不息、世代相传。

随着现代社会的发展，这种家国同构的社会形态虽然在一定程度上被打破，但文化的传承发展在很大程度上依旧依赖于民间和家庭的传承。优秀传统文化的创造性转化、创新性发展，要重视和着力构建民间、家庭传承机制。

第一，开展家风、家训、家史活动，培固优秀传统文化的民间、家庭之根。2014 年 8 月，山东为发扬传统家风、家训文化，促进新时期和谐家庭的健康发展，进行了“山东好家风”系列公益活动。《生活日报》每天以重要版面、较大篇幅，对 30 余位在山东出生或成长的有代表性、有影响力的人物的家风故事进行了

为期一个多月的连续报道，并先后举办了多场以“山东好家风”为主题的书画名家走基层笔会，邀请书画名家进行现场书法、绘画笔会创作，以书画这一高雅艺术形式进一步传递好家风正能量。《生活日报》还连续发布了40多个整版的“山东好家风”系列公益广告，对历史上的家训名篇、治家格言进行了梳理、宣传。一时间，谈家风、论家训成为人们茶余饭后的热点。

第二，推进乡村、社区儒学计划，真正使优秀传统文化走向基层。近年来，乡村儒学、社区儒学发展势头迅猛，民间兴起了一股“国学热”。但乡村儒学、社区儒学对优秀传统文化的理解与研究基础薄弱，许多做法浮于表面。各地应推出适宜、恰当的乡村、社区儒学计划，以政府力量为引导，以高校、研究机构力量为主体，以乡村儒学、社区儒学为实践平台，真正使优秀传统文化深入乡村、深入社区，为基层所接纳。

第三，结合文化惠民工程，增加民众对优秀传统文化的认可度、认同感。各地可将对优秀传统文化的传承发展，与各种惠民工程、公共文化服务体系建设紧密结合起来。从2010年以来，山东不断利用“五馆一站”、农村书屋等场所推进乡村（社区）儒学建设，与“一村一年一场戏”等惠民工程相结合，使优秀传统文化逐渐走进人们的生活。同时，结合“乡村记忆工程”的实施，县及县以下应加强历史文化展示场所建设，启动历史文化展示工作，把历史文化展示工程纳入公共文化服务体系进行考核，建立完善考核机制并发挥激励作用①。

① 山东省文化和旅游厅：《关于印发〈山东省文化厅传承弘扬优秀传统文化十大行动〉的通知》，2015年1月15日，http：//whhly.shandong.gov.cn/art/2015/1/15/art_100579_7258607.html。

6. 重视信息化、数字化传承机制建设

现代信息技术丰富了文化传播的载体。优秀传统文化“两创”方针的落实，必须要建立相应的信息化、数字化传承机制。如出台相关政策，以机制引导实现“互联网 +”技术的广泛应用，不断探索公共文化服务新模式。不断建成数字图书馆、数字博物馆、数字美术馆、数字科技馆、数字农家书屋，用最新的数字技术，积极探索公共文化服务新模式，让公共文化服务机构馆藏产品“活”起来。2015 年 6 月山东颁布《关于加快构建现代公共文化服务体系的实施意见》，明确提出，创新公共文化服务模式，“统筹文化信息资源共享工程、数字图书馆、数字博物馆等各类数字资源，打造公共文化资源共建共享数据库”[①]。创新思维搅“活”一池春水。“互联网 +”的“鲶鱼效应”正在山东公共文化服务领域逐渐发酵，越来越多的文化资源被整合带动起来，打造出“1+1>2”的文化服务新模式。

7. 推动文化多维度交流互鉴

文化交流互鉴的根本要义在于互相比照、借鉴，共同创新发展。中华传统文化本来就是不断吸收、包容不同文明的产物。唯有在多元文化的交流互鉴中，我们才能找到自己的“短板”，才能革故鼎新、推动中华优秀传统文化创造性转化、创新性发展。“文明因交流而多彩，文明因互鉴而丰富。”文化交流互鉴可以促进中华文化的发展和进步，维护民族文化，将中国先进文化推向世界，有利于扩大中华文化在国际上的吸引力和影响力，提高我

---

① 山东省文化和旅游厅：《关于印发〈山东省文化厅传承弘扬优秀传统文化十大行动〉的通知》，2015 年 1 月 15 日，http：//whhly.shandong.gov.cn/art/2015/1/15/art_100579_7258607.html。

国文化的竞争力。

在这方面，我们要建立完善的制度和措施，应符合以下基本原则：第一，平等原则。“文明是平等的，人类文明因平等才有交流互鉴的前提。”[①] 我们既要认同本民族文化，又要尊重其他民族的文化。通过文化交流，使各民族的文化相互借鉴、求同存异。在文化交流中，要尊重差异、理解个性、和睦相处，共同促进世界文化繁荣。第二，既要热情欢迎世界各国优秀文化在中国传播，吸收各国优秀文明成果，又要更加主动地推动中华文化走向世界，增强中华文化的国际影响力。第三，要让每个中华儿女做传播中华文化的使者，鼓励广大学者讲好中国故事，以对方听得懂的语言和表达方式阐释中国文化。第四，要坚持以我为主，为我所用，兼收并蓄，不断增强文化自信和民族主体意识，反对民族虚无主义和历史虚无主义。

① 习近平：《出席第三届核安全峰会并访问欧洲四国和联合国教科文组织总部、欧盟总部时的演讲》，北京，人民出版社 2014 年版，第 11 页。

第四编

实现领域

把创造性转化、创新性发展落到实处

中华优秀传统文化作为中华民族的根和魂，是中华文明的智慧结晶和精华所在。新的历史条件下，深入挖掘中华优秀传统文化的价值内涵，进一步激发中华优秀传统文化的生机与活力，就要推动中华优秀传统文化创造性转化和创新性发展。应从实践活动、实践主体和实践客体等多个维度进行阐释和解答，积极探索中华优秀传统文化融入新时代社会生活的可行路径。从实践活动来看，新时代面对信息网络化、价值多元化、思想功利化、认知差异化、知识碎片化、生活庸俗化等诸多现实因素，要采用更具有针对性的分众化传播推动中华优秀传统文化的创造性转化和创新性发展。从实践主体来看，中国共产党始终是中华优秀传统文化的继承者和弘扬者。在中国共产党的领导下，在农村社区、高等学校和基础教育学校采取创新措施推进中华优秀传统文化传播弘扬与落地生根。从实践客体来看，要让中华优秀传统文化在协调推进中绽放出时代光彩，让中华文明在现代化进程中焕发出新的蓬勃生机。

一、分众化传播中华优秀传统文化实现创造性转化、创新性发展

中华优秀传统文化历经华夏五千多年，从史前文明至清末民初，形成了独具东方特色的思想理念、传统美德、人文精神

和艺术成就，并且深深镌刻在每一位华夏子孙的文化基因之中。习近平总书记在十九届中央政治局第三十九次集体学习时强调，中华文明源远流长、博大精深，是中华民族独特的精神标识，是当代中国文化的根基，是维系全世界华人的精神纽带，也是中国文化创新的宝藏。面对信息网络化、价值多元化、认知差异化等诸多现实因素，弘扬和传播中华优秀传统文化的主体和受众出现了分众化特点，如何采用更具针对性的分众化方式传播中华优秀传统文化，把中华优秀传统文化的精髓传播到人们的心坎上，成为一个时代性课题。

（一）分众化传播的时代发展

“分众”最早出自日本著名研究机构“博报堂生活综合研究所”于1985年出版的《分众的诞生》一书。该概念刚面世，就受到学界、商界和媒体业的高度关注。“博报堂”通过对社会结构变化的研究，指出以“整齐性”“划一性”为特质的“大众”时代正在逐步分解成个性化、差异性的小型群体，取而代之的将是以自我性、小群体为特质的“分众”时代。所谓分众时代，是指媒体依据人们的身份特征、经济条件、文化程度、自我需求、兴趣爱好、心理情感等方面的差异，划分为诸多的团体、群体，并有针对性地对不同群体开展不同内容、不同类别的文化传播活动。从此，这种“多元”标准的“分众”传播方式取代了此前“一元”标准的“大众”传播方式。

早在20世纪70年代，美国著名未来学者阿尔文·托夫勒就预言传媒未来面临着分众化、小众化的趋势[①]。70年代末，美国

① 曹海峰：《多维视阈下大众文化分众化成因及趋势分析》，《河北师范大学学报（哲学社会科学版）》2009年第4期。

就已经出现分众化趋势，全国性的广播电台几乎被地方电台所取代，只对地方受众播放节目，在节目内容上，出现了新闻电台、音乐电台、教育电台等节目内容单一的电台；有线电视则分为新闻频道、电影频道、体育频道等专门的频道节目，以便牢牢吸引住一批属于自己的固定受众。

分众化传播在我国的出现相对较晚，它是随着我国市场经济逐渐发展起来的。传播主体、媒介或推销者结合自身掌握或拥有的技术、信息、产品、知识等传播优势，根据市场营销、消费心理、传媒传播等相关理论，结合受众所处的地理环境、社会环境、文化环境以及接受教育、审美取向、自身素养、心理素质、消费动机等差异，对受众进行有目的的分类，这主要体现在电视频道专业化与产品推销的广告化。伴随改革开放的推进，人们不断从原来的思想禁锢中解放出来，但是西方的功利主义、利己主义、个人主义等思潮不断影响与冲击着人们的思想观念，社会呈现出各种思想相互激荡的态势，尤其是人们的个性化逐渐凸显，主要表现在更加关注自我需要的满足，随之文化消费需要也逐渐出现分化。为适应这一趋势，我国的文化传媒业在这一时期有了长足发展。据不完全统计，20 世纪 90 年代，我国的报纸有 2000 余种，广播电台 5000 余家，电视台 3000 余家，有线电视台近 2000 家，同时还有新媒体互联网的出现。发展如此迅速的媒体，竞争日趋激烈，这就要求媒体办出各自特色，以适应不同受众的需要，稳定一部分受众群体。不同媒体在运行过程中，在注重社会效益的同时，为适应市场经济的发展，不得不更加强调经济效益，处理好成本与利润的关系问题，即以最小的投入取得最大的收益，把争取受众视为媒体一个重要目标。媒体基于对文化、信息传播与自身发展的种种思考，将分众化传播这一源自国外的新的思想观念变成一种实际运作模式，这不仅预示着传媒分众化时代的到来，同时也说明"'分众时代'已经成为对我国大众文化新的发展阶段的概括"。分众化本身"是一个动态陈述，把大众文化发展态势一分为二：一方面是大众文化内部出现了具有深层化、普遍化特征的差异性；另一方面，这种差异性又以特征化、稳定化的团体、群组的结合为依归"①。

分众化传播是时代发展的产物，是人们社会生活多样化的产物。它以社会经济发展为基础，以满足不同人的文化生活需求为旨归。近年来，随着我国市场经济的深入发展以及城镇化进程的不断加快，人们的收入与消费水平有了很大提高，人们对于文化传媒的需求不断增加。中国旅游研究院发布的《中国休闲发展年度报告（2021）》显示，2021 年以来，我国居民休闲时间每日平均 3.8—4.4 小时。除消费购物外，文化休闲已成为城乡居民重要的日常生活选项。从文化休闲内部结构来看，65% 左右的城乡居民最喜欢看电影，参观博物馆、展览馆等文化场馆，或选择去戏院、歌剧院、音乐厅等。退休居民更喜欢学习科学文化和参与书法、绘画、集邮等休闲活动。农村居民最喜欢参观博物馆、展览馆、科技馆等文化场馆。与此同时，多种传播媒体的出现为人们提供了更多的选择，如有线电视、卫星电视和数字电视的出现，让人们从看一两套节目发展到可以在几十乃至上百套节目中任意选择。这在给广大受众带来生活便利的同时，也促进了受众

① 刘颖：《我国大众文化进入分众时代》，《太原师范学院学报（社会科学版）》2003 年第 4 期。

的不断分化。尤其是手机的普遍使用，4G、5G 网络的快捷传输，让人们获取知识、信息更加便捷，特别是大数据支撑下后台信息的筛选与推送，更加有力促进了受众的分化，分众化已成为当今时代的一大特征。

一般意义上说，分众化传播就是指传播主体根据不同受众的特点、需求采用不同的方式传递不同的信息、知识、价值理念等资讯，以期实现“说服”受众的过程。分众化之前是大众化，受众是无差别的、统一性的大群体，受众被动地接受同质化的信息。分众化出现以后，受众变成一个依据身份特征、经济条件、文化程度、自我需求、兴趣爱好、消费动机等标准条件来划分的小群体，受众主动且有选择地接受自身所需要的信息。当今，面对互联网络平台、大数据平台、手机客户端等的快速发展，信息呈现爆炸式增长，给受众带来的选择空间会越来越大，不同年龄、不同职业、不同文化背景、不同生活环境的受众，对信息内容选择尽管存在较大差异，但是受众拥有着绝对的主导权。为了适应不同受众群体的选择需要以及充分发挥传媒的作用，分众化传播成为当今传媒业发展的必然选择与最佳途径。

毫无疑问，分众化传播的产生与发展，意味着媒体认可不同受众群体的差异，意味着承认受众地位的变化与主导地位的确立，标志着媒体传播个性化、群体性服务的开始。不同群体文化观念、价值取向、生活态度、消费习惯等方面的不同，促使媒体不断调适方式方法以满足受众日益多样化和个性化的需求，并适时构建分众化传播的新格局。分众化传播意味着承认差异、尊重个体，不再“求同”，允许“存异”，这种转变是技术进步推动的，也是媒体发展的必然趋势。只有认清这种转变，才能看清当今传统媒体的生存和传播环境，“构建舆论引导新格局”[①]。事实证明，这种分众化传播带来的社会影响是巨大的。一方面，它能够更加便捷、有效地为人们提供信息，有力促进经济发展、社会进步；另一方面，它能够发挥人们的自主选择性、主体性，人们能够主动、愉悦地接受文化、信息，让文化传播发挥出最大效能。

（二）分众化传播中华优秀传统文化的必要性与可能性

2013年11月26日，习近平总书记视察山东曲阜并在孔子研究院发表重要讲话，充分肯定与阐述了中华文化的重要价值意义，旗帜鲜明地向世人传达出“大力传承弘扬中华优秀传统文化”的重要信息，吹响了传承弘扬中华优秀传统文化的“集结号”，表明党和国家高度重视中华优秀传统文化的信心和决心，体现党和国家对弘扬传承中华优秀传统文化的高度自觉与自信。习近平总书记曾指出，中华民族有着源远流长的传统文化，也一定能创造中华文化新的辉煌。研究孔子和儒家思想要坚持历史唯物主义立场，坚持古为今用，去粗取精，去伪存真，因势利导，深化研究，使其在新的时代条件下发挥积极作用。

1. 分众化传播中华优秀传统文化的必要性

一是分众化传播意义重大、任务艰巨。党的十八大以来，以习近平同志为核心的党中央高瞻远瞩，发出了大力传承弘扬中华优秀传统文化的号召，各级党委政府积极响应、主动作为，开展了一系列富有成效的工作，取得了一定成绩，积累了一些经验做法。为进一步推进中华优秀传统文化的传承弘扬工作，2017年

① 王文军：《传统媒体如何从“大众传播”走向“分众传播”》，《新媒体研究》2016年第16期。

1月25日中共中央办公厅、国务院办公厅联合下发了《关于实施中华优秀传统文化传承发展工程的意见》（以下简称《意见》），指明："实施中华优秀传统文化传承发展工程，是建设社会主义文化强国的重大战略任务，对于传承中华文脉、全面提升人民群众文化素养、维护国家文化安全、增强国家文化软实力、推进国家治理体系和治理能力现代化，具有重要意义。"[①]《意见》提出了传承发展中华优秀传统文化的总体目标：到2025年，中华优秀传统文化传承发展体系基本形成，研究阐发、教育普及、保护传承、创新发展、传播交流等方面协同推进并取得重要成果，具有中国特色、中国风格、中国气派的文化产品更加丰富，文化自觉和文化自信显著增强，国家文化软实力的根基更为坚实，中华文化的国际影响力明显提升。对于如此意义重大、任务艰巨的工作，在依靠各级党委政府以及各有关部门自觉推动的同时，非常有必要采取分众化传播的方式方法，即根据受众的不同，有针对性、有侧重点地推进中华优秀传统文化的传播工作，以期让受众入理入心，从而达到内化于心、外化于行的理想效果。

二是不同群体与不同社群要区别对待，分类做好传承发展工作。《意见》指出："坚持全党动手、全社会参与，把中华优秀传统文化传承发展的各项任务落实到农村、企业、社区、机关、学校等城乡基层。"[②] 这些基层单位或部门，各有不同的社会职能，各自承担不同的社会责任，有着各自的文化环境，在传承发展中华优秀传统文化方面有着各自的需求。机关承担着社会管理职能，其工作人员即公务员是社会公共事务的管理者，在社会上有很大

① 《关于实施中华优秀传统文化传承发展工程的意见》，《人民日报》2017年1月26日。
② 《关于实施中华优秀传统文化传承发展工程的意见》，《人民日报》2017年1月26日。

的感召力和影响力，可以起到率先垂范、引领社会风尚的作用，他们更多的是需要政德素养的提升，尤其是要从传统“为政以德”思想中汲取为官从政的思想滋养，做到政者正也、修身为政，做到做官先做人、做人先修身，不但要做一个负责的官员，而且还要做一个道德的模范。农村是人们祖祖辈辈生活在一起的地方，人们既朝夕相处又互帮互助，同时也存在一些家族利益的冲突与矛盾，因此家庭孝悌、邻里和睦就显得尤为重要，这就需要传承“以和为贵”“里仁为美”的文化传统与美德，特别是人们大多有从众心理，故而文化氛围的营造很重要，需要学习借鉴传统乡规民约，制定出新时代的乡规民约，创造形成良好的村风民风。

三是因不同年龄、职业的人对传统文化的需求不同，应该加以区别对待。《意见》指出：“充分尊重工人、农民、知识分子的主体地位，发挥领导干部的带头作用，发挥公众人物的示范作用，发挥青少年的生力军作用，发挥先进模范的表率作用，发挥非公有制经济组织和社会组织从业人员的积极作用，发挥文化志愿者、文化辅导员、文艺骨干、文化经营者的重要作用，形成人人传承发展中华优秀传统文化的生动局面。”① 尽管人人都是中华优秀传统文化的传承发展者，但更是接受者。鉴于年龄、职业的不同，其所接受中华优秀传统文化的侧重点不同，所以也需要进行分众化传播。青少年处于世界观、人生观、价值观形成的关键时期，用中华传统美德引导青少年的发展尤为重要，特别是要推动青少年崇德修身，树立良好的精神品格。工人应着重传承发展精益求精的“工匠精神”，做到忠于职守，干一行、爱一行。

① 《关于实施中华优秀传统文化传承发展工程的意见》，《人民日报》2017 年 1 月 26 日。

2. 分众化传播中华优秀传统文化的可能性

一是传播平台的多样性。为加大中华优秀传统文化宣传教育的力度，《意见》提出："综合运用报纸、书刊、电台、电视台、互联网站等各类载体，融通多媒体资源，统筹宣传、文化、文物等各方力量，创新表达方式，大力彰显中华文化魅力。实施中华文化新媒体传播工程。充分发挥图书馆、文化馆、博物馆、群艺馆、美术馆等公共文化机构在传承发展中华优秀传统文化中的作用。编纂出版系列文化经典。"①《意见》还要求"各类文化单位机构、各级文化阵地平台，都要担负起守护、传播和弘扬中华优秀传统文化的职责。各类企业和社会组织要积极参与文化资源的开发、保护与利用，生产丰富多样、社会价值和市场价值相统一、人民喜闻乐见的优质文化产品，扩大中高端文化产品和服务的供给"②。不仅如此，民间还有各种传播传统文化的学校、培训机构、读经班等，都要发挥各自的作用，从不同角度与侧面传承发展中华优秀传统文化，这为开展分众化传播提供了众多的平台与载体。

二是社会文化生活的广泛性。改革开放 40 多年来，我国市场经济快速发展、对外开放日益扩大、互联网技术与新媒体迅速发展，各种思想文化交流交融交锋更加频繁，随之人们对文化的需求快速增长，并呈现出多价值、多层次、多形式、多样化的特点。然而，在众多的文化消费、娱乐、休闲以及职业教育、国学培训等的相互激荡下，人们的社会文化生活不但在内容上十分丰富，而且在范围上还十分广泛。《意见》指出，"实施网络文艺创作传播计划，推动网络文学、网络音乐、网络剧、微电影等传承

① 《关于实施中华优秀传统文化传承发展工程的意见》，《人民日报》2017 年 1 月 26 日。

② 《关于实施中华优秀传统文化传承发展工程的意见》，《人民日报》2017 年 1 月 26 日。

发展中华优秀传统文化。实施中国经典民间故事动漫创作工程、中华文化电视传播工程，组织创作生产一批传承中华文化基因、具有大众亲和力的动画片、纪录片和节目栏目”[①]，这就给人们提供了非常大的选择空间。人们的价值取向、职业类别、生活习惯、兴趣爱好等方面的差异，为分众传播中华优秀传统文化提供了更多的可能。

三是文化价值的自主选择性。改革开放以来，我国经济有了突飞猛进的发展，但是社会道德总体跟不上时代发展的要求，道德底线面临着严峻挑战。受西方所谓的自由主义、个人主义、拜金主义、享乐主义等思想的影响，人们的信仰、精神、心灵渐次物化，欲望吞噬着理想、动摇着信念。党的十八大以来，通过积极推进培育践行社会主义核心价值观，人们的道德意识、文化观念明显增强，社会道德面貌有了很大改观，但由于受利益的诱惑与驱使，一些不道德、不文明的现象时有发生，“向钱看”的思想观念还普遍存在。可喜的是，人们对此已有了是非曲直的辨别与区分，有了正能量的价值判断，中华优秀传统文化的感召力和影响力正日趋显现，人们对中华优秀传统文化有正面的深刻认识，不同层面的人从不同的侧面学习感悟传统文化，这使分众化传播传统文化具有了广泛而深厚的社会土壤，人们对传统文化的传播具有主观能动性。

（三）中华优秀传统文化创造性转化、创新性发展的实践与探索

为切实做好中华优秀传统文化创造性转化与创新性发展，社

① 《关于实施中华优秀传统文化传承发展工程的意见》，《人民日报》2017年1月26日。

会各界共同努力、积极推进，在分众化传播方面展开了有益的探索与积极实践。

1. 做好政德教育，涵养党员干部政德素养

中华民族历来十分重视道德与政治的关系，并在长期的历史发展进程中积淀了丰厚的政德文化和政治智慧。历史反复证明：政德正，民风昌，国家兴；政德败，民风降，国家衰。习近平总书记在中共中央政治局第十八次集体学习时强调指出："我国古代主张民惟邦本、政得其民，礼法合治、德主刑辅，为政之要莫先于得人、治国先治吏，为政以德、正己修身，居安思危、改易更化，等等，这些都能给人们以重要启示"[①]。他还在2018年全国两会期间强调"领导干部要讲政德"。为传承发展中华传统"为政以德"的思想文化，做好新时代干部政德教育，山东于2015年6月成立干部政德教育学院，充分发挥传统文化资源富集优势，以"弘扬优秀传统文化、涵养干部为政之德"为主题，大力传承中华传统政德思想文化，积极助推干部政德素养提升。

一是用中华优秀传统文化涵养干部政德素养。以"立政德就要明大德、守公德、严私德"为核心任务，坚持中华优秀传统文化创造性转化、创新性发展，充分发掘文化经典、历史遗存、文物古迹承载的政德教育资源，阐发符合新时代领导干部需要的政德新内涵、新价值，积极造就一批忠诚干净担当的领导干部队伍。聚焦"明大德"，挖掘优秀传统文化中"志道忠诚"等核心理念，开发"习近平'政德观'的传统文化意蕴""儒学修养论中的党性修养借鉴"等专题课，打造孔子研究院"习近平总书

① 《牢记历史经验历史教训历史警示　为国家治理能力现代化提供有益借鉴》，《人民日报》2014年10月14日。

记视察孔子研究院讲话精神”、孔庙弘道门“弘道明志”等教学点，向学员讲明“天下至德，莫大乎忠”的时代价值，铸牢理想信念，做到对党绝对忠诚，始终与党中央保持高度一致。瞄准“守公德”，挖掘优秀传统文化中“为民担当”等价值追求，开发“传统仁政思想及其当代启示”“奋斗精神与传统文化”等专题课，打造孟庙“仁政民本思想”、曾庙“仁为己任、担当弘毅”等教学点，深刻阐释“讲仁爱、重民本”的核心要义，坚定以人民为中心的政治立场，勇于任事、高效执行。夯实“严私德”，挖掘优秀传统文化中“清正廉洁”等思想精髓，开发“传统廉政思想及其当代价值”“中华传统美德与领导干部政德修养”等专题课，打造孔府戒贪图“传统廉政思想”、孟府大堂“规矩之道”、曾庙三省堂“修身思想”等教学点，讲述“不矜细行，终累大德”的现实意义，做到廉洁从政、廉洁用权、廉洁修身、廉洁齐家。

二是探索“四位一体”的教学模式，让传统政德思想入心入脑。干部政德教育以课堂教学、现场教学、体验教学、礼乐教学等方式，把传统政德思想讲到干部心坎里、讲进干部头脑中。在课堂教学方面，开发出“传承传统文化精髓，涵养干部为政之德”等 30 余堂专题课。其中，“为政之道，以德为先——习近平‘政德观’的传统文化意蕴”专题课入选中组部“全国好课程”，“儒学修养论中的党性修养借鉴”专题课入选全国党校系统精品课，“孔氏家风与新时代党员干部家庭建设”等 3 堂专题课入选省委组织部“全省干部教育培训好课程”。在现场教学方面，依托曲阜“三孔”、邹城“两孟”和嘉祥曾庙、武氏祠等传统文化资源，孔子研究院、孔子博物馆、孔子大学堂等现代文化设施，以及金乡鲁西南战役纪念馆、王杰纪念馆和微山湖铁道游击队纪念园等红色文化纪念地，打造了30多处现场教学点。在体验教学方面，在曲阜颜府、嘉祥大学书院等体验场所，开发了拓片制作、活字印刷、《论语》抄诵等体验项目，以激活学员文化记忆。在礼乐教学方面，精选地方非遗项目和传统曲艺，撷取传统经典故事，依靠基地教员自身力量和曲阜古乐舞团等本地院团，创作了山东快书《官箴碑》、渔鼓《孔子试徒》、情景剧《鸡黍之约》等喜闻乐见的礼乐剧目，打造了一台《儒风雅韵》礼乐教学演出；开发了情景剧《观欹论道》、山东梆子《断机教子》等礼乐教学剧目，让学员在传统礼乐文化中滋养道德情操、提升政德修养。

三是构建“一体化”运作模式，打造政德教育的主阵地。为整合资源，以济宁干部政德教育作为面向全国开展政德教育培训的主阵地，构建“一院多区的一体化”运作模式，在曲阜、邹城、嘉祥、金乡、汶上等地设立政德教育教学区，形成了“一院多区”的办学格局，对市县两级承办的各类班次统一规划、统一标准、统一审批、统一监管、统一考核；制定规范完善培训管理的针对性措施，做到培训主体、班次审批、师资选配、内容审查、教学形式、管理服务“六规范”，以保证教育培训质量。另外，为提升教学水平和质量，聘任北京大学、中央党校、山东大学等5名专家为“尼山学者”，定期为干部政德教育提供学术咨询服务。设立中华优秀传统文化“两创”研究项目，面向社会公开招标，按照“一个报告、一堂课、一篇文章”的成果应用形式，开展专题研究。面向本地各级领导干部、专家学者、乡土人才，选拔一批政治理论强、传统文化素养高的复合型师资，建立了100余名专兼职结合的“政德教育师资库”。开发辅助教材，出版了《“四书”译注》《中华优秀传统文化中的治国理政思想》《政德思想与实践研究》《王杰精神时代价值》等10多本教材。

经过6年来的不断探索与实践，济宁干部政德教育基地已成为中央党校的现场教学点、中国浦东干部学院的教学研究基地。已承接工信部、生态环境部、国务院国资委、中央党校、中国建筑集团和31个省区市的各类培训班1600余期，培训学员8.9万余人。其中，中组部连续12次安排中央党校中青班1362名学员来基地开展政德教育。学员普遍反映，济宁开展干部政德教育培训有效增强了干部文化自信、提升了干部政德修养。此外，“一带一路”沿线25个国家的300名高级公务员来基地开展了体验式培训，实地聆听“中国故事”、感受到中华文化的独特魅力。

2. 探索乡村儒学，助推乡村文明

在分众化传播中华优秀传统文化的时代大背景下，乡村不仅不能缺席，而且是一个十分广阔的阵地。“乡村是儒家文化的根，儒学是乡村文化的魂。儒学自创始起，就没有离开过乡土，乡村广阔而深厚的文化沃土是儒学的原乡，是儒学持续生长的力量源泉。”[①] 所谓的“乡村儒学”就是在乡村、社区尝试探索传承与传播儒家思想文化，如利用道德讲堂、孔子学堂以及地方书院等平台讲习儒家文化，宣传孝悌仁爱之道。经过40多年的改革开放，我国乡村的经济发展了，人们的生活水平提高了，但人们的道德滑坡了，没有达到相应的高度，不但人情味淡薄了，有的连基本的孝敬老人都做不到了。于是，一部分有着传播传统文化责

① 颜炳罡：《“乡村儒学”的新挑战》，《人民政协报》2016年2月22日。

任感与情怀的学者、志愿者，自发组织起来在乡村义务开展儒学讲习，传播中华优秀传统文化。乡村儒学从2012年开始，发源于山东泗水县的尼山圣源书院，经过十多年的不断探索与实践，取得了良好效果，乡村的文化氛围、道德风貌等均发生了很大变化；同时也形成了一套具有可操作性与实践性的传播中华优秀传统文化的模式。

一是建立一个儒学传播场所。乡村儒学创始之初，主要是找闲置场所，让村民集合在一起，听老师传授儒家孝悌之道等做人的基本道理，大家坐在一起诵读《弟子规》等传统启蒙读物。面对这种随意性较大、场所不固定、没有文化氛围的状况，人们逐渐产生了建立一个相对固定化、常态化的儒学传播场所的想法，经过几番商讨，最后确定场所名称为“乡村儒学讲堂”。各村根据实际情况，选择一个适合的场所做“讲堂”，在讲堂前悬挂孔子行教像，在周围张贴一些名言警句或传统孝道的故事等，营造讲堂的文化氛围。政府、社会力量投资兴建乡村儒学讲堂，如2015年湖北武汉云深书院创始人孙兴建在尼山脚下北东野村投资并义务捐建了一座乡村儒学讲堂。

二是建立一支宣讲团队。乡村儒学是自发的，草创时期面对讲师、教师不足的严重问题，就动员有志儒学复兴的学者尤其是青年学者加入到宣讲团队，通过定期举办读书会、国学培训班等形式提升宣讲水平，同时发现宣讲人才，扩大宣讲团队。乡村儒学教师的培训以及志愿者的加入，基本解决了乡村儒学讲师不足的问题。山东曲阜、泗水每村都配备了一名儒学讲师。实践证明，只要志愿讲师的工作能够持续一年左右，就会有明显效果，主要表现在以下三方面：一是父母与子女关系显著好转，公开打骂老人现象减少，许多不孝子女儿媳转变成为孝道模范；二是村民纠纷减少，一般的纠纷村民自己就化解了；三是村风好转，小偷小摸减少，卫生改善。

三是编写一套教材体系。围绕儒学讲堂“怎么讲，讲什么”的问题，从2015年开始，乡村儒学教材编写问题就被提到议事日程上来，团队成员编写了《论语精选》《孟子精选》《弟子规》《增广贤文》《三字经》《家训精选》等读本，编写了《中华优秀传统文化与社区（乡村）文明读本丛书》（7册），初步具有了一套通用教材。

四是探索儒学传播模式。乡村儒学起初在一个村里讲，然后不断向外辐射，规模范围不断扩大。就山东来看，主要有3种模式：其一，政府推动模式。山东省政府将乡村儒学纳入社会公共服务体系，推进儒学下乡、进社区。政府的力度大、效率高、范围广，很快就实现了“乡村儒学讲堂”的全覆盖。其二，儒家学者主导的模式。这一模式以泗水尼山为代表，依托尼山圣源书院，由学者主导并组织志愿者开展工作。讲师的讲解贴近生活，生动活泼，村民参与度高。济宁泗水的北东野村的儒学讲堂、济南章丘的三德范村的儒学讲堂，受到村民的普遍欢迎。其三，民间志愿者模式。通过民间力量发起的乡村儒学，其教授课程、义工讲师与资金完全来自民间。这一模式以山东聊城韩屯刘庆涛主持的道德学校为代表。

乡村儒学在社会各界的关注与支持下，经过多年探索有了很大发展。2016年6月10日，中央电视台《新闻联播》介绍了山东乡村儒学的发展，在全国产生很大影响。目前，乡村儒学已成为传播中华优秀传统文化的广阔平台。

3. 推进传统文化进企业，构建和谐劳动关系

中华优秀传统文化特别是儒家文化强调“和为贵”“和合共生”等理念，对构建和谐劳动关系有着重要启示意义与借鉴价值。近年来，有些地方在推进传统文化进企业、构建和谐劳动关系方面作了很好的尝试与探索，并取得了可喜成果。山东济宁对传统文化进企业展开积极有效的大胆探索与创新实践，初步形成了一套具有地方特色的和谐劳动关系治理体系。

一是挖掘与阐发传统文化中“和合共生”等理念，构建和谐劳动关系的“文化谱系”。为找准优秀传统文化与构建和谐劳动关系的契合点，济宁市把“优秀传统文化与和谐劳动关系”列为市社会科学规划项目重点课题，组织孔子研究院、孟子研究院等学术研究机构，深挖“和合共生”等传统文化思想观念的内涵，形成了《儒家“尚中贵和”思想与和谐劳动关系建设研究》《儒家优秀核心价值与和谐劳动关系共建》等一系列优秀课题成果；同时从政府、企业和职工 3 个层面，提炼总结了构建和谐劳动关系各方应该共同遵循的文化认同和价值观念，即政府层面：厚生、贵和、执中、共治；企业层面：和实、礼贤、重义、守仁；职工层面：崇德、尚能、明礼、敬事。对每个层面的内容进行了阐发，丰富了文化内涵，初步构筑起劳动关系治理“文化谱系”。

二是抓好优秀传统文化宣传教育，做好企业人员的思想启蒙。为做好企业干部职工对传统文化的认识以及相关理念的理解，济宁市组建了优秀传统文化讲师团，整合各类培训资源，编制《优秀传统文化企业职工读本》等培训资料，组织孔子研究院、孟子研究院、党校等专家学者深入企业，开展“孔子学堂、孟子讲堂进企业”等系列宣讲活动。针对企业管理者和普通职

工，分别开发设计了不同的教学内容。针对企业管理者，重点阐述优秀传统文化中“和为贵”“仁爱”等思想，推动企业管理者将和谐理念融入到企业经营管理中，关心关爱职工生产生活，切实维护职工合法权益。针对企业普通职工，深入挖掘优秀传统文化特别是儒家文化中的“敬业、诚信、和谐、工匠精神”等思想内涵，让职工在教学点现场体验、实地感受优秀传统文化的魅力，教育引导他们树立敬业诚信、专业专注的职业道德和企业主人翁意识。通过多种方式解读孔孟文化中关于“仁爱、诚信、规矩、敬业”等核心理念，传播儒家“和为贵”的文化精神，增加企业内部凝聚力，以润物无声的形式引导企业与职工主动向和谐靠拢，让和谐劳动关系落到实处。目前，开展“儒学学堂”进企业活动 40 余场，受到了企业职工的欢迎。另外，各有关企业根据各自的具体情况，举办不同形式的读经班，做好对传统文化的学习与思想启蒙。曲阜市三孔文化旅游服务有限责任公司建立全员诵读《论语》制度，组织开展诵读活动，全体职工均能熟读《论语》。企业还定期举办《论语》背诵大赛，引导职工积极学习优秀传统文化知识，提高传统文化素养，形成了积极向上的企业文化，为企业健康发展注入了持久的精神动力。

三是设立优秀传统文化现场教学基地，让企业人员感悟传统文化的强大魅力。为将历史文化资源转化为教育培训资源，济宁市充分挖掘历史文化资源与和谐劳动关系契合点，先后打造了曲阜“三孔”、孔子博物馆、尼山圣境、鲁班文化园等多处职工传统文化现场教学基地，组织企业管理者、职工到教学基地开展优秀传统文化教育，邀请专家学者开展现场讲学。庄严肃穆的古建筑、高高耸立的古柏、引人入胜的传统故事，共同营造出浓厚的历史文化氛围，带来强烈的心灵震撼，让企业干部职工感悟了传统文化的强大魅力，增加了对优秀传统文化的温情与敬意，有力推进优秀传统文化传播和企业和谐劳动关系建设。

四是构筑载体，传播中华优秀传统文化。济宁市探索推行了“优秀传统文化＋和谐劳动关系”载体建设，指导企业因地制宜建设一批优秀传统文化阵地，推动优秀传统文化内化于心、外化于行。曲阜市建立企业劳动关系“和谐驿站”，统筹企业现有的“职工之家”、“和为贵”调解室、“图书阅览室”等资源，打造集传统文化教育、心理辅导、矛盾预警调处为一体的企业和谐劳动关系“小微工作站”，定期开展“经典诵读”“谈心交流”“和谐班组、和谐员工评选”等活动。邹城市设立企业“优秀传统文化与劳动关系培训实践基地”，常态化举办优秀传统文化专题讲座，开展优秀传统文化研讨交流活动。通过打造企业文化建设的桥头堡、主阵地，常态化开展文化创建活动，发挥儒家“和”文化滋润心灵的作用，在潜移默化中影响职工的思想和行为，从而促进劳资双方关系和谐。

总之，济宁市在创造性地运用优秀传统文化构建和谐劳动关系方面，进行了大胆尝试与探索，并取得明显成效。济宁市将优秀传统文化中蕴含的“和为贵”“和合共生”等和谐理念推广到企业，同时依托丰厚的优秀传统文化资源，针对企业职工开展多种形式的优秀传统文化培训，不断加大优秀传统文化的宣传培训力度，促进社会公众将“和谐”理念根植于内心，外化于行动，为和谐社会建设注入持久的精神动力。

4. 开展传统文化进校园，培养少年君子

为传承发展中华优秀传统文化，各地教育主管部门结合本地

实际情况，采取不同方法途径，积极开展了优秀传统文化进校园的探索与实践，编写了部分传统文化或国学教材，设置了传统文化课程，增加了对学生的传统文化教育实践活动，让中华优秀传统文化的思想精髓、道德理念不断浸润学生的心灵，指导其生活与实践。曲阜市教育局在开展优秀传统文化进校园方面，充分发挥地方的资源优势，创造性地开展了“一校一品牌，一班一特色”活动，使传统文化进校园不仅各具特色，而且成果明显。

一是济宁学院第二附属小学打造“少年君子”教育品牌。该校紧扣以文化人，深入开展“优秀传统文化进校园十大行动”，将家国情怀教育、核心价值教育、中华美德教育、人文知识教育有机地融为一体，探索育人途径，创新德育特色，长期坚持并不断更新“少年君子主题教育活动”，以培养具有“中国心、民族魂、文化根、创造力”的时代君子为目标，让现代小学教育浸润中华文化底色，走出一条特色发展之路。

济宁学院第二附属小学围绕“过一种中国式的教育生活”的理念，把握时间节点、抓牢实践活动、融入教学生活、紧扣育人目标，打造“兴礼乐、祭先贤、过节庆；研学游、习六艺、传家风；诵经典、开讲坛、讲故事、做君子”十大行动。结合教学需要，编辑出版校本教材《走近孔子》之“君子卷”，创作了《36个君子教育主题活动》《孔子故里做君子》《君子操》《君子颂》等系列文化载体。根据小学生成长的需要和身心发展的特点，把“少年君子”教育活动内容设计为“衣冠整洁、文明礼貌、孝亲敬老、诚实守信、刚毅乐观、知荣明耻”六大主题。在六大主题引领下，每个主题下滋生 6 个活动主题，覆盖上下学期 6 个学月，纵横交错的 36 个少年君子行动，形成君子教育活动体系，覆盖小学生的全部学习过程。每个学期、年级各有侧重，贯穿6年的小学生活，针对性强，计划周密，贴近生活，便于实施。在各主题活动的推进过程中，利用班级文化阵地，采取召开班队会、撰写心得体会的方式，营造“少年君子”主题班级文化；开展行为习惯养成教育、礼仪教育、体验教育、校园志愿者等活动，实施风采展示、星级评价等激励措施，树立学习榜样，营造积极氛围。

自2005年开展“承儒雅之风，育少年君子”活动以来，济宁学院第二附属小学编辑出版《少年君子36个主题教育活动》一书，不断打造“你做君子，我做君子，大家一起做君子”的学校文化品牌。2017年《人民教育》杂志发表《孔子精神成就今日君子》长篇报道，让该校的“少年君子”教育闻名遐迩。2018年《汲取孔子教育思想精华，构建小学君子教育体系》获济宁市基础教育成果特等奖、山东省一等奖、国家二等奖。

二是曲阜市实验小学打造“和乐”教育品牌。该校将孔子教育思想精华与现代教育理论融为一体，充分利用儒家“和”“乐”教育思想，确立“和乐致美”的核心文化理念，精心打造“和乐”教育品牌，确立了“学而不厌、诲人不倦”的校训、“和衷共生、乐学精进”的学校精神、“仰圣求信实、习艺尚和美”的校风、“厚德博学、精研善诱”的教风、“笃信好学、日新成习”的学风。“和乐”教育不仅成为学校教育的最高准则和师生共同的价值观念，而且以其独特的文化品质及育人功能支撑着学校的科学发展、和谐发展。

曲阜市实验小学经过不断探索与实践，初步形成了一套成熟的做法：一是利用资源，创设优秀传统文化“和乐”环境。学校将保存完整的清代四合院改建为“党史国史展览馆”、新时代文明实践站，成为对学生进行爱党爱国教育的基地。四合院前方是孔子广场，中间是庄严肃穆的汉白玉孔子雕像，两侧是书法家书写的大理石《论语》墙。两边建有凸显“和乐”主题的文化广场——东西“和乐园”。教学楼两层栏杆上是竹简式“四书五经”及《论语》名句展示，凸显了学校的传统文化特色。二是编写教材，设立优秀传统文化“和乐”课程。编辑校本教材《杏坛魂》（第1—6册）及《〈论语〉进课堂》教材，初步形成优秀传统文化课程体系。同时，学校通过教师“1+1”结对发展工程，以《论语》进课堂研究小组为主体，结合十余项国家、省市级教学课题研究，着力培养传统文化体验教师，有30余位教师走到国家、省市级讲台上，受到社会的一致好评。三是形成合力，发挥家庭传播优秀传统文化的作用。利用家长学校平台，实施传统文化家庭教育工程。要求每个班每个学期至少举办3次家长课堂，每次要有30分钟以上的儒家经典知识讲座，每学期至少要撰写一篇利用传统文化进行教育方面的论文或优秀教案，对每个学生每学年进行一次家访。学校为全体学生精心制作《弟子规》《三字经》《论语》等习字本，建立了300余人的“优秀传统文化体验教育家长资源库”，把家长请进课堂，开设了《大哉孔子》《三孔文化》《孔了弟子的故事》《趣味国学》《圣城·圣景》《感恩孝道》《礼仪与修养》等特色课程。四是注重实践，培育传承优秀传统文化的“和乐少年”。学校开展经典诵读、六艺传承、研学游3项知识传承活动，倡导日行一善、周敬一礼、月摘一星3项习惯培养活动，开设体育节、科技节、艺术节，为孩子提供强心、强能、强智的机会，让每个孩子都拥有人生出彩的舞台。学校自编自排的节目《读论语·树和风》，入选中国未成年人网络春晚节目。中央电视台《子午书简》“我爱诵读”节目、《艺术人生》清明节特别节目、《传承的力量》教师节特别节目、浙江电视台的《同一堂课》等，由学校协助录制并播出，在全国范围内引起极大反响。

近年来，曲阜市实验小学入选山东省2021—2023年创建全国文明校园先进学校，获评山东省未成年人思想道德建设工作先进单位、山东省中小学校“一校一品”党建品牌示范校、山东省“诗教之光”小学古诗词数字全景体验课堂学校，先后获得教育部中小学足球特色学校、国家现代教育技术实验学校、山东省文明单位、山东省文明校园、山东省规范化学校、山东省教学示范学校等荣誉称号。

三是曲阜杏坛中学2020级11班“学六艺，做君子”儒雅特色班。该班以“秉承国学六艺，争做儒雅君子”为主题特色，坚持“博学儒雅，弘毅致远”格言，设计开展每日一诵、每日一乐活动，围绕“六艺”开展“语言儒雅、行为高雅、文明交往、健康生活的忠、孝、雅、诚”“我与书法同行”“口风琴进课堂，激发创造美”“学六艺，做新时代君子”等系列主题班会，依托曲阜资源组织开展“孔府孔庙朝圣”“走进孔子博物馆，寻根问道研学游”“走进孔子研究院，感悟孔子儒家文化”等系列活动，举办国学讲堂讲出“我心中的孔子”，等等。通过开展一系列活动，该班同学对传统文化有了清楚认识与深刻理解，不断增强对传统文化的敬意，感悟中华优秀传统文化的博大精深与思想精髓，树立了“杀身成仁”“舍生取义”的人生价值追求。

5. 实施儒家文化进监狱，改造罪犯

从2010年开始，孔子研究院与济宁监狱联合开展了“学儒

家经典，育道德新人”活动，传承中华优秀传统文化，传播正能量，改造服刑人员。所谓改造人，最根本的在于改造人的思想。对犯罪人员的改造，除运用法制、纪律外，关键的是要解决思想上存在的重大缺陷和严重失范。司法部《教育改造罪犯纲要》中明确要求：“要对罪犯进行中华传统美德教育，使罪犯了解中华民族优秀的民族品质、优良的民族精神、崇高的民族气节、高尚的民族情感和良好的民族礼仪”。其实，服刑人员之所以走向犯罪，原因就是内在良知与道德自律的缺位，导致其人生观、价值观的扭曲。加强对服刑人员的传统美德教育，能够使其明是非、识善恶、辨美丑、知荣辱，明白做人做事的道理，增强思想转化的自觉性和主动性。

“学儒家经典，育道德新人”活动以“学儒育新”和“学儒强警”为主线。其中，“强警”分为育警、塑警、立警 3 个阶段，重点解决儒家文化如何融合到监狱管理教育改造体系当中，形成长效推动机制的问题。“育新”分为试点、深化、巩固、提升、成效 5 个阶段，重点解决儒家文化如何对服刑人员内化、固化，进行道德重塑的问题。活动撷取了儒家“仁、义、礼、智、信、忠、俭、忍”等德目，采取“一区一德”的方式，通过“研、教、学、宣、动”环节，推动济宁监狱教育改造效果逐年提升，实现了监管场所罪犯零脱逃、零自杀、改好率 95% 以上的教育改造效果，《法制日报》《现代监狱》《民主与法治》等中央、省市媒体曾对本活动进行详细报道，给予了高度评价。

儒家文化进监狱的成功经验在于：一是建立教育科研团队。整合相关资源，组建了一支拥有 8 名省级教育改造专家、34 名讲师、16 名教育改造能手组成的专业队伍，聘请高校和科研单位学者、司法和社区负责人、罪犯亲属等社会教育人员近百名，建立起了一个多层次的科研教育团队。二是编撰系列教育读本。摘录、阐释、撰写《弟子规》《中华经典名句诵读》《中华经典故事阅读》《学文塑德》《正心养德》《改造三字经》等4个系列近20本教育教材、读本；编纂扫盲、小学、初中《学儒识字》《中华经典读本》《改造三字经》《漫画四书》等系列教学丛书，集译、析、图、例于一体，多角度、多层次解读儒学知识，内容深入浅出、通俗易懂，丰富了教学内容；汇编罪犯学儒学做人的典型事例、心灵感悟、鸿雁家书、文艺作品等相关资料。三是举办专题讲座。孔子研究院专家结合罪犯特点，围绕8个主题（德目）举办儒学系列专题讲座。四是开展“感恩母亲”主题教育活动。以“母亲节”为契机，邀请罪犯母亲代表对罪犯进行规劝帮教，教育罪犯树立忠孝观念，增强感恩意识，培养尊老爱幼、爱家、爱社会的思想品德，启迪服刑人员明德、重孝，促进道德心灵培塑。五是打造个性化监区文化品牌。开展“一区一德”品牌监区文化建设，根据各监区押犯构成及工种岗位等不同特点，精选儒家思想中的“孝、勤、忠、俭、忍”等德目作为各监区文化主题，丰富监区文化内涵，创建“品牌监区”，一个监区打造一个品牌（德目）；同时每个监区紧扣本监区文化主题，编辑监区文化手册，开展主题互换、巡回授课活动；举办育新文化节、狱园杏坛文化节、情景体验运动会，组织“儒韵区歌”竞创、竞唱、竞赛，“融入经典，品味书香”书法绘画展等活动，通过“学、辩、讲、演、集”等方式，丰富文化载体，展现立德澄心、明德正心、塑德润心等思想主题，发挥文化主阵地作用。六是营造狱园文化氛围。将儒学内涵融入罪犯的改造环境中，使儒家文化与监管环境融于一体，打造整洁、美观、内涵丰富、文化品位高、影响感召作用持久且具有鲜明特色的儒家文化狱园，建立了论语长廊、“学儒育新”书画展室、“学儒育新”成果展室，配置了文化灯箱、路牌，将催人奋进的格言警句、亲情寄语、风景图画等融入环境之中，使狱内一石一物皆有寓意，形成“时时闻圣训，处处见箴言”的文化氛围，让服刑人员的心灵在传统美德的潜移默化中不断内化、升华。服刑人员改造的本质是让服刑人员道德意识的觉醒，而儒家文化中“重义轻利”“慎独慎微”“日省日新”“迁善改过”“诚实守信”等道德观念，正是改造罪犯思想根源的一剂良方。

“学儒家经典，育道德新人”活动坚持“育人先育己”的原则，首先做好“学儒强警”工作，提升警察职工思想道德水平和教化育人能力。从“克己自省、迁善改过”的修身自省方法，“身体力行、躬行践履”的实践体验方法，“循序渐进、积善成德”的持续培养方法，“文化引领、制度规约”的管理方法入手，积极探索“劝学增智、明耻改过、育德养性、导行自律”的教育改造模式，为用儒学教育改造服刑人员打下了坚实的基础。通过开展“学儒育新”活动，让服刑人员在儒家文化中得到了思想洗礼，坚定“做有德好人，做有用能人”的价值观念和人生愿望，实现“要我改”到“我要改”“让我变”到“我要变”的根本变化，让罪犯不断走上“知廉耻，明是非，戒恶习，发善端，尊法治”的归正之路。

孔子研究院和济宁监狱联合开展的“学儒育新”活动，是一项用儒家文化教育改造监狱服刑人员的探索性文化传承创新活动，开创了运用儒家文化创新监狱教育改造模式的先河，不仅达到了预期的目的，而且也得到社会的广泛认可，并成功入选首届“山东省文化创新奖”名单。

二、以“乡村儒学”带动农村、社区推进创造性转化、创新性发展

伴随以习近平同志为核心的党中央对中华优秀传统文化的重视，“国学热”方兴未艾，儒家文化呈现复兴发展的新态势，“乡村儒学”应运而生，以“乡村儒学”带动农村、社区推进实现创造性转化、创新性发展成为传承中华文明、实现文化复兴的全新选择。“乡村儒学”既是一种儒学教化现象，也是一种文化传承活动。简而言之，就是在乡村地区学习儒学文化、进行儒学教化。“乡村儒学”的兴起和推进基于多方面的原因，既有主观因素也有客观情况，既有历史条件更有现实状况。“乡村儒学”兴起之后，历经十年的跨越式发展，展现出蓬勃的生命力。但不可否认的是，兴起与推进的过程不是一帆风顺的，难免遇到各种各样、错综复杂的问题。所以，这十年不仅是取得成就的十年，也是总结经验的十年。在总结经验的基础上，我们力求把“乡村儒学”向更深、更实处推进，使其更好地发挥带动农村、社区实现中华优秀传统文化创造性转化、创新性发展的动力引擎作用。

（一）“乡村儒学”的兴起与推进

“乡村儒学”从文字结构来看，由“乡村”和“儒学”两个名词组成，其中“乡村”是地域名词，也叫农村，主要是指从事农业活动或者农民居住的地方；“儒学”是一种学说或文化，构成了中华传统文化的重要组成部分。二者连在一起，组成一个新

的名词，从字面上看就是指在乡村学习儒学知识、传播儒家文化、进行儒学教化，若从二者的内在关系来思考，“乡村”与“儒学”也存在着密切的联系：“乡村是儒学的原乡，是儒学不断发展与新生的根基。”[①]“儒学是乡村文明的精神支撑、价值标准、行为规范、生活方式。”[②]

1.“乡村儒学”兴起与推进的动因

“乡村儒学”的兴起与推进具有多方面的动因，是主观与客观、历史与现实交互作用的结果。具体来说，主要有以下几个方面的原因：

第一，乡村文化体系的缺失。数千年以来，农耕文明始终是中华民族的主要特征，由此形成了以男耕女织、自给自足为主要特征的小农经济。中华传统文化特别是儒家文化深受小农经济的影响，甚至可以说儒家学说产生于乡村之中。自汉代董仲舒提出“罢黜百家，独尊儒术”以来，儒学一方面成为封建社会的官方正统思想，另一方面也在乡村形成了文化体系。在上千年的封建社会中，儒学在乡村一直扮演着开启心智、教化民众、传承文化的重要角色。“仁、义、礼、智、信”等儒家思想深入人心，成为维系乡村文化生活的重要纽带。随着 1840 年英国通过鸦片战争等手段打开中国国门，致使中国被迫卷入资本主义世界市场，传统的小农经济遭受到严重冲击，建立在小农经济之上的儒学也自然不可避免地遭受外来文化的冲击。自此，儒学在乡村的稳固地位

---

① 颜炳罡：《“乡村儒学”的由来与乡村文明重建》，《深圳大学学报（人文社会科学版）》2020 年第 1 期。

② 颜炳罡：《“乡村儒学”的由来与乡村文明重建》，《深圳大学学报（人文社会科学版）》2020 年第 1 期。

受到了挑战，儒学文化体系开始解体。在救亡图存的时代任务中，一些知识分子开始批判儒学，甚至错误地全盘否定儒家思想的历史作用，把近代以来中华民族的落后归咎于儒家思想的落后。在新文化运动中，陈独秀指出：“要拥护那德先生，便不得不反对孔教，礼法，贞节，旧伦理，旧政治。”[①] 五四运动把“打倒孔家店”作为口号。这种对儒学的偏见一直持续到新中国成立后，包括“文化大革命”期间的“破四旧”等。这个时期，儒学在乡村建立的文化体系已完全瓦解，处在一种魂不附体的状态。改革开放以来，随着我国综合国力的增强，人民群众的文化自信开始逐步彰显。党和政府出于继承和发展传统文化的需要，重新审视儒学的历史地位，使其发展的环境大大改善。但是，随着经济发展、社会进步，乡村人口的流动性大大增强，乡村文化仍处于零零散散的状态，并没有形成一个统一的文化体系，处于一种青黄不接的状态，即旧的文化体系已经瓦解，新的文化体系还未建成。这种文化体系缺失状态促使一些儒家学者重建儒学在乡村的文化体系，致力于在“老根”上抽出“新芽”，稳步实现儒学的现代转型。

第二，乡村家庭伦理秩序的破坏。家庭伦理思想作为儒家学说的核心内容，随着旧的儒家文化体系在乡村的解体，也遭到了严重的破坏，并由此引发各种各样的家庭伦理问题，例如“父亲把儿子告上法庭”、“啃老”、“弃老”、婚姻关系稳定性下降、父母教育子女重智轻德、家庭信任危机等。具体来说，乡村家庭伦理秩序的破坏表现在以下 3 个方面：首先是“礼”的破坏。孔子云：“克己复礼为仁。一日克己复礼，天下归仁焉。”[②]“不知礼，

① 《陈独秀文集》第 1 卷，北京，人民出版社 2013 年版，第 362 页。

② 《论语》，冯国超译注，北京，华夏出版社 2017 年版，第 146 页。

无以立也。”[1] 这足以显示出“礼”的重要作用。儒学中“礼”的内涵很丰富，既包括日常生活中的礼仪，也包括大的规章制度。具体到家庭伦理中，“礼”的破坏，一方面是指随着文化体系的瓦解，一些家庭伦理制度开始分崩离析，例如家庭伦理中的婚姻关系不稳定性增加，血缘关系开始淡化，父子关系、兄弟关系变得更加复杂；另一方面是指家庭日常生活中的小礼仪开始消解。其次是“孝”的缺失。“孝道”是儒学的核心思想之一，《论语》中云：“孝弟也者，其为仁之本与。”[2]“孝”是仁的根本，人没有对自己家人的“孝”，就更谈不上对别人的“仁”，即首先要自我修身，才能及人。长时间以来，“孝道”在乡村日渐式微，“打骂父母”“养儿啃老”“养儿弃老”等现象时常发生。最后是“信”的消解。“信”一方面是指诚信，即“人而无信，不知其可也”[3]。在乡村中主要表现在家庭与家庭之间也就是邻居之间的一种关系。在以往的乡村家庭中，院子的墙矮矮的，大门也低低的，邻居之间直起腰或者踮踮脚就能看到对方家中，这使得彼此之间没有太多保守的秘密，双方的诚信度自然很高。现在随着乡村现代化的推进，家家户户的院墙和大门越来越高，特别是楼房的兴起更使得每个家庭成为独立的个体，再加上生活节奏加快、人员外出等原因，邻居之间的交流越来越少，相互之间隐瞒的事情越来越多，所以不可避免地出现诚信度下降等问题。“信”另一方面是指信任，主要是家庭成员内部之间出现的信任问题，既包括夫妻之间的信任问题，例如出轨、离婚等，也包括父母与子

① 《论语》，冯国超译注，北京，华夏出版社 2017 年版，第 263 页。
② 《论语》，冯国超译注，北京，华夏出版社 2017 年版，第 2 页。
③ 《论语》，冯国超译注，北京，华夏出版社 2017 年版，第 19 页。

女之间的信任问题，如“父母不尽赡养义务”“子女不尽养老义务”“侵犯孩子隐私”“打着爱的名义不尊重孩子”等。不仅如此，还包括家庭中各子女之间的信任问题。如“长子侵占幼子财产”“兄妹之间因照顾老人分摊不均对簿公堂”等。总而言之，传统的乡村家庭伦理秩序已经遭到破坏，“乡村儒学”在推进的过程中必须要重建新的并且适应乡村现代化的家庭伦理关系。只有如此才能更好地传承优秀的家庭伦理思想，实现中华文化的创造性转化、创新性发展。

第三，时代发展的内在要求。中华优秀传统文化是民族的“根”与“魂”，历经数千年，起起伏伏，大浪淘沙，沉淀着中华民族的基本精神。没了“根”，人的心就无处安放，容易迷失方向，找不到回去的路；没了“魂”，人的精神就失去了气，整个民族如行尸走肉，处于魂不附体的状态。正如在风雨飘摇的中国近代社会中，一些中国人在中华文化面临内外两方面摧残的过程中成了迷失方向的行尸走肉。新时代以来，党中央大力强调坚持文化自信，高度重视中华文化的发展，使其焕发出前所未有的生命力。2014 年教育部印发了关于《完善中华优秀传统文化教育指导纲要》，2017 年中共中央办公厅、国务院办公厅印发了《关于实施中华优秀传统文化传承发展工程的意见》。正是在这样的时代大环境下，使一批儒学研究者对儒学未来的发展充满信心，试图通过“乡村儒学”的方式实现儒学的复兴、文化的传承。

第四，党和政府的大力推动。“乡村儒学”最初是民间自发组织展开的一种教化实验，2014 年春山东省政府开始积极参与。2013 年习近平总书记在曲阜视察时强调，要高度重视以儒家为主干的传统文化，对其进行积极扬弃，使之与时代精神相协调。山东省委省政府为贯彻落实习近平总书记关于大力弘扬传统文化讲话精神，打造山东儒学发展样板，在政策、物力、人力等方面大力扶持“乡村儒学”的发展，并且纳入发展规划，制订《山东省实施乡村儒学和社区儒学推进计划》。在党和政府的大力推动下，“乡村儒学”不断推进，在短时间内扩展到山东各个地市及其他省份。

2.“乡村儒学”兴起与推进的历程

第一阶段：2012—2013 年萌芽发展。2012 年，中国社会科学院研究员赵法生和山东大学儒学高等研究院教授颜炳罡到泗水尼山考察时，发现尼山虽为圣人故乡，但无论是家庭伦理还是乡村风气的状况都令人堪忧，道德问题时常发生。基于此，他们萌生了在乡村重建儒学的想法。到 2013 年年初，依托尼山圣源书院，在牟钟鉴、王殿卿、刘示范等支持下，他们率先在泗水圣水峪镇北东野村开办“乡村儒学课堂”，主要是以“孝”为主要内容，向村民们讲授《孝经》《弟子规》等儒家文本。村民刚开始对儒学不了解，很少有人愿意去听。为此，时任村支书的庞德海就挨家挨户喊人，并且为了鼓励村民们参加讲堂，对坚持听完课的村民们发放小礼品，如毛巾、脸盆、肥皂等。可以说，2012—2013 年，“乡村儒学”由萌芽到正式开展试点，实现了从零到一的突破，是为第一个阶段。

第二阶段：2014—2017 年深入推进。2013 年习近平总书记到曲阜考察，把全国的目光汇集于此，全国掀起研究国学、儒学和传统文化的热潮，“乡村儒学”的发展也迈上了新台阶。从规模上来看，截至 2014 年，“‘乡村儒学讲堂’已开办了 49 期，听课群众有 1.5 万余人次，并逐步形成了覆盖圣水峪镇 60 个行政村的学习网络”[①]。“乡村儒学”作出了推广计划，取得了一系列突出成果。截至2017年，“乡村儒学讲堂发展到9200多个，举办活动4万场次，参与群众500多万人次，形成了独具特色的山东‘乡村儒学现象’。”[②]经过3年的持续探索，“乡村儒学”的发展深入推进，是为第二个阶段。

第三阶段：2018—2022年全面展开。经过多年的发展，“乡村儒学”在办学方面已较为成熟，从讲堂数量到队伍建设再到影响范围等都有了很大发展。首先是讲堂数量，截止到2020年，“全省已建成乡村（社区）儒学讲堂2.3万余个，开展活动12万余场次，参与群众数百万人次”[③]。其次是队伍建设，形成了包括专家、教授、中小学教师、儒学爱好者等志愿者队伍。最后是影响范围，从济宁市扩展到省内其他地市，并且在黑龙江、北京、河南、江苏、湖北等地均有涉及。

3.“乡村儒学”兴起与推进的意义

第一，促进了儒学知识在乡村的传播。儒学作为“私学”产生，教化的对象也多是平民阶层，直到汉武帝“罢黜百家，独尊儒术”之后才开始成为官学，虽是官学，但一直以来在民间的传播也没有阻断。到了近代，儒学却不再完全适应中国现代化转型，经历了近一个世纪的低谷期，特别是在乡村，一度面临着传播中断的风险。21世纪以来，随着“儒学热”的兴起，一批儒家学者和儒学研究者试图重新在乡村传播儒学知识、实现儒学复兴。在

① 赵秋丽、周振兴：《儒学入乡村　美德传四邻》，《光明日报》2014年6月23日。

② 赵秋丽、李志臣：《既要面子亮　更要里子好》，《光明日报》2017年12月28日。

③ 赵秋丽、李志臣：《山东：涵养城市文明　焕发时代光彩》，《光明日报》2020年12月24日。

“乡村儒学”中，一批专家学者通过开设讲堂的方式，从孝道入手，向村民们讲授最基础的儒学知识，随之慢慢扩展到“四书五经”等经典文本。通过一年的讲授发现，村民们的儒学知识储备大大增加，对儒家文化也有了更为深刻的认识。

第二，推动了中华优秀传统文化的大众化。中华优秀传统文化是中华民族数千年的智慧结晶，是各族人民的精神凝结，渗透在每个人的血液里。但是，一直以来对中华优秀传统文化的研究主要限于知识分子等少数群众，不仅使中华优秀传统文化的受众狭隘化，而且也不可避免地让其某些方面在农村逐渐消解，如界限模糊、内容淡化等。“乡村儒学”的出现为问题的解决提供了新的路径。一方面，“乡村儒学”主要讲授儒家经典文本，包括《论语》、《弟子规》、“四书五经”等，并且采取讲故事的形式，选取村民身边的素材，进行整合后讲述出来，让村民更为直观地感受到传统文化的内容；另一方面，“乡村儒学”面向广大村民，大大拓展了中华优秀传统文化传播的受众。2021 年，第七次人口普查显示，乡村人口为 50979 万人，占总人口的 36.11%，其中接受过系统传统文化教育的可谓少之又少，特别是对中老年一代来说，因其生活的时代环境等原因，很难学习到优秀传统文化，更谈不上对传统文化的传播。在“乡村儒学”兴起与推进的过程中，广大村民逐渐成为传播优秀传统文化、推动创造性转化、创新性发展的生力军。

第三，丰富了中华优秀传统文化创造性转化、创新性发展的形式。习近平总书记在曲阜考察时强调，中华民族伟大复兴需要以中华文化发展繁荣为条件，对历史文化特别是先人传承下来的道德规范，要坚持古为今用、推陈出新，有鉴别地加以对待，有扬弃地予以继承，照搬照抄、拿来就用肯定是行不通的。传承中华优秀传统文化最科学的方式是处理好继承和发展的关系，重点做好创造性转化、创新性发展，特别是立足乡村实现转化与创新。“乡村儒学”的开展，一方面完善了中华优秀传统文化创造性转化、创新性发展的体系，使其更加聚焦乡村这个场域；另一方面结合乡村实际，充分考察了乡村的文化环境、历史渊源，对中华优秀传统文化的内容进行了新的阐释。

（二）“乡村儒学”的成效、经验及困境

“乡村儒学”的兴起至今已近10年，从泗水尼山脚下的小村庄到如今省内外上万个讲堂的设立、上百万人次的参与，可谓成效显著。但也不得不承认，在推进的过程中仍然存在着一些问题，阻碍着“乡村儒学”的持续健康发展。因此，我们需要不断总结经验，在解决问题的基础上推动“乡村儒学”向更深更实处发展，在下一个十年迈上新台阶。

1.“乡村儒学”的成效

第一，乡村文化缺失状况大大好转。乡村文化内涵丰富，“是一种立足农业生产实践背景之下的文化类型，包括农业生产实践条件之下特定的物质形态、文化生活、道德规范等内容”[①]，既包括道德文化、中华优秀传统文化，也包括革命文化和社会主义先进文化。“乡村儒学”的推进，使乡村道德文化重新开始建立，村民的道德素质得到提升；使中华优秀传统文化得到挖掘和传播，乡村的文化底蕴进一步增强；使革命文化和社会主义先进文化进一步弘扬，乡村的文化方向更加明确。

---

① 李重、林中伟：《乡村文化振兴的核心内涵、基本矛盾与破解之道》，《北京工业大学学报（社会科学版）》2022年第6期。

第二，家庭伦理秩序有序建立。一方面，打骂父母的现象已基本消失，“老人房”现象和老人自杀现象也都大大减少。很多不孝顺老人的子女，听了孝道课，开始慢慢改变对老人的态度。另一方面，婆媳之间也变得和谐，以往有的媳妇甚至在大街上打骂公婆，现在已被一片孝心取而代之。总的来说，在儒学讲堂开设一段时间后的村庄，无论是父子母子关系、公婆关系、夫妻关系还是兄弟姐妹关系都有了明显的改善，家庭内部关系变得更加和谐，家庭伦理秩序慢慢恢复。

第三，乡村风气焕然一新。乡村风气的好坏与乡村文化、家庭伦理息息相关，一个文化失衡、伦理失序的乡村不可能有好的风气。在“乡村儒学”兴起与推进的过程中，随着乡村文化的逐渐恢复、家庭伦理的逐步建立，整个乡村的风气也焕然一新。酒后骂街、乱扔垃圾、偷鸡摸狗等现象以往时常发生，但经过一年多时间的学习后，圣水峪镇党委书记表示，“目前，骂大街的现象没有了，偷窃现象也消失了，卫生状况得到了明显的改善。村民对公共事务也不再无理阻挠或干涉。全镇的治安案件同比下降18%，2014 年上半年信访案件同比下降 35%。”①

第四，优秀传统文化得到深入挖掘和广泛传播。儒家文化作为传统文化的主干，产生和兴盛于封建社会，不可避免地存在着封建糟粕。一直以来，大多数农民由于受教育程度低、相关知识匮乏和乡村封建思想残留等原因，对传统文化和优秀传统文化的认知模糊，对什么是精华、什么是糟粕难以分辨，对什么该承继传播弘扬、什么该抛弃抵制消绝犹豫不决。在“乡村儒学”开展

① 李永刚：《儒学，从尼山再出发》，《学习博览》2014 年第 12 期。

的过程中，一批儒学讲师通过讲授经典文本，不仅传播了教化知识，而且进一步理清了传统文化的发展脉络，把文本里符合社会主义核心价值观、社会主义现代文明的思想进一步创新转化，使两千年的古老思想在今天闪耀出新的智慧光芒。

2.“乡村儒学”的经验

第一，儒学讲堂定期化。自“乡村儒学讲堂”成立起，讲授周期成为专家学者们重点思考的问题，因为这关系着讲堂的实际效果。如果每次授课间隔时间太短，会让村民嫌弃讲课太多；反之，如果间隔时间太长，讲授的知识就会遗忘，也会事倍功半。经专家学者们讨论，最后商定一月两次，分别在每个月的中间和最后一个星期六。因为乡村的受众是农民，所以还不得不考虑到农忙时节，这时候授课时间也会具体调整。实践证明，定期化的讲堂不仅坚持了下来，而且坚持得很好，取得了不俗的效果，是可以推广的重要经验之一。

第二，志愿者培训常态化。从广义上来讲，志愿者包括所有参与“乡村儒学”建设的工作人员，因为包括专家学者在内的所有工作人员都是志愿加入、无偿劳动，学者们都是背着干粮给孔子打工。这里所说的志愿者主要包括服务人员、组织人员和志愿讲师，有学生、退休教师、退休干部、企业人员、儒学爱好者甚至热心村民等。一方面考虑到志愿者队伍的传统文化素养参差不齐，另一方面也考虑到受众群体文化水平低、接受能力不足等因素，讲堂负责人决定采取常态化的志愿者培训制度，让专家学者就如何上好一堂氛围浓厚的儒学课作讲解。通过培训，不仅服务人员能更好地与村民交流，了解他们的诉求，而且讲师们采取了更合适的授课方式，以村民喜闻乐见的形式开展每一堂课。

第三，民办公助，社会参与。“乡村儒学”作为儒家学者发起的儒学实验，具有非官方性，起始阶段没有政府参与，但随着规模的扩大、参与人数的增加，不得不面临一些问题。如果只限于一个村，那么仅仅依靠几位儒家学者和志愿者也可以把讲堂办得很好，但这样不符合通过重建乡村文化秩序，实现儒学现代化转型的活动目标。而且，如果扩大范围，设立成千上万个讲堂，没有政府的支持很难做到。基于此，专家学者参照尼山圣源书院的模式，即“民办公助，书院所有，独立运作，世代传承”的运行体制，一方面坚持民间组织的性质，并且广泛吸收社会力量；另一方面借助政府的力量不断推进。实践证明，这种模式是可行的，在“乡村儒学”发展过程中起到了重要作用。

第四，充分发动乡村群众。乡村群众既是“乡村儒学”的主体，又是受众。尼山脚下第一个“乡村儒学讲堂”主要是面向北东野村的村民，据村支书庞德海回忆，刚开始的时候听说专家办了个讲堂要来讲课，村民们都不感兴趣，参加者寥寥无几，村干部不得不拿着喇叭一家一户地喊人。事实证明，在讲了几节课后，很多村民被专家讲授的故事、无声的道理紧紧吸引，讲到共鸣处，甚至有人在讲堂上潸然泪下。为了充分发动群众，村里一方面不断营造良好的学习氛围，在墙壁上书写修身齐家的格言、办传统文化墙报栏、定期播放《弟子规》和孝道音乐等；另一方面在学习过程中，将村民分成小组，不同小组之间展开竞赛并设立奖品，以此提高村民的积极性。通过发动乡村群众，“乡村儒学”迅速展开并且成效显著，是未来深化发展阶段仍要坚持的重要经验。

3.“乡村儒学”的困境

第一，师资力量不足。一方面，山东省已建成2万余个“乡村儒学讲堂”，按照两周一次的课程设置，对师资数量是一个巨大的需求；另一方面，因乡村的特殊性，讲师不仅要对儒家文化、儒学知识有深入的了解，而且还需要对乡村实际有一定的认知，只有这样才能以村民听得懂、弄得通的语言深入浅出地表达出道理。目前，讲师队伍中有中小学教师、退休干部、儒学爱好者等，有的具备一定的儒学知识但不了解乡村，有的了解乡村但对儒家文化的认知有所欠缺，二者都难以用通俗的语言讲出浅显的道理，使得高质量的讲师队伍成为制约“乡村儒学”深入推进的重要原因。

第二，资金不足。“乡村儒学”是民间学者自发组织的活动，所以活动本身不具有营利的性质，并且是免费为村民上课，参与的人员也大都是志愿者，这些因素使得活动经费颇为拮据。赵发生、颜炳罡甚至自掏腰包为村民买学习用品、奖品等，大多数讲师也都是自己负责往返的交通费用。虽然活动得到政府的支持，但主要体现在政策支持、理论宣传和讲堂建设上，具体的资金保障，如讲师的食宿交通补贴、举办活动的支出等方面仍然需要资金支持。

第三，方向不清。随着政府的大力支持与参与，有些人也发出了质疑的声音：“乡村儒学”的方向是什么？是重建乡村伦理秩序、恢复儒学在乡村的信仰，还是弘扬儒学蕴含的中华优秀传统文化？是坚持民办公助的模式，还是转变为以政府为指导的模式？这些都是“乡村儒学”在发展过程中迫切需要进一步明确的问题。一方面，坚持正确的方向，无论是重建乡村伦理、教化体系还是传播优秀传统文化，都要以社会主义核心价值观为引领，使传播的知识、教化的内容与当代社会相适应，与现代文明相协调。另一方面，继续坚持民间儒学的性质，保持自身独立性，警惕宗教儒学、政治儒学等错误倾向。

第四，教材体系不明。教材的类型、质量是影响讲堂效果的重要因素。受制于人力、物力等因素的限制，教材的编写工作并不顺利。一方面是教材的进阶方面，随着讲堂的持续深入，不可能一直停留在《弟子规》《三字经》等蒙学教材上，在此基础上还需要进一步编著适配的教材。另一方面，教学内容与现代的衔接仍有待进一步完善，不仅要做好传统内容的现代阐释，更要做好传统内容的现代甄别。例如，《弟子规》讲“谏不入，悦复谏，号泣随，挞无怨”“彼说长，此说短；不关己，莫闲管”等，这些内容已不再适应现代社会的发展。

（三）“乡村儒学”带动农村、社区推进实现创造性转化、创新性发展的路径

目前，山东的“乡村儒学”现象已不仅仅限于农村，在社区中也蓬勃发展。农村、社区虽有差别，但在农村发展的经验可供社区借鉴，并且无论是从受教育程度还是整体环境、风气等方面，社区都具有优势。整体来讲，农村和社区都是传统文化传播不足区，因为长久以来党和国家对传统文化的注意力大部分都在教学单位和科研机构，包括中小学中传统文化课程的开设和在高等院校中大力支持对传统文化的阐发论证等，而对农村、社区这些庞大群体关注不够。随着“乡村儒学”的兴起并且展现出不俗的成效，党和政府也是高度重视，山东省给予大力支持并且纳入全省公共文化体系建设规划，充分发挥其在推动中华优秀传统文化创造性转化、创新性发展等方面的巨大作用。对于“乡村儒学”带动农村、社区实现创造性转化、创新性发展的路径，主要

有以下方面。

第一，分众化、分区域讲授儒学内容，实现创造性转化、创新性发展。分众化就是针对不同接受群体因材施教，分区域就是针对不同地区现实状况立足本地实际讲授内容。一方面，在农村和社区中，接受教育者大致分为老年人、中年人和青少年，这就要求在具体授课中需要注意一些问题：其一，从数量上来看老年人居多，大部分老年人文化水平低甚至有相当一部分人还是文盲，这要求授课必须充分考虑到他们理解能力差、接受知识慢等特点。其二，中年人群体是乡村和社区的主要群体、支柱群体，他们上有老下有小，发挥着承上启下的关键作用，同时也是各种问题的高发群体。对于这个群体要针对问题去讲授，例如针对乡村中出现的孝顺问题，讲师讲授时就要在这个群体上多些注意力，让他们切身感受到这些道理是讲给他们听的。其三，青少年是乡村未来的希望，是中华优秀传统文化在未来实现创造性转化、创新性发展的主力军，必须谨慎对待。现在的青少年几乎全部都在学校里接受系统教育，其中也包括对中华优秀传统文化的学习，但是不会涉及这么多的儒学知识。乡村的讲授最重要的是坚持方向引领，注重塑造青年一代的价值观、培养高尚情趣，不能把中老年一代需要尽到的责任、履行的义务强加于他们身上。另一方面，“乡村儒学”的推进已辐射到山东省各个地市及江苏、河南、湖北等地，每个地方的文化资源不同，正所谓“十里不同风，百里不同俗”，在讲授内容上不能也没必要整齐划一。从大处讲，每个省或者地市做好统一规划；从小处讲，每个村讲授的具体内容也可有所差别。总的来说，分众化、分区域讲授儒学内容是因材施教、因地制宜的具体表现，本身就是儒家智慧在现代的再应用，充分展现了对中华优秀传统文化的创造性转化、创新性发展。

第二，加强教材体系建设，实现创造性转化、创新性发展。教材是教学活动展开的核心要素之一，高质量的教材对教学活动有着事半功倍的效果。首先，加强教材建设的系统性。目前各个地区使用的教材零零散散，没有达成统一，虽然各个地区应该因地制宜、各有特色，立足于本区域文化实际开展活动，但是在体现儒家基本精神的基础教材方面应该具有统一标准，至于所谓的“一村一教材”，既非必要更难以实现，一方面是编撰困难，需要耗费大量人力物力，另一方面是专业讲师可以依托教材去发挥自身的能动性。其次，加强教材类型的适配性。适配性主要是指随着学习的深入，要具备与之相匹配的教材。如果长时间地学习《弟子规》《三字经》等蒙学文本，受众群体就会产生厌倦感，慢慢地会脱离学习的状态，很难达到预期的效果。最后，加强教材内容的规范性。创造性转化、创新性发展不是针对所有的内容，对于其中的糟粕要坚决剔除，对于其中的精华才需要在形式和内容上进行转化发展。因此，教材的内容一定要体现社会主义核心价值观，一定是优秀的传统文化，一定要“符合人性，而不是压抑和违反人性；有利于培养健全平和的人格，而不致产生畸形、极端的人格；培养具有权利和责任双重意识的公民，而不要有甘做臣民、奴隶的意识；使伦理道德有利于构建正常的社会秩序，而不是专制统治的工具”[①]。只有这样，才会使“乡村儒学”持续健康发展。

① 张颖欣：《山东“乡村儒学”建设刍议》，《第八届世界儒学大会学术论文集》，2017年。

第三，加强人才队伍建设，实现创造性转化、创新性发展。首先，培养高质量讲师。随着“乡村儒学讲堂”的扩建，急需大量讲师，但一时间专业系统的培训又跟不上，使得讲师的门槛大大降低、质量参差不齐。对高质量人才队伍的培养应该注重以下方面：其一，对传统文化特别是儒家文化有深入的了解，最好是经过系统的学习，这样才能确保教得出知识；其二，对乡村有一定了解，最好能采用村民喜欢的形式、听得懂的语言讲出道理，这样才能确保教得会知识。其三，放得下身份，能和村民打成一片。正如赵法生一样，每次讲完课去村民家坐坐，唠唠家常，干点活，吃顿饭；也如张颖欣一样，每次上课前，都在自己衣橱里找最简单、最朴素的衣服穿上。当然，高质量讲师的培养不是一件易事，特别是仅靠书院等民间组织难以支撑，更需要政府的大力支持，例如组织正规考试，为通过考试的人员颁发讲师资格证，吸引更多的人加入。其次，培训志愿者。这里的志愿者主要是指讲师之外的所有无偿参与“乡村儒学”或者给予活动大力支持和帮助的人，包括组织人员、调查人员、回访人员和其他义工劳动者等，他们像一个个枢纽，连接着四面八方，推动着“乡村儒学”蓬勃发展。最后，积极与高校合作，实现人才对接。一方面，组织高校的专家教授，定期对讲师做公益讲座，或者把讲师送到高校进修，这样不仅可以丰富讲师的知识，也可以优化讲师的教学方式。另一方面，高校的教授和学生都要走出“象牙塔”，不可闭门造车。有条件的教授可以去乡村为村民授课，有兴趣的学生可以去乡村实践，把所学知识与实践结合起来。在“乡村儒学”带动乡村、社区实现创造性转化、创新性发展的过程中，必须重视发挥人的主体作用，充分调动各类人才的主动性。

第四，完善“乡村儒学”传播机制，实现创造性转化、创新性发展。在山东泗水兴起“乡村儒学”现象，虽已十多年，但影响力限于相关领域、相关人员，就传播机制而言仍有待完善。首先，理论阐释与实践深入相结合。目前，“乡村儒学”的实践如火如荼地展开，但理论研究仍有待跟进，有关专家学者应做好理论阐释。否则缺乏理论指导的实践就会偏离方向，走上经验主义的道路，只有在实践与理论的良性互动中，才能推动“乡村儒学”更好地传播，进而实现中华优秀传统文化的创造性转化、创新性发展。其次，政府与民间组织相结合。民间传播与政府推动各有优势，要充分发挥二者的互补作用。再次，上层知识分子推动传播。正因为一批具有责任担当、人文情怀的知识分子推动，“乡村儒学”才得以兴起。在进一步推进过程中，必须更加注重发挥知识分子的引领、传播作用。最后，善于利用网络平台和新媒体技术。一方面，要通过抖音、微信公众号、微博等网络平台加强宣传推介，例如通过拍摄短视频，在抖音上展现乡村文化的魅力，通过运营公众号，分享感动的人与故事，通过微博介绍活动的效果，等等。另一方面，要运用新媒体技术，如建立虚拟体验教室，创建以儒家文化为背景的虚拟环境，不仅可以让村民体验古代儒家文化的精髓，也能吸引更多的人参观。“乡村儒学”虽然兴起于乡村，但并不是仅限于乡村。在进一步推进中，必须以“一村一堂”为基础，打造综合多元的传播方式，进一步完善传播机制。

第五，建立健全“乡村儒学”制度，实现创造性转化、创新性发展。制度保障是最根本的保障，要想行稳致远，“乡村儒学”

必须建立健全适合自己的制度。首先，健全管理制度。建立国、省、市、县四级管理体制，旨在保障“乡村儒学”活动有序开展，相关人员可由书院学者、儒学专家和政府人员共同组成；每一级管理体制内部设立不同的职能部门，分别负责对应的工作。其次，健全授课制度。增加授课形式的灵活性与多元性，同样的内容以更为现代化的形式表现出来，实现古今的贯通；增加授课内容的丰富性与趣味性，通过对传统内容的创新发展使之实现与现代文明的契合，焕发出新的生命力。最后，健全成果转化机制。加快“乡村儒学”教材的出版进度，形成相关理论成果；做好专家学者讲座的收集整理和活动中制定的乡规民约、乡风村俗的编撰工作。

第六，打造精品课程，实现创造性转化、创新性发展。其一，打造讲堂“金课”。随着儒学讲堂越来越多，高质量教师严重缺乏，有必要聘请有关专家打造一批既能展现儒学魅力又能挖掘优秀传统文化的“金课”。在师资严重不足的情况下，在讲堂上播放“金课”视频，同样可以在道德教化与传统文化的传播方面起到不俗的效果。观摩“金课”不仅有助于刚上任的新讲师更好掌握授课方法，更快融入村民生活，而且还能够对讲师的培养工作提供参考。其二，打造“模范故事”。仅山东一地已建成乡村（社区）儒学讲堂两万余个，从全国来说更是多不胜数。在这么多的讲堂中，每一村都有自己的故事，我们要挖掘出其中最具代表性、最富感染力的精品故事，运用现代技术进行加工制作，使其成为“乡村儒学”的标志。通过打造简短的“模范故事”，以树立榜样的方式传播优秀传统文化，进而引起更多人的共鸣。同时，寻找“模范故事”的过程，也是对传统文化深入挖掘、提炼的过程，是以新的形式结合古老内容，进而实现创造性转化、创新性发展的过程。

随着民族的复兴，文化也必然开始复兴，而“民族文化的复兴，其主要潮流，根本的成分就是儒家思想的复兴，儒家文化的复兴”[①]。可以说，中华传统文化的前途命运与儒家思想的前途命运息息相关。在现代化进程中，以儒家思想为主干的传统文化与现代社会已逐步脱节，无法发挥应有的功效。因此，“乡村儒学”的开展是儒学实现现代转型的一次尝试，也是深入发掘中华优秀传统文化的一种方式，还是推动中华优秀传统文化创造性转化、创新性发展的一个载体。以“乡村儒学”为载体，“以创造与创新为途径，以转化与发展为动力”[②]，把农村、社区中日用而不自觉的传统文化辨析提炼，使其在表现形式、内涵意蕴等方面符合现代社会的诉求，从而焕发出新的生命力。

三、推进中华优秀传统文化在高等学校传播弘扬与落地生根

推动中华优秀传统文化在高等学校传播弘扬与落地生根，是实现中华优秀传统文化创造性转化、创新性发展的重要时代课题。从当前的相关成果来看，现有研究更多是从高等学校、大学生、融合实践、社会功能等方面展开，对于中华优秀传统文化的主体性认识不够，在一定程度上忽视了中华优秀传统文化自身在落地生根过程中的主体性意义和价值。通过对山东省相关高等学

① 贺麟：《文化与人生》，北京，商务印书馆 2017 年版，第 5 页。
② 商志晓：《中华传统文化与中国现代化进程》，《光明日报》2021 年 3 月 24 日。

校的问卷调查发现，中华优秀传统文化在高等学校的传播，整体上呈现凝聚力较高、影响力却相对有限、创造力还不足的态势。此项调查研究与对策建议，旨在有效增进高等学校学习传承中华优秀传统文化的热情与氛围，推动中华优秀传统文化在高等学校传播弘扬与落地生根。

（一）问题的提出

高等学校是推动中华优秀传统文化创造性转化、创新性发展“两创”工作的重要阵地。近年来，各高等院校在推动中华优秀传统文化“两创”工作方面开展了大量的活动，取得了明显的成效：中华优秀传统文化进课堂、进教材受到高度重视，相关的课程体系、评价体系正在建构或不断完善之中；中华优秀传统文化进校园活动正在如火如荼开展，活动形式多样、内容丰富，学生参与此类活动的意愿足、热情高；中华优秀传统文化的校园团体数量大、种类多，越来越多的学生参与到文化传承与发展工作之中；中华优秀传统文化的学术、学科、话语体系不断完善，中华优秀传统文化的内涵，中华优秀传统文化与经济学、政治学、社会学等学科之间的关系等相关学术研究不断推进，中华优秀传统文化的学科属性、学科主题、学科方法、学科队伍、学科组织等正处于建构与发展之中，人文关怀、人际和谐、家国情怀等学科话语逐渐彰显意义与扩大应用。

高等学校是推动中华优秀传统文化“两创”工作的重要力量，其中教师、学生是两方面关键主体。教师是中华优秀传统文化“两创”工作的践行者，开展具体设计、实际执行和评价反思；学生是中华优秀传统文化“两创”工作的参与者，进行具体参与、实际操作和评价反馈。教师是否认识到中华优秀传统文化“两创”工作的重要性、是否愿意开展“两创”工作、是否有能力开展“两创”工作等，直接关乎“两创”工作的实践与成效。而学生是否愿意参与中华优秀传统文化“两创”工作、是否有能力参与“两创”工作、是否实际参与“两创”工作等，直接影响“两创”工作的实践形态、过程走向和实际效果。中华优秀传统文化“两创”工作是由教师和学生共同建构、相互形塑、互动影响的过程。在高等学校开展中华优秀传统文化“两创”工作，需要大力激发教师和学生的积极性和自主性，这对于有效推动“两创”工作不断向纵深发展具有重要意义。

（二）文献回顾

学界围绕高等学校推进中华优秀传统文化创造性转化、创新性发展问题的研究，主要集中在以下几个维度。

从高等学校的角度探讨推进中华优秀传统文化创造性转化、创新性发展的方法。高等学校是设计与推动中华优秀传统文化融合发展的重要主体，其对于中华优秀传统文化的理解、实践等直接影响后者的最终呈现。刘畅认为，高校加强传统文化教育是时代所需，但是传统文化教育面临功利主义、课程设置、师资等方面的困境，需要有效应对这些困境以推进传统文化教育工作。[①]李国娟关注高等学校关于中华优秀传统文化“教什么、怎么教”问题，认为在“教什么”方面，要注重培育学生的家国情怀、和谐仁爱的社会情怀和高尚道德品质；在“怎么教”方面，应注重从应对文化多元化挑战入手，从大学生的身心特点、时代发展要

① 刘畅：《新时代高校传统文化教育路径探索——兼议传统文化课程建设》，《珠江论丛》2018 年第 2 期。

求、教育发展规律入手，把中华优秀传统文化融入高校育人实践全过程，充分发挥高校思想政治理论课的主渠道作用。[①] 何荣先通过问卷调查发现高等学校开展中华优秀传统文化教育基础良好，学生学习中华优秀传统文化的热情高，对中华优秀传统文化的理解和认知比较全面，能够正确分辨中华传统文化的精华与糟粕，对自身在弘扬中华优秀传统文化方面存在的问题有着清醒的认识，对高校开展优秀传统文化的途径和方式有许多想法和见解。但是，高校在爱国主义精神认同、开展优秀传统文化教育的系统性和深入度、对中华优秀传统文化教育的内容等方面还存在较多的问题，应从指导思想、顶层设计、组织力量、师资队伍、地方文化资源、学校社团等多个方面推进中华优秀传统文化的相关工作。[②] 段超从民族高校的特色出发，分析民族高校在中华优秀传统文化的专题研究、课程教学、讲座活动、校园活动等方面取得的成绩，指出民族高校对中华优秀传统文化的认识，教育教学，实践整体性、全面性、协调性、成效等方面存在不足，并提出相应的对策建议。[③]

从大学生的角度探讨推进中华优秀传统文化创造性转化、创新性发展的实践。这是受到较多关注的一个角度，研究内容涉及中华优秀传统文化教育、中华优秀传统文化认同等。陈永福等关注中华优秀传统文化教育问题，通过问卷调查发现，教育的成效是比较突

---

① 李国娟：《高校加强中华优秀传统文化教育的理论思考与实践逻辑》，《思想理论教育》2015 年第 4 期。

② 何荣先：《河南高校中华优秀传统文化教育现状与对策——基于全省 10 余所高校的问卷调查》，《河南图书馆学刊》2022 年第 3 期。

③ 段超：《新时代民族高校加强中华优秀传统文化传承的思考——以国家民委所属高校为例》，《中南民族大学学报（人文社会科学版）》2019 年第 6 期。

出的，大学生不仅对中华优秀传统文化有一定的认知并深受影响，而且高度认同其当代意义和传承价值，支持大力弘扬中华优秀传统文化。针对教育活动中存在的不够深入、重理论轻实践等问题，陈永福等认为，加强大学生中华优秀传统文化教育应在树立“以文化之”的教育理念、立足“个性发展”的群体特点、创新“多样融合”的教育形式、注重“内化外表”的实践传承以及协调“一体两翼”的教育合力等方面积极开展工作。① 程为民等探讨了中华优秀传统文化认同问题，通过问卷调查发现，当代大学生基本认同中华优秀传统文化价值内涵，但是大学生对于中华优秀传统文化缺乏整体认识，在类别认知方面也存在较大差异，了解中华优秀传统文化的主要途径是课堂学习，改进措施包括把中华优秀传统文化融入课程教学体系、实践育人体系、文化育人体系等。②

从中华优秀传统文化创造性转化、创新性发展的融合实践分析推进策略。中华优秀传统文化的融合实践涉及课程、教材、教学、科研、校园活动等方面。沈壮海探讨了中华优秀传统文化融入立德树人实践问题，强调在教育内容方面应该与中国梦、中国特色社会主义、社会主义核心价值观等方面的宣传有效地结合起来，要建立相应的教学研究体系、管理服务体系、社会实践体系等。③ 工丽霞从课程的角度进行分析，结合优秀传统文化自身要素、优秀传统文化与学生培养等内容，探讨了高校通识课课程思

① 陈永福、陈少平、陈桂香：《大学生中华优秀传统文化教育状况调查研究——以福州大学城 10 所高校为例》，《思想教育研究》2016 年第 1 期。

② 程为民、熊建生：《当代大学生中华优秀传统文化认同状况分析——基于国内十余所高校 700 名大学生的问卷调查》，《教育研究与实验》2016 年第 4 期。

③ 沈壮海：《将优秀传统文化融入高校立德树人实践》，《思想政治工作研究》2014 年第 4 期。

政的必要性与可行性，强调高校传统文化通识课教学应从课程设置、教学内容建设、教学方式方法改进、教师课程思政教学能力提升等方面开辟有效路径。[①]

从中华优秀传统文化创造性转化、创新性发展的功能角度分析其价值。中华优秀传统文化的功能是多方面的，其对于思想政治教育的影响是学者们较为关注的话题之一。路飞飞等认为中华优秀传统文化教育在思想政治教育中的实现，包括课程体系、教育过程、专业融合、社会实践活动、育人环境等方面的建设。[②]胡萱和胡小君认为，中华优秀传统文化对大学生思想政治教育具有支撑作用、对大学生思想政治教育具有导向价值、对大学生思想政治教育具有发展价值。[③]

综上所述，从高等学校、大学生、融合实践、功能等角度，分别展开的高等学校对推进中华优秀传统文化创造性转化、创新性发展的研究，有助于我们理性认知和科学把握中华优秀传统文化在高等学校有效发挥作用。

（三）基本概念与研究指标

中华优秀传统文化传承已久，能够指导人们认识世界和改造世界。高金萍强调了中华优秀传统文化的中国乃至世界意义，认为其是有助于解决当代中国乃至当代人类难题的重要思想，它主要涉及 3 类："一是关于治国理政、调节社会关系和鼓励人

---

① 王丽霞：《高校传统文化通识课课程思政教学路径探索》，《齐鲁师范学院学报》2021 年第 6 期。

② 路飞飞、杜瑞平：《传统文化教育在高校思想政治教育中的价值及实现途径》，《教育理论与实践》2011 年第 15 期。

③ 胡萱、胡小君：《中华优秀传统文化融入大学生思想政治教育的价值与实现路径》，《学校党建与思想教育》2022 年第 14 期。

们向上向善的思想；二是关于社会主义核心价值观与中国古代思想价值观念关系的思想；三是关于发展国际关系的外交战略思想。”[①] 当然，中华优秀传统文化的应然能力不等同于实然能力，有能力不等于能力得到充分发挥。在高等学校中中华优秀传统文化处在一个复杂的系统之中，系统要素的相互关系、相互作用会影响和制约中华优秀传统文化能力的发挥。中华优秀传统文化具有凝聚力、影响力和创造力，共同展现中华优秀传统文化的价值。

凝聚力表现为中华优秀传统文化对于学校教师与学生的吸引力。师生是否关注中华优秀传统文化并不能完全代表中华优秀传统文化凝聚力的强弱，因为即使师生高度关注，也并不意味着中华优秀传统文化就一定能够发挥凝聚作用。具体而言，中华优秀传统文化在高等学校的凝聚力表现为“师生是否关注中华优秀传统文化”“教师是否愿意把中华优秀传统文化融入到教学科研之中”“学生是否愿意参与中华优秀传统文化的课程或活动”等。

影响力主要表现为中华优秀传统文化对于学校实务尤其是教学、科研等具体工作的影响，具体呈现为“教师了解中华优秀传统文化——教师在教学科研之中融入中华优秀传统文化——学生接受中华优秀传统文化”。从推进中华优秀传统文化在高等学校传播弘扬与落地生根角度而言，影响力具体表现为“教师是否了解中华优秀传统文化”“教师把中华优秀传统文化融入到教学之中的情况”“教师把中华优秀传统文化融入到科研之中的情

① 高金萍：《“两创”方针为构建人类命运共同体开辟新路径》，《前线》2018 年第 5 期。

况”“学生有关中华优秀传统文化的观念”等。

创造力表现为中华优秀传统文化与校园现有文化的有机结合与转化生产的能力，具体呈现在“中华优秀传统文化 + 校园物质产品”“中华优秀传统文化 + 校园符号”“中华优秀传统文化 + 校园规范”“中华优秀传统文化 + 校园价值”等不同层面。中华优秀传统文化在高等学校的传播弘扬与落地生根，表现在“学校开设中华优秀传统文化课程的情况”“学校举办传统文化类活动的情况”“学校有关中华优秀传统文化制度的情况”等方面。

在这个意义上，中华优秀传统文化能力被具体操作为 3 个层面 11 个指标（见图 1）。

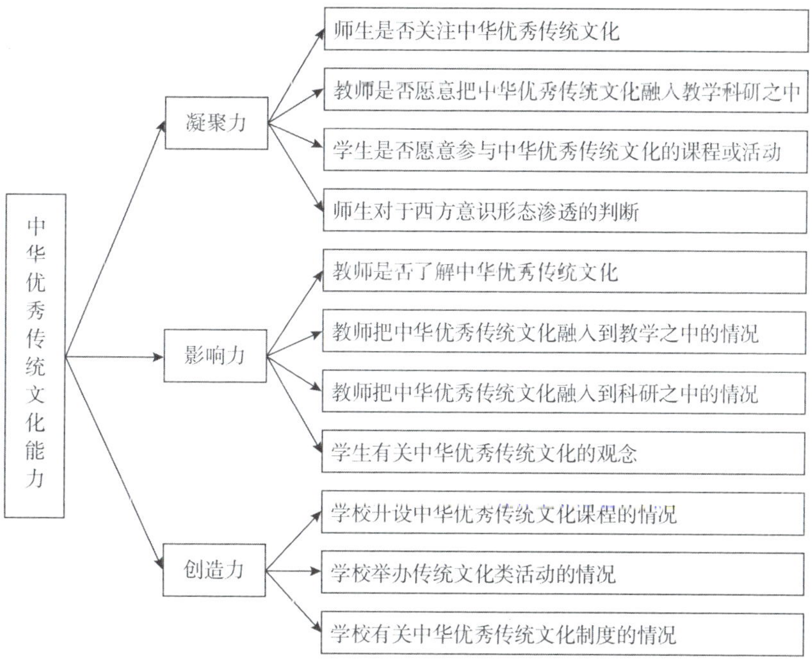

图 1　中华优秀传统文化能力指标图

（四）研究方法

本书采用问卷调查方式进行，共设计了针对山东省高校教师、学生两类问卷，在综合考虑区域、学校办学定位、师生规模等因素的基础上展开调查。研究选取山东师范大学、青岛大学等6所公办本科高校，淄博职业学院、山东理工职业学院等5所公办高职高专院校，齐鲁医药学院等3所民办院校。通过选定学校关键人物、定向发放问卷展开调查，共回收教师版有效问卷2783份，学生版有效问卷21985份。运用SPSS19.0对于收集到的数据进行了统计分析。

（五）研究发现

1.调查对象的基本情况

教师与学生的基本情况见表1和表2。从表1可以看出，40.5%的教师属于公办本科学校，42.3%的教师属于公办高职高专学校，17.2%的教师属于民办院校。女教师多于男教师，达到58.3%。教师全部属于本科及以上的文化程度，其中硕士研究生数量最多，达到47.5%。教师的年龄集中在31—50岁，达到71%，其中31—40岁的教师占比达到44.1%。教师的职称集中在中级和副高，达到65.5%，其中中级教师的占比达到40%。教师的政治面貌多样，中共党员（含预备党员）达到62.4%。教师的学科方向多元，其中理工类居多，达到41%。

从表2可以看出，46.9%的学生属于公办本科学校，42.4%的学生属于公办高职高专学校，10.7%的学生属于民办院校。女学生多于男学生，达到60.5%。各年级学生均有一定数量，其中大学一年级和二年级学生较多，达到87.2%。学生的专业分布相对比较均衡，理工类学生占比最大，达到32.9%。学生之中农村生源最多，达到 66.3%。学生的政治面貌以共青团员居多，达到 58.8%，群众占比 38.3%。

表 1　教师基本情况表

		合计	公办本科	公办高职高专	民办院校
总数		2783	1126	1176	481
性别	男	1161	601	437	123
	女	1622	525	739	358
学历层次	本科及以下	782	136	469	177
	硕士研究生	1323	340	691	292
	博士研究生	678	650	16	12
年龄情况	30 周岁及以下	552	193	247	112
	31—40 周岁	1228	467	542	219
	41—50 周岁	749	352	267	130
	51 周岁及以上	254	114	120	20
职称情况	无	376	114	188	74
	初级	445	57	278	110
	中级	1114	520	435	159
	副高	709	350	227	132
	正高	139	85	48	6
政治面貌	中共党员（含预备党员）	1736	801	684	251
	民主党派	76	38	34	4
	无党派人士	33	16	13	4
	共青团员	132	46	62	24
	群众	806	225	383	198

续表

		合计	公办本科	公办高职高专	民办院校
学科方向	理工类	1142	623	415	104
	经管类	376	218	130	28
	文法类	359	120	119	120
	农医类	390	3	256	131
	艺体类	262	89	139	34
	军事类	13	1	8	4
	其他	268	99	109	60

表 2　学生基本情况表

		合计	公办本科	公办高职高专	民办院校
总数		21985	10321	9328	2336
性别	男	8677	3724	4015	938
	女	13308	6597	5313	1398
所在年级	大一	13564	5281	6276	2007
	大二	5616	2880	2625	111
	大三	1796	1549	231	16
	大四	533	370	30	133
	研究生	239	235	4	0
	其他	237	6	162	69
专业方向	理工类	7235	4553	2110	572
	经管类	3087	1249	1785	53
	文法类	2820	2484	275	61
	农医类	2678	113	1479	1086

续表

		合计	公办本科	公办高职高专	民办院校
专业方向	艺体类	1540	903	631	6
	军事类	12	3	9	0
	其他	4613	1016	3039	558
生源地	城镇	7417	4477	2233	707
	农村	14568	5844	7095	1629
政治面貌	中共党员（含预备党员）	633	546	52	35
	共青团员	12926	8181	3477	1268
	群众	8426	1594	5799	1033

2. 关于中华优秀传统文化凝聚力的基本情况

在关注中华优秀传统文化方面，教师和学生均表现出较高的关注度。89.3% 的教师表示“比较关注”或“非常关注”中华优秀传统文化，95.5% 的学生强调能够见到此种文化，62.9% 的学生表示能够经常见到中华优秀传统文化要素，课堂教学和短视频是学生获得传统文化方面知识的重要渠道。

在教师把中华优秀传统文化融入教学与科研的意愿方面，教师有着非常高的意愿把中华优秀传统文化融入到教学、科研之中。96.7% 的教师认为“中华优秀传统文化融入高等教育”有必要或者很有必要，94.2% 的教师在“把中华优秀传统文化全面融入教学科研管理”方面有意向或者“意向强烈”。

在学生融入中华优秀传统文化课程或活动的意愿方面，学生有着较高的学习中华优秀传统文化课程的意愿和参与传统文化类校园活动的兴趣。89% 的学生选修中华优秀传统文化课程的意愿

“比较强烈”或者“非常强烈”，其中，51%的学生选修中华优秀传统文化课程的意愿是“非常强烈”；85.4%的学生对传统文化类校园活动“比较感兴趣”或者“非常感兴趣”，48.8%的学生对传统文化类校园活动“非常感兴趣”。

在西方意识形态渗透的判断方面，师生强调面临着西方意识形态渗透威胁，其中西方意识形态在中国的渗透问题是比较突出的。89.1%的教师强调了渗透情况的危险性，并且61.3%的教师认为此种渗透形势是“很严峻的”；79.2%的学生强调了渗透情况的危险性，并且41.3%的学生认为此种渗透形势是“很严峻的”。

3. 关于中华优秀传统文化影响力的基本情况

在教师了解中华优秀传统文化方面，教师对于中华优秀传统文化了解不足。2/3的教师表示对中华优秀传统文化“比较了解”或“非常了解”，但1/3的教师表示对中华优秀传统文化了解有限，甚至根本不了解。

在教师把中华优秀传统文化融入到教学之中的情况方面，真正做到融入的教师数量并不多。超过60%的教师认为把中华优秀传统文化融入到教学之中的情况比较少，超过20%的教师认为此种融入到教学之中的情况极少甚至没有。

在教师把中华优秀传统文化融入到科研之中的情况方面，真正做到融入的教师数量并不多。2/3的教师认为把中华优秀传统文化融入到科研之中的情况比较少，超过27%的教师认为此种融入到科研之中的情况极少甚至没有。

在学生有关中华优秀传统文化的观念方面，爱国主义是学生的基本价值观，但是受到各种挑战。无论是教师还是学生，均对此有着明晰的判断。教师方面，52.1%的教师认为当代大学生

“坚持正确思想导向，非常关心国家大事”，但是31%的教师认为当代大学生“不太关心国家大事，但非常关心身边的人或事”，11.1%的教师认为当代大学生“比较自私”甚至是“精致的利己主义者”。在学生方面，74.4%的学生认为大学生中最流行的价值观是“爱国主义”，另外12.3%、9.9%的学生认为大学生中最流行的价值观分别是个体主义、集体主义。

4.关于中华优秀传统文化创造力的基本情况

中华优秀传统文化具有网络社会的时代适应性和独特价值，彰显了自身的创造力。正是基于中华优秀传统文化的创造力，教师和学生高度重视中华优秀传统文化的价值：教师强调“中华传统文化博大精深、源远流长，应以继承发扬为主”(平均分4.82)，认可“大学生学习中华优秀传统文化与学习专业知识同样重要”（平均分4.63）；学生强调中华优秀传统文化对提升自身的核心能力影响很大（70.6%的学生认为“影响非常大”，24.8%的学生认为“影响比较大”），认可中华优秀传统文化对自身成长的影响（70.7%的学生认为“影响非常大”，25%的学生认为“影响比较大”）。但是中华优秀传统文化的创造力并没有有效地发挥出来，在很多方面“中华优秀传统文化+”只是浅层次的，而且还有一些学校的体制机制影响中华优秀传统文化创造力的发挥。

在课程方面，虽然学生表现出对学校开设中华优秀传统文化相关课程的高度期待，94.8%的学生认为开设此类课程是必要的（61.1%的学生认为“很有必要”，33.7%的学生认为“有必要”），但是学生对学校开设的中华优秀传统文化相关课程的实际效果评价不是太高（26.4%的学生认为“教育效果一般”，2.9%的学生强调“只是为了学分”，4.6%的学生则“没有选修过相关课程”）。

在校园活动方面，学生参与传统文化类校园活动的状况并不乐观，只有 33.2% 的学生表示能“频繁参与”此类活动，54.9% 的学生则表示具体的参与状况属于“一般情况”，还有 11.9% 的学生表示“很少参与”甚至“基本不参与”此类活动；83.9% 的学生认为参与传统文化类校园活动有收获，但 16.1% 的学生觉得收获并不大。学生认为，目前传统文化类校园活动存在的问题主要就是创新不足：形式主义严重（57%）、内容枯燥（54.1%）、形式老旧（43.9%）、脱离大学生需求和实际（38.5%）等。

在规章制度建设方面，围绕中华优秀传统文化还没有全面建构起高等学校的相关规章制度。中华优秀传统文化虽然已经在高等学校进行了“中华优秀传统文化 +”的探索，但是这些探索更多是零散的、个别化的，整体上还没有与学校工作形成有效衔接，中华优秀传统文化创造性转化问题突出。此种状况主要表现为政策支持、顶层设计、专门机构工作、文化产业化等方面的不足。同时，49.9% 的教师认为中华优秀传统文化研究存在不足，即“理论研究不系统，过于重视挖掘整理，对如何转化、传承、弘扬等实践问题研究不足”。

（六）研究结论与讨论

通过问卷调查不难发现，在高等学校中，中华优秀传统文化总体上受到广大师生的广泛关注和认同，但在传承弘扬过程中仍存在能力不足的问题。中华优秀传统文化作为一种文化形态，其主体性能力主要表现如下：其一，中华优秀传统文化的凝聚力较高。师生较为关注中华优秀传统文化，教师有较高的意愿把中华优秀传统文化融入到教学科研之中，学生有较高的意愿参与中华优秀传统文化的课程或活动，但师生共同认为高等学校存在西方意识形态的渗透威胁。其二，中华优秀传统文化的影响力相对有限。教师对于中华优秀传统文化的了解程度不高，真正把中华优秀传统文化融入到教学和科研之中的教师数量不多，学生拥有爱国主义的基本观念，但是有着个体主义、精致的利己主义等思想的学生也比较多。其三，中华优秀传统文化的创造力不足。中华优秀传统文化的创造力并没有有效发挥出来，高校开设的中华优秀传统文化课程成效评价不高，学生对学校举办的传统文化类活动参与度不高、收获不大，而且形式主义严重，学校还没有全面建构中华优秀传统文化相关的课程体系。

综上所述，中华优秀传统文化在高等学校的确存在传承弘扬能力不足的问题，但并不是所有的能力都是不足的，只是集中表现在影响力和创造力等方面。这种情况的出现与高等学校长期以来对中华优秀传统文化的重视不够、西方理论和文化在经济社会发展方面的话语霸权、中华优秀传统文化主体作用的发挥不足等有关。除此之外，中华优秀传统文化长期以来处于各种社会力量的“严防死守”和批判中，在学校、企业等诸多组织之中处于“失语”状态，传统文化的活动场域仅限于某些特定教育机构，话语仅见于一些相关研究者的“只言片语”，内容仅限于熟人关系和非正式场所之中。

在当前中华优秀传统文化受到国家高度重视的背景下，在西方理论无法有效解释中国经济社会发展的背景下，高等学校越来越重视中华优秀传统文化，高等学校所采取的一些行动吸引了教师和学生的目光，让教师和学生更有意愿把相关内容融入到工作和学习之中。但是，高等学校长期以来所形成的“路径依赖”（包括学校制度、学校之中主体的交往行为习惯、学校相关的评价标准等）使得中华优秀传统文化想要切实发挥作用，融入到学校运转以及相关事务的处理之中，还面临重重困难和障碍。

从高校角度展开的研究看，把中华优秀传统文化融入到教育实践全过程，不是一个是否融入的问题，而是一个应该采用何种方式方法推进融入的问题，即怎样做才能有效推动高校教师把中华优秀传统文化融入到教学科研实践之中。从顶层设计到学校教学、师资队伍甚至微观实践等，中华优秀传统文化的融入仍缺乏针对性。从大学生角度展开的研究看，中华优秀传统文化教育应该从重视大学生特点入手，注重在理念、形式、实践等方面开展行动。从融合实践角度展开的研究看，中华优秀传统文化的融合具有必要性与可行性，但当前主要是融合效果不足，中华优秀传统文化融入课堂与进入校园的活动，并没有引发大学生的广泛参与。

（七）研究建议

为有效应对中华优秀传统文化创造性转化与创新性发展能力不足、效果不佳的问题，应通过改善环境、积极创造条件，去推动中华优秀传统文化与学校教学、科研和学生工作进行有力度的结合。

1. 挖掘和阐发中华优秀传统文化，使之显性化呈现

作为高校文化的重要组成部分，中华优秀传统文化更多的是以隐性的方式表现在教师和学生的日常生活行为、学校日常运转等方面。中华优秀传统文化虽是人尽皆知，但并没有有效地融入学校的日常运转之中。这就要求：一是深入总结中华优秀传统文化融入高等学校的典型经验，加大经验的传播力度。高等学校应重视经验总结，通过网站、研讨会等方式传播相关经验，增进高等学校教师对中华优秀传统文化如何融入教学、科研的认知与理解。二是积极推动中华优秀传统文化融入高校实践的试点工

作。中华优秀传统文化融入高等学校是全方面、全过程的，具体的融入应该是循序渐进并逐步深入和完善的过程。高等学校应注重做好相应的试点工作，选择那些学科基础比较好、师资队伍建设较为完备的院系进行中华优秀传统文化融入的试点。三是从中华优秀传统文化中汲取智慧，应用于学校的长远规划、发展方案设计、课程教学实践、学生培养评价等方面，解决学校存在的问题，提升高等学校的治校水平。

2. 加强整体规划，结合工作需要健全完善相关制度体制

促进中华优秀传统文化落地落实，需要加强整体规划，健全完善相关制度体系和工作体制。一是政府有关部门应该对中华优秀传统文化创造性转化、创新性发展工作进行系统谋划，在制度建设中进一步明晰党委、政府、高校、科研院所、企业、社团、社区以及公众等不同主体之间的角色分工与职责定位，进一步梳理不同主体之间的关系，引导各类主体更好发挥优势，打造社会各要素优势互补、协同发力的良好局面。二是教育主管部门要结合教育工作实际，研究出台更有针对性的指导性文件，特别是要认真研究思想道德养成规律，遵循不同年龄阶段的身心特点，对幼儿园、小学、初中、高中、大学等不同学龄层次的中华优秀传统文化传承弘扬工作进行差异化设计，避免“一刀切”，真正打通大中小幼一体化思想道德教育和文化养成教育渠道。三是高校要进一步提升对中华优秀传统文化传承弘扬工作的重视，进一步健全相关制度体系，优化整合校内资源，让不同学科专业、不同职能部门在工作中都能有所作为，深入推进带动高校文化文明建设的不断提升。此外，要注意加大中华优秀传统文化工作专项经费的投入和支持力度。既要加大传统习俗场所抢救、修复、保护

以及对民俗文化、红色文化传承发展的资金投入力度，还要注意结合高校实际，加大对中华优秀传统文化相关工程和教学科研项目的资金保障，完善经费投入支持等政策措施，加大专项资金扶持力度。

3. 加强基础理论研究，打造中华优秀传统文化研究高地

中华优秀传统文化有着自身独特的凝聚力、影响力和创造力。高等学校应植根中华优秀传统文化沃土、发挥学科人才优势，做到立时代之潮头、通古今之变化、发思想之先声，为彰显中国特色社会主义新文化新文明贡献力量。一要坚持方向性。中华优秀传统文化传承弘扬的理论研究必须坚持马克思主义指导地位，坚持习近平新时代中国特色社会主义思想引领，做好马克思主义基本原理与中国实际、与中华优秀传统文化的结合。立足当今时代，我们要在“两个结合”过程中努力推动实现马克思主义理论的当代发展。二要凸显学科性。针对当前高校学术研究分散、学科优势发挥不明显、研究同质化较为严重的问题，在理论研究中要注意加强学术体系和学科体系建设，特别是要做好学科交叉融合发展，在中华优秀传统文化特色学科、交叉学科、新兴学科建设上下功夫，让高等学校在中华优秀传统文化的学科化研究领域抢占优势，在助推“两创”学理研究方面找到新方向、迈上新高度。三要强化实践性。目前，学者研究较多倾向于挖掘整理和保存工作，下一步要更加注重对传播途径、传播方式、传播话语等现实问题的研究和时代性问题的现实转化，增强理论研究的指导性、实践性和应用性。要坚持“把论文写在祖国的大地上”，将中华优秀传统文化研究与乡村振兴、现代化建设等紧密结合起来，将中华优秀传统文化成果融入课堂、融于校园、融于师

生心间，送到田间地头、送到百姓炕头、送到亿万人民心头，绝不能只做书斋里的“小学问”、象牙塔里的自娱自乐和自我欣赏。

4. 提升教师中华优秀传统文化素养，培养一支文化自觉的师资队伍

作为传播中华优秀传统文化的主体力量，教师对中华优秀传统文化的认知、理解与运用能力直接影响中华优秀传统文化创造性转化、创新性发展的实际效果。提升师资队伍的中华优秀传统文化素养，应从如下几个方面入手：一是加强优秀传统文化师资队伍建设培训，在逐步增加优秀传统文化相关专业教师引进力度基础上，以加强教师的优秀传统文化素养教育为抓手，深挖现有高校教师的教学潜力，着力破解高校教师对优秀传统文化理解不深、主动性不强的问题，将优秀传统文化学习纳入学校教师培训重要内容，依托山东省教师优秀传统文化教育基地积极开展全省教师优秀传统文化研修培训和考察实践，全面增强教师学习、传播优秀传统文化的主动性和能力水平，引导教师在教学科研中更好学习领悟、传播践行中华优秀传统文化，让优秀传统文化更多走入课堂教学，更好融入思政课程。二是立足优秀传统文化进教材、进课堂、进头脑工作的需要，对现有优质教师资源进行优化整合，成立专题教研组对优秀传统文化如何走进教育教学进行专项攻关，逐步形成“一个教研组、一支研究队伍、一系列高水平成果、一个高端论坛、一个教研体系”的工作架构和研究格局。三是建立和完善高等学校中华优秀传统文化状况的考评机制，把教师在教学与科研之中融入中华优秀传统文化的情况作为专门的考评指标，学校根据课程特点进行分类评价，以评促建，选择一些有效融合中华优

秀传统文化的课程与研究成果进行专项奖励，选拔一批有效融合中华优秀传统文化的教师进行专门激励，全面提升高校教师融合中华优秀传统文化的意识与能力。

5. 积极发挥学生的主体性，形塑多主体参与的中华优秀传统文化格局

中华优秀传统文化在高等学校的落地生根，需要积极发挥学生的主体性。仅仅从学生的发展特点、教育的发展规律等方面出发设计高等学校中华优秀传统文化项目、课程、活动是不够的，学生需要参与到整个过程之中，从中华优秀传统文化相关内容的设计、实施到评价、总结等，都应该有学生的看法、声音和表达。一是建立全过程、全领域的大学生参与高等学校中华优秀传统文化传承弘扬的工作机制。在既有的中华优秀传统文化项目、课程、活动之中，健全和完善大学生参与环节，突出大学生的参与意义和价值；在新设置的中华优秀传统文化项目、课程、活动之中，把大学生的参与、设计、实施、评价作为基本环节，甚至在一定程度上展现大学生的主导作用。同时，积极发挥大学生的创造力、想象力和执行力，在高等学校有关大学生的中华优秀传统文化传承弘扬活动之中，增设一些开放式的、大学生自主设计的题目。二是鼓励和支持中华优秀传统文化相关的社会团体的建设。对于当前大学生的中华优秀传统文化社团进行整体摸排，了解社会团体的类型、领域、规模、结构，支持那些能够有效内化与传播中华优秀传统文化的社团，调整那些名不副实、名存实亡的社会团队，推动建立一些更适应时代要求、突出中华优秀传统文化特色的社会团体。规范中华优秀传统文化社会团体的运行，使社会团体能够坚持中华优秀传统文化的导向、特色，并且注重

团队内部中华优秀传统文化的培训，推动中华优秀传统文化社会团体“走出去”，向包括学生、教师在内的更多社会成员展现中华优秀传统文化的魅力。三是为大学生参与中华优秀传统文化提供机会和保障。在大学生参与中华优秀传统文化的现有条件基础上，积极引进高等学校外部的有关中华优秀传统文化的资源和项目，积极畅通学生参与教师的有关中华优秀传统文化的课题、项目的渠道，健全和完善高等学校有关中华优秀传统文化的学分置换、项目参与激励等政策，推动大学生主动提升中华优秀传统文化素养。

四、推进中华优秀传统文化在基础教育过程中传播弘扬与落地生根

推进中华优秀传统文化在基础教育过程中传播弘扬与落地生根，是实现中华优秀传统文化传承发展系统化、长效化、制度化的重要举措，是承担立德树人的重要途径和载体，有助于筑牢中华优秀传统文化自信，引导青少年坚守中华民族的共同理想信念，做堂堂正正的中国人。随着中国特色社会主义文化的不断发展，中华优秀传统文化需要注入新的血液，与青年受众进行隔空对话，让五千多年的中华文明在新时代焕发出新的活力。党的十八大以来，党和国家更加重视青少年的中华优秀传统文化教育工作，而对于中华优秀传统文化的教育，要从小抓起，依托基础教育的课程、教材，贯穿中小学教学的全过程，引导正处于基础教育阶段的青少年逐步树立正确的世界观、人生观和价值观。教育部在 2021 年 1 月 19 日发布《中华优秀传统文化进中小学课程教

材指南》，强调要发挥中华优秀传统文化的铸魂育人功能，依托中华优秀传统文化推动社会主义核心价值观的培育，使中华优秀传统文化能够更好地发挥潜移默化的教化效果。

（一）推进中华优秀传统文化在基础教育过程中传播弘扬与落地生根的时代意义

中华优秀传统文化是中国人民的精神血脉，汇聚了千百年的思想精髓，体现了中华文明的世代变迁、文化流转、价值传承，这样的动态发展具有永续传承的意义。同时，任何文化只有因势而动，因时而变，与时俱进，革故鼎新，才能更好地彰显出其在世界文明中的魅力。新时代坚持中华优秀传统文化的创造性转化、创新性发展，“既是中华民族历史自觉的体现，也是中华民族文化自信的根基，支撑起中华民族历史自觉、文化自信的底气”[①]。青少年是传承中华优秀传统文化的重要力量，既是主体又是受众，青少年对中华优秀传统文化的传承弘扬贯穿学前教育、义务教育、基础教育始终，环环相扣、螺旋上升、由表及里。如何引导青少年走进、了解、理解中华优秀传统文化，自觉学习、探索、内化中华优秀传统文化，关乎中华优秀传统文化在基础教育过程中的推进成效。

1. 中华优秀传统文化是基础教育的重要内容

2017 年，中共中央办公厅、国务院办公厅印发《关于实施中华优秀传统文化传承发展工程的意见》指出：围绕立德树人根本任务，遵循学生认知规律和教育教学规律，按照一体化、分学段、有序推进的原则，把中华优秀传统文化全方位融入思想道德教育、文化知识教育、艺术体育教育、社会实践教育各环节，贯穿于启蒙教

① 王岩：《中华文明是中华民族独特的精神标识》，《红旗文稿》2022 年第 14 期。

育、基础教育、职业教育、高等教育、继续教育各领域。基础教育是为每一个人平等地提供社会生存最低限度的知识、观点、规则的教育方式。因此，在青少年成长、成熟、成才的初始阶段，要更加注重德育教化，涵养人文精神，树立规则意识，养成行为习惯。承载中华优秀传统文化中的物质与非物质文化载体多种多样，以文字方式记录的经典故事，一方面可以帮助青少年增加课外阅读量，拓展学生视野，汲取历史知识；另一方面可以引导青少年了解中华人格所坚守的价值观念和思想境界。以美术、雕刻、建筑等方式记载的艺术作品，能够对青少年进行美育教育，启蒙学生从小欣赏美、发现美，确立美丑评价标准。而以家风家训等家族历史为依托的德育教育，更能够让学生在言传身教、潜移默化间接受为人处世的家庭教育。更重要的是，无论是人文社会科学还是自然科学，都有前人智者的研究成果，这是华夏文明的资料宝库，也是丰富的基础教育教学资源。基础教育的受教育群体基数大，教育内容涵盖面广，既要传授基础知识，激发学生求知的渴望，更要引导学生走正路，系好人生的第一粒扣子。由此，中华优秀传统文化在基础教育中必定是不可或缺、不可替代的重要教学内容。

2. 基础教育课程是中华优秀传统文化弘扬传播的主渠道和主阵地

思想政治教育是立德树人的关键课程，中小学开设“道德与法治”课程，高中阶段开设“思想政治”课程，都以树立学生世界观、人生观、价值观，坚定文化自信，培植家国情怀为重任，其中弘扬与传承中华优秀传统文化是中小学思想政治理论课程的教学任务。自古以来，学校是传道授业解惑的场所，西周时期设立太学作为国立最高学府；隋唐时期设立国子监，分阶层向学生传授儒家经典或者专门技艺；直至宋代，太学还承担起传播理学的重要任务。不同于封建社会，新时代每一位中国人都有权利和义务接受基础教育，获得社会生存的基本技能。因此，基础教育的课堂就成为弘扬中华优秀传统文化的最佳媒介，也是最基础、最坚实的传播平台。另外，基础教育作为主阵地和主渠道，不能简单粗暴地进行直白灌输和重复记忆，教育者与受教育者之间的良性互动，可以更好地引导青少年主动探索中华优秀传统文化。《关于实施中华优秀传统文化传承发展工程的意见》强调将中华优秀传统文化融入教育各环节、贯穿于教育各领域，强调以课程教材为重点构建"中华文化课程和教材体系"。教材中涉及的名言警句、经典故事、人物自传、艺术作品等只能简要介绍，因此更需要结合教学过程，在课堂上进行全面展示。教师是课程的灵魂，中小学思政课教师应当树立文化传播者的教育理念，了解学生对传统文化的兴趣，结合教学内容和教学受众精心选择传统文化的案例导入，实现最佳教学效果。弘扬传播中华优秀传统文化不仅需要依托思想政治教育理论课，还需要构筑好"思政大课堂"，实现"3+2+N"的全学科覆盖，即以语文、历史、道德与法治为核心课程，艺术、体育与健康为重要课程的有机融合渗透。基础教育课程作为主渠道和主阵地，绝非一日之功，更需要每位基础教育工作者承担起传播中华优秀传统文化的使命，结合课上课下、线上线下，以文化人，以史育人，培养学生成为中华文化的传播主体。

3. 推进中华优秀传统文化在基础教育过程中落地生根有助于从小培植爱国主义情感，坚定文化自信

习近平总书记强调："中华优秀传统文化是中华文明的智慧结晶和精华所在，是中华民族的根和魂，是我们在世界文化激荡

中站稳脚跟的根基。”① 中华优秀传统文化彰显出的独特魅力，可以更好地构筑中国精神，凝聚中国力量，坚定文化自信。从中小学阶段开始，注重青少年的传统文化教育，能够使学生初步了解国家，热爱国家。历史上，霍去病“封狼居胥”的战绩，岳飞“精忠报国”的刺青，不仅是热爱国家、奉献国家最鲜活的历史史料，也是令青少年最为震撼的真实故事。“引导小学生从逐步扩大的生活范围中形成对国家的初步认识，循序渐进地提高小学生对国家的情感，符合小学阶段学生心理和思维发展的感性特征。”② 根据受教者的认知规律，启蒙教育阶段注重培养学生的情感共鸣，由传统文化的感性认识上升为理性认知，从家国情怀转化为文化自信。学生可以从中华优秀传统文化中汲取到语言文字的魅力，解码网络世界里话语表达的贫瘠；可以从中学习到纵情山水把酒言欢的豁达，解释现代社会里佛系躺平的困惑；可以从中学习到人与世间万物的灵动，解答精致利己主义者的鄙陋。青少年从小根植的中华优秀传统文化的种子萌芽后，必定茁壮成长，成为中华文化的传播者和传承者。

（二）推进中华优秀传统文化在基础教育过程中传播弘扬与落地生根的现实境遇

中国特色社会主义进入新时代，党和国家重视中小学中华优秀传统文化的弘扬培育工作，不断增强中华优秀传统文化在青少年群体中的凝聚力、影响力、创造力。无论是政策的顶层设计、

① 习近平：《把中国文明历史研究引向深入　增强历史自觉坚定文化自信》，《求是》2022 年第 14 期。

② 张娜、李晴：《爱国主义教育在大中小学思想政治理论课一体化教学中的目标构建初探》，《思想教育研究》2021 年第 12 期。

课程资源建设还是师生对传统文化的认同，都有一定程度的积极效果。同时，随着后疫情时代给基础教育领域带来的变革，以及新媒体技术下网络信息的快速传播，让青少年更早地接触到多元文化，这在一定程度上影响了中华优秀传统文化融入基础教育课程体系，造成教育实然效果与应然目标的落差。理性看待成就与不足，才能分析原因，对症下药，探索推进中华优秀传统文化在基础教育过程中弘扬传播与落地生根的实践路径。

1. 中华优秀传统文化在基础教育过程中弘扬传播的主要成果

第一，中华优秀传统文化教育的顶层设计较为完善，政策法规不断健全。2014 年教育部印发《完善中华优秀传统文化教育指导纲要》，2017 年中共中央办公厅、国务院办公厅印发《关于实施中华优秀传统文化传承发展工程的意见》，2021 年教育部印发《中华优秀传统文化进中小学课程教材指南》，以此强化中华优秀传统文化铸魂育人功能。各地教育部门闻令而动，积极响应，通过课程建设、校园文化宣传、举行优质课、展示活动等方式倡导中华优秀传统文化融入基础教育。2021 年山东省已经将“中华优秀传统文化”作为通识课程纳入中小学地方课程，2022 年山东省认定首批中华优秀传统文化传承示范学校，其中中小学 100 所。

第二，基础教育阶段，师生对中华优秀传统文化的认知程度普遍较高。根据调查显示，62.9% 的受访教师认为中华优秀传统文化对当代中国社会的发展影响很大，76.4% 的受访学生表示学习中华优秀传统文化非常有必要，作为中国人必须了解中华文化①。分学龄段的专项调研结果显示，63% 的受访教师认为小学生很有必

① 彭菊花：《中华优秀传统文化融入青少年德育教育研究》，湖北大学博士学位论文，2015 年。

要学习传统文化，87.2%的受访教师愿意承担学校传统文化课程教学[①]。60%的受访高中生认为非常有必要学习中华优秀传统文化，并从知识价值、思想引领以及在课堂中的趣味性、充实性上给予学习以积极意义。关于高中生是否了解传统文化，42%的受访学生认为一般了解，43%认为比较了解，仅有12%认为非常了解[②]。在初中语文学科的主题调研中，60%的受访教师认为传统文化教学难度较高，中华优秀传统文化主要集中在古诗文和文言文的模块，这一部分相较于白话文和小说文，记忆难度和理解能力要求较高，与此同时，40.2%的受访学生认为，传统文化在初中语文学习中较为吃力，31.7%的学生认为比较吃力，仅有16.3%的学生对于"承载古人精神内涵的文言文和古诗文"[③]表示感兴趣。在学前教育的主题调研中，90.3%的幼儿园教师认为有必要将中华优秀传统文化融入幼儿教育，认同中华优秀传统文化融入幼儿教育的价值；91.04%的幼儿园受访教师认为中华优秀传统文化融入幼儿教育具有必要性和可行性[④]。调研表明，基础教育阶段师生已经进行中华优秀传统文化的教学实践，并且得到师生们的普遍认可。

第三，中小学中华优秀传统文化教育教学一体化已经初具雏形，课程建设与教学资源正在完善。北京市依托《中华优秀传统文化》教材，构建了小初高一体12年一贯的中华优秀传统文化

① 胡霞：《中华优秀传统文化课程开发与实施现状研究——以C市11所小学为例》，湖南大学硕士学位论文，2019年。

② 冯蕾：《新时代高中思想政治课中华优秀传统文化教育研究》，聊城大学硕士学位论文，2021年。

③ 史静茹：《初中语文中华优秀传统文化教学现状调查研究——以乌鲁木齐市X中学为例》，新疆师范大学硕士学位论文，2022年。

④ 霍力岩、龙正渝、高宏钰、杜宝杰：《幼儿教育传承中华优秀传统文化的基本成效、现实挑战与对策建议》，《中国教育学刊》2022年第5期。

课程体系。“该课程体系打通了物质文化与精神文化的界限，试图以饱含情感色彩的内容呈现生活之美、科技之妙、礼俗之规范、社会之丰富、文史之博、艺术之趣、价值之善、思想之深邃。”[①] 除此之外，弘扬传播中华优秀传统文化还离不开实践教学，德育活动、书法教学、体育活动等形式都成为课程载体，中华优秀传统文化正在融入各门学科之中，在英语教学中，“学生通过学习英语教材能让学生从另一个侧面更好地了解中华民族传统文化的魅力”[②]。基础教育阶段，课程思政与思政课程有机融合共同成为传播中华优秀传统文化、弘扬社会主义核心价值观的媒介，相较于高等教育的影响力尤为明显。

2. 中华优秀传统文化在基础教育过程中弘扬传播的问题与不足

第一，中华优秀传统文化在基础教育过程中，师生之间的互动存在明显不足，学生参与度不够。多项调研结果显示，基础教育的考核方式过于单一，导致学生对中华优秀传统文化的认知仍停留在简单粗暴的记忆、背诵、重复的层面，并没有让学生在学习中获得体验感和满足感，难以契合自身中华文化传播者的主体身份。以学生为中心的教育方式，需要师生在同一问题上的良性互动。教师的主导身份，更侧重于点燃学生热情，引导学生思考，而非灌输答案，仅强调考试的准确性。长此以往，学生没有耐心探索文言文与古诗文背后的典故，也没有兴趣关注美术、雕

---

① 李群、李凯：《中小学需要怎样的传统文化教育？——基于北京市中小学“中华优秀传统文化”课程与教材建设的思考》，《中小学管理》2019 年第 1 期。

② 尹化玲：《中华优秀传统文化在大学英语教学中渗透的研究》，《齐齐哈尔师范高等专科学校学报》2018 年第 6 期。

塑、建筑等艺术品的美好，中华优秀传统文化会在基础教育过程中逐渐褪去魅力。教师应以“助产婆”的身份，唤起学生对中华基因的热忱，无论是语文课堂同诵一首诗，还是美术课堂同赏一幅画，教师都应当让学生参与到教学环节之中，这样才能更好地满足学生对中华优秀传统文化的精神需要。

第二，基础教育过程中对中华优秀传统文化的教学资源开发尚且不足，教学内容碎片化，影响学生综合素质的整体提升。根据《中华优秀传统文化进中小学课程教材指南》，教育部并没有以列举的方式罗列教学资料，而是为中小学教师提供了选择备课资料的依据，同时也给予教师较为自由的发挥空间，使中华优秀传统文化更好地融入每一门课程。时下蒙学读物是当前大多数学前教育和小学低年级学龄段学生的教学素材，特别是《弟子规》《三字经》《百家姓》等，其虽短小精悍朗朗上口，但是其中的部分内容已经在一定程度上与现代社会相背离，具有明显的封建色彩，低龄儿童尚不具备说文解字的能力，需要教育工作者在编写教材时予以筛选。中华优秀传统文化依托基础教育以提升学生综合素质、人文素养为目标，如果只是普及蒙学读物，就收缩了学生全面发展的维度，控制了学生视野扩张的广度，更失去了中华文化在思想上、艺术上对学生的吸引力。所以，教师恰当地选择教学内容，选取符合适龄学生认知规律的课堂案例，不必拘泥于“流行”的蒙学读物。具备较高文化素养的教师往往更偏爱于传统文化的教学，展现出较强的课堂教学魅力。这也是教师学养能力的体现。

3. 中华优秀传统文化在基础教育过程中弘扬传播困境的成因分析

第一，教学理念上，对中华优秀传统文化的重视程度不够，导致教学效果与教学目标之间存在落差。基础教育过程中，形式大于实质，因而大部分中华优秀传统文化课程仅会停留于表面，难以内化于心。中小学学生只会吟诵唐诗三百首，却不知诗歌背后还蕴含着诗人对世事变迁的感叹，对壮志未酬的落寞，对世间万物的悲悯。文字是表象，表达出深邃的思想，道与器的关系在传统文化中体现得淋漓尽致。所以，更重要的是，中小学各个学科门类的教师都要肩负起传播中华优秀传统文化的使命，将其融入到课上课下教学的全过程。

第二，教学方式上，过多地重视传统课堂教学，忽视家庭教育责任，导致中华优秀传统文化教学单一化。如果学生不能在真实的实践中感受到传统文化的精髓，那么教学终会沦为纸上谈兵。而且，学科之间的独立性也易于导致教学内容的碎片化，“反映在课程方面为课程结构整体性不足，缺乏整体规划，导致课程门类孤立而彼此不能呼应。”① 此外，在青少年价值观形成期间，父母的家庭教育发挥着不可替代的重要作用。但是，在基础教育的过程中，缺少家庭教育、社会教育，导致青少年尊崇中华文化的社会氛围不足，家庭滋养不够，极易造成中华优秀传统文化教育的断代与脱节。

（三）推进中华优秀传统文化在基础教育过程中传播弘扬与落地生根的实践路径

弘扬和传播中华优秀传统文化，重在从小抓起，从娃娃培育，基础教育在其中发挥着重要作用，在启蒙时期播种传统文化的种子，在今后的成长成才道路上才能树立正确的文化价值观，

---

① 肖正德：《中小学中华优秀传统文化教学的突出问题及完善之路》，《中国教育学刊》2019 年第 11 期。

坚定中华文化自信。因此，中华优秀传统文化教育落地是前提，生根是结果。只有建立健全中小学传统文化教育体系，树立以学生为中心的教育理念，确立循序渐进的教育目标，创新教育方法，运用教育载体，才能让传统文化在青少年心中落地生根。

1. 基础教育部门要提高对中华优秀传统文化弘扬传播的重视，教育工作者要树立以学生为中心的教育理念，构建家校一体化教育模式

第一，地方各级教育主管部门应当将弘扬和传播中华优秀传统文化作为重要工作任务，强化政治定位，增强责任使命。地方各级基础教育主管部门应该为中小学中华优秀传统文化教育提供必要的政策支持和物质保障。例如，组织评选中华优秀传统文化课程的教辅材料和教学资源。中小学依托教材课程进行中华优秀传统文化教育的案例已经相对成熟，但是应该注意教材内容与本地文化之间的衔接。特别是传统文化资源相对充盈的地区，更应当挖掘好、运用好本地的文化资源。山东曲阜依托儒家文化文源深、文脉广、文气足的优势，突出“强化养成教育，融合传统教育”主线，将传统文化课程化，编写中小学“八德地方教材”，举办儒家文化特色的入学礼、开笔礼、成人礼、毕业礼等。山东省教育厅定期举办国际学校外籍学生朗诵经典的活动，越来越多的学生参与到诵读中华经典的活动中，感受中华文化的魅力。教育主管部门应当发挥领导者的作用，倡导中小学在常规课堂学习中融入中华优秀传统文化，通过优质课、精品课的专项评选，引导各个学科门类的教师以不同的视角同讲一部经典，对于授课效果较好的教师应该予以嘉奖，并成为其他教师的示范案例。同时，教育主管部门还要扮演好监管者的角色，对于中小学课程中

否定传统文化、乱用经典典故、误解误读名人警句的事例，应当严肃处理。青少年时期是价值观的形成时期，教师应当从中华优秀传统文化中汲取精华，以符合中小学学生认知能力的方式，向学生传达准确的知识、理念和规则。

第二，基础教育工作者应当树立以学生为中心的教育理念，探索学生的认知规律，满足学生对中华优秀传统文化的精神需要。中小学学生普遍对于背诵、阅读古诗文、文言文产生理解困难，但对精美建筑、古代技艺、历史典故则表现出浓厚的兴趣。所以，面对低龄学段的学生，教师应当避免直白灌输。一方面，应当了解所在班级处于学龄段的基本学情，尽可能收集每位同学的学习信息，如启蒙教育阶段是否接触过传统文化，学习程度如何等。另一方面，教师要通过设置课前议题、主题班会等方式，找到学生的兴趣爱好，以中华优秀传统文化为切入点，将学习的主体让位给学生，使其成为中华文化的探索者。学生只有对中华文化产生好奇心，才能主动查阅相关材料，满足猎奇感，实现传统文化在学生心中落地生根。在基础教育中，教师必须当好引领者，对学生的兴趣进行适当筛选，对学生探索的古籍、典故进行审核，避免出现学生滥用、乱用经典的问题。基础教育阶段，中小学学生正处于传统文化的启蒙阶段，教师必须保证文化解读的准确性，避免误解误读。

第三，基础教育过程中注重家庭教育，构建家校一体的中华优秀传统文化教育模式。“家庭教育是帮助孩子系上人生第一粒扣子的起点，也是小学生接受传统文化教育的第一站。”[①] 历

① 杨曼、吕立杰、丁奕然：《小学生中华优秀传统文化认同现状调查及提升策略》，《中国电化教育》2019 年第 6 期。

经两千余年，我国的家风家训已经成为传统社会家庭教育的重要成果，也是中华文化的重要组成部分。《颜氏家训》《钱氏家训》《了凡四训》等家风、家训，以家族文化的方式传承至今，不仅教化本家族的子女，也成为现代基础教育的德育资源。例如，山西静升王家把“凡语必忠信，凡行必笃敬”等，作为为人处世的要求，作为待人接物的准则。中小学德育教育来自中华优秀传统文化中的伦理纲常，仁、义、礼、智、信是儒家思想在道德观层面的话语表达。中华民族的精神内核需要价值观的代代相传，从小抓起、从娃娃抓起。反观现在，父母过度侧重于技能教育，功利性地培养特长爱好，却忽视孩子本身的德育教育，难以实现家风的真正传承。所以，构建家校一体的中华优秀传统文化教育，既要依靠学校的文化课程，实现学科门类之间的协同共进，也要依靠家风家训的历史传承，营造青少年崇尚中华文化的学习氛围。依托家庭教育弘扬中华优秀传统文化，可建议青少年与父母共同完成一项作业，以往父母只负责检查作业保证质量，现在要求父母参与到学生学习的过程中，共同阅读、朗诵、搜集同一文献资料。父母以身作则成为子女学习的榜样，并且有效掌握子女学习的进度和质量。另外，可利用仪式感加深学生学习感悟，要求父母携子女一同出席有意义的传统文化活动，如子女的入学礼、成人礼、毕业礼等。

2. 遵循基础教育阶段学生的认知规律，明确推进中华优秀传统文化弘扬培养的教学目标，创新教学方法，运用教学载体，健全考核指标

第一，从纵向与横向的双重维度，确立中小学学龄段学生的中华优秀传统文化的教育教学目标。从纵向上分析，受教育者的

认知规律，遵循由浅入深、由表及里、循序渐进、螺旋上升的基本原则。古代儒学教育更是深谙自小衔接的规律，将经典文献按照难易程度进行分类，有助于学生诵读经典、理解文化。“不同学段的优秀传统文化教育应该依据学生不同发展阶段的特征，制定出适合该学段的优秀传统文化教育目标。”① 基础教育阶段，小学学生更易于接受图片、漫画、较为简单的文字语言和直白的行为动作。中学学生在有一定的阅读能力和理解能力的基础上，可以有意识地接触抽象性的概念、逻辑框架、历史脉络和哲学观点，有助于学生将所学变所思，所思变所悟，与自身生活联系到一起，明确成长过程的人生目标。从横向上分析，同一学龄段的学生，要接触不同的学科门类，小学阶段开设语文、数学、道德与法治、自然科学等学科，中学阶段开设语文、数学、英语、思想政治、历史等学科，而且传统文化中涉及的同一知识点可能会出现在不同学科的教学内容之中，例如范仲淹《岳阳楼记》，不同学科的侧重点有所不同，语文侧重于古诗文的翻译鉴赏，美术侧重于解析建筑设计的精妙之处，道德与法治则是引导学生尊崇范仲淹忧国忧民的爱国主义精神。鉴于此，各学科教育阶段的课程标准已经更新，但是中华优秀传统文化的教学目标尚未单独设立，只是笼统地指出学段要求，逐步从理性认知上升为情感认同。因此，需要进一步明确中华优秀传统文化在基础教育阶段的教学目标，包括基础教育阶段的总体目标和各个学段的阶段性目标，以及不同学科在教学过程中所要达到的具体教学目的。以此为依据，教师才能灵活运用教学手段，辅以教学案例，实现中华

① 明成满、赵辉：《中小学中华优秀传统文化教育目标一体化研究》，《基础教育》2021 年第 4 期。

优秀传统文化在基础教育阶段的落地生根。

第二，基础教育阶段的教师应当熟悉运用教学载体，采用学生喜闻乐见的话语表达方式，创新教学方法，推进中华优秀传统文化进课堂。例如，运用情境教学法，构筑出传统文化的真实情景，让学生置身其中，身临其境。针对低龄学段的学生，还可以辅助虚拟现实技术，复原珍贵文物，立体化书画、建筑艺术作品，重演重大历史事件，让学生更加直观地体悟中华文化的魅力。情境教学法有效地打破传统灌输式教学方式，使师生共同置于传统文化的真实情境之中，创造了平等对话机会，能够打破地缘壁垒，盘活其他地方传统文化教育资源，创建跨时空交流平台。又如，运用实践教学法，教师利用实践教学课时，带领中高学龄段的学生走进历史博物馆、文物陈列馆、文化艺术馆等，或者古镇遗迹、建筑原址、名人故居等，引导学生运用课堂学习成果，分析亲眼所见的中华文化遗产，理论结合实践，更能够推动中华优秀传统文化入脑入心。同时，实践教学还可以利用环境渲染力，着汉服、尊礼仪，借助假期开展研学研修活动，组织主题活动，结合特殊节日，烘托仪式感，让学生沉浸在传统礼仪文化的环境中。当然，传统文化教育要源于教材回归课堂，切勿哗众取宠。有些地方搭建历史场景，让师生穿“龙袍”“大褂”，施跪拜礼，甚至有些学校只修国学，这种克己复礼的行为犹如封建复辟，走向了实践教学的另一个极端。教学方法只是实现教学目的的手段，而非披着传统文化的外衣，传播腐朽的价值观念。因此，理论教学法仍是不可或缺的重要一环，首先是要坚持传承弘扬中华优秀传统文化的正确价值导向。

第三，设置科学合理的中华优秀传统文化课程考核指标体系，完善考核机制，倡导个性化、动态化、差异化的考核模式。调查结果显示，中小学学生对应试持抵触情绪，无法专心学习中华优秀传统文化，甚至对其产生畏难心理。因此，需要结合科目门类、学习特点、学习阶段建立长效性、过程性的考核指标。在低龄学生阶段，可以采用生活化的情境考核模式。“幼儿园传统文化教育评价应该搭建一个个蕴含中华优秀传统文化的生活化情境——可以具体化为综合主题活动情境、区域活动情境、户外活动情境。”① 通过举办趣味性活动，例如识别十二生肖、创意山水画、参与糖画糖人制作等，教师在过程中可以判断学生对传统文化的理解能力、动手能力和文化认同程度。综合评价既是一项对学生学习水平的测试，也是教师教学效果的反馈。面向高年级学生，中华优秀传统文化课程可以单独考核或者依托核心学科门类，但是考核方式要灵活多样，避免唯分数论。经典篇目的古诗文、文言文背诵、释义仍然是必要性考核内容，但是可以适当缩小在综合考评中的占比，对于扩展阅读、跨学科学习、实践能力等都可以纳入综合考评的奖励性加分部分。由此，可激励学生自主学习中华优秀传统文化，提升人文素养，指导学生实践生活。

3. 深化基础教育阶段推进中华优秀传统文化落地生根的理论研究，完善中小学教师职前职中培训制度，提高中华文化传承能力

第一，理论研究是教育教学的前置性工作。中华优秀传统文化博大精深，习近平总书记强调：“在推动中华优秀传统文化创造性转化、创新性发展的过程中，我们要坚持马克思主义的根本

① 霍力岩、龙正渝、高宏钰、杜宝杰：《幼儿教育传承中华优秀传统文化的基本成效、现实挑战与对策建议》，《中国教育学刊》2022 年第 5 期。

指导思想，传承弘扬革命文化，发展社会主义先进文化，从中华优秀传统文化中寻找源头活水。”[①] 从纵向与横向的双重维度，深化中华优秀传统文化的理论研究，形成体系化的研究成果，并组织好古典文献梳理编纂工作，纳入教学资源库，成为中小学教师备课的依据。一方面，需要有针对性、有侧重点地推动中华文化的理论研究，“激发中华优秀传统文化的生机与活力，要坚持以马克思主义为指导，以科学的态度对待中华优秀传统文化”[②]。坚持马克思主义的指导地位，坚持人民的精神需要，坚持用辩证唯物主义的观点分析传统文化，取其精华、去其糟粕，要通过理性客观的论证过程，明确什么是对的，是有利于新时代中国特色社会主义发展的，是可以引导青少年走正路的。另一方面，需要加速成果转化，把最新研究成果转化成教育资源，入教材、入课堂、入头脑。教育者需要对研究成果进行筛选，并非所有的中华优秀传统文化都具有教学价值，晦涩难懂的部分需要进行话语转化，才能成为学生能够理解的内容。对同一研究成果既可以按照衔接递进的方式，以小—初—中不同学龄段进行逐步深入学习，或者参照综合素质的培养模式，以“3+N”不同学科门类进行全面综合学习。

第二，基础教育阶段的中小学教师培训是一项过程性工作。教师是教育教学工作的关键，特别是针对中小学学生，更需要时常更新教育教学资源。其一，教师的职前培训至关重要，关系到

---

① 习近平：《把中国文明历史研究引向深入　增强历史自觉坚定文化自信》，《求是》2022 年第 14 期。

② 孔繁轲、郑敬斌、冷兴邦：《进一步激发中华优秀传统文化的生机与活力》，《人民日报》2022 年 6 月 15 日。

自我的职业认知。在职前培训中需要融入中华优秀传统文化，要求每一位教师自身要认知认同中华优秀传统文化，以传承中华优秀传统文化为使命，担当好传播者和发言人。其二，教师的职中培训更需要重视。教师教学并非一项一劳永逸的工作，更需要时常学习，确保教学内容与时俱进，但是有些职中培训却沦为走马观花的形象工程，教师在培训期间收获甚微。职中培训应当被确立为教师年终考核的指标之一，注重培训次数和培训质量。定期举办以中华优秀传统文化为主题的中小学教师培训，了解各个学龄段之间的基本学情，避免简单重复，或者举办同课异构教学交流活动，对于同一中华优秀传统文化的经典文本、书画、作者、奇闻逸事等进行不同学科门类之间的教学展示，搭建跨学科的对话平台，以扩展教学思路，丰富教学资源。

第三，中华优秀传统文化在学生受众中的传播力和传承力是一项重要的教学效果展示。教育者与受教育者之间存在天然张力，学生在教师的引导下对中华优秀传统文化产生兴趣，能够逐渐形成师生间的情感共鸣。在这一过程中，师生对话交流可以扩大中华文化的影响力，推动学生从被动接收信息转化为主动传播信息，成为中华文化的传承者。相较于单一的应试考试，这两个维度可以有效检验中华优秀传统文化教学的实际效果，并指引教师的教学方向。一方面，传播力要求教师注重媒体化教学。在“大数据 + 互联网”的信息时代，学生被眼花缭乱的网络碎片化信息所吸引，教师需要运用中小学学生喜闻乐见的媒体手段，结合线上教学方式，吸引学生注意力，依托身临其境的虚拟现实技术、真实历史事件还原的仿真场景、情境化师生互动表演等，把中华优秀传统文化在基础教育阶段活灵活现地展现在学生课堂上，留在学生的脑海中。另一方面，传承力要求学生成为中华优秀传统文化的使者，教师要引导学生走向讲台，以其个人视角，讲述中华文化故事。

中华优秀传统文化在基础教育阶段弘扬传播与落地生根，是一项功在当代、利在千秋的伟大事业，需要一代代教育工作者肩负传承中华文化的使命，引导青少年学习好、传播好中华优秀传统文化，在基础教育的过程中促进中华优秀传统文化的创造性转化、创新性发展。

五、统筹推进中华优秀传统文化创造性转化、创新性发展落到实处

党的十八大以来，以习近平同志为核心的党中央坚持马克思主义的立场、观点和方法，站在中华民族伟大复兴战略全局的高度，系统阐述中华优秀传统文化创造性转化、创新性发展的一系列新理念、新思想、新观点，中华优秀传统文化“两创”事业取得历史性成就。党的二十大深刻总结我们党推进文化建设的战略部署和重大成就，强调把马克思主义基本原理同中国具体实际相结合、同中华优秀传统文化相结合，重申“推动中华优秀传统文化创造性转化、创新性发展”。在第二个百年奋斗新征程中，进一步推进中华优秀传统文化“两创”发展落到实处，是一项迫在眉睫的行动，我们要加强党的领导，夯实组织保障，运用科学方法谋划全局，夯实制度保障筑牢发展根基，加强政策支持营造良好环境，整合优势资源打造“两创”标杆，充分利用市场促进融合发展，让中华优秀传统文化在统筹协调推进中再次绽放出时代光彩。

（一）加强党的领导，夯实组织保障

办好中国的事情，关键在党。坚持党管思想文化，是我们党在长期实践中形成的重要原则和根本制度，是坚持党的领导的重要内容。习近平总书记指出："中国特色社会主义大厦需要四梁八柱来支撑，党是贯穿其中的总的骨架，党中央是顶梁柱。"[①] 随着中华优秀传统文化"两创"工作越来越深入，越需要在举什么旗、走什么路上坚定立场、保持定力、把稳方向。可以说，统筹协调推进中华优秀传统文化"两创"，坚持党的领导是全局性、根本性的问题。

1. 坚持马克思主义在意识形态领域的指导地位

党的百年历史，也是一部文化建设史。在文化建设中，坚持以何种思想为指导，决定着文化事业的性质和方向。"马克思主义始终是我们党和国家的指导思想，是我们认识世界、把握规律、追求真理、改造世界的强大思想武器"[②]，"背离或放弃马克思主义，我们党就会失去灵魂、迷失方向"[③]。实践证明，在革命、建设和改革的实践中，我们党始终把马克思主义作为立党之本，作为文化发展的指导思想，领导中国人民取得了文化建设的巨大成就，意气风发地向着文化强国伟大目标迈进。党的十九届四中全会提出把坚持马克思主义在意识形态领域的指导地位作为繁荣发展社会主义先进文化的根本制度，是一次重大制度创新和理论创新。当前，我们正向第二个百年奋斗目标迈进，中华优秀传统文化"两创"事业处在"滚石上山、爬坡过坎"的关键时

---

① 习近平：《论坚持党对一切工作的领导》，北京，中央文献出版社 2019 年版，第 11 页。

②《十九大以来重要文献选编》（上），北京，中央文献出版社 2019 年版，第 444 页。

③《习近平谈治国理政》第 2 卷，北京，外文出版社 2017 年版，第 66 页。

期，统筹协调推进中华优秀传统文化创造性转化、创新性发展，必须坚持以马克思主义为指导，深刻认识坚持马克思主义在意识形态领域指导地位的重大意义和实践要求，牢牢掌握党在意识形态领域的领导权、管理权、话语权，确保中华优秀传统文化创造性转化、创新性发展始终沿着正确方向。在新时代新征程上，坚持马克思主义在意识形态领域的指导地位，最根本的就是要用习近平新时代中国特色社会主义思想武装头脑，深刻认识习近平新时代中国特色社会主义思想的时代意义、理论意义、实践意义、世界意义，深刻理解这一思想的核心要义、精神实质、丰富内涵、实践要求，深入贯彻落实习近平总书记关于中华优秀传统文化"两创"的重要论述和重要指示，进一步增强"四个意识"、坚定"四个自信"、做到"两个维护"，旗帜鲜明反对和抵制各种错误观点，为新时代开创中华优秀传统文化"两创"事业新局面提供坚强的思想保证和强大的精神力量，团结带领人民不断书写中华优秀传统文化"两创"历史新篇章。

2. 坚持党对统筹协调推进中华优秀传统文化"两创"的凝聚力、组织力和战斗力

党的领导是中国特色社会主义最本质的特征，党的领导体现在多个方面，其中最为重要的体现在党强大的凝聚力、迅速的组织力和顽强的战斗力。习近平总书记指出："我国社会主义政治制度优越性的一个突出特点是党总揽全局、协调各方的领导核心作用，形象地说是'众星捧月'，这个'月'就是中国共产党。"[①] 统筹协调推进中华优秀传统文化"两创"落到实处，

---

① 习近平：《论坚持党对一切工作的领导》，北京，中央文献出版社 2019 年版，第 9 页。

必须充分发挥党总揽全局、协调各方的作用，认真贯彻党在文化领域把方向、谋大局、定政策、促改革的要求，充分发挥党在推进中华优秀传统文化“两创”工作中的凝聚力、组织力和战斗力。各级党委要切实负起政治责任和领导责任，进一步提高对中华优秀传统文化“两创”事业发展的领导水平和执政能力，加强对中华优秀传统文化“两创”事业发展分析研判和重大任务的统筹指导，进一步完善上下贯通、执行有力的组织体系，确保党中央关于中华优秀传统文化“两创”工作的决策部署有效落实。各级党委和政府要切实把中华优秀传统文化“两创”工作摆在全局的重要位置，纳入社会发展总体规划，加强和改进对中华优秀传统文化“两创”工作的领导体制和工作机制，既要提高政府工作人员对中华优秀传统文化“两创”的认识，不断提高推动中华优秀传统文化“两创”工作的能力和水平，也要充分发挥各级文化工作者的积极性、主动性和创造性，充分发挥政府和社会的作用，形成全社会广泛参与推进中华优秀传统文化“两创”的大格局。各级党委和政府要成立中华优秀传统文化“两创”专班，按照工作项目化、项目清单化、清单责任化要求，细化工作方案，完善工作措施，定期调度进展情况，切实做到细致细究，协调解决好中华优秀传统文化“两创”工作推进中的难点堵点问题。

3. 以踏石留印、抓铁有痕作风建设统筹协调推进中华优秀传统文化“两创”善始善终、善做善成

我们党的百年史就是一部奋斗史。百年来，我们党始终把光荣传统和优良作风贯穿于领导革命、建设和改革的全过程，始终将其作为激励我们不畏艰难、勇往直前的宝贵精神财富。

当前，实现中华民族伟大复兴已是不可逆转的历史进程，中华优秀传统文化也迎来一派繁荣景象。可以预见的是，在未来相当长的一段时间内，推进中华优秀传统文化“两创”，必定是一项长期的工程。换言之，推进中华优秀传统文化“两创”没有完成时，只有进行时。在前进道路上，我们面临的风险考验只会越来越复杂，甚至会遇到难以想象的惊涛骇浪，这就要求我们要毫不松懈抓好作风建设，确保中华优秀传统文化“两创”工作善始善终、善做善成。习近平总书记指出：“作风问题本质上是党性问题。对我们共产党人来讲，能不能解决好作风问题，是衡量对马克思主义信仰、对社会主义和共产主义信念、对党和人民忠诚的一把十分重要的尺子。”[①]2021年年末，中共中央政治局召开专题民主生活会审议了《关于2021年中央政治局贯彻执行中央八项规定情况的报告》《关于2021年整治形式主义为基层减负工作情况的报告》，对推进作风建设不松劲、不停步、再出发作出指示。对全体中华儿女特别是广大党员干部来说，推进中华优秀传统文化“两创”事业繁荣发展，就要求真务实、真抓实干，继承发扬革命传统和优良作风，以“为有牺牲多壮志，敢教日月换新天”的大无畏气概，增强干事创业担当的本领，顽强拼搏、不懈奋斗，树立“功成不必在我”“功成必定有我”的境界，拿出抓铁有痕、踏石留印的韧劲，以钉钉子精神抓好落实，特别是要注意，决不能三天打鱼两天晒网，集中抓的时候雷霆万钧，平时放任自流，更要坚决杜绝形式主义和官僚主义，确保始终以昂扬向上的精神状态，“严真细实快”

① 《习近平谈治国理政》第2卷，北京，外文出版社2017年版，第165页。

的工作作风，脚踏实地把党中央关于中华优秀传统文化“两创”重大部署落到实处，高标准、高质量完成既定目标和工作任务，让中华优秀传统文化造福全体人民，推动中华优秀传统文化“两创”走得更稳、走得更远。

（二）强化方法指引，谋划全盘布局

统筹协调推进中华优秀传统文化“两创”落到实处，既是一个重大理论问题，也是一个重大实践问题，要从战略上对这一伟大实践进行方向性把握和整体性规划，确保落到实处取得预期效果。进入新时代，以习近平同志为核心的党中央始终从全局出发，牢固树立大局意识，坚持全国“一盘棋”，始终把中华优秀传统文化“两创”工作放到中华民族伟大复兴和百年未有之大变局中去思考和定位，推动中华优秀传统文化“两创”工作取得显著成效。

1. 将系统观念落实到中华优秀传统文化“两创”全过程

系统观念是具有基础性的思想和工作方法。党的十八大以来，党中央统筹推进“五位一体”总体布局，协调推进“四个全面”战略布局，带领全党和全国人民在文化建设等领域取得了历史性成就。党的十九届五中全会将“坚持系统观念”作为“十四五”时期经济社会发展指导思想和必须遵循的原则。习近平总书记指出，要“统筹兼顾、综合平衡，突出重点、带动全局，有的时候要抓大放小、以大兼小，有的时候又要以小带大、小中见大，形象地说，就是要十个指头弹钢琴”[①]。统筹协调推进中华优秀传统文化“两创”落到实处，涉及经济社会发展的方方面面，

① 《习近平谈治国理政》第 1 卷，北京，外文出版社 2018 年版，第 102 页。

是一项复杂的系统工程，需要多方面协同推进、共同努力，这就要求我们必须牢固树立系统观念，把中华优秀传统文化“两创”的历史、现实和未来发展贯通起来审视，把近期、中期和远期目标统筹起来谋划，在协调均衡中形成整体效能。特别是要“加强前瞻性思考，在把握发展大势中永葆中华优秀传统文化生命力；加强全局性谋划，在服务复兴大局中增强中华优秀传统文化凝聚力；加强战略性布局，在讲好中国故事中提升中华优秀传统文化传播力；加强整体性推进，在深化协同贯通中强化中华优秀传统文化引导力”[①]。

2. 将辩证唯物主义和历史唯物主义世界观和方法论落实到中华优秀传统文化“两创”全过程

辩证唯物主义和历史唯物主义是中国共产党人的世界观和方法论。习近平总书记指出：“马克思主义理论的科学性和革命性源于辩证唯物主义和历史唯物主义的科学世界观和方法论，为我们认识世界、改造世界提供了强大思想武器，为世界社会主义指明了正确前进方向。”[②]“我们党历来用历史唯物主义的立场观点方法看待中华民族历史，继承和弘扬中华优秀传统文化。”[③] 统筹推动中华优秀传统文化“两创”落地落实，要掌握辩证唯物主义和历史唯物主义的方法论，提高运用马克思主义立场、观点、方法的能力。一方面，要坚持用辩证的眼光看待传统文化。习近平总书记认为“优秀传统文化是一个国家、一个民族传承和发展的根本，

① 王威峰、李红革：《以系统观念推动中华优秀传统文化传承创新》，《人民论坛》2022 年第 5 期。

② 习近平：《学习马克思主义基本理论是共产党人的必修课》，《求是》2019 年第 22 期。

③《习近平在中共中央政治局第三十九次集体学习时强调　把中国文明历史研究引向深入推动增强历史自觉坚定文化自信》，《人民日报》2022 年 5 月 29 日。

如果丢掉了，就割断了精神命脉”[①]。但是，“传统文化在其形成和发展过程中，不可避免会受到当时人们的认识水平、时代条件、社会制度的局限性的制约和影响，因而也不可避免会存在陈旧过时或已成为糟粕性的东西。”[②] 因此，我们要“坚持古为今用、推陈出新，结合新的实践和时代要求进行正确取舍，而不能一股脑儿都拿到今天来照套照用”[③]。特别是“中国优秀传统文化的丰富哲学思想、人文精神、教化思想、道德理念等，可以为人们认识和改造世界提供有益启迪，可以为治国理政提供有益启示，也可以为道德建设提供有益启发”[④]。我们更应该“要坚持古为今用、以古鉴今，坚持有鉴别的对待、有扬弃的继承，而不能搞厚古薄今、以古非今，努力实现传统文化的创造性转化、创新性发展，使之与现实文化相融相通，共同服务以文化人的时代任务。”[⑤] 另一方面，又要坚持从我国实际出发，善于学习、借鉴世界各国人民创造的优秀文明成果为我所用，做到“坚持洋为中用、开拓创新，做到中西合璧、融会贯通”[⑥]，避免陷入“守旧主义”和“封闭主义”泥潭。对于人类社会创造的各种文明，习近平总书记强调，“我们都应该采取学习借鉴的态度，都应该积极吸纳其中的有益成分，使人类创造的一切文明中的优秀文化基因与当代文化相

① 习近平：《在纪念孔子诞辰 2565 周年国际学术研讨会暨国际儒学联合会第五届会员大会开幕会上的讲话》，《人民日报》2014 年 9 月 25 日。

②《习近平谈治国理政》第 2 卷，北京，外文出版社 2017 年版，第 313 页。

③ 习近平：《在纪念孔子诞辰 2565 周年国际学术研讨会暨国际儒学联合会第五届会员大会开幕会上的讲话》，《人民日报》2014 年 9 月 25 日。

④ 习近平：《在纪念孔子诞辰 2565 周年国际学术研讨会暨国际儒学联合会第五届会员大会开幕会上的讲话》，《人民日报》2014 年 9 月 25 日。

⑤ 习近平：《在纪念孔子诞辰 2565 周年国际学术研讨会暨国际儒学联合会第五届会员大会开幕会上的讲话》，《人民日报》2014 年 9 月 25 日。

⑥《十八大以来重要文献选编》(中)，北京，中央文献出版社 2016 年版，第 136 页。

适应、与现代社会相协调”[①]，避免走向民族虚无主义和历史虚无主义。

3. 将以人民为中心发展理念落实到中华优秀传统文化“两创”全过程

人民性是马克思主义最鲜明的品格。党的十九届六中全会将“坚持人民至上”确立为党百年奋斗的历史经验之一，同时强调，在文化建设领域“必须坚持以人民为中心的工作导向”。进入新时代，我国社会主要矛盾已经转化为人民日益增长的美好生活需要和不平衡不充分的发展之间的矛盾。与之相伴随的是，人民对美好生活的需求，不仅局限于物质生活上的强烈需求，而且包括追求更高层次的精神生活。2021 年 8 月，习近平总书记在中央财经委员会第十次会议上强调：“共同富裕是全体人民共同富裕，是人民群众物质生活和精神生活都富裕。”[②]人民越来越需要高层次的精神产品，对中华传统文化的需求越来越迫切，可以说，中华传统文化迎来了发展的春天。从早些年《百家讲坛》引领经典研读热潮，到近年来《中国诗词大会》《经典咏流传》等传统文化类综艺节目的火爆，公众对传统文化的热情不断升温，“国学热”也成为一种社会和文化现象。因此，结合新的时代特点，大力发展和繁荣中华优秀传统文化，必须牢牢站稳人民立场，促进人民精神生活富裕，不断满足人民对美好精神文化生活的新期待新要求。习近平总书记指出：“人民是创作的源头活水，只有扎根人民，创作才能获得取之不尽、

---

① 习近平：《在纪念孔子诞辰 2565 周年国际学术研讨会暨国际儒学联合会第五届会员大会开幕会上的讲话》，《人民日报》2014 年 9 月 25 日。

② 习近平：《扎实推动共同富裕》，《求是》2021 年第 20 期。

用之不竭的源泉。”[①] 坚持以人民为中心的根本立场，落实到具体实践上，就是要在思想上牢固树立人民群众的主体地位，必须把群众路线贯彻到传统文化“两创”的全部活动之中，要尊重人民群众的首创精神，充分发挥来自人民、植根人民的特点，最大限度地激发传统文化从业者的创造热情，把人民群众的实践创造作为真正的源头活水，坚持群众主体、激发内生动力，充分调动群众的积极性、主动性、创造性，用人民群众的内生动力推动中华优秀传统文化“两创”高质量发展。

（三）夯实制度保障，筑牢发展根基

制度管根本、管长远。文化制度是中国特色社会主义制度的重要组成部分，是国家治理体系和治理能力现代化的重要内容。党的十九届四中全会强调，要“坚持和完善繁荣发展社会主义先进文化的制度，巩固全体人民团结奋斗的共同思想基础”[②]，“各级党委和政府以及各级领导干部要切实强化制度意识，带头维护制度权威，做制度执行的表率，带动全党全社会自觉尊崇制度、严格执行制度、坚决维护制度。”[③] 我们要为中华优秀传统文化“两创”事业顺利发展奠定坚实的制度基础，切实将制度优势转化为发展效能。

1. 提高中华优秀传统文化“两创”制度意识

我国独特的国情决定了我们的发展离不开对传统文化的汲取，而在实践中所形成的社会主义先进文化，也汲取了中华优秀

① 习近平：《一个国家、一个民族不能没有灵魂》，《求是》2019年第8期。

②《党的十九届四中全会〈决定〉辅导百问》，北京，党建读物出版社、学习出版社2019年版，第17页。

③《党的十九届四中全会〈决定〉辅导百问》，北京，党建读物出版社、学习出版社2019年版，第32页。

传统文化的养分。进一步说，中华优秀传统文化“两创”制度是社会主义先进文化制度的重要组成部。习近平总书记指出：“中国有坚定的道路自信、理论自信、制度自信，其本质是建立在5000多年文明传承基础上的文化自信。”[①] 中华优秀传统文化“两创”顺利进行，制度必须先行。遵循制度的前提和基础是提高制度意识。习近平总书记强调：“加强制度理论研究和宣传教育，引导全党全社会充分认识中国特色社会主义制度的本质特征和优越性，坚定制度自信。”[②] 提高中华优秀传统文化“两创”制度意识，要加强中华优秀传统文化“两创”制度研究和宣传教育，引导全党全社会充分认识中国特色社会主义制度的本质特征和优越性，特别是充分认识关于中华优秀传统文化“两创”制度的重大意义，进一步教育引导全体社会成员真正从内心深处形成尊崇制度、敬畏制度和遵守制度的良好意识，提高按规章制度办事的自觉。习近平总书记强调：“坚决维护制度的严肃性和权威性，坚决纠正有令不行、有禁不止的行为，使制度成为硬约束而不是橡皮筋。”[③] 广大党员干部要带头提高制度意识，认真学习制度、严格执行制度、自觉维护制度。同时，要提高全社会尊重制度、遵守制度的意识，形成全社会遵循制度的良好社会氛围。党的十八大以来，中央办公厅、国务院办公厅印发了《关于实施中华优秀传统文化传承发展工程的意见》，明确了中华优秀传统文化传承发展的总体目标、主要内容、重点任务和工作要求，又相继印发

---

①《习近平谈治国理政》第4卷，北京，外文出版社2022年版，第312页。

②《党的十九届四中全会〈决定〉辅导百问》，北京，党建读物出版社、学习出版社2019年版，第33页。

③ 习近平：《在党的群众路线教育实践活动总结大会上的讲话》，北京，人民出版社2014年版，第18页。

《关于在城乡建设中加强历史文化保护传承的意见》《关于进一步加强和改进中华文化走出去工作的指导意见》等配套文件，搭起中华优秀传统文化“两创”工作的“四梁八柱”，推动中华优秀传统文化传承发展重点领域、重点工作相互衔接、形成合力，取得重大成果。2017 年，山东省委印发《山东省传承发展中华优秀传统文化工作方案》，明确了中华优秀传统文化传承发展这一宏大工程的目标安排，全面提升了全社会特别是党员干部运用制度思维和制度方式开展中华优秀传统文化“两创”工作的能力和素质。

2. 推进中华优秀传统文化“两创”制度创新

制度一经形成不是一成不变的，而是要随着经济社会发展不断调整的。或者说，制度是适应经济社会发展的制度。目前，中华优秀传统文化“两创”制度正在逐步形成和完善，但是也要认识到，随着中华优秀传统文化“两创”工作的深入推进，在体制机制方面目前存在的短板和不足逐渐显露，不仅在中华优秀传统文化“两创”理论研究阐释方面，而且在中华优秀传统文化“两创”基础性和操作层面上，仍有许多工作需要加大力度去解决，这就要求我们采取针对性措施去应对。文化制度要革新，这既是来自时代的挑战，也是文化自身发展的机遇；这既是文化传承发展的复杂之处，同时也是文化创造提升的禀赋所在。习近平总书记指出：“要有强烈的问题意识，以重大问题为导向，抓住关键问题进一步研究思考，着力推动解决我国发展面临的一系列突出矛盾和问题。”[①] 我们要将中华优秀传统文化“两创”纳入到经济

① 习近平：《关于〈中共中央关于全面深化改革若干重大问题的决定〉的说明》，《求是》2013 年第 22 期。

社会发展规划纲要和国家文化发展改革等有关规划中，特别是要切实“推进文化体制改革，加快文化事业和文化产业发展”，“完善促进基本公共文化服务标准化均等化发展等体制机制”，“制定推动国有文化企业把社会效益放在首位、实现社会效益和经济效益相统一的指导意见，研究制定新闻出版传媒企业开展特殊管理股试点的指导意见”，“加快构建现代公共文化服务体系，促进基本公共文化服务标准化均等化，建立健全政府向社会力量购买公共文化服务机制，加大公共文化设施免费开放力度。加快发展新型文化业态，推动文化产业快速健康发展”①。2011 年，党的十七届六中全会审议通过了《中共中央关于深化文化体制改革、推动社会主义文化大发展大繁荣若干重大问题的决定》，研究部署深化文化体制改革等相关事宜，进一步推动社会主义文化大发展大繁荣。山东省 2022 年工作动员大会将创新摆在发展全局的核心位置，并将文化宣传创新列为“十大创新”之一，山东省第十二次党代会又重申了这一点。可以说，山东为形成中华优秀传统文化“两创”在制度创新上提供了高质量发展样板，具有全国典型意义。

3. 提高中华优秀传统文化“两创”制度执行力

制度的生命力在于执行。习近平总书记强调：“制度是硬约束不是橡皮筋。”② 制度一经形成，就要严格执行，坚持制度面前人人平等、执行制度没有例外，坚决维护制度的严肃性和权威

---

① 中共中央文献研究室：《习近平关于社会主义文化建设论述摘编》，北京，中央文献出版社 2017 年版，第 189—192 页。

② 习近平：《在党的群众路线教育实践活动总结大会上的讲话》，北京，人民出版社 2014 年版，第 18 页。

性，坚决纠正有令不行、有禁不止的各种行为，把制度的笼子扎紧扎牢。对于提高中华优秀传统文化“两创”制度的执行力来说，我们要加强对中华优秀传统文化“两创”制度执行力的教育培训，通过理论宣讲、案例剖析、新闻发布等多种方式和手段，帮助更多人们掌握中华优秀传统文化“两创”相关的制度规定，推动制度“飞入寻常百姓家”。同时，也要健全中华优秀传统文化“两创”制度执行的配套机制，一方面出台制度后要立足基层需求和服务对象，以宣传册、明白纸等多种形式，尽快明确和细化制度落实的路径，打通落地“最后一公里”，防止落实“肠梗阻”“流于纸面”现象，进一步树牢制度威信，特别是要在重要领域和关键环节改革上取得决定性成果，并形成系统完备、科学规范、运行有效的制度体系，使中华优秀传统文化“两创”的各方面制度更加成熟、更加定型。另一方面，要着力固根基、扬优势、补短板、强弱项，针对中华优秀传统文化“两创”制度执行过程中存在的问题，耐心细致地分析研判，逐步采取针对性措施，构建起系统完备、科学规范、运行有效的制度运行体系，进一步把中华优秀传统文化“两创”制度更好转化为国家治理效能，让中华优秀传统文化“两创”发展更有质量、更有成色。

（四）加强政策支持，营造良好环境

党的十八大以来，以习近平同志为核心的党中央把握我国新发展阶段文化发展环境发生的深刻复杂变化，采取了健全资金政策、健全人才政策、健全法律保障等一系列政策支持，充分调动起全社会各方面的积极性、主动性和创造性，形成全社会广泛参与中华优秀传统文化“两创”大格局，为中华优秀传统文化“两创”高质量发展营造了良好的社会氛围。

1. 健全资金政策，为全方位高质量推动中华优秀传统文化“两创”提供长期稳定的资金支持

资金是解决高质量发展的关键。中华优秀传统文化“两创”要实现高质量发展，必须夯实中华优秀传统文化“两创”的物质基础，也就是说，要为中华优秀传统文化“两创”提供长期稳定的资金支持。一方面，要充分发挥政府投入主体和主导作用，在财政支出等方面向中华优秀传统文化“两创”事业发展倾斜，通过理论研究和实践经验总结，鼓励支持中华优秀传统文化“两创”发展；另一方面，要积极吸引社会力量广泛参与到推动中华优秀传统文化“两创”事业中来，形成中华优秀传统文化“两创”发展的大格局。党的十八大以来，党中央紧紧围绕社会主义文化强国建设目标，积极拓展资金渠道，逐步完善投入方式，有效加强资金监管，财政资金实现安全高效运转，为推动中华优秀传统文化“两创”提供了坚强的物质保障，文化产业取得历史性进步。统计数据显示，“2015 年至 2019 年，全国文化及相关产业增加值从 2.7 万亿元增长到超过 4.4 万亿元，年均增速接近 13%，占同期国内生产总值比重从 3.95% 上升到 4.5%，文化产业在促进国民经济转型升级和提质增效、满足人民精神文化生活新期待、提高中华文化影响力和国家文化软实力等方面发挥了重要作用。”① 山东作为文化大省，近年来在文化产业资金扶持上不断发力，2020 年，济南发布《关于在新旧动能转换中做大做强文化产业的若干政策措施的通知》，“在相关扶持政策带动下，2021 年济南市文化企业达 4.2 万家，其中企业营业收入 1 亿元以上 98 家、

① 中华人民共和国文化和旅游部：《“十四五”文化产业发展规划》，2021 年 5 月 6 日，https：//zwgk.mct.gov.cn/zfxxgkml/zcfg/zcjd/202106/t20210607_925031.html。

10亿元以上7家。”[①]

2. 健全人才政策，为全方位高质量推动中华优秀传统文化“两创”提供坚实的人才支撑

推动中华优秀传统文化“两创”大发展大繁荣，队伍是基础，人才是关键。人才作为中华优秀传统文化“两创”发展的第一资源，是中华优秀传统文化“两创”高质量发展的核心。《“十四五”文化产业发展规划》指出，要“深入实施高质量产业人才培养扶持项目，以文化产业园区（基地）和业内领先企业为重点对象，不断推进培训体系、师资力量体系、协作机制和资源平台建设”，“发挥高校院所、文化企业、园区基地、众创空间、孵化器等作用，推动产学研用合作培养人才”[②]。我们要认真贯彻落实习近平总书记关于人才的重要论述，在全社会形成尊重劳动、尊重知识、尊重人才、尊重创造的良好社会氛围，对中华优秀传统文化“两创”方面的人才，要做到政治上充分信任、思想上主动引导、工作上创造条件、生活上关心照顾，多为他们办实事、做好事、解难事，放手让他们把才华和能量充分释放出来，让他们把更多精力集中于中华优秀传统文化“两创”工作之中。特别是要建立中华优秀传统文化“两创”人才激励机制，完善相关职称评定和人才遴选制度，建立规范的奖励体系，对在中华优秀传统文化“两创”领域作出突出贡献的工作者予以表彰，形成培养中华优秀传统文化“两创”人才的良好激励机制，努力培养造就德

① 《济南：探寻文化产业高质量发展的“时代密码”》，《中国文化报》2022年5月11日。

② 中华人民共和国文化和旅游部：《“十四五”文化产业发展规划》，2021年5月6日，https：//zwgk.mct.gov.cn/zfxxgkml/zcfg/zcjd/202106/t20210607_925031.html。

才兼备、锐意创新、结构合理、规模宏大的中华优秀传统文化“两创”人才队伍。近年来，山东统筹谋划，强化制度设计，建立了齐鲁优秀传统文化传承创新工程学术委员会，加强对齐鲁文化研究规划、论证指导；制定“传统文化人才引进和培养”计划，造就高层次领军人物和高素质人才队伍；依托尼山世界文明论坛和世界儒学大会等国际性重大活动，创造国际化儒学研究与交流机会；建立传统文化研究阐发网络信息平台，集中发布优秀传统文化重大成果；以学术委员会名义设立传统文化研究重大奖项，对中华优秀传统文化研究成果进行分类评选表彰。近几年，山东出台《关于推进全省高校中华优秀传统文化教育工作的意见》《“十四五”时期文化和旅游人才发展规划》《山东省文化和旅游领域人才队伍建设若干措施》等系列措施。要用足用好这些措施，培养和使用中华优秀传统文化“两创”人才。

3. 健全法律法规，为全方位高质量推动中华优秀传统文化“两创”提供坚强法治保障

习近平总书记强调：“要发挥法治的引领和保障作用，坚持运用法治思维和法治方式解决矛盾和问题。”[①] 进入新时代，谋划工作要运用法治思维，处理问题要运用法治方式。党的十八大以来，习近平总书记从统筹中华民族伟大复兴战略全局和世界百年未有之大变局、坚持和发展中国特色社会主义的全局和战略高度，深刻回答了新时代为什么实行全面依法治国、怎样实行全面依法治国等一系列重大问题，形成了习近平法治思想，为推进全面依法治国提供了根本遵循和行动指南，也为全

① 习近平：《推进全面依法治国，发挥法治在国家治理体系和治理能力现代化中的积极作用》，《求是》2020 年第 22 期。

方位高质量推动中华优秀传统文化“两创”提供了坚强的法治保障。我们要把对法治的尊崇、对法律的敬畏转化成思维方式和行为方式，做到在法治之上想问题、作决策、办事情。下一步，我们要加快推进中华优秀传统文化“两创”方面的科学立法、严格执法、公正司法、全民守法。全面推进依法行政，健全促进社会效益和经济效益有机统一的制度规范。比如，近几年，国务院办公厅出台了《文化市场综合执法管理条例》《文化市场综合行政执法事项指导目录》，为中华优秀传统文化“两创”高质量发展提供了坚强的法治保障。山东出台《山东省文物保护利用示范区创建方案》《山东省考古遗址公园管理办法》《山东省齐长城保护条例》《山东革命文物保护利用片区工作规划》等规章制度，推动了中华优秀传统文化“两创”事业提质增效。

（五）整合优势资源，打造“两创”标杆

最伟大的力量是同心合力。2022 年，山东印发《关于打造中华优秀传统文化“两创”新标杆行动计划（2022—2025 年）》，为整合资源力量，加强协同配合，形成推进工作的强大合力，加快文化强省建设，在中华优秀传统文化“两创”工作中“走在前、开新局”，推出更多标志性成果，指明了发展方向。

1. 充分发挥哲学社会科学“五路大军”作用，形成研究阐释中华优秀传统文化“两创”整体合力

习近平总书记指出：“哲学社会科学领域是知识分子密集的地方。目前，我国哲学社会科学有五路大军，我们要把这支队伍关心好、培养好、使用好，让广大哲学社会科学工作者成为先进思想的倡导者、学术研究的开拓者、社会风尚的引领者、党执政

的坚定支持者。”[①]“五路大军”是指包括高等院校、党校（行政学院）、部队院校、科研院所、党政部门研究机构在内的哲学社会科学工作者。这“五路大军”不仅是哲学社会科学工作发展的核心力量，也是推动中华优秀传统文化“两创”落地落实的主力军。关心好培养好使用好哲学社会科学“五路大军”，是推动中华优秀传统文化“两创”一项长期的重要工作任务。要完成好这一工作任务，哲学社会科学“五路大军”“要以中国为观照、以时代为观照，立足中国实际，解决中国问题，不断推动中华优秀传统文化创造性转化、创新性发展”，“要发挥哲学社会科学在融通中外文化、增进文明交流中的独特作用，传播中国声音、中国理论、中国思想，让世界更好读懂中国，为推动构建人类命运共同体作出积极贡献”，“要做到方向明、主义真、学问高、德行正，自觉以回答中国之问、世界之问、人民之问、时代之问为学术己任，以彰显中国之路、中国之治、中国之理为思想追求，在研究解决事关党和国家全局性、根本性、关键性的重大问题上拿出真本事、取得好成果”[②]。

2. 立足齐鲁文化资源优势，做好山东“两创”经验总结

中华文化是各民族文化的集大成。各族文化交相辉映，中华文化历久弥新，这是今天我们高质量推动中华优秀传统文化“两创”的根源。山东是齐鲁文化发祥地，在弘扬中华优秀传统文化方面资源丰富、特色鲜明。2013 年 11 月，习近平总书记亲临山东视察，在曲阜发出大力弘扬优秀传统文化的号召，提出推动优

① 习近平：《在哲学社会科学工作座谈会上的讲话》，《人民日报》2016 年 5 月 19 日。

②《习近平在中国人民大学考察时强调 坚持党的领导传承红色基因扎根中国大地走出一条建设中国特色世界一流大学新路》，《人民日报》2022 年 4 月 26 日。

秀传统文化创造性转化、创新性发展的重大方针。2021 年 5 月，习近平总书记在给《文史哲》编辑部全体编辑人员回信时再次强调，“增强做中国人的骨气和底气”，“在新的时代条件下推动中华优秀传统文化创造性转化、创新性发展”①。近几年，山东充分发挥“人文沃土可以深度耕作”的比较优势，立足丰厚齐鲁文化资源，坚定践行“两个结合”，奋力打造“两创”高地，深入践行“两创”方针，以中华优秀传统文化为内核，以文化产业创新发展为主线，积极推动“两创”和文化产业深度融合发展，为优秀传统文化“两创”提供了成功样本和鲜活经验，为全国“两创”实践贡献“山东力量”。山东中医药大学牵头出版《中国古医籍整理丛书》，国家投入资金 4000 万元，这是新中国成立以来投入最大的中医古籍保护与利用项目。山东创建 1 个国家级文化生态保护实验区、11 个省级文化生态保护实验区，非遗保护的“山东模式”享誉全国。曲阜挂牌建设了国家古籍保护中心中华优秀传统文化实践基地，创建了国家古籍保护中心人才培训基地和省古籍修复中心，创建“山东省图书馆古籍珍本数据库”“山东省图书馆易学古籍数据库”等。曲阜优秀传统文化传承发展示范区和齐文化传承创新示范区建设正在扎实推进，中华优秀传统文化“两创”的齐鲁品牌赢得社会广泛关注。

（六）充分利用市场，促进融合发展

推动传统文化与市场经济相融合是统筹推进中华优秀传统文化“两创”的应有之义。习近平总书记强调：“要推动文化产业高质量发展，健全现代文化产业体系和市场体系，推动各类文化

①《习近平给〈文史哲〉编辑部全体编辑人员回信》，《人民日报》2021 年 5 月 11 日。

市场主体发展壮大，培育新型文化业态和文化消费模式，以高质量文化供给增强人们的文化获得感、幸福感。”[①] 这为推动中华优秀传统文化提质增效指明了方向、明确了路径。

1. 推动市场经济赋能中华优秀传统文化“两创”高质量发展

改革开放以来，随着社会主义市场经济体制的逐步完善，文化与市场的关系逐步密切。社会主义市场经济的高效协调运转对我国文化发展提出了新的诉求，即文化市场，或者说，文化产业应该成为我国经济发展的推动器。党的十九届五中全会提出，加快构建以国内大循环为主体、国内国际双循环相互促进的新发展格局。文化经济是双循环中的重要环节，文化消费正逐步成为拉动内需、推动经济增长的重要动力。推动社会主义市场赋能中华优秀传统文化“两创”发展，不仅是实现中华优秀传统文化现代化的重要举措，更是建设文化强国、实现中华民族伟大复兴的必然要求。在“十四五”期间，我们牢牢把握社会主义先进文化前进方向，以推进文化领域供给侧结构性改革为主线，鼓励和引导社会资本进入文化领域，加快推动传统文化和市场经济融合发展，更好将文化资源优势转化为产业和市场优势，进一步统筹区域、城乡文化产业发展，在把握文化产业发展特点规律和资源要素条件的基础上，引导各地根据资源禀赋和功能定位，建设了一批具有示范效应和带动作用的区域文化产业带、文化产业中心城市、文化产业功能区、文化产业特色乡镇等，以文化需求赋能文化市场高质量发展，推动文化产业发展融入双循环发展大局，增强了人民群众的文化获得感幸福感。

---

①《习近平谈治国理政》第 3 卷，北京，外文出版社 2020 年版，第 314 页。

2. 推动科技创新赋能中华优秀传统文化“两创”高质量发展

目前，我国文化产业发展存在的结构性矛盾，在很大程度上是创新能力不强、供需不匹配造成的。习近平总书记指出：“文化和科技融合，既催生了新的文化业态、延伸了文化产业链，又集聚了大量创新人才，是朝阳产业，大有前途。”① 要充分发挥“科技为文化赋能”作用，搭建科技赋能中华优秀传统文化的平台，为先进科技成果在文化领域找到合适应用场景，实现传统文化的活态转化。《“十四五”文化产业发展规划》指出，要“顺应数字产业化和产业数字化发展趋势，推动新一代信息技术在文化创作、生产、传播、消费等各环节的应用，推进‘上云用数赋智’，加强创新链和产业链对接。推动数字文化产业加快发展，发展数字创意、数字娱乐、网络视听、线上演播、数字艺术展示、沉浸式体验等新业态，丰富个性化、定制化、品质化的数字文化产品供给”②。习近平总书记指出：“要运用现代科技手段加强古籍典藏的保护修复和综合利用，深入挖掘古籍蕴含的哲学思想、人文精神、价值理念、道德规范，推动中华优秀传统文化创造性转化、创新性发展。”③ 特别是依托现代科技与创意，借助VR、3D动画、H5场景制作等新技术，让优秀传统文化表达更生动、更鲜活、更吸引人。

3. 推动中华优秀传统文化融入现代市场经济体系

身处全球化时代浪潮背景之下，坚定文化自信，推进中华优

---

①《闯出新路子　展现新作为　彰显新担当》，《人民日报》2021 年 5 月 24 日。

② 中华人民共和国文化和旅游部：《“十四五”文化产业发展规划》，2021 年 5 月 6 日，https：//zwgk.mct.gov.cn/zfxxgkml/zcfg/zcjd/202106/t20210607_925031.html。

③《习近平在中国人民大学考察时强调　坚持党的领导传承红色基因扎根中国大地走出一条建设中国特色世界一流大学新路》，《人民日报》2022 年 4 月 26 日。

秀传统文化创造性转化、创新性发展，必须密切关注时代精神。党的十九大报告指出："要加快完善社会主义市场经济体制。"[①] 党的十九届六中全会对习近平经济思想作了系统概括，强调市场在资源配置中起决定性作用并更好发挥政府作用。习近平总书记指出："要坚持守正创新，推动中华优秀传统文化同社会主义社会相适应，展示中华民族的独特精神标识，更好构筑中国精神、中国价值、中国力量。"[②] 要实现中华优秀传统文化"两创"高质量发展，必须使传统文化适应社会主义市场经济体制。正如有学者指出："对中华优秀传统文化实现创造性转化、创新性发展，我们的依据和目标主要就是国家经济、政治、文化、社会生活等建设的基本要求，使传统文化与现代社会相适应进行一些内容和形式的转化。"[③] "现代文化市场体系是社会主义先进文化建设的重要保障，对于建设文化强国、提升国家文化软实力、完善公共文化服务体系和促进文化产业繁荣发展都具有重要的基础性作用。"[④] "十四五"时期，我国文化产业面临着健全投融资体系、完善文化要素市场、提升文化治理水平等迫切需求。《"十四五"文化产业发展规划》指出，要"不断健全现代文化产业体系和市场体系"，"到 2025 年，文化产业体系和市场体系更加健全，文化产业结构布局不断优化，文化供给质量明显提升，文化消费更加活跃，文化产业规模持续壮大，文化及相关产业增加值占国内

---

① 习近平：《决胜全面建成小康社会　夺取新时代中国特色社会主义伟大胜利——在中国共产党第十九次全国代表大会上的报告》，《人民日报》2017 年 10 月 28 日。

②《习近平在中共中央政治局第三十九次集体学习时强调　把中国文明历史研究引向深入　推动增强历史自觉坚定文化自信》，《人民日报》2022 年 5 月 29 日。

③ 吴潜涛：《实现传统文化的创造性、创新性发展》，《上海教育》2015 年第 1 期。

④ 惠鸣、张晓明：《创新推动现代文化市场体系建设》，《人民日报》2013 年 11 月 26 日。

生产总值比重进一步提高，文化产业发展的综合效益显著提升，对国民经济增长的支撑和带动作用得到充分发挥。”①

更好释放文化产业潜能，是推动经济体系优化升级、实现文化产业高质量发展的重要环节。一方面，中华优秀传统文化融入现代市场经济体系要坚持广泛惠及群众的原则，要采取人民群众喜闻乐见的方式，坚持以“现代化、生活化、社会化、教育化、网络化”②为主要方式，更好满足人民多样化、多层次、多方面文化需求，强化人民群众对优秀传统文化的归属感和认同感，增强民族的凝聚力、向心力。另一方面，面临现代市场经济所带来的一系列挑战，我们“要立足中国大地，讲好中华文明故事，向世界展现可信、可爱、可敬的中国形象。要讲清楚中国是什么样的文明和什么样的国家，讲清楚中国人的宇宙观、天下观、社会观、道德观，展现中华文明的悠久历史和人文底蕴，促使世界读懂中国、读懂中国人民、读懂中国共产党、读懂中华民族”③。

---

① 中华人民共和国文化和旅游部：《“十四五”文化产业发展规划》，2021 年 5 月 6 日，https://zwgk.mct.gov.cn/zfxxgkml/zcfg/zcjd/202106/t20210607_925031.html。

② 郭建宁：《中国文化强国战略》，北京，高等教育出版社 2012 年版，第 15 页。

③《习近平在中共中央政治局第三十九次集体学习时强调　把中国文明历史研究引向深入　推动增强历史自觉坚定文化自信》，《人民日报》2022 年 5 月 29 日。

后　记

本著作是山东省社会科学规划重大项目（亦为山东省习近平新时代中国特色社会主义思想研究中心重大课题）（课题编号：21AWTJ04）“深化‘两创’研究”的代表性成果。著作的研究框架是在借鉴山东省习近平新时代中国特色社会主义思想研究中心下发的《深化“两创”研究方案》中提出的15个选题方向基础上，结合课题研究需要拟定的，主要内容通过一系列前期成果予以阐发。

中华优秀传统文化创造性转化、创新性发展研究，是一个内容十分丰富厚重的题目，所涉及的问题多、研究难度大。其中一些问题，如中华传统文化的丰富内涵与鲜明特征、推进创造性转化与创新性发展的原则遵循与基本任务、中华优秀传统文化资政育人功能的发挥、中华优秀传统文化融入人民大众日常生活、运用数字技术赋能中华优秀传统文化创造性转化与创新性发展、合力推进创造性转化与创新性发展的制度完善与举措实施、分众化传播中华优秀传统文化并实现创造性转化与创新性发展等，都不是仅靠单一学科的知识储备和学术思维能够准确把握的，也不是依赖直线式地深化开拓就能够把问题解决好的。为此，我们需要依靠团队力量进行集体合作，借此才使整个研究工作得以顺利开展。

本著作围绕中华优秀传统文化创造性转化、创新性发展进行学理阐发和应用对策研究，着力于推动中华优秀传统文化以跨时空的新样态发挥其现实价值。在考察历史进程、把握内涵要义、探究路径领域的基础上，对其中一系列带有整体性、全局性和根本性的基础问题及其学理内涵，进行了认真细致的思考、深入缜密的研究和系统完整的阐发。具体说来，一是系统梳理中国共产党在不同历史时期传承弘扬中华优秀传统文化的理论与实践；二是在把握基本概念基础上深入解读推进中华优秀传统文化创造性转化与创新性发展的理论依据、现实意义、基本要求、原则遵循和重点关系等；三是重点分析中华优秀传统文化的挖掘整理及其资政育人功能，探讨如何通过融入人民大众日常生活、数字技术赋能、制度创新等不断推进中华优秀传统文化创造性转化与创新性发展；四是聚焦中华优秀传统文化在农村社区、高等学校、基础教育等领域的创造性转化与创新性发展的具体实现，统筹推进中华优秀传统文化创造性转化、创新性发展落到实处。

本著作是研究团队共有的成果，是众多学者亲诚合作的结果。作为项目负责人和首席专家，商志晓担任主编，提出总体研究框架和基本思路，统筹调度指导并终改审阅定稿；王增福、史家亮担任副主编，参与框架设计论证，指导部分内容撰写并修改完善审定。著作书稿撰写分工如下：导论，商志晓；第一编四章作者依次为李志亮、王红珠、王洋洋、王敏；第二编五章作者依次为何中华、史家亮、王友琛、任者春、孙书文；第三编六章作者依次为涂可国、张恒、颜景高、徐庆文、李萌、冯振亮、成积春；第四编五章作者依次为孔祥安、朱阳、王冠、刘旭、任鹏程。山东师范大学马克思主义学院几位研究生同学承担庞杂的引文校勘工作，为之倾心付出。在研究撰写过程中，我们查阅参考了大量相关文献和研究资料，其中大部分已在文内注释中列出，也有一些从中受到启发的观点和思路不能一一赘列，谨表感谢并说明。

中共山东省委宣传部对课题研究和书稿撰写出版高度重视，省委常委、宣传部长白玉刚同志亲自审定方案并提出编写具体要求，省委宣传部分管日常工作的副部长袭艳春同志对书稿撰写提出具体要求，省委宣传部一级巡视员孔繁轲同志，省委宣传部副部长、一级巡视员魏长民同志，多次主持召开专题会议进行协调调度。山东省习近平新时代中国特色社会主义思想研究中心张汝金、彭耀光、任鹏程、左腾飞等同志为本书编写做了大量统筹协调工作，学习出版社对本书出版给予大力支持，在此一并致谢！

习近平总书记在党的二十大报告中明确提出：“只有把马克思主义基本原理同中国具体实际相结合、同中华优秀传统文化相结合，坚持运用辩证唯物主义和历史唯物主义，才能正确回答时代和实践提出的重大问题，才能始终保持马克思主义的蓬勃生机和旺盛活力。”为深化推动中华优秀传统文化创造性转化、创新性发展，促进“马克思主义基本原理同中华优秀传统文化相结合”落地落实，助力实现建设社会主义现代化强国目标，我们尽己之能作出一定努力，但与时代要求、现实需要仍有较大差距，敬请大家多提批评意见和指导建议，以促进我们把研究工作进一步做好做细做深入。

编　者

2022 年 11 月